Alyssa Laureen Grecu
Die Entwicklung der Entfremdung vom Lernen
in der unteren Sekundarstufe in Luxemburg

Alyssa Laureen Grecu

Die Entwicklung der Entfremdung vom Lernen in der unteren Sekundarstufe in Luxemburg

Der Beitrag differenzieller schulischer Lern- und Entwicklungsmilieus

Die Autorin

Alyssa Laureen Grecu ist als Postdoktorandin an der Fakultät für Geisteswissenschaften, Erziehungswissenschaften und Sozialwissenschaften der Universität Luxemburg in Forschung und Lehre tätig. Ihre Arbeitsschwerpunkte sind in der Bildungssoziologie verortet und umfassen Forschung zu Bildungsungleichheiten, Bildungssystemen und Schulentfremdung unter Berücksichtigung von Geschlecht, Migrationshintergründen und sozialer Herkunft.

Das Werk einschließlich aller seiner Teile ist urheberrechtlich geschützt. Jede Verwertung ist ohne Zustimmung des Verlags unzulässig. Das gilt insbesondere für Vervielfältigungen, Übersetzungen, Mikroverfilmungen und die Einspeicherung und Verarbeitung in elektronische Systeme.

Dieses Buch ist erhältlich als:
ISBN 978-3-7799-6327-1 Print
ISBN 978-3-7799-5632-7 E-Book (PDF)

1. Auflage 2020

© 2020 Beltz Juventa
in der Verlagsgruppe Beltz · Weinheim Basel
Werderstraße 10, 69469 Weinheim
Alle Rechte vorbehalten

Herstellung: Ulrike Poppel
Satz: Datagrafix, Berlin
Druck und Bindung: Beltz Grafische Betriebe, Bad Langensalza
Printed in Germany

Weitere Informationen zu unseren Autor_innen und Titeln finden Sie unter: www.beltz.de

Inhaltsverzeichnis

Danksagung		9
I	Einleitung	11
II	Theoretischer Rahmen, empirischer Forschungsstand und Kontextualisierung des Fallbeispiels Luxemburg	17
1	Das Konzept domänenspezifischer Schulentfremdung	17
1.1	Funktionen und Effekte schulischer Sozialisation	17
1.2	Schulentfremdung: Ablehnende und distanzierte Haltungen der Schüler/innen gegenüber der Schule	21
1.2.1	Rahmenkonzept Entfremdung: Grundlagentheoretisches Fundament der Konzeption für Schulentfremdung	21
1.2.2	Schulentfremdung: Theoretische Konzeptualisierung von einzelnen Ausdrucksformen, über Verhaltensweisen zur umfassenden Definition	28
1.2.3	Definition der Entfremdung vom Lernen	32
1.2.4	Erforschte Ursachen von Schulentfremdung	36
2	Schule als Lern- und Entwicklungsraum: Die Schultracks der Sekundarstufe als differenzielle Entwicklungsmilieus	38
2.1	Differenzielle Entwicklungsmilieus in stratifizierten Bildungssystemen	39
2.1.1	Formen schulischer Differenzierung in stratifizierten Bildungssystemen	39
2.1.2	Die Schultracks der Sekundarstufe als differenzielle Lern- und Entwicklungsmilieus	40
2.2	Schulische Anforderungen und damit verbundene Positionierungen: Kultursoziologische und resonanztheoretische Erklärungen der Entfremdung vom Lernen	42
2.2.1	Theorie der Schulkultur und Theorie der kulturellen Passung: Mangelnde kulturelle Passung gegenüber der Schulkultur als Prozess hinter Schulentfremdung	42
2.2.2	Strukturelle Bedingungen schulischer Kulturen: Grundmechanismen, Nähe der Schule zu den bildungsnahen Gesellschaftsschichten und primäre Bezugsmilieus	43

		2.2.3	Anschlussfähigkeit individueller Dispositionen an schulische Anforderungen	46
		2.2.4	Herstellung von Passung in der Schulklasse	56
		2.2.5	Bilanz: Die Bedeutung von Schulkulturen und Passungskonstellationen für die Erforschung domänenspezifischer Schulentfremdung	59
	3	\multicolumn{2}{l	}{Empirische Befunde zu Schulkultur, Schülerhabitus, kultureller Passung und Schulentfremdung}	62

3 Empirische Befunde zu Schulkultur, Schülerhabitus, kultureller Passung und Schulentfremdung 62
  3.1 Gruppenspezifische Risiken für die Entwicklung von Schulentfremdung 62
  3.2 Empirische Befunde des Forschungsprojekts SASAL zu Schulentfremdung 64
  3.3 Empirische Studien zum Zusammenhang von Schulkultur und Schulentfremdung 65
  3.4 Empirische Studien zu Passungskonstellationen zwischen Schule und Schüler/in 67
    3.4.1 Schulkulturen als Institutionen-Milieu-Komplexe 68
    3.4.2 Wandlungsfähigkeit der Schülerhabitus im Verlauf der Sekundarstufe 70
    3.4.3 Die Erosion schulischer Anpassung im Nachgang schulischer Selektionsereignisse 71
4 Das luxemburgische Schulsystem: Charakteristika und Problemlagen 73
  4.1 Stratifizierung und geringe Durchlässigkeit 74
  4.2 Elementarbildung und Allokationsverfahren 75
  4.3 Sekundarstufe: Schultracks, die Schülerschaft und Bildungsabschlüsse 77
  4.4 Problemlagen: Klassenwiederholungen, Schulabbruch. Schulangst und Kompetenzunterschiede 80
  4.5 Mehrsprachigkeit im luxemburgischen Bildungssystem 83
  4.6 Bilanz 84

III Empirische Mixed-Method-Studie zur Analyse der Entfremdung vom Lernen 85

1 Grundlegung des Forschungsvorhabens 85
  1.1 Forschungsfragen und Forschungsdesign der Mixed-Method-Studie 85
  1.2 Verortung innerhalb des Forschungsprojekts SASAL 88
  1.3 Mixed-Method-Studie: Intentionen und Prämissen 89

2	Quantitative Studie: Entfremdung vom Lernen in den differenziellen Entwicklungsmilieus der Sekundarstufe		91
	2.1	Erkenntnisinteresse	91
	2.2	Quantitatives Forschungsdesign	94
		2.2.1 Längsschnittstudie	94
		2.2.2 Konstruktion des Erhebungsinstrumentes	94
		2.2.3 Samplebeschreibung: Die partizipierenden Schulen und Schüler/innen	95
		2.2.4 Operationalisierung der unabhängigen und abhängigen Variablen	98
		2.2.5 Kongruenz der genutzten Skalen	104
		2.2.6 Stichprobenbeschreibung	109
		2.2.7 Auswertungsstrategie	114
	2.3	Quantitative Analysen und Ergebnisse	119
		2.3.1 Deskriptive Beschreibung der Entwicklung der Entfremdung vom Lernen im Verlauf der unteren Sekundarstufe	119
		2.3.2 Panelanalysen zu Ausmaß und Entwicklung der Entfremdung vom Lernen	120
	2.4	Bilanz der quantitativen Studie: Trackspezifisches Ausmaß der Entfremdung vom Lernen bei gemeinsamer Entwicklungstendenz	125
3	Qualitative Studie: Entstehung und Reproduktion der Entfremdung vom Lernen im Zusammenspiel von Schule und Schüler/in		127
	3.1	Erkenntnisinteresse	127
	3.2	Qualitatives Forschungsdesign	132
		3.2.1 Erhebungsmethoden: Gruppendiskussionen und Einzelinterviews	132
		3.2.2 Sampling: Auswahl und Beschreibung des Samples	134
		3.2.3 Leitfäden als Erhebungsinstrument: Intentionen und Konzeption	136
		3.2.4 Ablauf und Gesprächsführung der Gruppendiskussionen und Interviews	138
		3.2.5 Technikeinsatz, Transkription und Anonymisierung	140
		3.2.6 Multilingualität im Forschungsprozess	142
		3.2.7 Auswertungsstrategie der qualitativ-rekonstruktiven Analyse	142

	3.3	Qualitative Fallanalyse des niveauniedrigsten Modulaire-Tracks: Rekonstruktive Analyse und Ergebnisse	149
		3.3.1 Die Perspektive der Modulaire-Lehrpersonen	149
		3.3.2 Die Perspektive der Modulaire-Schüler/innen	166
		3.3.3 Spezifische Aspekte der Schulkultur im Modulaire und die Entwicklung von Entfremdung vom Lernen: Triangulation der Perspektiven von Lehrpersonen und Schüler/innen	194
	3.4	Qualitative Fallanalyse des akademischen ES-Tracks: Rekonstruktive Analyse und Ergebnisse	200
		3.4.1 Die Perspektive der ES-Lehrpersonen	201
		3.4.2 Die Perspektive der ES-Schüler/innen	222
		3.4.3 Spezifische Aspekte der Schulkultur im ES und die Entwicklung von Entfremdung vom Lernen: Triangulation der Perspektiven von Lehrpersonen und Schüler/innen	258
	3.5	Bilanz: Der niveauniedrigste Modulaire-Track und der akademische ES-Track als differenzielle schulische Entwicklungsmilieus mit spezifischen Bindungsmöglichkeiten und Entfremdungspotenzialen	266
4		Ergebnisse der Mixed-Method-Studie	275

IV Diskussion und Fazit   285

Literaturverzeichnis   305

Abkürzungsverzeichnis   317

Abbildungsverzeichnis   318

Tabellenverzeichnis   318

Anhang   319

Danksagung

Es erfüllt mich mit Dankbarkeit, wie viel Unterstützung ich in den vergangenen vier Jahren erfahren habe. Eine solche komplexe Forschungsstudie – inklusive Erhebung der empirischen Daten – war erst durch Rahmenbedingungen geprägt von Kooperation und Teamwork realisierbar.

Mein Dank geht zuerst an alle Beteiligten der SASAL-Forschungsstudie an den Universitäten Bern und Luxemburg. An die Projektleiter/innen Tina Hascher und Andreas Hadjar und an meine Kolleg/innen Jan Scharf, Kaja Marcin, Julia Morinaj und Kevin Simoes für die intensive Zusammenarbeit und die tollen gemeinsamen Momente. Weiterhin möchte ich unseren studentischen Mitarbeiter/innen für die Hilfe bei der Erhebung und Datenaufbereitung danken. Die vergangenen Jahre waren sehr arbeitsreich, doch mit euch als Kolleg/innen blieb auch die Freude erhalten.

Ein besonderer Dank geht an die Schüler/innen und Lehrpersonen für Ihre Bereitschaft, an den empirischen Erhebungen teilzunehmen und ihre Erfahrungen offen mit uns zu teilen.

Ich danke meinem Doktorvater Andreas Hadjar für seine engagierte Betreuung. Von Anfang an hat er mich mit Weitsicht durch den gesamten Prozess der Promotion begleitet. Die zahlreichen Gespräche auf professioneller und persönlicher Ebene habe ich stets als wertschätzend und konstruktiv erlebt. Weiterhin gebührt mein Dank allen Mitgliedern der Prüfungskommission. Im Rahmen der CETs ergänzten sich Andreas Hadjar mit seinem Überblick und Organisationstalent, Tina Hascher mit ihrem Blick für Details und Justin Powell mit seinen kritischen Reflexionen ideal.

Vielen Dank Emer Smyth, dass ich meinen Forschungsaufenthalt am Forschungsinstitut ESRI in Dublin/Irland absolvieren durfte. Hier fand ich die ideale Umgebung, um die empirischen Analysen durchzuführen. Der seither bestehende Kontakt sowie die fachliche und moralische Unterstützung meines Dissertationsprojekts sind für mich sehr wertvoll.

Die Kombination qualitativer und quantitativer Methoden bedurfte vielfältiger Formen der Unterstützung. Vielen Dank Jan Scharf, Andreas Genoni, Sabrina Göbel, Frederick de Moll, Christina Haas, Susanne Backes und Conchita D' Ambrosio für euer Feedback, eure kritischen Anmerkungen und stetige Zuversicht. Danke, dass ihr eure Expertise mit mir geteilt habt.

Des Weiteren gilt mein Dank all meinen liebevollen Kolleg/innen für ihren Support, ihre offenen Ohren und aufbauenden Worte. Durch euch wurde auch in schwierigen Zeiten der Weg ins Büro erfreulich.

Mein äußerster Dank gilt zudem der Universität Luxemburg, dem Fonds Nationale de la Recherche (FNR) und der Doctoral School in Humanities and Social

Sciences (DSHSS) für die Bereitstellung dieser großartigen Promotionsbedingungen. Die finanzielle Unterstützung ermöglichte mir die Teilnahme an internationalen Konferenzen sowie den Aufbau von äußerst wertvollen Kontakten. Ebenso gewinnbringend war das hochwertige Angebot von Seminaren, Workshops und Vorlesungen, wodurch ich meine Expertise kontinuierlich weiterentwickeln konnte.

Ein besonderer Dank gilt meiner geliebten Familie – meiner Mutter Carmen Grecu, meinen Geschwistern Jil und Jonathan Grecu und meinem Partner Kumar Shankar. Ihr habt mich stets ermutigt, an mich zu glauben, und eure Hilfe bedeutet mir besonders viel.

Zu guter Letzt gilt meine tiefste Dankbarkeit meiner besten Freundin, Katharina Koch. Ohne ihre Geduld, ihr liebevolles Verständnis und ihre ununterbrochene Unterstützung wäre ein solcher Arbeitsumfang niemals gelungen. Sie hat mir den Rücken freigehalten, mir stets ein offenes Ohr geschenkt und mir, wenn nötig, einen Schubs in die richtige Richtung gegeben. Gerne möchte ich ihr diese Dissertation als Zeichen meiner tiefen Verbundenheit widmen.

Luxemburg, 01.07.2019

I. Einleitung

Angesichts der seit Ende des 19. Jahrhunderts stetig steigenden gesellschaftlichen Bedeutung formaler Bildung entscheidet der individuelle Schulerfolg maßgeblich über den Zugang zu beruflichen Positionen und beeinflusst auf diese Weise Einkommen, Wohlstand, Status, Prestige sowie Lebenschancen der Menschen. Dem meritokratischen Prinzip folgend, werden Leistungen und Kompetenzen durch organisierte Bildungsprozesse hervorgebracht und messbar gemacht, wie es in der Vergegenständlichung von Bildungsleistungen in Bildungstiteln und Bildungszertifikaten der Fall ist. Damit gilt das im Forschungskontext Luxemburg stark stratifizierte Bildungssystem als zentrale und einzige legitime Verteilungsinstanz für soziale und berufliche Positionen (vgl. Solga 2005, S. 28 ff.). Aufgrund ihrer Funktion als sekundäre Sozialisationsinstanz kommt der Schule eine besondere Relevanz zu. Schule und Schulklasse stellen die zentralen Lern- und Entwicklungsräume dar und strukturieren individuelle Bildungsverläufe (Hummrich/Kramer 2017, S. 18). So verbringen Schüler/innen in der Schule viel Zeit (Blossfeld/Maurice 2011; Meulemann 1990; Müller/Kogan 2010; Becker/Schulze 2013, S. 1 f.), wobei die Schule gezielt pädagogischen Einfluss auf die Schüler/innen nimmt (Fend 2008, S. 31).

Eine positive Haltung der Schüler/innen gegenüber dem Lernen erweist sich als Voraussetzung von Bildungserfolg. Liegt hingegen eine Haltung gegenüber der Schule und dem Lernen vor, die von Indifferenz oder Ablehnung (vgl. Beljan 2017) geprägt ist, kann dies als Entfremdung vom Lernen (Hascher/Hadjar 2018) gefasst werden. Schulentfremdung als negative Einstellung entwickelt sich im Zeitverlauf und kann sich auf die drei Domänen, Entfremdung von den Mitschüler/innen, Entfremdung von der Lehrperson und Entfremdung vom Lernen beziehen[1]. Der Multidomänen-Logik folgend, können Schüler/innen entweder in einzelnen oder mehreren Domänen entfremdet sein (Hascher/Hadjar 2018, S. 179).

Aus bildungswissenschaftlicher Perspektive bietet Schulentfremdung eine Erklärung für geringe schulische Leistungen und abgebrochene Bildungskarrieren. Hieraus resultierende niedrige oder fehlende Bildungsabschlüsse sind mit Bildungsarmut (vgl. Quenzel/Hurrelmann 2019) assoziiert, wodurch Lebenschancen langfristig determiniert werden (Hadjar/Scharf/Grecu 2019b, S. 185; Hadjar/Becker 2009, S. 19). Bildungsungleichheiten und Bildungsarmut

---

[1] Im Verlauf der Arbeit werden die Begriffe Schulentfremdung und Entfremdung vom Lernen verwendet. Diese sind nicht als deckungsgleich zu verstehen. Vielmehr handelt es sich bei Entfremdung vom Lernen um einen spezifischen Ausschnitt von Schulentfremdung, wie das Multidomänenkonzept verdeutlicht.

beeinflussen nicht nur individuelle Bildungs- und Lebensverläufe, sondern bedeuten für, auf qualifizierte Arbeitskräfte angewiesene, Gesellschaften einen Verlust von Wissenskapital, der sich auf das Wirtschaftswachstum auswirkt (Hanushek/Wößmann 2019, S. 549). Vor diesem Hintergrund ist es äußerst bedeutsam, Schulentfremdung und deren Entstehungsmechanismen zu erforschen.

Ein Verständnis der Bedingungen und Faktoren, die zur Schulentfremdung beitragen, ist grundlegend für deren Bearbeitung und Prävention. Mit der Entfremdung vom Lernen wird in dieser Dissertation eine Domäne herausgegriffen und vertiefend erforscht. Entfremdung vom Lernen erscheint gerade deshalb interessant, weil sie sich auf Lernprozesse bezieht, die ein Hauptziel von Schule darstellen. Folglich ist die Art und Weise, wie Schüler/innen schulische Lernprozesse erfahren, maßgeblich für den Aufbau von Bindung oder Entfremdung im Schulkontext (Beljan 2017; Mann 2005; Sidorkin 2004). Diese Arbeit nimmt sowohl Bindungs- als auch Entfremdungspotenziale in den Blick, da die Erforschung von Entfremdung stets die Berücksichtigung eines Gegenpols gelingender Aneignungsvollzüge (Jaeggi 2005, S. 54 f.) oder Weltbeziehungen (Rosa 2016) erfordert. Dabei wird der nichtentfremdete Zustand als Bindung zur Schule verstanden und steht für positive, resonante Haltungen gegenüber der Schule und dem Lernen.

Entfremdung vom Lernen wird mit weitreichenden Konsequenzen auf individueller, schulischer und gesellschaftlicher Ebene assoziiert, die den Bildungs- und Lebensverlauf von Schüler/innen maßgeblich determinieren und so zu Bildungsungleichheiten beitragen. Eine solche Distanz gegenüber der Schule und dem Lernen kann sich in Passivität und Disengagement im schulischen Kontext oder auch in abweichendem Verhalten in der Klasse oder Schule ausdrücken und problematische Bildungsverläufe bis hin zum Schulabbruch nach sich ziehen (z. B. Brown/Higgins/Paulsen 2003; Sutherland 2011; Studsrød/Bru 2012; Morinaj/Marcin/Hascher 2019). Neben den einzelnen Schüler/innen betrifft Schulentfremdung das Schul- bzw. Klassenklima und stellt damit eine ernsthafte Herausforderung für Schüler/innen, Lehrpersonen, Schulen und das Bildungssystem dar (Trusty/Dooley-Dickey 1993; Brown/Higgins/Paulsen 2003). Angesichts dieser weitreichenden negativen Konsequenzen kommt der Erforschung ihrer Ursachen eine wichtige Bedeutung zu.

Auch wenn davon auszugehen ist, dass Schulentfremdung bereits frühzeitig in der Bildungskarriere ihren Anfang nimmt (Finn 1989, S. 117), zeigt sich ein Anstieg in der Adoleszenz (Hascher/Hadjar 2018, S. 181), weshalb es besonders interessant ist, die Sekundarstufe zu untersuchen. Bislang wurden die Ursachen von Schulentfremdung vornehmlich unter Fokussierung individueller Merkmale untersucht (vgl. Calabrese/Seldin 1986; Calabrese 1987). Hascher und Hagenauer (2010) weisen darauf hin, dass Schulentfremdung eine Entwicklung auf individueller Ebene ist, die aus dem individuellen Erleben von Praktiken und Akteuren im schulischen Feld resultiert und primär die Schulumgebung betrifft. Hieran knüpft diese, im Rahmen des Forschungsprojekts SASAL (School Alienation in Switzerland and Luxembourg) erstellte, Dissertation an, indem sie die verschiedenen luxemburgischen Sekundarschultracks[2] als differenzielle Entwicklungsmilieus (vgl. Baumert/Stanat/Watermann 2006) und deren Beitrag zur Entwicklung von Entfremdung vom Lernen untersucht.

Die Struktur des Bildungssystems und damit einhergehende institutionelle Regelungen stellen den zentralen Kontext für Bildungserfolg und Bildungsentscheidungen dar (Becker/Schulze 2013, S. 11). In dieser Dissertation werden die verschiedenen Sekundarschultracks des stratifizierten luxemburgischen Bildungssystems im Anschluss an Baumert et al. (2006) als differenzielle Entwicklungsmilieus verstanden. Demnach zeichnen sich die Sekundarschultracks durch unterschiedliche Arbeits- und Lernbedingungen sowie pädagogisch-didaktische Traditionen aus. Angesichts dessen wird von einem erheblichen Einfluss spezifischer Schulmilieus auf die Entwicklung der einzelnen Schüler/innen ausgegangen, der „unabhängig von und zusätzlich zu ihren persönlichen, kulturellen, ökonomischen Ressourcen" wirkt (Baumert/Stanat/Watermann 2006, S. 98 f.).

Während die Wirkungsweise von differenziellen Entwicklungsmilieus auf Kompetenzunterschiede (Baumert/Stanat/Watermann 2006; Baumert/Trautwein/Artelt 2003; Köller/Baumert 2001) weitreichend belegt ist, bleibt offen, wie differenzielle Entwicklungsmilieus auf die Haltungen der Schüler/innen wirken. Ausgangspunkt dieser Arbeit ist die Annahme, dass aufgrund des Zusammenwirkens der spezifischen schulischen Anforderungen in den Sekundarschultracks mit den Haltungen, Bedürfnissen und Ressourcen der Schüler/innen dazu führt, dass die Entwicklung der Entfremdung vom Lernen in den einzelnen Schultracks in unterschiedlichem Maße vorliegt.

Das zentrale Erkenntnisinteresse besteht darin, die Entfremdung vom Lernen in den Schultracks der luxemburgischen Sekundarstufe zu erforschen. Die leitende Forschungsfrage lautet: *Inwiefern unterscheidet sich die Entwicklung von Entfremdung vom Lernen in den differenziellen Entwicklungsmilieus in den Schultracks der unteren Sekundarstufe in Luxemburg?*

Neben dem Ausmaß und der Entwicklung der Entfremdung vom Lernen in den Klassen 7 bis 9 gilt es zu ergründen, in welcher Weise diese spezifischen schulischen Lernumgebungen im Zusammenspiel mit den individuellen Dispositionen der Schüler/innen zur Entwicklung von Entfremdung vom Lernen beitragen. Somit interessiert sich diese Arbeit auch dafür, welche Schüler/innen von Entfremdung vom Lernen betroffen sind und welche schulischen Aspekte Entfremdung vom Lernen befördern, abmildern oder verhindern können.

---

2 Der ebenso verwendete Begriff Track steht für die verschiedenen Schultracks der luxemburgischen Sekundarstufe, auch Schulformen genannt.

Entfremdung vom Lernen wird am Beispiel des stark stratifizierten luxemburgischen Bildungssystems erforscht. Dieses wurde als Erhebungskontext gewählt, da ab der Sekundarstufe relativ undurchlässige Schultracks mit unterschiedlichen Bildungszielen existieren (Backes 2018, S. 114), die entsprechend unterschiedliche Anforderungen an die Schüler/innen stellen. Diese können als differenzielle Entwicklungsmilieus gefasst werden. Überdies ist die Schülerschaft im luxemburgischen Bildungssystem mit einem Ausländeranteil von 42,5 Prozent (Schuljahr 2016/17) in den öffentlichen Schulen (Lenz/Heinz 2018, S. 28) äußerst heterogen. Zugleich (re-)produziert das luxemburgische Bildungssystem Bildungsungleichheiten, sodass die Bildungschancen der Schüler/innen maßgeblich von ihrer sozialen Herkunft und dem Vorliegen spezifischer Migrationshintergründe determiniert werden (Hadjar et al. 2015, S. 55). Charakteristisch hierfür ist eine ungleiche Verteilung der heterogenen Schülerschaft auf die verschiedenen Sekundarschultracks (Lenz/Heinz 2018, S. 28f.). Angesichts dessen ist anzunehmen, dass die Lernumgebungen und Lernangebote der verschiedenen Schultracks den Schüler/innen unterschiedliche Bindungsmöglichkeiten bzw. Entfremdungspotenziale bieten.

Um Entfremdung vom Lernen in den luxemburgischen Sekundarschultracks zu untersuchen, wurde ein Mixed-Method-Design entwickelt. Das Forschungsdesign umfasste eine quantitative Fragebogenstudie über drei Schuljahre (Klassenstufen 7 bis 9) hinweg sowie Gruppendiskussionen mit Schulklassen und Gruppendiskussionen und Einzelinterviews mit ihren Lehrpersonen. Dieses Vorgehen ermöglicht es einerseits, die Bedeutung der Schultracks für das Ausmaß und die Entwicklung von Schulentfremdung zu analysieren und andererseits zu untersuchen, in welcher Weise die schulischen Anforderungen in spezifischen Schulkulturen im Zusammenspiel mit den individuellen Dispositionen der Schüler/innen zur Entwicklung von Entfremdung vom Lernen beitragen. Die Kombination quantitativer und qualitativer Verfahren ermöglicht es, Aussagen über die Verteilung von Schulentfremdung in den luxemburgischen Sekundarschultracks zu treffen und zugleich die Art und Weise zu untersuchen, wie die schulischen Anforderungen in den verschiedenen Sekundarschultracks zur Entwicklung von Entfremdung vom Lernen beitragen.

Um erklären zu können, wie die differenziellen Entwicklungsmilieus wirken, wird die These der differenziellen Entwicklungsmilieus mit der Theorie der Schulkultur und dem damit verknüpften Konzept der kulturellen Passung (Kramer/Thiersch/Ziems 2015, S. 216) sowie dem resonanzpädagogischen Ansatz von Beljan (2017) und Willis' (1978) Überlegungen zur Bedeutung der schulischen Ordnung trianguliert. Zusammengefasst erklären diese Theorien das Zusammenspiel von schulischen Anforderungen und individuellen Dispositionen wie folgt: Im Schulalltag wird innerhalb des Klassensettings Passung ausgehandelt, wenn die spezifischen schulischen Anforderungen auf die individuellen Dispositionen und Ziele der Schüler/innen treffen. Die sich hieraus ergebenden

Anziehungs- oder Abstoßungsverhältnisse ziehen bei gelingender Passung Bindung bzw. Resonanz zwischen Schule und Schüler/in nach sich, bei mangelnder Passung folgen Distanz, Indifferenz und Entfremdung. Die Schulkultur ist als schulspezifische Variante der Strukturvorgaben und Konflikte des Bildungssystems zu verstehen, in welche die schulischen Anforderungen sowie die Austauschbeziehungen und Machtverhältnisse zwischen den schulischen Akteuren eingelassen sind (Kramer/Thiersch/Ziems 2015, S. 212). Demzufolge verfügt jede Einzelschule über eine eigene Schulkultur, die spezifische Anforderungen an die Schüler/innen richtet, ist jedoch in stratifizierten Bildungssystemen zugleich durch trackspezifische Vorgaben überformt.

Diese Dissertation verfolgt mehrere Ziele. Auf wissenschaftlicher Ebene gilt es einen Beitrag zur Erforschung der Ursachen von Entfremdung vom Lernen zu leisten, wobei die Bedeutung unterschiedlicher Aspekte schulischer Lern- und Entwicklungsmilieus im Fokus steht. Hierzu wird das Verständnis verschiedener Schultracks als differenzielle Entwicklungsmilieus in die Schulentfremdungsforschung eingebracht. Durch die Verbindung von Schulentfremdungs-forschung und Schulkulturforschung soll das Zusammenspiel von Schulkultur und Schüler/innen systematisch für die Schulentfremdungsforschung nutzbar gemacht werden. Mit der Entfremdung vom Lernen steht eine spezifische Domäne von Schulentfremdung im Fokus, die vertieft untersucht wird.

Im Hinblick auf die Praxis zielt diese Arbeit darauf ab, Aspekte in schulischen Lernumgebungen zu identifizieren, die Entfremdung vom Lernen befördern oder verhindern können. Überdies soll untersucht werden, welche Schüler/innen von Entfremdung vom Lernen betroffen sind bzw. ein hohes Entfremdungsrisiko aufweisen.

Eine weitere Intention besteht darin, einen spezifischen Beitrag zur Erforschung des luxemburgischen Bildungssystems zu leisten und die Relevanz von Entfremdung vom Lernen für die Schultracks der luxemburgischen Sekundarstufe zu eruieren. Zudem gilt es Einsichten in die Ausgestaltung der Lern- und Entwicklungsmilieus dieser Schultracks zu erlangen.

Neben der Einleitung ist die Arbeit in drei Hauptkapitel gegliedert und wie folgt aufgebaut:

Hauptkapitel II beinhaltet den theoretischen Rahmen und Forschungsstand sowie die Vorstellung des luxemburgischen Bildungssystems. Zunächst wird das Konzept domänenspezifischer Schulentfremdung dargestellt und in den Kontext der Entfremdungsforschung eingeordnet und es werden bisher erforschte Ursachen von Schulentfremdung vorgestellt. Anschließend werden die Theorien thematisiert mit deren Hilfe Entfremdung vom Lernen in der Sekundarstufe betrachtet wird. Hierzu zählen die Perspektive der differenziellen Lern- und Entwicklungsmilieus, die Theorie der Schulkultur und deren Wurzeln in den bourdieuschen Feld- und Habituskonzepten sowie kultursoziologische, resonanzpädagogische und resonanztheoretische Zugänge. Im Anschluss an die theoretische Rahmung werden empirische Befunde zu gruppenspezifischen Risiken zur Entwicklung von Schulentfremdung, Befunde des SASAL-Projekts, Studien zum Zusammenhang von Schulkultur und Schulentfremdung sowie Studien zur Passung zwischen Schule und Schüler/in und deren Entwicklung in der Sekundarstufe vorgestellt. Daraufhin werden Charakteristika und Problemlagen des luxemburgischen Bildungssystems mit besonderem Fokus auf die untere Sekundarstufe präsentiert.

Hauptkapitel III widmet sich der empirischen Studie. Hierzu wird das Forschungsvorhaben ausgehend von seinen übergeordneten Forschungsfragen und der Charakterisierung als Mixed-Method-Studie vorgestellt. In diesem Kontext werden Zusammenhänge und Ziele der quantitativen und qualitativen Studie aufgezeigt, eine Verortung der Arbeit im Rahmen des Forschungsprojekts SASAL (School Alienation in Switzerland and Luxembourg) vorgenommen und Intentionen und Prämissen der Mixed-Method-Studie vorgestellt. Daraufhin widmet sich Kapitel III.2 der quantitativen Studie, indem das Erkenntnisinteresse und das Forschungsdesign beschrieben, die Analysen dargestellt und die Ergebnisse diskutiert werden. Im Fokus von Kapitel III.3 steht die qualitative Studie. Zunächst werden das Erkenntnisinteresse und das Forschungsdesign beschrieben. Daraufhin folgen die Fallanalysen für den niveauniedrigsten Modulaire-Track und den akademischen ES-Track jeweils getrennt nach der Perspektive der Lehrpersonen und Schüler/innen und werden anschließend zusammengeführt. In Kapitel III.3.5 erfolgt die übergreifende Ergebnisdarstellung für Modulaire und ES. Schließlich werden in Kapitel III.4 die quantitativen und qualitativen Befunde integriert.

Hauptkapitel IV schließt diese Dissertation ab. Dies beinhaltet die Diskussion der Ergebnisse der Mixed-Method-Studie und es werden Implikationen für die Praxis sowie Limitationen formuliert.

II. Theoretischer Rahmen, empirischer Forschungsstand und Kontextualisierung des Fallbeispiels Luxemburg

1 Das Konzept domänenspezifischer Schulentfremdung

Der Bildungserfolg und die Bildungschancen von Kindern und Jugendlichen werden neben der Familie maßgeblich durch ihre Einbindung in das Bildungssystem beeinflusst. In Schule und Schulklasse verbringen Jugendliche einen erheblichen Teil ihres Lebens, sodass diese zentrale soziale und institutionelle Kontexte darstellen (Blossfeld/Maurice 2011; Meulemann 1990; Müller/Kogan 2010; Becker/Schulze 2013). Als Lern- und Entwicklungsräume strukturieren sie individuelle Bildungsverläufe. Jedoch entwickeln einige Schüler/innen im Zeitverlauf eine negative Haltung gegenüber der Schule und dem Lernen im Sinne von Schulentfremdung, womit ein Risiko für geringen Bildungserfolg verknüpft ist (Hadjar/Scharf/Grecu 2019).

Dieses Kapitel dient der Rahmung und Verortung der Arbeit. Zunächst erfolgt ein Problemaufriss, wobei die Schule als zentraler Teilbereich der Gesellschaft thematisiert wird, in dem sich Schulentfremdung zeigt und entwickelt. Auf diese Weise trägt diese Arbeit dem wissenschaftlichen Entfremdungsdiskurs Rechnung, wonach Entfremdung als Phänomen betrachtet wird, das aus der Gesellschaft heraus entsteht, anstatt dieser durch die Forschenden zugeschrieben zu werden (Jaeggi 2005). Da diese Arbeit das soziale Feld Schule fokussiert, werden zunächst die Funktionen von Schule herausgearbeitet, um zu verstehen, in welchen Kontexten, Strukturen und Bedingungen Schulentfremdung sich entwickelt. Anschließend werden Bildungsungleichheiten als Ursache für unterschiedlichen Bildungserfolg betrachtet. Schulentfremdung wird dabei als Mechanismus verstanden, der zur Entstehung und Reproduktion von Bildungsungleichheiten beiträgt. Daraufhin wird Schulentfremdung definiert, in Relation zu anderen Entfremdungskonzeptionen gesetzt und in der bisherigen Forschung zu Schulentfremdung verortet.

1.1 Funktionen und Effekte schulischer Sozialisation

Der Begriff der schulischen Sozialisation umfasst das gesamte schulische Sozialgeschehen und bettet Prozesse der Bildung, Erziehung und des Lernens ein (Hummrich/Kramer 2017, S. 18). Bereits im Grundverständnis der schulischen Funktionen ist eine Einflussnahme auf die Entwicklung des Individuums angelegt.

Aus sozialisationstheoretischer Perspektive ist die Schule mit ihrer Aufgabe der Kulturvermittlung ein Element spezifischer Sozialisationsordnungen (Fend 2008, S. 23). Dabei gilt die zielgerichtete Organisation von immer größeren Ausschnitten des Lebens von Heranwachsenden in Bildungsinstitutionen als typisches Merkmal der abendländischen Kulturentwicklung (Fend 2008, S. 23).

Maßgeblich beeinflusst von Talcott Parsons (1967), präzisiert die strukturfunktionalistische Perspektive die Bedeutung von Schule als Sozialisationsinstanz. Demnach erfolgt die Vergesellschaftung in modernen Gesellschaften in starkem Maße durch Lehren und Lernen in Institutionen, die auf die dauerhafte Bewältigung dieser Bildungsaufgaben angelegt sind (Fend 2008, S. 28). Eine moderne, rationale Organisation der Gesellschaft ist von demokratisch legitimierter Herrschaft, gesetzesbasierter Bürokratie und wissenschaftlich fundierter Rationalität gekennzeichnet und folgt meritokratischen Prinzipien (Parsons 1975). Angelehnt an Parsons Konzeption von Gesellschaften als komplexes Gefüge von Subsystemen mit spezifischen Aufgaben (Fend 2008, S. 33), fungieren Bildungssysteme und ihre Institutionen als rationale Organisationen des Lehrens und Lernens und stehen für intendierte, gezielt arrangierte Einflüsse des Bildungswesens auf das Individuum (Fend 2008, S. 31). Schulische Sozialisation beschreibt aus dieser Perspektive einen Prozess der Anpassung, der darauf abzielt, die Persönlichkeit der Schüler/innen zu formen und auf die Übernahme der Erwachsenenrolle bereit vorzubereiten (Hummrich/Kramer 2017, S. 42f.).

Aus strukturfunktionalistischer Perspektive steht die Entwicklung von Bildungssystemen in engem Zusammenhang mit sich differenzierenden Gesellschaften der Moderne und sind essentiell für deren Funktionieren (Fend 2008, S. 34; Kopp 2009, S. 62). Bildungssysteme sind Ausdruck und Instrument der Organisation und intergenerationalen Weitergabe von Wissen und Weltanschauungen einer Kultur. So spiegeln sich die dominanten kulturellen Gehalte in Lehrplänen und Bildungszielen wider (Fend 2008, S. 179).

Neben fachlichem Wissen vermittelt die Schule im Zuge der sekundären Sozialisation außerfachliche Kompetenzen, wie gesellschaftliche Regeln, Einstellungen und Verhaltensweisen, wodurch die Schüler/innen zum selbstbestimmten Leben innerhalb der Gesellschaft befähigt werden sollen (Kupfer 2011, S. 113). Darüber hinaus führt die Schule an das Leistungsprinzip heran und erfüllt eine Selektionsfunktion, da Schüler/innen auf Basis ihrer schulischen Leistungen bewertet, in stratifizierten Bildungssystemen spezifischen Schulformen zugeordnet und ihnen schließlich berufliche Positionen zugewiesen werden. Neben der Reproduktion gesellschaftlicher Normen und Werte erfüllt die Schule die Funktion, die Persönlichkeitsentwicklung zu fördern und bereitet auf zukünftige berufliche Tätigkeiten vor (Kupfer 2011, S. 113). Zudem steht die Schule in Wechselwirkung mit der Person der Schüler/innen sowie mit anderen Sozialisationsinstanzen wie der Familie und den Peers (Hummrich/Kramer 2017, S. 12f.)

Handlungstheoretischen Zugängen, angelehnt an Mead und Habermas, zufolge ist Sozialisation nicht auf das rationale, intendierte Handeln von Erziehenden und Lehrenden begrenzt. Vielmehr ist Sozialisation integrales Element der alltäglichen Praxis der Individuen. Auch sind Kinder und Jugendliche als soziale Subjekte an der Interaktion und der damit verbundenen Herstellung von Wirklichkeit beteiligt. Dies gilt auch für die Interaktion zwischen Lehrenden und Lernenden, die von vornherein ein Machtgefälle beinhaltet (Krais 2014, S. 269 f.). Das asymmetrische Verhältnis zwischen Lehrpersonen und Schüler/innen ist als generationales Ordnen zu verstehen (vgl. Bühler-Niederberger/Türkiylmaz 2014, S. 341 f.).

Die oben herausgearbeiteten Funktionen von Schule verweisen auf gesellschaftliche Ziele, die in den Bildungsinstitutionen forciert werden. Diesen wird die Schule jedoch nur bedingt gerecht, was sich in unintendierten Effekten und Bildungsungleichheiten ausdrückt. Zu solchen unintendierten Effekten werden unter anderem Schulentfremdung, Disengagement, mangelndes Wohlbefinden, physische und psychische Beschwerden sowie Schulabbruch gerechnet. Mit Schulentfremdung wird ein Konzept herausgegriffen, das aus dem individuellen negativen Erleben des schulischen Kontextes resultiert und Verhalten in und außerhalb der Schule beeinflusst, Bildungserfolg determiniert und nicht zuletzt Bildungsungleichheiten reproduziert (Hadjar/Scharf/Grecu 2019, S. 190 f.).

Bildungsungleichheiten drücken sich in unterschiedlichem Bildungserfolg von Schüler/innen aus, was wiederum Bildungs- und Lebensverläufe determiniert. Bildungserfolg wird durch den Zugang zu Bildung im Allgemeinen, zu bestimmten Schulformen und damit zu bestimmten Abschlüssen, durch den Erwerb von Kompetenzen sowie durch den Nutzen von Bildungsabschlüssen auf dem Arbeitsmarkt, beeinflusst. Dabei ist zwischen legitimen – gesellschaftlich akzeptierten – und illegitimen Bildungsungleichheiten zu differenzieren. Formale Chancengleichheit im Bildungswesen gilt als gegeben[3], wenn der Erwerb von Bildungsgraden sowie die daran geknüpfte Verteilung von Lebenschancen ausschließlich durch die individuelle Leistung determiniert ist (Hradil/Schiener 1999, S. 148). Dies setzt voraus, dass herkunftsbedingte, gruppenbezogene Merkmale keinen Einfluss auf Berufs- und Bildungschancen haben und unabhängig von der sozialen Herkunft gleiche Zugangschancen zu Bildung bestehen (Müller/Mayer 1976, S. 27; Solga 2005, S. 31).

---

3 Abhängig davon, wie eine Gesellschaft Chancengleichheit definiert, existieren unterschiedliche Ausprägungen legitimer und illegitimer Ungleichheiten und umfassende Chancengleichheit kann durch keinen der gängigen Ansätze – auch nicht durch Strategien der Umverteilung – realisiert werden. Vielmehr wird ein gewisses Maß an Bildungsungleichheit innerhalb einer Gesellschaft als legitim angesehen (Baumert/Stanat/Watermann 2006, S. 98 f.).

Ungleichheitsstrukturen und damit Achsen der Differenz werden von den Merkmalen Geschlecht, Ethnizität und Herkunft definiert, die als Achsen der Ungleichheit gelten (Klinger/Knapp 2007, S. 20). Aus bildungssoziologischer Perspektive gelten Bildungsungleichheiten als systematische, entlang verschiedener Ungleichheitsachsen strukturierte, Unterschiede in verschiedenen Aspekten des Bildungserwerbs. Soziale Herkunft, Migrationshintergrund, Geschlechtszugehörigkeit, Stadt-Land-Unterschiede und Konfession sind die prominentesten Ungleichheitsachsen (Hadjar et al. 2015, S. 35).

Demnach zeigen sich für deutschsprachige Bildungssysteme Benachteiligungen entlang der zentralen Ungleichheitsachsen für Kinder und Jugendliche bildungsferner Herkunftsschichten z. B. Arbeiterkinder (Becker 2011b; Relikowski/Schneider/Blossfeld 2010; Becker/Reimer 2010; Stocké 2010; Becker/Schuchart 2010; Ditton/Wohlkinger 2012; Baumert/Stanat/Watermann 2006), Jungen (Hadjar/Berger 2010; Hadjar/Lupatsch 2010, S. 600; Hadjar 2011) und Kinder und Jugendliche mit spezifischen Migrationshintergründen (Becker 2011b; Diehl 2016). Beispielsweise werden Schüler/innen und ihre Eltern abhängig von ihrer sozialen Herkunft von den Lehrpersonen im schulischen Setting in unterschiedlichem Maße anerkannt. Dies bringt ein stärkeres Asymmetrieverhältnis für Angehörige niedriger sozialer Schichten mit sich (Bühler-Niederberger/Türkiylmaz 2014, S. 343). Die zuvor angesprochenen Gruppen von Schüler/innen bildungsferner, niedriger sozialer Herkunft, mit spezifischen Migrationshintergründen sowie Jungen gelten zugleich als Risikogruppen für Bildungsarmut (Hadjar/Scharf/Grecu 2019, S. 187).

An dieser Stelle sei zudem auf neuere Ansätze verwiesen, die unter dem Begriff Intersektionalität (Winker/Degele 2010, S. 14) die Verwobenheit verschiedener Ungleichheitsdimensionen betonen. Aus intersektioneller Perspektive gilt es die Wechselwirkungen zwischen Ungleichheitsdimensionen zu berücksichtigen, was über die einfache Kombination mehrerer Ungleichheitsmerkmale hinausweist. In diesem Zuge wird angenommen, dass die gleichzeitige Wirksamkeit mehrerer Ungleichheitsmerkmale zu einer wechselseitigen Verstärkung oder Abschwächung der Ungleichheit führt (Winker/Degele 2010, S. 17 f.). Ein Beispiel hierfür sind Schüler/innen mit Migrationshintergrund, die zugleich eine niedrige soziale Herkunft aufweisen (Hadjar/Scharf/Grecu 2019, S. 187; Chau et al. 2012, S. 7 f.). Bildung und soziale Ungleichheit stehen zueinander in Wechselwirkung, sodass Bildung sowohl eine Achse sozialer Ungleichheit darstellt als auch mehrere Ungleichheitsdimensionen beinhaltet. Demnach kann Bildung einerseits als Achse sozialer Ungleichheit fungieren, indem sie andere Merkmale beeinflusst. Andererseits ist Bildung selbst ein Merkmal, in dem Unterschiede bestehen, die auf Personenmerkmale zurückzuführen sind.

Wie bereits angedeutet, stehen Schulentfremdung und Bildungsungleichheiten in Wechselwirkung zueinander. Bildungsungleichheiten können als Folge, aber auch als Ursache von Schulentfremdung fungieren. Bildungsungleichheiten sind Folgen von Schulentfremdung, da Schulentfremdung niedrigeren Bildungserfolg und damit niedrigere Schulabschlüsse oder auch den Abbruch von Schulkarrieren nach sich ziehen kann (Hascher/Hagenauer 2010, S. 220; Hadjar/Backes/Gysin 2015, S. 93; Vallerand/Fortier/Guay 1997). Hinzu kommt die negative Einstellung gegenüber dem Lernen, die über die Schulzeit hinaus wirkmächtig ist (Hascher/Hagenauer 2010, S. 222). Infolgedessen ist anzunehmen, dass von Schulentfremdung Betroffene langfristig geringere Lebenschancen bezogen auf den Statuserwerb haben.

1.2 Schulentfremdung: Ablehnende und distanzierte Haltungen der Schüler/innen gegenüber der Schule

Schulentfremdung ist aus klassischen Entfremdungskonzeptionen hervorgegangen und wird seit den 1970er Jahren als eigenständiges Thema im wissenschaftlichen Diskurs behandelt. Kapitel II.1.2.1 bietet einen grundlagentheoretischen Einblick in die Entstehungsgeschichte des Begriffs Entfremdung, da auf diesem der Grundmechanismus von Schulentfremdung aufbaut. Hiervon ausgehend werden Ansprüche an die – in dieser Arbeit verwendete – Schulentfremdungsdefinition formuliert. Zudem bietet Kapitel II.1.2.2 einen Überblick über das Angebot theoretischer Konzeptualisierungen von Schulentfremdung im Zeitverlauf. In Kapitel II.1.2.3 erfolgt die Explikation der in dieser Arbeit angewendeten Schulentfremdungsdefinition. Schließlich werden in Kapitel II.1.2.4 bisher erforschte Ursachen von Schulentfremdung betrachtet.

1.2.1 Rahmenkonzept Entfremdung: Grundlagentheoretisches Fundament der Konzeption für Schulentfremdung

Probleme bisheriger Entfremdungskonzeptionen

Nachfolgend werden zentrale Herausforderungen klassischer Entfremdungskonzeptionen herausgearbeitet. Da Marx' Entfremdungskonzeption die Entwicklung der Soziologie sowie die theoretischen Debatten um Entfremdung (Fischer 1976, S. 40 f.) nachhaltig prägte, wurden auch die Defizite seines Entwurfes oftmals unreflektiert übernommen und weitergetragen. Aufgrund dessen setzt die Kritik an klassischen Entfremdungsbegriffen oft bereits bei Marx an, um Defizite zu reflektieren und Alternativen zu entwickeln. Dies betrifft die Unschärfe der Entfremdungskonzeption sowie die Normativität von Marx' Grundannahmen. Hieraus werden Aspekte abgeleitet, die für die spätere Konzeptualisierung der entfremdungstheoretischen Bezüge von Schulentfremdung bedeutsam sind.

Die Unschärfe der Entfremdungskonzeption betrifft die geringe Spezifizierung und damit die konzeptionelle Breite. Bei Marx bleibt Entfremdung unscharf, da diese in den Rahmen einer umfassenden Gesellschaftskritik gestellt wird, sodass Entfremdung unter den Produktionsverhältnissen des Kapitalismus unausweichlich erscheint. Zwar entwickelt Marx verschiedene Formen der Entfremdung und betrachtet deren Zusammenspiel, jedoch mangelt es an Systematik und die bereichsspezifischen Entfremdungskonzeptionen werden nicht miteinander verbunden bzw. abstrahiert, gemeinsam ist ihnen nur die Idee der Separierung bzw. Distanz (Ludz 1973, S. 17). In jüngeren Konzeptionen – beispielsweise von Jaeggi und Rosa – wird der Problematik der Unschärfe begegnet, indem Entfremdung, wie bereits von Fischer (1976, S. 44) gefordert, auf spezifische Teilbereiche des menschlichen Lebens bezogen wird und auf einen starken ideologischen Überbau verzichtet wird. Damit erscheint Entfremdung nicht als unausweichlicher, den Menschen und die Gesellschaft als Ganzes erfassender Zustand.

Mit der Unschärfe der Entfremdungskonzeption geht eine Unklarheit hinsichtlich der Abgrenzung der verschiedenen Stufen von Entfremdung einher und es liegt keine allgemein gültige Definition vor, ab wann von Entfremdung zu sprechen ist (Ludz 1973, S. 19). Infolgedessen bleibt unklar, woran genau der Übergang vom nicht entfremdeten in den entfremdeten Zustand zu erkennen ist. In neueren Konzeptionen wird deutlich, dass diese Grenze gegenstandsbezogen für das konkrete Forschungsanliegen zu formulieren ist.

Kritisch ist überdies die den Entfremdungskonzeptionen inhärente Normativität zu reflektieren, da sie oftmals Annahmen über den nicht entfremdeten Zustand beinhalten, was als paternalistisch aufzufassen ist (Jaeggi 2005, S. 46). Hingegen fordert der philosophische Liberalismus eine Distanzierung von objektivistischen Bestimmungen, was das gute Leben ausmacht. Anstelle der Anlegung objektiver, von außen vorgegebener Kriterien, ist die Deutungshoheit den Individuen zuzuweisen (Jaeggi 2005, S. 47).

Ein Dilemma liegt in der Frage, ob Individuen von Entfremdung betroffen sein können, ohne sich dessen bewusst bzw. ohne unzufrieden zu sein. Hiermit gehen Fragen nach der objektiven Bewertung subjektiver Einschätzungen einher. Objektive Bewertungen erweisen sich als unzuverlässig, da sie eine Lebensform als entfremdet kritisieren können, ohne dass dies dem Eindruck des Subjekts entspricht (Jaeggi 2005, S. 47 f.).

Die poststrukturalistische Subjektkritik, zu deren Vertretern Michel Foucault zählt, richtet sich gegen die Annahme, dass ein Wesen des Menschen existiert, das durch geschichtliche, ökonomische und gesellschaftliche Prozesse entfremdet ist. Der Vorstellung von der Natur des Menschen wird die These der Produktivität der Macht entgegengesetzt, die davon ausgeht, dass Machtverhältnisse jeder Gesellschaft inhärent sind und das Wesen des Menschen hiervon nicht abgelöst werden kann (Jaeggi 2005, S. 49). Infolgedessen ginge mit der Auflösung der Trennung von unverfälschtem Subjekt und verfälschender Macht das zentrale Kriterium von eigen und fremd verloren, auf dem die Entfremdungskritik aufbaut. Auf diese Weise wird das autonome Subjekt, das als Autor seiner Handlungen sich selbst transparent sein könnte, infrage gestellt, da die Einbindung in gesellschaftliche Machtstrukturen konstitutiv ist (Jaeggi 2005, S. 49 f.).

Darüber hinaus wird kritisiert, dass Marx mit dem Gedanken der Wiederaneignung voraussetzt, dass zuvor ein Bezug zwischen Individuum und Produkt bestand. Dabei handele es sich um die Wiederaneignung von bereits Bestehendem, wobei nicht vorgesehen sei, dass Handlungsresultate eine Eigendynamik entwickeln können, ohne dass Entfremdung vorliege. Dies sei jedoch zu berücksichtigen, da vom Menschen gemachte Verhältnisse nie vollkommen transparent und bewusst greifbar seien (Jaeggi 2005, S. 34).

Gegenwärtige Forschung fokussiert Aneignung anstelle von Wiederaneignung, wodurch nicht mehr vorausgesetzt wird, dass dem entfremdeten Zustand eine Aneignung vorausgegangen ist (Jaeggi 2005, S. 55). In diesem Zuge ist auf den Mehrwert der Einnahme einer konstruktivistischen Perspektive hinzuweisen. Indem die Deutungsmacht den Akteuren im untersuchten Feld und ihrer Einbettung in gesellschaftliche Verhältnisse zugeschrieben wird, wird ein Überstülpen der theoretischen Annahmen vermieden. Stattdessen gilt es zu beobachten, zu verstehen und zu erklären, wie sich Prozesse der Entfremdung in einem spezifischen Feld entwickeln.

Angesichts der aktuellen ökonomischen und gesellschaftlichen Entwicklungen erscheinen die empirischen Probleme der Entfremdung weiterhin gegenwärtig. Die Forschung zu Entfremdung trägt dazu bei, Phänomene und Deutungsmuster zu erkennen und Zusammenhänge herzustellen (Jaeggi 2005, S. 40). In dieser Arbeit wird der Entfremdungsbegriff nutzbar gemacht, indem Entfremdung, konzipiert als Beziehung der Beziehungslosigkeit (Jaeggi 2005), als Basis für die Konzeptualisierung von Schulentfremdung fungiert und eine grundlagentheoretische Rahmung bietet.

Entfremdung als Verhältnis des Individuums zu sich selbst, zu seinen Mitmenschen und zur Welt: Eine Beziehung der Beziehungslosigkeit

Im vorangehenden Unterkapitel kristallisierten sich zentrale Themen heraus, die es bei der Konzeptualisierung von Entfremdung zu beachten gilt: Die Erforschung von Entfremdung setzt Annahmen über die Struktur der menschlichen Selbst- und Weltverhältnisse sowie über die Beziehung von Akteuren zu sich selbst, zu ihren eigenen Handlungen und zur Welt voraus (Jaeggi 2005, S. 13). Hierzu ist einerseits die Basis zu bestimmen, von welcher ausgehend Entfremdung gedacht wird, sowie andererseits die zugrundeliegende Perspektive auf das Individuum in der Gesellschaft bzw. Welt darzulegen. Daneben ist stets die Haltung als Forschende zu reflektieren, um ein externes Überstülpen von Entfremdungsdiagnosen zu vermeiden.

Entfremdung auf individueller Ebene ist ein kognitiver Zustand, der sich in der Wahrnehmung und dem Erleben der Individuen ausdrückt (Fischer 1976, S. 46). Dem Individuum gelingt es nicht, eine positive Verbindung zwischen sich und seinen sozialen Beziehungen oder anderen Lebensbereichen herzustellen (Fischer 1976, S. 43). Entfremdung beschreibt somit das unfreiwillige Verbleiben in der Distanz bzw. Äußerlichkeit (Henning 2015, S. 197) und damit eine gestörte Aneignung einer Beziehung.

Ein zentraler Aspekt von Entfremdung ist demnach das Verhältnis des Individuums zu sich selbst, zu seinen Mitmenschen und zur Welt. Diese Relationen stellen den Ausgangspunkt der Analyse von Entfremdungsphänomenen dar:

„Entfremdung bedeutet Indifferenz und Entzweiung, Machtlosigkeit und Beziehungslosigkeit sich selbst und einer als gleichgültig und fremd erfahrenen Welt gegenüber. Entfremdung ist das Unvermögen, sich zu anderen Menschen, zu Dingen, zu gesellschaftlichen Institutionen und damit auch [...] zu sich selbst in Beziehung zu setzen. Eine entfremdete Welt präsentiert sich dem Individuum als sinn- und bedeutungslos, erstarrt oder verarmt, als eine Welt, die nicht ‚die seine' ist, in der es nicht ‚zu Hause' ist oder auf die es keinen Einfluss nehmen kann." (Jaeggi 2005, S. 20)

Entfremdung als spezifischer Modus der Weltbeziehung (Rosa 2016) zeichnet sich durch das indifferente oder gar repulsive Erscheinen der Welt gegenüber dem Subjekt aus. Dabei erfährt das Subjekt den eigenen Körper, die eigenen Gefühle, die dingliche und natürliche Umwelt oder auch die sozialen Interaktionskontexte als äußerlich, unverbunden und nicht responsiv bzw. als stumm (Rosa 2016, S. 305).

Ob ein Verhältnis entfremdet ist, hängt davon ab, inwiefern sich zwischen Individuum und Welt eine Beziehung entwickelt bzw. diese reproduziert wird. Entfremdung ist somit als Störung der Beziehung zwischen Individuum und Selbst und/oder der Welt und damit als Beeinträchtigung des Aneignungsvollzugs zu verstehen. Der Begriff der Aneignung beschreibt das Sich-in-Beziehung-setzen zu sich selbst und zur Welt und umfasst die Art und Weise des Individuums mit sich und der Welt umzugehen. Entfremdung ist damit Ergebnis einer defizitären (Rosa 2016) Aneignungspraxis (Jaeggi 2005, S. 54 f.).

Ähnlich wie bei Jaeggi liegt bei Rosa gelingende Aneignung dann vor, wenn das Verhältnis zwischen Individuum und Selbst, den Dingen oder der Gemeinschaft eine Ausbildung von Resonanzachsen ermöglicht. Dies beinhaltet die individuelle Erfahrung des Berührtwerdens, was zugleich Potenziale zur Überwindung von Entfremdung beinhaltet (Rosa 2016, S. 306). Aus dieser Perspektive stellt Entfremdung im Gegensatz zur Resonanz einen Prozess der Dämpfung dar. Das heißt die Eigenschwingung der Beteiligten wird in der Beziehung nicht verstärkt, sodass die eigene und/oder fremde Stimme unhörbar oder nichtssagend wird, was die Beziehung stört oder verhindert (Rosa 2016, S. 306 f.).

Entfremdung kann nicht ohne den Gegenpol gelingender Aneignungsvollzüge (Jaeggi 2005, S. 54 f.) oder Weltbeziehungen (Rosa 2016) gedacht werden. Insbesondere die, den Konzeptionen des Nichtentfremdeten oftmals inhärente, Normativität stellt ein Defizit dar. Eine Lösung hierfür liegt in kulturell offenen Konzeptionen, die keine konkrete Vorstellung vom guten oder gelingenden Leben vorgeben. Hierzu bedarf es einer Analyse der Störungen der Aneignungsvollzüge, weshalb die Bedingungen sozialer Praktiken und deren Ausgestaltung zu fokussieren sind (Jaeggi 2005, S. 55).

Den Gedanken von Entfremdung als Beziehung der Beziehungslosigkeit folgend, formuliert Rosa in seiner Kernthese über gelingende Weltbeziehungen den Gegenpol von Entfremdung als bezogene Beziehung, die er Resonanz nennt (Rosa 2016, S. 305 f.). In einer solchen Perspektive auf die Beziehungen zwischen Individuum und Selbst oder Welt beschreibt das Nichtentfremdete gelingende Weltbeziehungen, die nicht zwingend das gute Leben beinhalten.

Entfremdung ist in dieser Arbeit im Kern als Beziehung der Beziehungslosigkeit konzipiert (Jaeggi 2005; Rosa 2016). Damit bezeichnet Entfremdung einen Zustand, in dem das Subjekt durchaus Beziehungen zu sich selbst und zur Welt hat, diese ihm jedoch gleichgültig, bedeutungslos oder zuwider erscheinen. Die Beziehungen sagen dem Individuum nichts mehr und erscheinen ihm stumm oder gar bedrohlich. Dies kann auch dann der Fall sein, wenn die Beziehungen zu Objekten oder Mitmenschen eigentlich erfolgreich etabliert sind und augenscheinlich funktionieren (Rosa 2016, S. 305).

Die entfremdete Beziehung des Individuums zu sich selbst oder zu Welt drückt sich auf vielfältige Weise in den Erfahrungen des Individuums aus:

„Eine entfremdete ist eine defizitäre Beziehung, die man zu sich, zur Welt und zu den Anderen hat. Indifferenz, Instrumentalisierung, Versachlichung, Absurdität, Künstlichkeit, Isolation, Sinnlosigkeit, Ohnmacht – die verschiedenen Charakterisierungen, die sich für diese Beziehung ergeben hatten, sind Gestalten dieses Defizits." (Jaeggi 2005, S. 23)

Entfremdung ist keineswegs deckungsgleich mit Fremdheit und ein Verständnis von Entfremdung als Nicht-Beziehung würde zu kurz greifen. Vielmehr ist Entfremdung durch eine Beziehung der Beziehungslosigkeit gekennzeichnet:

„Entfremdung ist eine spezifische Form von Beziehung, nicht eine Nicht-Beziehung oder die bloße Abwesenheit einer Beziehung. Entfremdung beschreibt nicht das Nichtvorhandensein, sondern die Qualität einer Beziehung." (Jaeggi 2005, S. 43)

Im Verständnis als Beziehungslosigkeit der besonderen Art stellt sich Entfremdung als defizitäre Beziehung dar, die über die Abwesenheit einer Beziehung im Sinne von Unvertrautheit oder Unverbundenheit hinausweist: Entfremdung stellt sich nur vordergründig als Beziehungsverlust dar. Trotz der inhärenten Bedeutungslosigkeit besteht die zugrundeliegende Beziehung oder Verbindung weiter: „Dinge oder Verhältnisse, von denen man sich entfremdet hat, beanspruchen also auf rätselhafte Weise, obwohl fremd (geworden) zugleich immer noch ‚eigen' zu sein (...)." (Jaeggi 2005, S. 43). Dies ist damit zu begründen, dass auch eine von Indifferenz oder Ablehnung geprägte Weltbeziehung eine Form von Beziehung darstellen. Der entscheidende Unterschied ist, dass es sich hierbei um eine stumme Beziehung handelt, die beim Individuum keine Resonanz auslöst (Rosa 2016, S. 306 f.).

Da die Perspektive dieser Arbeit auf Entfremdung sowohl soziale Kontexte als auch das Erleben des Individuums berücksichtigt, sind verschiedene Phänomene von Entfremdung bedeutsam. Zu unterscheiden sind das Verhältnis des Individuums zu sich selbst, zu seiner sozialen Umwelt sowie zu Institutionen.

Selbstentfremdung beschreibt ein künstliches, unechtes Verhältnis des Individuums zu sich selbst, das sich nicht so verhält, wie es eigentlich ist. Dabei kann es von Vorstellungen geleitet sein, die nicht seine eigenen sind bzw. nicht als eigen erfahren werden. Selbstentfremdung kann damit als eine Konsequenz von Rollenverhalten und sozialem Konformismus verstanden werden, die als unauthentisch erlebt wird (Jaeggi 2005, S. 20).

Entfremdung auf der Ebene der sozialen Beziehungen liegt dann vor, wenn Verhältnisse nicht um ihrer selbst willen eingegangen werden oder die Identifikation mit damit verbundenen Tätigkeiten fehlt. Ebenso kann Entfremdung eine Herauslösung aus sozialen Zusammenhängen bedeuten, beispielsweise von Lebenspartnern, der Familie, dem Ort der Herkunft, der Gemeinschaft oder dem kulturellen Milieu (Jaeggi 2005, S. 21). Darüber hinaus kann sich Entfremdung in der Entpersönlichung und Versachlichung von zwischenmenschlichen Beziehungen und Verhältnissen ausdrücken, wodurch das Verhältnis zwischen Individuum und Welt nur noch über symbolische Objekte vermittelt wird.

Entfremdung wird im Verhältnis zwischen Individuum und Institutionen relevant, wenn Institutionen dem Individuum übermächtig erscheinen oder systemische Zwänge Handlungsspielräume eliminieren. Nehmen Individuen eine Verselbstständigung von Verhältnissen wahr, folgt hieraus dass die Betroffenen sich mit den sozialen und politischen Institutionen nicht identifizieren können (Jaeggi 2005, S. 22).

Implikationen von Entfremdung im Hinblick auf Schulentfremdung

Ausgehend von den vorab herausgearbeiteten Schwachstellen klassischer Entfremdungskonzepte" werden nun die Ansprüche an die Konzeptualisierung von Schulentfremdung aufgezeigt.

Durch die Einnahme einer konstruktivistischen Perspektive wird Entfremdung als subjektive Erfahrung verstanden, die einen Zustand der Beziehungslosigkeit zwischen dem Individuum und konkreten Aspekten seiner Lebenswelt beschreibt.

Das Entfremdungsverständnis dieser Arbeit setzt nicht voraus, dass im Sinne der Wiederaneignung ein nichtentfremdeter Zustand Entfremdung vorausgeht. Vielmehr ist das gegenwärtige Bestehen einer nichtresonanten Beziehung der Beziehungslosigkeit entscheidend.

Da Schulentfremdung als Form der Entfremdung verstanden wird, die sich auf Schule als einen spezifischen Teilbereich der sozialen Welt bezieht, erfolgt eine Abgrenzung von Marx' generalisiertem, den Menschen in allen Bereichen erfassendem Verständnis von Entfremdung. Zugleich wird durch die Begrenzung von Entfremdung auf einen klar umrissenen Teil der sozialen Welt der Forderung Rechnung getragen, Entfremdung im Kontext konkreter Bezugsbereiche zu untersuchen (Fischer 1976, S. 44). Überdies wird auf einen starken ideologischen Überbau verzichtet. Infolgedessen liegt der Fokus eindeutig auf der Erklärung empirischer Phänomene, denen mit Offenheit und Neugier gegenübergetreten wird.

Zu beachten ist für den Forschungsprozess die Doppelfunktion des Entfremdungsbegriffes. So wurde er in der Vergangenheit sowohl zur Beschreibung als auch zur Kritisierung gesellschaftlicher Verhältnisse genutzt. Da gute empirische Forschung die Kritik den empirischen Ergebnissen nicht vorwegnehmen darf, dominiert im Forschungsprozess die analytisch-beschreibende Funktion. Die kritisierende Funktion hingegen kommt erst im Fazit bzw. in den Handlungsempfehlungen zum Tragen. Dabei ist es die Aufgabe der Forscherin ihre eigenen Werturteile zu reflektieren und zurückzustellen und die im Feld vorgefundenen Verhältnisse für sich sprechen zu lassen. Ziel hiervon ist es die generierten Daten intersubjektiv nachvollziehbar zu präsentieren (Popper 1935, S. 16) und aus der Position der Subjekte Handlungsempfehlungen abzuleiten.

Henning (2015, S. 200) strukturiert die Vielfalt der Entfremdungskonzeptionen anhand von drei ideengeschichtlich parallel verlaufenden Linien, die durch die unterschiedliche Betonung von individueller Handlungsfähigkeit und gesellschaftlichem Kontext charakterisiert sind (Henning 2015, S. 197 f.). Der hier verwendete Entfremdungsbegriff folgt der zwischen individualistisch-konstruktivistischen Ansätzen und anthropologischen Perspektiven verorteten Hauptlinie und vereint individuelle Erfahrungen von Entfremdung sowie deren gesellschaftliche Einbettung. Auf diese Weise können nichtentfremdete Erfahrungen als Kontrastfolien für eine Kritik der vorherrschenden gesellschaftlichen Verhältnisse genutzt werden. Neben dem individuell unterschiedlichen Erleben von Entfremdung wird der Einbindung der Individuen in gesellschaftliche Machtverhältnisse Rechnung getragen (Henning 2015, S. 198; Jaeggi 2005, S. 49), sodass institutionelle Strukturen Eingang in die Analyse von Entfremdung finden. Hierdurch stehen sowohl Eigenschaften als auch Situationen, die Entfremdung begünstigen, im Fokus der Analyse (Fischer 1976, S. 44). Aus dieser Perspektive verfügt das Individuum über einen prädispositionierten Möglichkeitsraum, innerhalb dessen es sich frei entwickeln kann (vgl. Henning 2015, S. 199; Rae 2010, S. 27). Determiniert wird dieser von gesellschaftlichen und institutionellen Bedingungen und damit einhergehenden Anforderungen und Begrenzungen sowie von individuellen Eigenschaften.

Die Ursachen von Entfremdung können sowohl vom Subjekt als auch von den Weltverhältnissen ausgehen (Rosa 2016, S. 307). Um normative Einflüsse zu minimieren, kann und soll nicht vorab festgelegt werden, wie der (nicht-) entfremdete Zustand ausgestaltet ist. In diesem Zuge sind den vorherrschenden gesellschaftlichen Vorstellungen vom nichtentfremdeten Zustand, die Erwartungen der Gesellschaft gegenüber der Schülerrolle inhärent, woraus sich schließlich Konstruktionen der Abweichung ergeben. Deshalb wird in dieser Arbeit das soziale Feld Schule als gesellschaftlicher Rahmen und Bildungskontext in den Blick genommen, wobei angenommen wird, dass die jeweils spezifischen Anforderungen zu Schulentfremdung beitragen.

Auch wenn insbesondere von Jaeggi (2005) und Rosa (2016) Entfremdung als spezifische Beziehung zwischen Individuum und Welt konzipiert wird, beeinflusst diese Beziehung die Einstellungen des Einzelnen, worin sich Entfremdung manifestiert. Aus diesem Grund ist auch Schulentfremdung als Einstellung zu konzipieren, die sich aus den Beziehungen zwischen Individuum und Welt speist.

1.2.2 Schulentfremdung: Theoretische Konzeptualisierung von einzelnen Ausdrucksformen, über Verhaltensweisen zur umfassenden Definition

Die bisherige Forschung eröffnet unterschiedliche Perspektiven auf Schulentfremdung. Anlass für die wissenschaftliche Beschäftigung mit Entfremdung im Schulkontext stellt der angenommene Zusammenhang von Schulentfremdung und Dropout sowie Bildungsungleichheiten dar. Gemeinsam ist allen Konzepten das Bestreben Schulentfremdung zu verstehen und auf dieser Basis Präventionsmaßnahmen zu benennen.

Im Fokus der bisherigen Forschung stehen Sekundarschulen oder Hochschulen, wobei sich die älteren Studien auf US-amerikanische Schulen beziehen und für europäische Bildungssysteme vergleichsweise wenig Forschung existiert. In diesen Studien wird eine Vielfalt von Begrifflichkeiten, wie Adolescent Alienation (Calabrese/Seldin 1986; Calabrese 1987) oder Student Alienation (Newmann 1981; Brown/Higgins/Paulsen 2003) für das Phänomen der Distanz gegenüber der Schule verwendet, die im Kern jedoch auf das gleiche Phänomen abzielen und Ansätze zur Erklärung verschiedener Aspekte von Schulentfremdung bieten. Ziel dieses Unterkapitels ist es zu zeigen, wie Schulentfremdung bislang theoretisch konzeptualisiert und charakterisiert wurde.

Forschungsstand zum wissenschaftlichen Verständnis von Schulentfremdung

Insgesamt können drei, nicht trennscharfe Hauptlinien zur Konzeptualisierung von Schulentfremdung identifiziert werden (Hascher/Hadjar 2018, S. 177): (1) Anpassung ausgewählter Kategorien Seemans (1959) an Schulentfremdung. Herausgegriffen werden meist Normlosigkeit, Bedeutungslosigkeit und soziale Isolation/Fremdheit (vgl. Mau 1989, S. 19). Es mangelt jedoch an einer systematischen Begründung für die Fokussierung ebendieser Kategorien. (2) Fokussiert das Verhalten von Schüler/innen – von mangelnder Beteiligung bis hin zu Selbstmord – und nutzt eine Vielzahl ungewünschter Verhaltensweisen zur Beschreibung von Schulentfremdung. Diese Vorgehensweise liefert eher eine Beschreibung der potenziellen Konsequenzen von Schulentfremdung als eine klare Definition. (3) Erst in jüngerer Vergangenheit etablierte sich eine weitere Linie, die eine einheitliche Definition anstrebt, was bislang jedoch unvollständig blieb. Forscher/innen dieser Linie führen Schulentfremdung auf einen individuellen Mangel an Bindung zur Schule oder die Unfähigkeit, sich im Schulkontext einzubringen zurück (Hascher/Hadjar 2018, S. 177).

Wie bereits angedeutet, werden vielfältige Bezeichnungen für Entfremdungsphänomene im Schulkontext verwendet. Fokussierten diese zunächst die Schüler/innen als Individuum (Newmann 1981; Brown/Higgins/Paulsen 2003; Dynan 1980; Finn 1989; Hendrix/Sederberg/Miller 1990), ist im Zeitverlauf eine Entwicklung hin zu umfassenderen Konzeptionen zu verzeichnen, die auch die Lernumgebung und die Schule als Institution berücksichtigen (Mau 1989; Mann 2005; Schulz/Rubel 2011; Sidorkin 2004). Gemeinsam ist den verschiedenen Ansätzen das Ziel, den Kern von Schulentfremdung zu ergründen, wobei jedoch kein Konsens besteht und eine umfassende Konzeptualisierung von Schulentfremdung bislang nicht geleistet wurde. Vielmehr stehen die, verschiedene Aspekte betonenden, Konzepte weitgehend unverbunden nebeneinander.

Gegenwärtige Studien (Hascher/Hagenauer 2010; Hadjar/Lupatsch 2010; Hadjar/Backes/Gysin 2015; Scharf 2018; Morinaj/Hascher 2019; Morinaj/Hascher 2017) machen explizit Schulentfremdung zum Forschungsgegenstand. Dabei wird Schulentfremdung als negative Orientierung verstanden und durch motivations- und interessenstheoretische Ansätze ergänzt. Es wird davon ausgegangen, dass mangelndes Interesse an Schule und fehlende intrinsische Motivation geringen Schulerfolg zur Folge haben:

> „Alienation represents an individual's cognitive and emotional distance from various dimensions of the academic setting. On a surface level alienated students may function as students because external pressure forces them to learn. Unlike extrinsically motivated students, however, they do not gain benefits from learning in school or develop an identity as learners." (Hascher/Hagenauer 2010, S. 221)

Schulentfremdung stellt demzufolge das Ergebnis eines Prozesses der Demotivation und Abkoppelung dar, womit das Interesse am Verlauf von Schulentfremdung in den Fokus rückt. Zugleich betrachten diese Studien Schulentfremdung als Defizit an sozialer Bindung und Beteiligung (Hadjar/Lupatsch 2010, S. 604; Hadjar/Lupatsch/Grünewald 2010; Hadjar/Lupatsch/Grünewald 2010, S. 228). Folglich weisen betroffene Schüler/innen eine schwache Bindung an die Schule sowie eine geringe Zustimmung und Identifikation und eine emotionale Distanz zu akademischen Zielen und Werten auf (Hadjar/Backes/Gysin 2015, S. 92).

Die Ausprägungen von Schulentfremdung können auf einem Kontinuum verortet werden und unterschiedlich stark ausfallen (vgl. Hendrix/Sederberg/Miller 1990, S. 129; Newmann/Wehlage/Lamborn 1992). In diesen Ansätzen kristallisieren sich die Dimensionen Lernen, Beziehungen zwischen Lehrperson und Schüler/innen sowie die Peer- Beziehungen als zentrale Aspekte für die Entwicklung von Bindung oder Distanz gegenüber der Schule heraus. Konkret zeigen sich das geringe Interesse am Lernen und die mangelnde intrinsische Motivation in einem geringen Interesse an den Unterrichtsfächern und schulischen Aufgaben sowie in fehlender Freude am Lernen (Hadjar/Backes/Gysin 2015, S. 92).

Ein weitere Ansatz zur Erklärung von Schulentfremdung stammt aus der Resonanztheorie (Rosa 2016) und Resonanzpädagogik (Beljan 2017), welche die Ausgestaltung schulischer Strukturen als Ursache von Schulentfremdung in den Blick nehmen. Das Unterrichtsetting in der Schule wird in diesem Zuge als zentraler Ort des Aufbaus von Weltbeziehungen verstanden (Beljan 2017, S. 121 f.).

Der Fokus gegenwärtiger Forschung liegt auf Schulentfremdung als subjektiv wahrgenommenes Phänomen bei Individuen oder Gruppen liegt. Demgegenüber tritt die u. a. von Marx geprägte objektiv-strukturelle Perspektive in den Hintergrund (Hascher/Hadjar 2018, S. 183). Nichtsdestotrotz gilt es zu untersuchen, wie strukturelle Bedingungen und subjektive Wahrnehmungen konkret zusammenhängen. In diesem Zuge stellt sich die Frage, inwiefern Schulentfremdung eine individuelle oder kollektive Ausprägung darstellt.

Überdies hat die vorherrschende sozialpsychologische Interpretation von Schulentfremdung eine Vielzahl von Ansätzen hervorgebracht. Ähnlich wie bei Seeman, der Entfremdung als Reaktion des Individuums auf eine Situation bezeichnete, wird Schulentfremdung als subjektiver Zustand (Newmann 1981) oder innerer Zustand (Finn 1989) verstanden (Hascher/Hadjar 2018, S. 183).

Entfremdung kann als kognitiver Zustand, repräsentiert durch Wahrnehmung und Verständnis (Fischer 1976), gefasst werden. Ebenso gilt es, die emotionale Komponente von Entfremdung zu beachten, die in der Beschreibung von Entfremdung als „feelings of estrangement" oder „feelings of alienation" (Bronfenbrenner 1986; Trusty/Dooley-Dickey 1993) thematisiert werden. Insgesamt bedarf es jedoch weiterer Forschung, wie kognitive und emotionale Aspekte aufeinander bezogen sind.

Auch wenn Entfremdung überwiegend als Zustand verstanden wird (Dean 1961; Newmann 1981; Finn 1989; Kalekin-Fishman 1989), fassen manche Forscher/innen Entfremdung implizit als Charaktereigenschaft, indem die relative Stabilität des Zustandes für einzelne Schüler/innen betont wird (Dynan 1980, S. 21; Hascher/Hagenauer 2010, S. 221). Demzufolge nutzt Dynan ein Verständnis von *student alienation*, in welchem Zustand und Charaktereigenschaft nah beieinanderliegen: „student alienation is a subjective state which varies from student to student, but is relatively stable for each student." (Dynan 1980, S. 21). Schulentfremdung kann als Charaktereigenschaft verstanden werden, die von motivationsbezogenen Dispositionen beeinflusst wird (Hascher/Hagenauer 2010, S. 221).

In unterschiedlicher Weise erfassen die verschiedenen Konzepte das schulische Setting und die außerschulische Umwelt der Schüler/innen. Während die meisten Studien sich auf die Schule und ihre Akteure fokussieren, betonen Bronfenbrenner (1986), Calabrese und Seldin (1986), Calabrese (1987) und Brown et al. (2003) die Einbindung von Kindern und Jugendlichen in verschiedene Welten. Diese tragen in unterschiedlicher Weise zu Entfremdung bei oder können diese kompensieren. In diesem Sinne ist die Schule eine mehrerer Sphären, in denen sich das Leben der Kinder und Jugendlichen abspielt, wobei Wechselwirkungen zwischen den verschiedenen Welten bestehen. Da demnach die Ursachen von Schulentfremdung nicht ausschließlich im Schulkontext zu verorten sind, erscheint es notwendig in zukünftigen Studien auch den Einfluss außerschulischer Faktoren auf Schulentfremdung einzubeziehen.

Schulentfremdung wird überwiegend als spezifische Form des individuellen Erlebens von Schule verstanden. Die Einstellungen gegenüber der Schule können dabei auf einem Kontinuum verortet werden (Hendrix/Sederberg/Miller 1990, S. 129), wobei offen ist, welche Ausprägungen innerhalb der Norm verortet werden können und ab wann Schulentfremdung vorliegt. Das individuelle Erleben formt, unter dem Einfluss bereits bestehender Dispositionen, das Handeln der Schüler/innen und damit ihr Verhältnis zur Schule. In diesem Kontext stellt sich die Frage nach der Verortung des individuellen Verhaltens im Konzept von Schulentfremdung. Einige Forscher (Murdock 1999; Staples 1977) verstehen Verhalten als Ausdruck eines inneren Zustands und fokussieren explizit das Verhalten, wodurch dieses Teil des Konzeptes ist. Andererseits kann Verhalten als Konsequenz außerhalb des Konzepts verortet werden (Hascher/Hadjar 2018, S. 179).

Unterschiedlich deutlich thematisieren die verschiedenen Konzepte den Prozesscharakter von Schulentfremdung. Explizit betonen Dynan (1980), Finn (1989), Trusty und Dooley-Dickey (1993) sowie Hascher und Hagenauer (2010), Hadjar und Lupatsch (2010), Hadjar et al. (2015) und Hascher und Hadjar (2018) die Prozessperspektive auf Schulentfremdung, wodurch Schulentfremdung als sich im Verlauf der Schulkarriere entwickelnde und verstärkende Einstellung gegenüber der Schule verstanden wird.

1.2.3 Definition der Entfremdung vom Lernen

Mit der Entfremdung vom Lernen steht in dieser Arbeit eine der drei Domänen des Schulentfremdungskonzepts im Fokus. Um ein umfassendes Verständnis dieser Konzeptualisierung von Schulentfremdung zu schaffen, wird nachfolgend das Multidomänenkonzept von Schulentfremdung eingeführt.

Die Definition von Schulentfremdung erfolgt in Anlehnung an das Konzept domänenspezifischer Schulentfremdung von Hascher und Hadjar (2018) und ist theoretisch rückgebunden an Seemans (1959) sechs Kategorien von Entfremdung. Schulentfremdung wird verstanden als:

> „… specific set of negative attitudes towards social and academic domains of schooling comprising cognitive and affective elements. While the cognitive dimension relates to student appraisals of the school environment, the affective dimension relates to their feelings. These negative attitudes develop and change over time in terms of a state and can solidify into a disposition." (Hascher/Hadjar 2018, S. 179)

Als relationales Konzept bezieht sich Schulentfremdung stets auf konkrete Objekte und damit auf einen spezifischen Referenzrahmen, der auf die Schüler/innenrolle rekurriert (Hascher/Hadjar 2018, S. 179).

Schulentfremdung zeigt sich in akademischer und/oder sozialer Entfremdung der Schüler/innen (vgl. Schulz/Rubel 2011; Tinto 1975, S. 96). Während sich die akademische Dimension auf Lernprozesse – die ein Hauptziel von Schule darstellen – bezieht, umfasst die soziale Dimension die Beziehungen zwischen Lehrpersonen und Schüler/innen sowie die Beziehungen der Schüler/innen untereinander. Die in dieser Arbeit fokussierte Domäne der Entfremdung vom Lernen zeichnet sich durch eine mangelnde oder lediglich oberflächliche Bindung betroffener Schüler/innen an Lernaktivitäten aus. Damit reflektiert diese Domäne der Entfremdung negative Emotionen und Kognitionen gegenüber schulischem Lernen, die unter anderem durch die Art und Weise der Instruktion hervorgerufen werden (Morinaj/Hascher 2019, S. 285). Lernen bezieht sich dabei primär auf die Wissensaneignung und ist damit von umfassenderen Bildungsprozessen abzugrenzen (Hummrich/Kramer 2017, S. 17).

Als Lernumgebung bestimmt das schulische Setting maßgeblich, inwieweit Lernen als sinnstiftend erfahren wird (Beljan 2017; Mann 2005; Sidorkin 2004). Schule fungiert darüber hinaus als Institution mit bestimmten Normen und Werten, womit konkrete Anforderungen an die beteiligten Akteure verbunden sind.

Die Schule ist ein Ort sozialer Beziehungen, sodass die Schüler/innen in der Interaktion nach Anerkennung und Zugehörigkeit streben (Beljan 2017, S. 121 f.; Finn 1989, S. 133; Hascher/Hagenauer 2010, S. 222 f.). Dabei fungieren die Lehrpersonen als Wissensvermittler und Mentoren und verkörpern die Autorität der Schule. Zudem sind sie auf interpersonaler Ebene Teil der sozialen Umwelt in der

Schule. Auch die Mitschüler/innen stellen einen Teil der schulischen interpersonalen Beziehungen dar. Isolation von den Mitschüler/innen oder Zugehörigkeit zu einer Peergroup, die Lernen und schulische Werte ablehnt, sind kennzeichnend für soziale Schulentfremdung (Hascher/Hadjar 2018, S. 179).

Negative Einstellungen gegenüber der Schule erwachsen aus Erfahrungen nichtresonanter, stummer Beziehungen zu Menschen oder Dingen im Schulkontext, die von Rosa (2016) und Beljan (2017) als Indifferenz oder Repulsion oder von Jaeggi (2005) als Beziehung der Beziehungslosigkeit bezeichnet werden.

Von besonderer Bedeutung ist der Prozesscharakter von Schulentfremdung (Dynan 1980; Finn 1989; Trusty/Dooley-Dickey 1993; Schulz/Rubel 2011). Demnach können sich Einstellungen der Schüler/innen gegenüber der Schule und dem Lernen durch deren individuelle Entwicklung, insbesondere im Zuge der Pubertät (Hascher/Hagenauer 2010, S. 229f.), sowie durch den Wechsel in ein neues institutionelles Setting mit neuen Anforderungen und Praktiken wandeln (Kramer/Thiersch/Ziems 2015, S. 220). Letzteres wird beispielsweise im Zuge des Wechsels von der Primarschule in die Sekundarstufe relevant.

Die drei Domänen – Entfremdung vom Lernen, Entfremdung von den Mitschüler/innen und Entfremdung von der Lehrperson – sind aufeinander bezogen, da sie die schulische Lernumgebung der Schüler/innen beschreiben und maßgeblich prägen. Sie stellen jedoch keine Subdimensionen eines übergeordneten Konstruktes dar (Mau 1992; Morinaj et al. 2017). Dieser Multi-Domänenperspektive folgend, können Schüler/innen entweder in einzelnen Domänen entfremdet sein oder ihre negativen Gedanken und Gefühle können zugleich die genannten sozialen Akteure in der Schule sowie das Lernen betreffen (Mau 1989; 1992; Brown/Higgins/Paulsen 2003; Brown/Higgins/Paulsen 2003; Hascher/Hadjar 2018, S. 179). Dabei wird angenommen, dass die Domänen, in denen keine Entfremdung vorliegt, bis zu einem bestimmten Maße Entfremdung in einer anderen Domäne abfedern können (vgl. Bronfenbrenner 1986). Da die Ursachen und Konsequenzen von Schulentfremdung domänenspezifisch variieren, ist es sinnvoll, sich zu deren Erforschung auf einzelne Domänen zu konzentrieren. Dies geschieht hier durch die Fokussierung der Entfremdung vom Lernen.

Bereits in der Vielfalt der vorgestellten Konzeptualisierungen von Schulentfremdung wird deutlich, dass Schulentfremdung kognitive und emotionale Aspekte beinhaltet. Kritisch ist anzumerken, dass in vielen Ansätzen kognitive, emotionale und verhaltensbezogene Aspekte weitgehend unreflektiert vermischt werden (Hascher/Hadjar 2018, S. 176). Auch die in dieser Arbeit gewählte Definition von Schulentfremdung bezieht sich auf kognitive und emotionale Aspekte, die analytisch voneinander abgegrenzt werden.

Kognitive und affektiv-emotionale Aspekte liegen zeitgleich vor und sind in jeder Domäne in spezifischer Zusammensetzung vorzufinden. Kognitive Aspekte zielen auf die Glaubenssätze, das Wissen, die Annahmen und die Bewertungen der aktuellen Bedingungen durch die Schüler/innen ab, wobei letztere mit den vergangenen und zukünftig erwarteten Bedingungen in ein Verhältnis gesetzt werden. In den emotionalen Aspekten hingegen zeigen sich die affektiven Erfahrungen der Schüler/innen in Bezug auf die Schule (Hascher/Hadjar 2018, S. 179). Da das Schulleben und Lernerfahrungen eng mit diesen emotionalen Erfahrungen verbunden sind, kann Schulentfremdung unter anderem als emotionale Reaktion auf die schulischen Erfahrungen gedeutet werden.

Um Tautologien zu vermeiden, ist Verhalten als Folge von Schulentfremdung außerhalb des Schulentfremdungskonzepts zu verorten (vgl. Ausführungen zur theory of planned behaviour Fishbein/Ajzen 1975 ebenso situational action theory, Wikström 2014). Einstellungen rahmen das Verhalten der Schüler/innen, das als Konsequenz von Schulentfremdung verstanden wird und als Outcome-Variable fungiert. Beispielsweise stellt abweichendes Verhalten eine Konsequenz von Schulentfremdung dar, ist somit nicht unmittelbarer Teil des Konstruktes (Hascher/Hadjar 2018, S. 182).

Die Bindung zur Schule als Gegenpol von Schulentfremdung

Wurde Schulentfremdung bislang als Mangel an positiven Einstellungen gegenüber der Schule und dem Lernen diskutiert, ist nun zu fragen, wie der nichtentfremdete Zustand kontextualisiert werden kann.

Da mehrere Autoren Entfremdung als Defizit sozialer Bindung beschreiben (Hadjar/Lupatsch/Grünewald 2010; Hascher/Hagenauer 2010; Dean 1961), wird Schulbindung als Gegenpol von Schulentfremdung betrachtet. Auch moderne Entfremdungstheorien (Rosa 2016; Jaeggi 2005) weisen Entfremdung als Abwesenheit von Bindung aus und beschreiben den entfremdeten Zustand als Beziehung der Beziehungslosigkeit (Jaeggi 2005). Analog hierzu wird der nichtentfremdete Zustand als Beziehung (Jaeggi 2005) oder Resonanz (Rosa 2016; Beljan 2017) verstanden.

Schulbindung umfasst die Verbindungen zwischen einzelnen Schüler/innen und ihrer Schule, dem schulischen Personal und den akademischen Werten, die von der Schule vertreten werden (Maddox/Prinz 2003, S. 31). Neben der Bindung an die Institution sind die zwischenmenschlichen Beziehungen gegenüber dem schulischen Personal und den Mitschüler/innen von besonderer Bedeutung für die Entwicklung von Bindung gegenüber der Schule (Crosnoe/Johnson/ Elder 2004, S. 75). Der Kern von Bindung bezieht sich auf das Vorhandensein affektiver Bindungen zwischen Schüler/innen und Lehrpersonen, was wiederum eine Stärkung der Verbindung zwischen Schüler/innen und der normativen Ordnung und den Werten der Schule bewirkt (Crosnoe/Johnson/Elder 2004, S. 61 f.). Auch in Anlehnung an Crosnoe/Johnson/Elder (2004, S. 75) kann ein Mangel an Bindung als Entfremdung beschrieben werden. Schulbindung als übergreifende Einstellung fungiert damit als Gegenpol von Schulentfremdung. Da Bindung auch Verhalten beinhaltet (Maddox/Prinz 2003, S. 33), ist es in dieser Hinsicht von Schulentfremdung abzugrenzen. Damit bezieht sich Bindung als Gegenpol von Schulentfremdung auf die Einstellungsebene.

Die Erforschung von Bindungs- und Entfremdungspotenzialen, wie sie in dieser Dissertation angestrebt wurde, ermöglicht es spezifische Ursachen von Schulentfremdung konkret zu benennen. Es wurde davon abgesehen, den nichtentfremdeten Zustand als Nichtentfremdung zu bezeichnen. So reflektieren die wissenschaftlichen Entfremdungsdiskurse die Problematik, wie der nichtentfremdete Zustand zu fassen und zu benennen ist (vgl. Kapitel II.1.2.1). Für diese Arbeit wurde der Begriff der Bindung zur Schule gewählt. So steht dieser für positive, resonante Haltungen gegenüber der Schule und dem Lernen. Dieses Vorgehen trägt der Forderung Rechnung, Entfremdung stets zusammen mit dem Gegenpol gelingender Aneignungsvollzüge (Jaeggi 2005, S. 54f.) oder Weltbeziehungen (Rosa 2016) zu denken. Dem lag eine kulturell offene Konzeption zugrunde, die keine konkrete Vorstellung vom guten oder gelingenden Leben vorgab. Dabei galt es zu analysieren, in welcher Weise soziale Praktiken und deren Ausgestaltung zur Störung von Aneignungsvollzügen beitragen (vgl. Jaeggi 2005, S. 55).

Das Verhältnis von Schulentfremdung zu weiteren sozialpsychologischen Konzepten

Neben Schulentfremdung nähern sich weitere wissenschaftliche Konzepte dem Verhältnis von Schüler/innen und Schule theoretisch an. Hierzu zählen Belonging, Motivation bzw. Amotivation, Engagement, Commitment und Wohlbefinden. Zur weiteren Abgrenzung wird nachfolgend das Verhältnis des Schulentfremdungskonzepts zu diesen Konzepten dargestellt und diskutiert. Während Konzepte wie Belonging oder Identifikation (vgl. Ma 2003, S. 340; Goodenow/Grady 1993) auf Orientierungen und Einstellungen der Schüler/innen und die damit verknüpfte Beziehung zur Schule abzielen (Zustand), sind Engagement (Fredericks/Blumenfeld/Paris 2004), Commitment (Tinto 1975) und Motivation (Deci/Ryan 2008; Legault/Pelletier/Green-Demers 2006) handlungsbezogener und beschreiben Aspekte, die als entscheidend für Bildungserfolg angesehen werden.

Forschung zu subjektivem Wohlbefinden in der Schule untersucht, wie Schüler/innen Schule subjektiv bewerten und emotional erfahren (Tian/Chen/Huebner 2014, S. 356). In der Forschung zu Wohlbefinden wird das Verhältnis zu Entfremdung nicht explizit benannt. Ein Zusammenhang zwischen Wohlbefinden und Schulentfremdung wird jedoch durch zahlreiche Forschung belegt, die zeigt, dass Entfremdung von Schüler/innen abnimmt, wenn sie positive Emotionen und Interaktionen in schulbezogenen Aktivitäten erleben (Ifeagwazi/Chukwuorji/Zacchaeus 2015; Morinaj et al. 2017; Morinaj/Hascher 2019; Hascher 2010). Das Gefühl der Entfremdung im schulischen Kontext beeinflusst das Wohlbefinden der Schüler/innen negativ und die vorherrschenden akademischen und sozialen Gegebenheiten wirken signifikant auf die Haltungen der Schüler/innen gegenüber der Schule. Angesichts dessen sind das subjektive Wohlbefinden sowie Schulentfremdung auf individuellen Erfahrungen basierende Phänomene (Morinaj/Hascher 2019, S. 285). Wohlbefinden fungiert als Ressource, die es dem Einzelnen ermöglicht, mit negativen Einflüssen auf Lernen und die individuelle Entwicklung umzugehen und diese abzupuffern (Hascher 2011; 2012).

Nichtsdestotrotz sind diese Konzepte nicht gleichzusetzen mit Schulentfremdung. Sie fassen vielmehr die positive Seite von Teilaspekten – beispielsweise beschreibt Belonging die individuelle Wahrnehmung von Zugehörigkeit zu Mitschüler/innen und Lehrpersonen. Andere, wie Engagement oder Commitment, fungieren als Konsequenzen von Schulentfremdung und werden deshalb außerhalb des Konstruktes verortet. Jedoch erweisen sich viele Erkenntnisse zu den Ursachen von Disengagement ebenfalls als bedeutsam für die Entwicklung von Schulentfremdung, wie beispielsweise die Rolle der Lehrperson (z. B. Allen et al. 2013; Luckner/Pianta 2011; Pianta/Hamre/Allen 2012), der Mitschüler/innen (z. B. Juvonen/Espinoza/Knifsend 2012) und der Lernaktivitäten (z. B. Gettinger/Walther 2012).

Obwohl Überlappungen zwischen den genannten Konzepten und Schulentfremdung vorliegen, handelt es sich bei Schulentfremdung um eine Erweiterung, die einen genuinen, systematischen Beitrag zur Klärung der Frage bietet, warum sich einige Schüler/innen in ihrer Bildungskarriere von der Schule distanzieren und Fremdheit gegenüber der Schule entwickeln.

1.2.4 Erforschte Ursachen von Schulentfremdung

Eine Systematisierung des Forschungsstandes zu den Ursachen von Schulentfremdung zeigt, dass bislang überwiegend Ursachen von Schulentfremdung untersucht wurden, die auf der individuellen Ebene zu verorten sind und somit Merkmale und Haltungen der Schüler/innen betreffen (Hascher/Hadjar 2018, S. 181). Hingegen wurde die Ausgestaltung der schulischen Institutionen bisher kaum systematisch als mögliche Ursache von Schulentfremdung erforscht. Obwohl einige Studien die Ebene der Schulklasse thematisieren, untersuchen sie diese nicht empirisch (z. B. Calabrese/Seldin 1986).

Erst in jüngerer Vergangenheit deutet sich ein verstärktes konzeptuelles und empirisches Interesse an der Ausgestaltung der Schulklasse und ihrer Wirkung auf die Schüler/innen an (Demanet/van Houtte 2011; Demanet/van Praag/van Houtte 2016). So werden die Beziehungen zwischen Lehrpersonen und Schüler/innen, die Peerbeziehungen in der Klasse sowie die Klassenzusammensetzung (Migrantenanteil, Geschlechterverteilung) als Determinanten/ Ursachen von Schulentfremdung identifiziert und diskutiert (z. B. Baker 1998; Studsrød/Bru 2011; Studsrød/Bru 2012; Scharf 2018). Überwiegend negative Beziehungen zwischen Lehrpersonen und Schüler/innen, gekennzeichnet von mangelnder Fairness, mangelndem Respekt und Demotivation der Lehrperson, werden als signifikanter Wegbereiter für die Entwicklung von Schulentfremdung angesehen (Baker 1998; Murdock 1999; Legault/Pelletier/Green-Demers 2006; Hascher/Hagenauer 2010; Çağlar 2013; Hyman/Perone 1998).

Dennoch werden die Ursachen von Schulentfremdung bislang vor allem unter Fokussierung individueller Merkmale untersucht, wobei die Bedeutung der Ausgestaltung der Bildungsinstitutionen sowohl auf Klassenebene, Schulebene und Ebene des Bildungssystems bislang nicht ausreichend Beachtung findet. Beispielsweise werden die Charakteristika der Bildungsinstitutionen nicht als Quellen von Schulentfremdung verstanden, wohingegen ihnen jedoch durchaus das Potenzial, einen pädagogischen Beitrag zur Bearbeitung von Schulentfremdung leisten zu können, zugeschrieben wird (Calabrese/Seldin 1986; Calabrese 1987). Auch weitere Studien (Newman/Newman 2003; Sutherland 2011; Bronfenbrenner 1986) messen den schulischen Strukturen keinen eigenständigen Beitrag zur Entwicklung von Schulentfremdung bei, sondern verorten die Entstehungskontexte von Schulentfremdung außerhalb des schulischen Settings, sodass Schulentfremdung durch die betroffenen Schüler/innen erst in die Schule getragen wird (Hascher/Hadjar 2018, S. 181). Wie soeben gezeigt, wurde die Bedeutung schulischer Strukturen für Schulentfremdung bislang nicht systematisch empirisch erforscht. An dieser Forschungslücke setzt diese Arbeit an, indem sie die Entwicklung von Schulentfremdung in den differenziellen Entwicklungsmilieus in Sekundarschultracks untersucht und sich somit damit beschäftigt, in welcher Weise diese spezifischen schulischen Lernumgebungen zur Entwicklung von Entfremdung vom Lernen beitragen.

Zur Erklärung für diese differente Entwicklung werden bislang folgende Möglichkeiten in Betracht gezogen: (1) der Einfluss differenzieller Lernraten, sodass Schüler/innen abhängig von ihrem Vorwissen unterschiedlich große Lernfortschritte erzielen. (2) Institutionelle Unterschiede, die in unterschiedlichen Stundentafeln, Lehrplänen und Unterrichtskulturen zum Ausdruck kommen. Sowie (3) Kompositionseffekte, die auf die unterschiedliche leistungsmäßige, soziale, kulturelle und lernbiographische Zusammensetzung der Schülerschaft zurückzuführen sind (Baumert/Stanat/Watermann 2006, S. 101).

Es gilt zu berücksichtigen, dass die Forschung zu Schulentfremdung noch relativ jung ist und umfangreicher weiterer Forschungsbedarf besteht. Da sich Schulentfremdung als komplexes, durch eine Vielzahl von Faktoren beeinflusstes Phänomen konturiert, gilt es dessen Multikausalität verstärkt in den Blick zu nehmen (Hascher/Hadjar 2018, S. 180). Im Zuge der weiteren Schärfung des Multidomänenkonzepts Schulentfremdung von Hascher und Hadjar (2018) besteht zudem der Anspruch, die verschiedenen Ebenen zukünftig stärker einzubeziehen und miteinander zu verbinden, wodurch auch die Bedeutung schulischer Strukturen stärker in den Blick genommen werden soll (Hascher/Hadjar 2018, S. 182).

Demnach gilt es neben der individuellen Ebene (Persönlichkeit, soziale und ethnische Herkunft, Geschlecht) auch die Ebene der Schulklasse (Zusammensetzung der Klasse, Klassenklima, Lehrperson- Schüler/innen-Beziehungen, Instruktionsqualität) sowie die Ebene der Einzelschule (Zusammensetzung der Schülerschaft, primäre Bezugsmilieus einer Schule, materielle Ausstattung, Schulklima, schulische Steuerung) zu berücksichtigen (Hascher/Hadjar 2018, S. 181). Diese Ansprüche, die in der Zukunft erfüllt werden müssen, zeigen die Relevanz dieser Arbeit auf, in welcher die schulischen Strukturen auf Ebene der Schulklasse im Fokus stehen.

Die bisherige Forschung zu den Ursachen von Schulentfremdung beginnt in den 1960er Jahren und im Laufe der Zeit wurde eine Vielzahl von Aspekten untersucht. Die Theorien der Schulkultur und der kulturellen Passung waren jedoch bislang nicht Bestandteil der empirischen Schulentfremdungsforschung. Stattdessen wurden sowohl individuelle Dispositionen (Grünewald-Huber/Gysin/Braun 2011; Hadjar/Lupatsch/Grünewald 2010; Brown, Monica, R. et al. 2003; Newmann 1981; Dean 1961; Kocayörük/Furuk Simsek 2016; Schulz/Rubel 2011; Finn/Zimmer 2012) als auch Lehrperson-Schüler/innen-Beziehungen und Schüler-Schüler-Beziehungen (Hascher/Hagenauer 2010) sowie Lehrstile (Murdock 1999) und die Ausgestaltung von Lernumgebungen (Mann 2001; Dillon/Grout 1976; Johnson 2005; Scharf 2018) in den Blick genommen. All diese Untersuchungen fokussieren den schulischen Raum, sodass implizite Verbindungen zur Theorie der Schulkultur erkennbar sind. Als symbolische Sinnordnung umfasst Schulkultur organisationale, pädagogische und lernbezogene Aspekte, welche innerhalb des schulischen Settings ineinandergreifen und deshalb analytisch nicht klar getrennt werden können (Helsper 2008, S. 65). Dementsprechend greifen die oben genannten Studien Aspekte der Schulkultur zwar auf, es erfolgt jedoch keine explizite Anbindung an die Theorie der Schulkultur.

2 Schule als Lern- und Entwicklungsraum: Die Schultracks der Sekundarstufe als differenzielle Entwicklungsmilieus

In welcher Weise die Einzelschule als differenzielles Entwicklungsmilieu die Einstellungen der Schüler/innen gegenüber dem Lernen beeinflusst, ist Gegenstand dieser Arbeit. Im Fokus stehen dabei die institutionellen Strukturen in Form von spezifischen Anforderungen als eine Ursache von Schulentfremdung.

Konzeptuell wird dies durch die Perspektive auf schulische Lernumgebungen als differenzielle Entwicklungsmilieus (Baumert/Stanat/Watermann 2006) gerahmt. Überdies ermöglicht es die Theorie der Schulkultur (Helsper 2008) die kulturelle Ausgestaltung der Einzelschule zu untersuchen. Folglich werden in dieser Arbeit die verschiedenen Schulformen als differenzielle Entwicklungsmilieus verstanden, in welchen wiederum die Schulkultur der Einzelschule verortet ist. Vor diesem Hintergrund ist anzunehmen, dass sowohl die differenziellen

Entwicklungsmilieus verschiedener Schulformen als auch die Schulkultur der Einzelschule unterschiedliche Rahmenbedingungen für die Entwicklung von Schulentfremdung bieten.

Differenzielle Entwicklungsmilieus zeigen sich in stratifizierten Bildungssystemen in Form der Existenz verschiedener Schulformen. Diese bieten unterschiedliche strukturelle, inhaltliche und soziale Rahmenbedingungen, die Schüler/innen und Lehrpersonen beeinflussen und mit unterschiedlichen Bildungsangeboten und -chancen einhergehen (Baumert/Stanat/Watermann 2006, S. 98 f.).

Ein weiterer zentraler Ansatz ist die Theorie der Schulkultur nach Helsper und Kramer, der Handlungs-, Akteurs- und Systemtheorie integriert (Helsper 2008, S. 63; Terhart 1994) und eine Erklärung bietet, in welcher Weise die Ausgestaltung der Einzelschule mit den schulischen Akteuren in Verbindung steht und auf diese Weise spezifische Passungsverhältnisse hervorbringt. Dies basiert auf der Feldtheorie, der Kapitaltheorie und dem Habituskonzept Bourdieus. Um einen möglichst differenzierten Blick auf die Entstehung von Schulentfremdung zu erlangen, wird die Theorie der Schulkultur mit weiteren Elementen ausgewählter theoretischer Zugänge angereichert. Hierzu zählen Willis' (1978) kultursoziologische Erklärung von schulischer Opposition sowie Rosas (2016) und Beljans (2017) resonanztheoretische Perspektive auf Entfremdungsprozesse im Unterrichts- und Klassenkontext.

Die genannten theoretischen Zugänge werden im Sinne einer Theorientriangulation (Denzin 1970) verbunden, die ein vertieftes Verständnis der schulischen Anforderungen und deren Verarbeitung auf Klassenebene ermöglicht. Dieses multiperspektivische Vorgehen berücksichtigt sowohl die Einbettung von Schule und Bildungssystem in die Gesellschaft als auch die individuellen Sinngebungsprozesse und Orientierungsrahmen der schulischen Akteure. Zudem ermöglicht es sowohl trackspezifische als auch einzelschulspezifische Anforderungen in den Blick zu nehmen. Ziel dieses Kapitels ist es herauszuarbeiten, in welcher Weise diese Konzepte einander ergänzen und zur Erklärung der Entfremdung vom Lernen im schulischen Kontext beitragen, wodurch der Mehrwert der Triangulation deutlich wird.

2.1 Differenzielle Entwicklungsmilieus in stratifizierten Bildungssystemen

2.1.1 Formen schulischer Differenzierung in stratifizierten Bildungssystemen

Stratifizierung beschreibt im schulischen Kontext, das Ausmaß der Differenzierung von Bildungsmöglichkeiten zwischen und innerhalb verschiedener Bildungsniveaus (Pfeffer 2008; Allmendinger 1989). In der wissenschaftlichen

Literatur wird gemeinhin zwischen externer Differenzierung/Stratifizierung und innerer Differenzierung/Binnendifferenzierung unterschieden. Typisch für die externe Differenzierung ist die Aufteilung in unterschiedliche Schultracks, die zudem oft in separaten Schulen verortet sind und in stratifizierten Bildungssystemen ab der Sekundarstufe relevant wird. Zudem verfolgen diese unterschiedlichen Schulformen jeweils spezifische Lehrpläne und Bildungsziele (van de Werfhorst/Mijs 2010, S. 408). Im internationalen Vergleich weisen Bildungssysteme einen unterschiedlichen Grad an Stratifizierung auf, von Gesamtschulsystemen frei von externer Differenzierung, bis hin zu strikt getrennten Bildungswegen.

Während in der Primarschule in der Regel noch keine externe Stratifizierung erfolgt, aber Formen der inneren Differenzierung zum Einsatz kommen (McGillicuddy/Devine 2018, S. 89), wird die externe Stratifizierung mit dem Übergang in die Sekundarstufe bedeutsam. Am Ende der Primarschulzeit erfolgt in stratifizierten Bildungssystemen die Allokation in verschiedene Schulformen, was den Beginn der externen Differenzierung markiert und somit als Gelenkstelle im Bildungsverlauf gilt. Die Schultracks stratifizierter Bildungssysteme erweisen sich ab der Sekundarstufe als leistungshomogen (Becker/Schulze 2013, S. 6f.), was darauf abzielt, die Produktivität und Leistungsfähigkeit der Schüler/innen zu fördern, die Effizienz des Schulunterrichts zu steigern sowie soziale Ungleichheiten zu mindern (Sørensen 1970).

Die externe organisationale Differenzierung in der Sekundarstufe geht mit einer Trennung der Schülerschaft in dauerhafte Subgruppen – beispielsweise Schulklassen oder Sektionen – einher, womit Unterschiede im Hinblick auf Curriculum und Lernen verbunden sind (van Houtte/Steven 2015, S. 794f.; Schofield 2010, S. 1496). Nach vollzogener externer Differenzierung kommt es in den einzelnen Schulformen zu weiteren inneren Differenzierungen z. B. durch die Wahl von Schwerpunkten oder Ability Grouping.

Studien belegen, dass das Ausmaß der Stratifizierung von Bildungssystemen einen erheblichen Einfluss auf Bildungschancen hat, sodass Bildungsungleichheiten eng mit der institutionellen Struktur von Bildungssystemen verbunden sind (Pfeffer 2008; van Houtte/Steven 2015; McGillicuddy/Devine 2018; Harris 2012; Paulick/Watermann/Nückles 2013; Smyth 2016).

2.1.2 Die Schultracks der Sekundarstufe als differenzielle Lern- und Entwicklungsmilieus

Die einzelnen Sekundarschultracks in stratifizierten Bildungssystemen fungieren als eigenständige Entwicklungsmilieus, in denen die Schüler/innen unterschiedliche Förderung erfahren und dementsprechend bestimmte Lernergebnisse erhalten (Becker 2011a, S. 506).

Baumert et al. (2006) folgend, werden diese unterschiedlichen Schulumwelten als differenzielle Lern- und Entwicklungsmilieus gefasst. Das heißt sie sind geprägt von unterschiedlichen institutionellen Arbeits- und Lernbedingungen und schulformspezifischen pädagogisch-didaktischen Traditionen, die auf die Schüler/innen wirken. Demzufolge beeinflussten spezifische Schulmilieus die Entwicklungschancen aller Schüler/innen „unabhängig von und zusätzlich zu ihren persönlichen, kulturellen, ökonomischen Ressourcen" (Baumert/Stanat/Watermann 2006, S. 98 f.). Darüber hinaus sind Bildungschancen als schulformspezifisch und eng mit den institutionellen Rahmenbedingungen der Einzelschule verknüpft zu verstehen. So zeigen sich nicht nur Unterschiede zwischen Schulformen, sondern auch zwischen Schulen derselben Schulform im Hinblick auf soziale Zusammensetzung und Fähigkeitsniveau der Schülerschaft (Baumert/Stanat/Watermann 2006, S. 96; Baumert/Trautwein/Artelt 2003).

Empirische Studien weisen auf Unterschiede zwischen den Schulformen hin, die alle Dimensionen des Kompetenzerwerbes – Fachleistungen, motivationale Orientierungen, Umgangsformen, Selbstregulationsfunktion und soziale Kompetenzen – betreffen (Baumert/Stanat/Watermann 2006, S. 99). Zudem wird eine differenzielle Leistungsentwicklung für Schüler/innen unterschiedlicher Schulformen in der Sekundarstufe belegt (Baumert/Trautwein/Artelt 2003; Baumert/Stanat/Watermann 2006; Köller/Baumert 2001). Weiterhin wirken die differenziellen Entwicklungsmilieus in den Schultracks auf den Sozialcharakter der Schüler/innen und somit auf ihre Wertorientierungen, Einstellungen, Präferenzen, Verhaltens- und Handlungsweisen (Becker/Schulze 2013, S. 2; Blossfeld/Huinink 2001). Die schulischen Kontextbedingungen wirken dabei vermittelt über die soziale Interaktion zwischen Lehrpersonen, Schüler/innen und Eltern (Baumert/Stanat/Watermann 2006, S. 173).

Während die Wirkung verschiedener Schulformen als differenzielle Entwicklungsmilieus auf schulische Leistung und das Kompetenzniveau empirisch belegt ist, stellt sich die Frage, in welcher Weise die institutionellen Strukturen und Unterrichtskulturen unterschiedlicher Schulformen spezifische Entwicklungskontexte für Schulentfremdung darstellen. Für das luxemburgische und schweizerische Bildungssystem belegte erstmals Scharf (2018) den Einfluss Ausgestaltung von Bildungskontexten (Institutions- und Kompositionseffekte) auf die Entwicklung von Schulentfremdung.

Zudem ist anzunehmen, dass die Schulformen in unterschiedlichem Maße kompetitiv ausgestaltet sind und somit die Schüler/innen abhängig von der besuchten Schulform in unterschiedlichem Maße Sorgen und Ängste entwickeln, die zu Schulentfremdung beitragen können (vgl. Morinaj/Hascher 2019, S. 286; Anderman/Griesinger/Westerfield 1998).

Auch diese Arbeit beschäftigt sich mit der Entwicklung von Schulentfremdung in den verschiedenen Schultracks in Luxemburg. Kernannahme ist, dass die differenziellen Entwicklungsmilieus in den verschiedenen Schultracks in unterschiedlichem Maße die Entwicklung von Schulentfremdung begünstigen.

2.2 Schulische Anforderungen und damit verbundene Positionierungen: Kultursoziologische und resonanztheoretische Erklärungen der Entfremdung vom Lernen

2.2.1 Theorie der Schulkultur und Theorie der kulturellen Passung: Mangelnde kulturelle Passung gegenüber der Schulkultur als Prozess hinter Schulentfremdung

Um theoretisch zu erklären, wie differenzielle Entwicklungsmilieus auf die Schüler/innen wirken, werden die Theorie der Schulkultur und die Theorie der kulturellen Passung nach Helsper und Kramer herangezogen. Dies erscheint gewinnbringend, da auf diese Weise das Zusammenspiel von Schule und Schüler/in in spezifischen Lern- und Entwicklungsmilieus und hieraus resultierende Entfremdungspotenziale in den Blick genommen werden können.

Wissenschaftlich werden Schulkulturen[4] als symbolische Ordnung der einzelnen Schule im Spannungsfeld von Realem, Symbolischem und Imaginärem gefasst. Die Schulkultur einer Einzelschule wird hergestellt und reproduziert im Zusammenspiel individueller Einstellungen und Bedürfnisse von pädagogischem Personal und Schüler/innen und den universalistischen Rahmungen, die durch bildungspolitische Vorgaben und Ziele geprägt sind (Helsper 2008). Als spannungsreiche Hegemonialkultur beinhaltet die symbolische Ordnung der Einzelschule sowohl herrschende als auch unterlegene, oppositionelle und konkurrierende pädagogische Haltungen, Praktiken, Deutungen und Ideale. Die schulischen Akteure sind mit ihren eigenen Haltungen auf die schulische Hegemonialkultur verwiesen und erleben entsprechend Anerkennung und Bestätigung oder Zurückweisung und Ächtung (Kramer/Thiersch/Ziems 2015, S. 213). Die Schulkultur einer Einzelschule stellt eine schulspezifische Variante der Strukturvorgaben und Konflikte des Bildungssystems dar (Kramer/Thiersch/Ziems 2015, S. 212). Die Einzelschule verfügt demnach über einen, durch die schulformspezifischen bildungspolitischen Vorgaben begrenzten, Handlungsspielraum, der es ermöglicht eigene Akzente zu setzen (Helsper et al. 2018, S. 11 f.).

Überdies wird in dieser Arbeit angenommen, dass in stratifizierten Bildungssystemen trackspezifische Vorgaben existieren, die für Einzelschulen derselben Schulform gleichermaßen gelten und sich in ähnlichen Anforderungen und Praktiken äußern. Die Schulkultur einer Einzelschule als differenzielles Entwick-

---

4 Vorweg ein Hinweis zur Einordnung der verwendeten Begrifflichkeiten: Wenn von Schulkulturen im Plural gesprochen wird, beziehen sich die Ausführungen auf Schulkulturen im Allgemeinen, sodass Schulkulturen verschiedener Einzelschulen mitgedacht werden. Wird hingegen der Singular Schulkultur verwendet, verweist dies darauf, dass von der konkreten Schulkultur einer Einzelschule gesprochen wird.

lungsmilieu ist folglich in dieser Arbeit durch trackspezifische Vorgaben und den der einzelnen Schule eigenen Gestaltungsspielraum charakterisiert. So verfügt jede Schule über spezifische Vorstellungen des idealen Schülers oder der idealen Schülerin sowie davon, was nicht tragbar ist (Helsper/Hummrich/Kramer 2014, S. 315), woraus spezifische Abstoßungs- oder Anziehungsverhältnisse resultieren (Kramer/Thiersch/Ziems 2015, S. 213).

Einzelne Schüler/innen treffen mit ihrem primären Schülerhabitus auf schulische Anforderungen und Vorgaben und können diesen in unterschiedlichem Maße gerecht werden. Dementsprechend erfahren sie in unterschiedlichem Maße Anerkennung und Zurückweisung, was in individuelle differenzielle schulbezogene Entwicklungen mündet. Während Anziehungsverhältnisse für Resonanz und Schulbindung stehen, drückt sich in Abstoßungsverhältnissen Distanz gegenüber dem Lernen und somit Schulentfremdung aus. Das soeben dargestellte Zusammenspiel der schulischen Normen und Anforderungen und individuellen Dispositionen der Schüler/innen wird als kulturelle Passung bezeichnet (Kramer/Thiersch/Ziems 2015, S. 216).

Der Theorie der kulturellen Passung folgend, liegt dieser Arbeit die Annahme zugrunde, dass mangelnde Passung und somit Schulentfremdung entstehen, wenn einerseits Schüler/innen nicht über die Fähigkeiten oder die Bereitschaft verfügen, die Strukturen und Anforderungen der Schule zu übernehmen und anzuerkennen. Andererseits wird mangelnde Passung dadurch bedingt, dass eine Schule die individuellen Dispositionen der Schüler/innen nicht anerkennt bzw. abwertet. Diese Zurückweisung stellt, ebenso wie die Anerkennung, eine symbolisch-kulturelle Form institutioneller Selektivität dar (Kramer/Thiersch/ Ziems 2015, S. 232f.). Die Theorie geht davon aus, dass Nähe und Distanz von Schüler/innen zur Schule und ihren Anforderungen durch die soziale Herkunft und das damit verbundene kulturelle Kapital der Schüler/innen beeinflusst werden (Kramer/Thiersch/Ziems 2015, S. 213).

2.2.2 Strukturelle Bedingungen schulischer Kulturen: Grundmechanismen, Nähe der Schule zu den bildungsnahen Gesellschaftsschichten und primäre Bezugsmilieus

Das soziale Feld Schule stellt eine historisch gewachsene Formation dar, die sich in mehrere Aggregierungsebenen gliedert, die in Relation zueinanderstehen (Helsper/Hummrich/Kramer 2014, S. 314): Dabei fungiert das Bildungssystem als strukturgebender Überbau der Einzelschule. Die symbolische Ordnung der Einzelschule wird als Ausschnitt des sozialen Feldes Schule und Bildung betrachtet. Ein Grund für die unterschiedlichen Passungskonstellationen zwischen Schüler/innen und Schule liegt in der spezifischen Ordnung und sich hieraus ergebenden Anforderungen des schulischen Feldes, die sich durch ihre permanente Präsenz in den Habitus der Schüler/innen einprägen (Kramer 2014, S. 188ff.).

Einbettung schulischen Handelns in Herrschaftsverhältnisse des sozialen Feldes Schule

Die Theorie der Schulkultur schließt an Bourdieus Theorie sozialer Felder an, sodass sich in Schulkulturen soziale Kämpfe um die Distinktion in pluralen kulturellen Ordnungen und deren Hierarchisierung widerspiegeln (Helsper/ Hummrich/Kramer 2014). Jeder schulische Akteur nimmt im Feld eine spezifische Position ein, wobei die prestigeträchtigen Positionen hart umkämpft sind. Jede Position im sozialen Raum bezieht sich auf spezifische Begegnungen, Affinitäten, Sympathien und Wünsche (vgl. Kramer 2014; Bourdieu 1998, S. 114). Die Auseinandersetzungen um Positionen und damit um Macht manifestieren sich in Praktiken und Sprechakten, die aus den individuellen Wahrnehmungs- und Bewertungsschemata hervorgehen. (Kramer 2014, S. 184).

Bezogen auf das schulische Feld und seine Anerkennungsstrukturen ist zwischen der Ebene des Bildungssystems und der Ebene der Einzelschule zu unterscheiden. So gehen auch Bourdieu und Passeron (1971, S. 40f.) davon aus, dass auf der globalen Ebene des Bildungssystems Überzeugungen und Mechanismen identifiziert werden können, die für alle Schulen und deren Akteure gleichermaßen gelten. Zugleich existieren einzelschulspezifische Machtverhältnisse, die sich in den Funktionsweisen der Einzelschule und im Handeln ihrer Akteure ausdrücken. Diesen Gedanken folgend, ist davon auszugehen, dass in stratifizierten Bildungssystemen trackspezifische Überzeugungen und somit Anforderungen existieren.

Schulische Bezugs- und Abstoßungsmilieus: Ausrichtung der Schule an bildungsnahen Schichten

Aus konstruktivistisch-strukturalistischer Perspektive bietet die Institution Schule nicht allen Schüler/innen die gleichen Anknüpfungspunkte, da sie sich an den Bedürfnissen der bildungsnahen Schichten orientiert. Vor diesem Hintergrund kumulieren sich einzelschulspezifische Institutionen-Milieu-Komplexe (Kramer/Thiersch/Ziems 2015, S. 212). Folglich sind die Anforderungen der Einzelschule an ihrer jeweiligen Klientel ausgerichtet (Kramer/Thiersch/ Ziems 2015, S. 212). Das heißt jede einzelne Schule verfügt über spezifische zentrale Bezugs- und Abstoßungsmilieus und ist auf diese Weise an konkrete soziale Lagen und dazugehörige Habitusformationen gebunden (Helsper/Hummrich/ Kramer 2014, S. 315).

Die Voraussetzung für erfolgreiche Partizipation in einem sozialen Feld stellt die Anerkennung der feldspezifischen Gesetzlichkeiten und Mechanismen dar, welche die Illusio verkörpert. Die Anerkennung der Gesetzmäßigkeiten eines Feldes reflektiert, auf welche Weise ein Akteur am feldspezifischen Spiel partizipiert. Das heißt, um sich erfolgreich im sozialen Feld Schule bewegen zu können, müssen Schüler/innen die Gesetzmäßigkeiten dieses Feldes kennen, sich mit diesen identifizieren und an diesen ausgerichtet handeln[5].

Die Aufrechterhaltung des Status quo und damit verknüpfter Bildungsungleichheiten basiert auf einer sanften Eliminierung von bildungsfernen Schichten, wobei ihnen impliziert wird, dass ihre Auslese Folge eines Mangels an Fähigkeiten und Verdiensten ist (Bourdieu/Passeron 1971, S. 228; Kramer 2014, S. 187 f.). Dabei stehen den Anstrengungen der unteren Schichten die Leichtigkeit und inszenierte Brillanz der Schüler/innen aus privilegierten sozialen Schichten gegenüber (vgl. Bourdieu/Passeron 1971, S. 76; Helsper/Kramer/Thiersch 2014, S. 13). Die Reproduktion der vorherrschenden Privilegien erfolgt aufgrund der immanenten Logik des Bildungs- und Erziehungssystems ohne aktives Zutun der Privilegierten. Vielmehr genügt die Wirkung der Ungleichheitsfaktoren über den gesamten Bildungsverlauf hinweg, um die sozialen Privilegien aufrechtzuhalten.

Aufgrund des durch die soziale Herkunft bedingten kulturellen Kapitals erweisen sich das Wissen und die Kompetenzen der Schüler/innen als unterschiedlich anschlussfähig an die Anforderungen der Schule, die am Wissen der Ober- und Mittelschicht ausgerichtet sind. So besteht eine implizite Nähe zu den Grundkenntnissen, Techniken und Ausdrucksformen gebildeten Schichten (Bourdieu/Passeron 1971, S. 39 f.). Dies hat zur Folge, dass Schüler/innen aus den unteren Schichten mit einer Distanz zwischen den schulischen Anforderungen und ihrem eigenen kulturellen Kapital konfrontiert sind. Da von den Schüler/innen aus bildungsfernen Schichten eine Anpassung an die Anforderungen der Schule gefordert wird, bedeutet dies zugleich eine Entwertung ihres eigenen primären Wissens und ihrer Kompetenzen (Bourdieu/Passeron 1971, S. 57; Kramer 2014, S. 189).

Diese Orientierung an den Interessen und Kompetenzen der bildungsaffinen Schichten wird mittels der Deutungsmacht der Eliten im schulischen Feld im Handlungsvollzug verschleiert, woraus das bestehende System Legitimation und Autorität bezieht (Bourdieu/Passeron 1973, S. 13 ff.). Die Macht, die bestehenden Verhältnisse in einem Feld zu legitimieren, resultiert aus dem Besitz symbolischen Kapitals, das ebenso ungleich verteilt ist (Barlösius 2004, S. 159).

---

5 Bourdieu geht davon aus, dass die Partizipation in einem Feld mit dem Interesse des Individuums an den feldspezifischen Sinn- und Wertstiftungen und der Übernahme des feldspezifischen Habitus einhergeht (Böning 2009, S. 129). Dies scheint auf das schulische Feld nur bedingt übertragbar, da sich die Schüler/innen aufgrund der gesetzlichen Schulpflicht nicht freiwillig im sozialen Feld Schule aufhalten.

2.2.3 Anschlussfähigkeit individueller Dispositionen an schulische Anforderungen

Nachdem zuvor die strukturellen Bedingungen thematisiert wurden, gilt es nun die Schüler/innen in den Blick zu nehmen und zu ergründen, wie sich deren Wahrnehmungs-, Denk- und Verhaltensmuster in Bezug auf die Schule – ihr Habitus – im schulischen Feld zeigen und wandeln.

2.2.3.1 Der Habitus als Vermittlungsmechanismus zwischen gesellschaftlichen Strukturen und individueller Praxis

Generell stehen die Theorie sozialer Felder und das Habituskonzept Bourdieus in enger Verbindung und ermöglichen es, Einstellungen und Handlungsweisen eingebettet in die gesellschaftlichen Strukturen zu analysieren. Somit können durch die Kombination aus Habitus- und Feldkonzept beide Existenzweisen des Sozialen einbezogen werden. Berücksichtigt die Theorie sozialer Felder die Strukturen in einem gesellschaftlichen Bereich und strebt eine Rekonstruktion sozialer Positionen von Akteuren an, fungiert das Habituskonzept als Gelenkstelle von individuellen Dispositionen und gesellschaftlichen Einflüssen (Barlösius 2004).

Als doppelt situiertes Konzept, das zugleich strukturierende und strukturierte Struktur ist, erscheint der Habitus sowohl als inkorporierte Struktur in den Subjekten als auch als sozial objektivierte Struktur im sozialen Feld (Helsper/Kramer/Thiersch 2014, S. 7). Somit formen einerseits die gesellschaftlichen Strukturen die Denk-, Wahrnehmungs- und Handlungsschemata der Individuen (strukturierende Struktur). Andererseits tragen auch die einzelnen Akteure mit ihren Ansichten und Gewohnheiten zur Strukturierung und damit zur Reproduktion der vorherrschenden Ordnung bei (strukturierte Struktur).

Der Habitus ist an den Schnittstellen von Individuum und Gesellschaft zu verorten und fungiert als Vermittlungsmechanismus zwischen gesellschaftlichen Strukturen und individueller Praxis (Wigger 2009, S. 102 f.). Er erweitert die Interaktion zwischen Individuum und Umwelt über das sichtbare Handeln hinaus, indem er die kognitiven Handlungsvoraussetzungen analytisch fassbar macht, die als habituelle Kompetenzen und Orientierungen die Interaktion mit der Umwelt erfahrungsbiographisch rückbinden (Bauer 2011, S. 163 f.; Deppe 2015, S. 29). Aus den Wechselwirkungen von individuellen Dispositionen und gesellschaftlichen Strukturen ergibt sich die Position eines Individuums innerhalb der Gesellschaft.

Im Habitus ist somit der Sinn des Individuums für seine soziale Stellung und damit verbundene Handlungsspielräume und Formationen der Nähe und Distanz angelegt (Kramer 2014, S. 185; Bourdieu 1995, S. 17). Das soeben dargestellte Zusammenspiel der Theorie sozialer Felder und des Habituskonzepts gilt auch für das schulische Feld und die Habitusformationen schulischer Akteure.

2.2.3.2 Begriffsdifferenzierungen: Schülerhabitus, primärer und sekundärer Habitus und Bildungshabitus

Im Zuge der Anwendung des Habituskonzepts in schulischen Kontexten werden eine Vielzahl von Begriffen bemüht, die nachfolgend voneinander abgegrenzt werden.

Der *Schülerhabitus*[6] beinhaltet die habituellen Orientierungen im Hinblick auf ihre Kompatibilität zur Schule und beschreibt die Einzigartigkeit der Stellung der Schüler/innen innerhalb des sozialen Felds Schule (vgl. Kramer 2014, S. 186). Die akteursbezogene Perspektive verkörpernd, beschreibt der Schülerhabitus das Zusammentreffen des primären Habitus mit der Eigenlogik schulischer Interaktion (Rademacher/Wernet 2014, S. 178; Helsper/Kramer/Thiersch 2014, S. 24f.). Der Schülerhabitus betont die Frage nach der Anschlussfähigkeit des primären Habitus an die Anforderungen und Normen der Schule. Demnach beeinflussen die im *primären Habitus* angelegte, durch Sozialisationsprozesse vermittelte Ausprägung von Wahrnehmungs-, Denk- und Handlungsschemata, wie sich die Schüler/innen im sozialen Feld der Schule bewegen (Kramer 2014, S. 190). Demzufolge ist der primäre Habitus milieuspezifisch geprägt.

Der *sekundäre Habitus* umfasst hingegen die schulisch erwartete Schülerhaltung und damit verknüpfte spezifische Haltungen und Dispositionen (Rademacher/Wernet 2014, S. 178) (Helsper/Kramer/Thiersch 2014, S. 24f.). In diesem Zuge fordert die Institution Schule bestimmte Praktiken, Haltungen und Orientierungen von den Schüler/innen ein, was sich in Normen, Anforderungen und imaginären Entwürfen niederschlägt. Somit beinhaltet der sekundäre Habitus den feldspezifisch idealen Schülerentwurf und dessen Anforderungsstruktur und steht dem akteursbezogenen Schülerhabitus als institutionelle Anforderung gegenüber (Kramer 2014, S. 190).

Das Habitus-Konzept unterscheidet zwischen dem kollektiven Klassenhabitus und dem individuellen Habitus (Bourdieu 1993, S. 112f.). Während der *kollektive Habitus* mit den gemeinsamen Orientierungen der Angehörigen einer sozialen Gruppe oder Schicht die homogenisierende Seite des Konzepts beinhaltet, verweist der individuelle Habitus auf die Einzigartigkeit der Mitglieder einer Gruppe. Trotz ähnlicher sozialer Herkunft machen sie unterschiedliche Erfahrungen, in unterschiedlichen zeitlichen Abfolgen, was sich im individuellen Habitus niederschlägt (Kramer 2014, S. 186). Der *individuelle Habitus*, dem in

---

6 Der Begriff Schülerhabitus wird gemäß dessen Anwendung in der Theorie der Schulkultur und der Theorie der kulturellen Passung übernommen. Als feststehender Begriff schließt dieser selbstverständlich die Habitus von Schüler/innen ein.

dieser Arbeit der Vorzug gegeben wird, beschreibt ein subjektives, aber nicht-individuelles System verinnerlichter Strukturen, Wahrnehmungs-, Denk- und Handlungsschemata und ist im gesamten Verhaltens- und Handlungsrepertoire der sozialen Akteure enthalten (vgl. Bourdieu 1987, S. 112). Die Orientierungs- und Handlungsschemata, die den individuellen Habitus ergeben, werden im Rahmen eines lebenslangen dynamischen, spannungsreichen und biografischen Prozesses erworben, reproduziert und transformiert (Bremer/Teiwes-Kügler 2013, S. 205 f.). So wird angenommen, dass Schüler/innen, die ähnlichen Sozialisationskontexten entstammen über einen kollektiven Habitus verfügen, sich jedoch trotzdem unterschiedlich entwickeln und prinzipiell unterschiedliche Erfahrungen machen können, die sich wiederum in ihren Haltungen niederschlagen.

Abzugrenzen ist weiterhin der *Bildungshabitus*, der die grundlegenden Dispositionen sozialer Akteure gegenüber dem sozialen Feld Schule und Bildung umfasst (Thiersch 2014b, S. 206). Jeder Mensch verfügt in jedem Lebensabschnitt über einen Bildungshabitus, wohingegen ausschließlich Schüler/innen über einen Schülerhabitus verfügen (vgl. König 2016, S. 22).

Auch wenn der umfassende Habitus durchaus Relevanz hat, indem die soziale Herkunft und damit die Bildungsorientierungen des sozialen Umfelds von Interesse sind, wird der Schülerhabitus als *Partialhabitus* verstanden. Demnach stehen die individuellen Orientierungen im schulischen Feld im Fokus. Das heißt die Studie konzentriert sich auf die grundlegenden Praktiken, Haltungen und Orientierungen im Kontext schulischen Handelns[7].

2.2.3.3 *Funktionsweise des Schülerhabitus: Entwicklung individueller Dispositionen im schulischen Feld*

Ziel dieses Kapitels ist es herauszuarbeiten, in welcher Weise sich die habituellen Haltungen – zu denen Schulentfremdung gehört – und Verhaltensweisen von Schüler/innen im Verlauf von Kindheit und Jugend entwickeln und wandeln. Dabei gilt es zu verdeutlichen, wie der Schülerhabitus an die Herkunft der Schüler/innen rückgebunden ist und woraus sich unterschiedliche Passungsverhältnisse zwischen Schüler/in und Schule ergeben.

---

[7] Dies steht nicht im Widerspruch zum Konzept des Habitus als Totalität der Praktiken, Haltungen und Orientierungen von Schüler/ innen in unterschiedlichen Bereichen und Feldern (vgl. Helsper/Kramer/Thiersch 2014, S. 7). Vielmehr kommt in dieser Fokussierung das Forschungsinteresse zum Ausdruck. So wird ein soziales Feld fokussiert, ohne jedoch das Zusammenspiel sozialer Felder zu ignorieren, was der Handhabbarkeit der Studie förderlich ist.

Bedeutung des primären Habitus für die Entwicklung des Schülerhabitus

Die Ausbildung des Schülerhabitus ist maßgeblich durch den primären Habitus der Schüler/innen beeinflusst. Das in der Primärsozialisation erworbene erfahrungsbiographische bzw. habituelle Muster von Kompetenzen, Einstellungen und Haltungen entscheidet, inwieweit die alltägliche schulische Durchsetzungsarbeit auf anschlussfähige Haltungen trifft und in Bildungserfolg umgesetzt werden kann (Kramer 2014, S. 188). In der Familie erworbene vorreflexive habituelle Orientierungen bringen somit Bildungshaltungen hervor, die Bildungsprozesse und Bildungsentscheidungen maßgeblich beeinflussen (Thiersch 2014b, S. 205; Bourdieu 2001).

Bezogen auf das soziale Feld Schule bedeutet dies, dass Schüler/innen mit unterschiedlichen, im Rahmen der Primärsozialisation vermittelten, Orientierungen und Kompetenzen auf die Institution Schule und deren normative Erwartungen treffen. Ihr individueller Habitus determiniert ihre Position im schulischen Feld und beeinflusst die Einstellung von Schüler/innen gegenüber der Institution Schule und ihren kulturellen Werten nachhaltig (Thiersch 2014b, S. 205; Bourdieu/Passeron 1971). Der Schülerhabitus basiert damit maßgeblich auf dem familialen Bildungshabitus und begründet differente Passungsverhältnisse, die den jeweiligen Abstand zwischen primärem und sekundärem Habitus widerspiegeln (Kramer 2014, S. 188 ff.).

Transformationspotenzial des Schülerhabitus

Im Zuge der Ausbildung des Schülerhabitus muss sich der primäre Habitus gegenüber dem sekundären Habitus – also den Anforderungen der Schule – bewähren, was die Möglichkeiten der Krise und Transformation einschließt (Kramer 2014, S. 187).

Charakteristisch für den Habitus ist seine Trägheit, wodurch er sich nur langsam, über einen längeren Zeitraum hinweg wandelt. Angesichts dieser weitgehenden Stabilität bieten die im Habitus niedergelegten Dispositionen Handlungssicherheit. Aufgrund seiner Trägheit (Hysteresis) garantiert der Habitus die Passung der Orientierungen und Handlungspraktiken eines Individuums gegenüber den überwiegend konstanten Regeln und Anforderungen in einem sozialen Feld (Wigger 2009, S. 106). Im Zeitverlauf kann sich durchaus die Notwendigkeit einer Anpassung und damit des Wandels des Habitus ergeben. Durch strukturelle Veränderungen und Krisen der gesellschaftlichen Ordnung kann die Passung schwinden, wodurch die Dispositionen der Akteure sich als dysfunktional oder obsolet erweisen, sodass ein Wandel des Habitus angestoßen wird. Demzufolge ist der Habitus über lange Zeit hinweg konstant und erweist sich zugleich als in Grenzen wandlungsfähig (Wigger 2009, S. 109).

Auch im sozialen Feld Schule ist der Schülerhabitus permanenter Bewährung ausgesetzt, da die alltägliche Einprägungs- und Durchsetzungsarbeit unmittelbar auf die Habitusbildung bzw. -transformation wirkt. Dabei wird der Schule eine besondere Bedeutung für die Habitusgenese und -transformation zugeschrieben. So ist die Schule oftmals in die zentralen Individuationskrisen in Kindheit und Jugend involviert (Kramer 2014, S. 198).

Bewährt sich der Schülerhabitus nicht und erweist sich gegenüber schulischen Anforderungen und Strukturen als unpassend, kann eine Transformation und damit Anpassung des Habitus eine Überwindung dieser Krise ermöglichen. Dies entspricht einer Veränderung des jeweiligen im Zuge der Sozialisation erworbenen Bildungshabitus und somit der impliziten, handlungsleitenden Wissensbestände (Kramer/Thiersch/Ziems 2015, S. 230). Die Transformation des Habitus wird durch die Schule gefordert und ist in ihr angelegt, wenn eine große Differenz zwischen primärem und sekundärem Habitus besteht (Kramer 2014, S. 200).

Der Prozesslogik der kulturellen Passung folgend, vollzieht sich die Habitustransformation im Zeitverlauf (Kramer/Helsper 2011, S. 120). Sie folgt jedoch nicht immer den Intentionen und pädagogischen Absichten der Schule. Dies bedeutet, dass die Transformation des Schülerhabitus nicht zwingend auf eine Annäherung von Schülerhabitus und Schulkultur hinausläuft. Vielmehr kann sie auch eine Verringerung der kulturellen Passung und damit Verstärkung von Schulentfremdung zur Folge haben (Kramer 2014, S. 200). Von besonderer Tragweite sind dabei Orientierungen, die eine resignative Aufgabe und Selbstselektion zur Folge haben.

Ein Beispiel für eine potenzielle Krise des Schülerhabitus stellt der Übergang von der Primarschule in die Sekundarstufe dar, welcher als kritische Gelenkstelle gilt, an der sich Passung neuformiert, da die Schüler/innen mit neuen Anforderungen konfrontiert werden. Dies beinhaltet zum einen die Chance ein problematisches Passungsverhältnis zu verlassen, aber auch das Risiko einer Verschärfung mangelnder Passung. Letzterem ist das Risiko inhärent, soziale Ungleichheiten fortzuschreiben, indem Klassenverhältnisse reproduziert werden (Kramer/Thiersch/Ziems 2015, S. 220).

Die individuelle Kapitalausstattung der Schüler/innen als Determinante der Anschlussfähigkeit an schulische Anforderungen

Die Ausstattung eines Individuums mit ökonomischem, kulturellem und sozialem Kapital entscheidet über dessen Positionierung in einem sozialen Feld. Ebenso beeinflusst das akkumulierte Kapital Handlungsspielräume und Lebenschancen, die an eine bestimmte Position im sozialen Feld geknüpft sind (Barlösius 2004, S. 160). Somit formen di, im Kapital angelegten Faktoren die herkunftsspezifische Seite des Schülerhabitus. Eine geringe Kapitalausstattung ist mit geringerer Passung assoziiert und gilt als Risikofaktor für Schulentfremdung.

In den sozialen Feldern finden permanent Kämpfe um soziale Positionen und damit um Macht statt. Zentraler Gegenstand der Kämpfe in einem Feld ist das jeweilige *symbolische Kapital*, welches den anderen Kapitalsorten vorgeordnet ist und sich zugleich aus diesen zusammensetzt. Das symbolische Kapital konstituiert das Prestige einer Person und fungiert als Statuszuweiser (Bourdieu 1983, S. 196; König 2016, S. 28 f.).

Da das symbolische Kapital die anderen Kapitalsorten strukturiert, verleiht es Macht, die bestehenden Verhältnisse in einem Feld zu legitimieren (Barlösius 2004, S. 158 f.). Im schulischen Feld gilt Leistung, ausgedrückt in Noten, als symbolisches Kapital. Dabei ist durch das Bildungssystem und die Bildungspolitik festgelegt, was als schulische Leistung anerkannt wird. Die Deutungsmacht über schulische Leistungen und damit das symbolische Kapital obliegt primär den Lehrpersonen, die diese vor dem Hintergrund struktureller Vorgaben ausüben.

Das *ökonomische Kapital* beinhaltet alle mehr oder weniger direkt in Geld umsetzbare Güter und liegt den anderen Kapitalformen zugrunde Da die finanzielle Lage im Elternhaus darüber entscheidet, zu welchen Formen der Unterstützung Schüler/innen Zugang haben, kommt dem ökonomischen Kapital eine Ermöglichungsfunktion zu. Zudem beeinflussen die finanziellen Spielräume die Dauer von Bildungslaufbahnen (König 2016, S. 28).

Das *soziale Kapital* resultiert aus Investitionen in soziale Beziehungen, wie sie sich gegenüber Familienangehörigen, Freunden, Kollegen oder in der Zugehörigkeit zu Vereinigungen oder Gemeinschaften ausdrücken (vgl. Bourdieu 1983, S. 190 f.). Im Schulkontext zeigt sich das soziale Kapital in der Unterstützung durch das schulische und außerschulische Umfeld. Sowohl Lehrpersonen, als auch die Familie und der Bekanntenkreis und die Peergroup tragen zur Integration oder Entfremdung von Schule und Lernen bei (Helsper et al. 2010, S. 107).

Kulturelles Kapital umfasst die Gesamtheit der individuell akkumulierten kulturellen Orientierungen und variiert abhängig vom Kulturkreis (Bourdieu 1987, S. 11). Bourdieu unterscheidet drei Zustandsformen des kulturellen Kapitals, die miteinander in Wechselwirkung stehen. Demnach kann kulturelles Kapital in inkorporierter, objektivierter und institutionalisierter Form vorliegen (vgl. Jungbauer-Gans 2004; König 2016).

Typologie der Schülerhabitus: zwischen Nähe und Distanz gegenüber der Schule

Welche Ausprägungen der Schülerhabitus annehmen kann, wird anhand einer theoretisch und empirisch fundierten Typologie des Schülerhabitus in der Sekundarstufe nach Kramer und Helsper (2011) verdeutlicht (Abbildung 1). Diese Typologie illustriert, in welcher Weise sich der Schülerhabitus auf einem

Kontinuum von Nähe und Distanz gegenüber den schulischen Anforderungen bewegt und welche Veränderungen sich Zeitverlauf ergeben (Kramer/Helsper 2011, S. 115f.)[8]. Die Schülerhabitustypen unterscheiden sich maßgeblich hinsichtlich der Leistungsbereitschaft und Leichtigkeit des Bildungserwerbs sowie in der Wahrnehmung der Schule als sozialen Raum, worin sich unterschiedliche Passungskonstellationen ausdrücken.

Abbildung 1: Typologie der Schülerhabitus in der Sekundarstufe

Quelle: Kramer und Helsper (2011, S. 117)

---

[8] Theoretisch basiert diese Typologie auf Bourdieus Habitus- und Raumkonzept sowie dessen Ausführungen zur Reproduktion von Bildungsungleichheiten. Die empirische Analyse beinhaltete 15 Schüler/innen und erfolgte mittels des rekonstruktiven Analyseverfahrens der Dokumentarischen Methode ergeben (Kramer/Helsper 2011, S. 115f.).

Die Typologie umfasst folgende Schülerhabitusformen, die teilweise in weitere Subtypen untergliedert sind: Habitus der Bildungsexzellenz und Distinktion, Habitus des Bildungsstrebens, Habitus der Bildungskonformität sowie Habitus der Bildungsfremdheit. Um die Vielfalt der Passungsverhältnisse zwischen Schüler/in und Schule zu verdeutlichen, werden nachfolgend die Schülerhabitustypen beschrieben, wobei die Subtypen des Habitus der Bildungsfremdheit als besonders bedeutsam für Schulentfremdung erscheinen.

Habitus der Bildungsexzellenz und -distinktion

Schüler/innen, die über einen Habitus der Bildungsexzellenz und -distinktion verfügen, weisen umfassende Bildungsorientierungen auf, die über das schulische Lernen hinausreichen. Sie entstammen in der Regel der Oberschicht und nehmen eine überlegene Haltung gegenüber der Schule und den Mitschüler/innen ein. Diese Distinktionshaltung entspringt der spezifischen Verbindung von kulturellem Wissen, Bildung und schulischem Wissen. Die kulturelle Passung der Schüler/innen dieses Habitustyps zur Schulkultur der Einzelschule und den Anforderungen des Bildungssystems ist im Allgemeinen hoch, sodass sie mit Leichtigkeit Bildung erwerben und mit Selbstverständlichkeit den Weg exklusiver Schulen beschreiten (Kramer/Helsper 2011, S. 116).

Habitus des Bildungsstrebens

Der Habitus des Bildungsstrebens zeichnet sich durch eine grundsätzliche Leistungsorientierung und -bereitschaft aus. Diese Schüler/innen sind im gymnasialen Segment und teilweise auch auf exklusiven Schulen zu finden. Gute schulische Leistungen fungieren als Indikator für die erfolgreiche Umsetzung der Leistungsorientierung. Hingegen bedingen Leistungsabfälle Krisen, gekennzeichnet vom Gefühl am falschen Ort zu sein und damit Erfahrungen mangelnder Passung. Vom zuvor thematisierten Habitus der Bildungsexzellenz und -distinktion unterscheidet sich der Habitus des Bildungsstrebens durch fehlende Selbstverständlichkeit und Sicherheit (Kramer/Helsper 2011, S. 117 f.). Der Habitus des Bildungsstrebens beinhaltet drei Subtypen, die zwischen exklusivem, moderatem und leidvoll auferlegtem Streben differenzieren. Dies verdeutlicht, dass das Leistungsstreben für diese Schüler/innen in unterschiedlichem Maße mit unangenehmen Gefühlen bis hin zur Fremdheit assoziiert ist.

Kennzeichnend für den *Habitus des exklusiven Strebens* ist eine starke Nähe zum Habitus der Bildungsexzellenz (Kramer/Helsper 2011, S. 117). Jedoch verfügen die Schüler/innen über ein unsicheres Begabungsselbstbewusstsein und lehnen eine distinktive Zurschaustellung ihrer Leistungsstärke ab (Kramer et al. 2009, S. 133).

Der *Habitus des moderaten Strebens* weist ebenfalls eine hohe Passung zu gymnasialen Schulkulturen auf. Die Schüler/innen zeigen sich in ihrem Begabungsentwurf und ihrer Bildungsorientierung zurückhaltender und ihre Leistungsbereitschaft zielt darauf ab, den akzeptablen Notenbereich nicht zu unterschreiten.

Den Schüler/innen mit einem *Habitus des (leidvoll) auferlegten Strebens* wird die Leistungsorientierung von den Eltern auferlegt, sodass keine selbstbestimmte bzw. selbstgewählte Leistungsorientierung vorliegt. Da sich diese Schüler/innen stark anstrengen müssen, um diese Erwartungen zu erfüllen, besteht ein hohes Risiko der Überforderung (Kramer/Helsper 2011, S. 118).

Habitus der Bildungskonformität und -notwendigkeit

Der Habitus der Bildungskonformität und -notwendigkeit steht für unauffällige Schulkarrieren bei eher gering ausgeprägter Bildungsorientierung (Kramer/Helsper 2011, S. 118f.). Der Schulbesuch wird als Notwendigkeit anerkannt und das primäre Ziel dieser Schüler/innen besteht darin nicht aufzufallen (Helsper/Hummrich/Kramer 2014, S. 314). Obwohl sie sich im Rahmen der schulischen Normalität bewegen und angepasst verhalten, erscheinen ihnen die schulischen Bildungshaltungen und Leistungsanforderungen befremdlich. Aufgrund ihrer Familienbiografie besuchen sie in der Regel mittlere Bildungsgänge und distanzieren sich deutlich vom Gymnasium (Kramer/Helsper 2011, S. 118f.).

Habitus der Bildungsfremdheit

Schüler/innen, die den Habitus der Bildungsfremdheit verkörpern, erfahren die schulischen Bildungsinhalte sowie Leistungs- und Verhaltensanforderungen als fremd (Kramer/Helsper 2011, S. 119). Sie sind im unteren Bereich des Bildungssystems zu finden und steuern auf niedrige Bildungsabschlüsse hin. Schule wird als fremder, hegemonialer Bildungsraum erfahren, woraus oberflächliche Anpassung, Passivität oder Opposition resultieren (Helsper/Hummrich/Kramer 2014, S. 313f.). Angesichts dessen sind die betroffenen Schüler/innen von chronischem Misserfolg und Scheitern bedroht und erfahren in der Schule oftmals eine Entwertung ihrer Handlungsbefähigungen, Kompetenzen und Orientierungen (Grundmann et al. 2016, S. 61f.). Positive Schulbezüge weisen für diese Schüler/innengruppe über die Institution Schule hinaus und ergeben sich vor allem aus der Peerintegration sowie aus außerschulischen informellen Angeboten, welchen die Lerninhalte nachgeordnet sind (Kramer/Helsper 2011, S. 119).

Aus den unterschiedlichen Reaktionen der Schüler/innen auf erfahrene mangelnde Passung resultieren drei Subtypen des Habitus der Bildungsfremdheit. Während Schüler/innen mit einem *Habitus der Spannung zwischen Bildungskon-*

formität und -fremdheit eine diffuse Anpassungsbereitschaft an schulische Erwartungen aufweisen, gilt dies nicht für die anderen beiden Subtypen.

Schüler/innen, die über einen *Habitus der schulischen Bildungsferne und angedeuteter Opposition* verfügen, zeigen eine deutliche Schuldistanz verbunden mit Fremdheit. Da schuloppositionelle Peers eine starke Anziehungskraft auf sie haben, besteht ein Risiko der Vertiefung der Entfremdung und fortschreitenden Distanzierung, wenn entsprechende Gruppendynamiken vorliegen (Kramer/Helsper 2011, S. 120). Im dritten Subtyp, dem *Habitus der schulischen Bildungsferne und -hilflosigkeit* erleben die Schüler/innen Schule als hegemonialen Bildungsraum, dessen Anforderungen sie passiv-fatalistisch unterworfen sind (vgl. Accardo 1997). Kennzeichnend für diese Gruppe sind brüchige Schulkarrieren geprägt von oberflächlicher Anpassung und von passiven Vermeidungsstrategien, wodurch sie im Schulalltag wenig auffällt.

Bilanz der Typologie der Schülerhabitus: Spektrum zwischen starker Schul- und Bildungsaffinität und Schulentfremdung

Die soeben dargestellte Habitustypologie identifiziert Passungskonstellationen, die von schul- und bildungsaffin bis hin zu schul- und bildungsfremd variieren. Schul- und bildungsferne Habitusformen werden mit der Distanz von Schüler/innen und ihrer Herkunftsmilieus gegenüber der Schule assoziiert.

Insgesamt zeigt sich in den meisten Habitustypen ein strebender oder zumindest an die Anforderungen der Schule angepasster Schülerhabitus, was dahingehend interpretiert werden kann, dass sich diese Haltung weitgehend durchgesetzt hat, da Schulerfolg und schulische Statusplatzierung eine hohe gesellschaftliche Bedeutung haben und über Milieugrenzen hinweg anerkannt werden (Helsper/Kramer/Thiersch 2014; Silkenbeumer/Wernet 2012). Demzufolge ist anzunehmen, dass der Habitus der Bildungsfremdheit eher im Ausnahmefall in Erscheinung tritt. Die Formen des Schülerhabitus und damit die Ausdrucksformen und Folgen mangelnder kultureller Passung sind schulformabhängig, sodass oppositionelles Verhalten eher an Hauptschulen zu beobachten ist (Helsper/Kramer/Thiersch 2014, S. 23 f.).

Zudem verdeutlicht die Typologie der Schülerhabitus den unterschiedlichen Stellenwert von Lerninhalten und Mitschüler/innen bzw. der Peergroup. Während die stark schul- und bildungsaffinen Habitusformen eine starke Leistungsorientierung und Wissbegierde beinhalten, zeichnet sich für die schul- und bildungsfernen Habitusformen eine starke Bedeutung der Peergroup als Motivator für den Schulbesuch ab. Dies zeigt, dass Bindung an die Schule aus verschiedenen Motiven erfolgen kann, die auf die Domänen von Schulentfremdung verweisen.

Besonders erkenntnisreich für Schulentfremdung ist der Habitus der Bildungsfremdheit mit seinen Subtypen, da in ihm mit der resignierenden und oppositionellen Distanz gegenüber Schule und Bildung die offensichtlichsten

Erscheinungsformen von Schulentfremdung beschrieben werden. Jedoch sind auch den anderen Habitustypen Entfremdungsrisiken inhärent. Beispielsweise besteht für Schüler/innen, die über einen Habitus des exklusiven Strebens verfügen, das Risiko, auf einem exklusiven Gymnasium kulturelle Distanz zu erfahren, da ihnen, trotz starker Leistungsbereitschaft, die Leichtigkeit und Selbstverständlichkeit fehlt, die Mitschüler/innen mit einem Habitus der Bildungsexzellenz und -distinktion verkörpern (Kramer/Helsper 2011, S. 116; Kramer/Thiersch/Ziems 2015, S. 225). Demnach können diese Schüler/innen, obwohl sie in der Lerndimension die Anforderungen erfüllen, Entfremdung in den Domänen Lehrpersonen und Mitschüler/innen erfahren. Da in diesem Fall die Passung lediglich über die Domäne Lernen stabilisiert wird, kann ein Leistungsabfall Krisen und Selbstzweifel nach sich ziehen.

Die Bedeutung der sozialen Herkunft für die Herausbildung von Bildungsorientierungen und damit verbundene Passungskonstellationen

Passungsverhältnisse sind an spezifische Milieubezüge geknüpft (Grundmann et al. 2003, S. 37 ff.). Demnach verfügen Schüler/innen über eine milieuspezifische Handlungsbefähigung, die sich in Kompetenzen, Dispositions- und Handlungsmustern ausdrückt, die im Zuge der Primärsozialisation durch die Teilhabe an herkunftsabhängigen Erfahrungsräumen geprägt wurden (Grundmann et al. 2003, S. 27). Dabei erweisen sich individuelle Bildungsorientierungen in unterschiedlichem Maße als passfähig gegenüber den schulischen Anforderungen und Werten (Kramer/Helsper 2011, S. 107; Grundmann et al. 2003, S. 29).

Während die Bildungsorientierungen der Oberklasse und der gesellschaftlichen Mitte eine starke Übereinstimmung und folglich Passung zu den Anforderungen der Schulkultur in Form von überlegenem Hintergrundwissen und starker Schulkonformität aufweisen, besteht für die unteren Klassenmilieus eine unterschiedlich stark ausgeprägte Kluft zwischen den lebensweltlichen Bildungsstrategien und den schulischen Anforderungen und Werten (Kramer/ Helsper 2011, S. 107).

2.2.4 Herstellung von Passung in der Schulklasse

Wie vorangehend gezeigt, kann mittels Bourdieus Feldtheorie und des Habituskonzepts, die in der Theorie der Schulkultur auf das schulische Feld angewendet werden, die Entstehung von Passungsverhältnissen im schulischen Kontext erklärt werden. Während sowohl die Makro- als auch die Mikroebene theoretisch fundiert sind, ist dies für die Mesoebene der Schulklasse in geringerem Maße der Fall und wird nicht durch die Theorie der Schulkultur geleistet.

Als dynamisches Kräftefeld drückt sich die Schulkultur im Handeln der schulischen Akteure (v. a. Schüler/innen, Lehrpersonen) aus, sodass die Ebene der Schulklasse von besonderem Interesse ist. Die Ebene der Schulklasse wird in dieser Arbeit als Raum verstanden, in welchem Passung ausgehandelt wird und sich schulische Anforderungen materialisieren. Im Unterrichtsalltag im Klassenzimmer werden schulische Anforderungen – also Vorstellungen des idealen Schülerhabitus – durch die Lehrperson artikuliert. Dabei gilt es zu berücksichtigen, dass die Schulkultur auf der Klassenebene gefiltert durch die Haltungen der Lehrperson auf die Schüler/innen wirkt, sodass bedeutsam ist, wie die Lehrperson sich selbst gegenüber der Schulkultur positioniert. Zugleich treffen im Klassenzimmer die Schüler/innen mit ihren Schülerhabitus auf die Schulkultur. Vor diesem Hintergrund wird angenommen, dass die Schülerhabitus insbesondere auf der Klassenebene im Unterrichtsalltag herausgefordert und Habitustransformationen angestoßen werden. Als schulische Akteure verfügen auch die Schüler/innen über das Potenzial die Schulkultur zu gestalten. Dementsprechend finden auf der Klassenebene sowohl Auseinandersetzungen als auch Kooperation zwischen Lehrpersonen und Schüler/innen statt (Helsper 2008, S. 66 f.).

Auf Basis des Wissens über die Funktionsweise der Klassenebene im Kontext der Aushandlung von Passung in Schulkulturen, werden nun theoretische Zugänge vorgestellt, die dies weiter unterfüttern. Die Entstehung von Beziehung und Entfremdung auf Klassenebene erklären sowohl Willis (1978), welcher die auf wechselseitiger Anerkennung basierende Lehrpersonen- und Schülerrollen und damit verbundene Machtverhältnisse im Klassenzimmer konzeptualisierte, als auch resonanztheoretische Zugänge nach Beljan (2017) und Rosa (2016). Diese theoretischen Zugänge werden nachfolgend vorgestellt, ihr Mehrwert für die Integration in den Schulkultur- und Passungskontext herausgearbeitet sowie ihre Relevanz hinsichtlich der Entwicklung von Schulentfremdung aufgezeigt.

Die Interaktion im Klassenzimmer als Austausch zwischen Lehrperson und Schüler/innen

Auf welche Weise das System Schule und die Interaktion im Klassenzimmer auf der wechselseitigen Anerkennung von Schüler/innen und Lehrpersonen im Kontext ihrer spezifischen Rollen und Befugnissen beruhen, zeigt eine kultursoziologische Studie zu schulischen Widerstandskulturen (Willis 1978). Willis betont die Bedeutung des Schulsettings für die Entwicklung von Distanz oder auch Widerstand gegenüber der Schule und ihren Normen und Werten. So werden die schulischen Machtverhältnisse und Anerkennungsmechanismen durch schulentfremdete, oppositionelle Schüler infrage gestellt, indem sie aktiven Widerstand gegenüber der Schule ausüben (Willis 1978, S. 64). Schulentfremdung drückt sich demnach in oppositionellem Verhalten aus, das sich auf die Werte, Normen und Praktiken der Schule bezieht. Der offensive Widerstand gegenüber der Autorität der Lehrperson und die Infragestellung des Sinnes der Schule und des schulischen Lernens resultiert dabei aus dem Bewusstsein der betroffenen Schüler/innen für die Kluft zwischen dem sozialen Feld Schule und ihrer Lebenswelt (Willis 1978, S. 72f.).

Die Interaktion im Klassenzimmer wird als Austauschbeziehung verstanden. In dieser zeigt und legitimiert sich das Machtgefälle zwischen Lehrperson und Schüler/innen. Während die Lehrpersonen Wissen vermitteln und die Klasse führen, wird von Schüler/innen das Entgegenbringen von Respekt und Akzeptanz der Kontrolle durch die Lehrperson erwartet (Willis 1978, S. 64). Eine funktionierende Interaktion ist somit gekennzeichnet durch das Streben der Schüler/innen nach der Anerkennung der Lehrperson und die Anpassung an die schulischen Regeln (Willis 1978, S. 65). Passung zwischen Schule und Schüler/in liegt folglich dann vor, wenn die Position als Schüler/in und die damit verbundene Unterordnung anerkannt wird und dies durch entsprechendes Verhalten bestätigt wird.

Das Klassenzimmer ist der Raum, wo Schulentfremdung in Form von oppositionellem Verhalten demonstriert wird, was schließlich zu einer Veränderung der pädagogischen Praxis führt. Da die Austauschbeziehung zwischen Lehrperson und Schüler/innen an die wechselseitige Akzeptanz der schulischen Ordnung gebunden ist, stören oppositionelle Haltungen der Schüler/innen diese Beziehung im Schulalltag. Das ignorante, renitente und ungehorsame Auftreten dieser Schüler/innen fordert die bestehende schulische Ordnung heraus. Angesichts dessen geht die Reaktion der Lehrpersonen über die üblichen pädagogischen Strategien hinaus und tendiert zu repressiven Haltungen, um Respekt, Gehorsam und Aufmerksamkeit dieser Schüler/innen zu erlangen (Willis 1978, S. 63f.).

Die Schulklasse als Resonanzraum und Entfremdungszone

In welcher Weise Resonanzbeziehungen sich in der Klasse vollziehen, zeigt Beljan (2017) in seinen Analysen zur Schule als Resonanzraum und Entfremdungszone. Als ganzheitliches Konzept nimmt das Resonanzkonzept das Schulleben als Ganzes in den Blick und versteht es als in die Gesellschaft eingebettet (Beljan 2017, S. 46; Beljan 2017, S. 402f.).

Das Gelingen von Schule, verstanden als Herstellung von resonanten Weltbeziehungen, wird maßgeblich von der Atmosphäre im Klassenraum, aber auch vom gesamten schulischen Umfeld beeinflusst, wozu auch Beziehungen auf dem Schulhof sowie die Atmosphäre innerhalb des Lehrerkollegiums zählen (Beljan 2017, S. 26). Um die Entwicklung von Resonanz oder Entfremdung im schulischen Kontext zu erklären, ist die Klassenebene als zentraler Raum in den Blick zu nehmen, wo die Schüler/innen soziale und fachliche Erfahrungen machen, worauf sie mit Resonanz, Indifferenz oder Ablehnung reagieren. Während Passung über die gelungene Herstellung von Resonanzbeziehungen definiert wird, zeigt sich Schulentfremdung in indifferenten oder repulsiven Haltungen gegenüber der Schule, ihren Akteuren und dem Lernen, worin sich ein Zustand der

Fremdheit und mangelnde Resonanz ausdrücken. Entfremdung vom Lernen entsteht dann, wenn die Lerninhalte und Lernprozesse die Schüler/innen nicht berühren und somit für sie stumm bleiben.

Die Schule als Resonanzraum zeichnet sich durch eine Atmosphäre aus, die freundschaftliche, solidarische Beziehungen fördert, die Schüler/innen begeistert und ihre Ideen responsiv aufgreift, sodass sich die Schüler/innen wahrgenommen und handlungsmächtig erleben (Beljan 2017, S. 393). Beljan versteht diese resonanzpädagogische Perspektive auf Unterrichtsqualität als Gegenpol zum Fokus auf Leistungsorientierung und empfiehlt eine Hinzunahme solcher Indikatoren, um Bildungsprozesse ausgewogener zu bewerten (Beljan 2017, S. 402).

Ausgehend von einer sozialen und einer sachlichen Resonanzachse[9] beeinflussen sowohl die zwischenmenschlichen Beziehungen als auch die Beziehungen von Lehrperson und Schüler/innen zum Lernstoff, wie sich die Beziehung zur Schule und zum Lernen entwickelt (Beljan 2017, S. 121 f.). Da die soziale und die sachliche Resonanzachse miteinander in Wechselwirkung stehen, wirken negative Erfahrungen im einen Bereich auch in den anderen hinein, sodass beispielsweise eine positive Resonanzbeziehung zu den Unterrichtsinhalten durch soziale Ausgrenzung verhindert wird (Beljan 2017, S. 121 f.).

Beljan fokussiert gesellschaftliche und schulische Strukturen als Ursachen von Schulentfremdung, wobei die Bedeutung der individuellen Dispositionen der Schüler/innen nicht thematisiert wird. Letzteres wurde bereits von Rosa (2016, S. 417) geleistet, der zeigte, dass die soziale Herkunft der Schüler/innen und ihre Bildungsnähe oder Bildungsferne darüber bestimmt, in welchem Maße sie die Schule als Resonanzraum erleben. Insbesondere Schüler/innen aus bildungsfernen Schichten erleben die Schule als Entfremdungszone, da die Angebote und Atmosphäre der Schule aufgrund der kulturellen Distanz eher als indifferent oder repulsiv wahrgenommen werden (Rosa 2016, S. 417).

2.2.5 Bilanz: Die Bedeutung von Schulkulturen und Passungskonstellationen für die Erforschung domänenspezifischer Schulentfremdung

Nachfolgend werden die zuvor vorgestellten zentralen theoretischen Bezugspunkte dieser Arbeit zusammengeführt, um den Nutzen dieser Zugänge für die Erforschung der Bedeutung schulischer Anforderungen für die Entwicklung von Schulentfremdung aufzuzeigen.

---

9 Die Differenzierung zwischen einer akademischen und einer sozialen Dimension erweisen sich als nahe am domänenspezifischen Schulentfremdungsbegriff. Jedoch sind die Dimensionen aus resonanzpädagogischer Perspektive wesentlich stärker ineinander verwoben, sodass immer die soziale und die sachliche Achse gleichermaßen betrachtet werden und analytisch nicht getrennt werden können (Beljan 2017, S. 46).

Vorweg sei angemerkt, dass die herangezogenen Theorien nicht als universell gültige Konzepte verstanden werden. Es gilt zu reflektieren, dass den hier angeführten Theorien eine kulturelle Färbung inhärent ist. Demzufolge basieren sie auf länder- und bildungssystemspezifischen Beobachtungen, die nicht unreflektiert übernommen werden können. Darüber hinaus ist der historische Kontext zu berücksichtigen, beispielsweise bezogen auf die Weiterentwicklung von Bildungssystemen, die Veränderung der sozialen Schichtung oder den Wandel pädagogischer Überzeugungen und Praktiken.

Hilfreich für diese Arbeit sind die Grundmechanismen, die beschreiben, wie Passung im schulischen Kontext hergestellt und wie Fremdheit konstruiert wird. Handlungsleitende Maxime ist die Offenheit für die Ausdrucksformen und Mechanismen im Forschungskontext Luxemburg.

In welcher Weise die oben angeführten theoretischen Konzepte zur Erklärung des Zusammenspiels schulischer Anforderungen und individueller Dispositionen und zur Entwicklung von Schulentfremdung beitragen, wird nachfolgend herausgearbeitet.

Bourdieus Feldtheorie wurde genutzt, um Bildung und Schule als eines mehrerer gesellschaftlicher Felder zu verorten und die Funktionsmechanismen der sozialen Positionierung innerhalb eines Feldes abzuleiten. Dies wurde schließlich in der Theorie der Schulkultur konkretisiert, mit deren Hilfe die Schulkultur der Einzelschule und die Interaktion zwischen schulischen Akteuren als symbolische Ordnungen, geprägt von Austauschbeziehungen und Machtverhältnissen, konzeptualisiert wurden. In die Schulkultur sind die Anforderungen der Schule an die Schüler/innen sowie die Rollen aller schulischen Akteure eingelassen. Da jede Schule eine eigene Schulkultur aufweist, formuliert sie spezifische Anforderungen an ihre Schüler/innen, woraus spezifische Passungskonstellationen resultieren. Neben der Passung zwischen individuellem Habitus und den generellen akademischen Werten und Bildungsidealen bezieht sich Passung ebenso auf die schulspezifischen Normen und Werte. Das individuelle Risiko, Schulentfremdung zu entwickeln, hängt somit von der Passung zur spezifischen Schulkultur ab. Inwiefern schulformspezifische Formen von Schulentfremdung existieren, gilt es zu untersuchen.

Um die Wechselwirkungen zwischen der institutionellen und sozialen Ordnung der Schule und den individuellen Dispositionen der Schüler/innen zu erfassen, wurde neben Bourdieus Feldtheorie auch dessen Habitustheorie hinzugezogen, um die soziale Praxis mit ihrer Logik und ihrem praktischen Sinn zu verstehen (vgl. Engler 2010, S. 257). Bourdieus Habitustheorie erklärt, wie sich in habituellen Orientierungen individuelle Dispositionen sowie gesellschaftliche Anforderungen und Konventionen verbinden. Mit Hilfe dieses Zugangs konnte gezeigt werden, dass der Schülerhabitus maßgeblich durch die soziale Herkunft determiniert ist. Da die im Rahmen der Primärsozialisation erworbenen kulturellen Gewohnheiten im schulischen Feld unterschiedlich honoriert oder zurückgewiesen werden, ergibt sich ungleiches schulisches Kapital aus der individuell unterschiedlichen Kapitalausstattung (Kramer 2014, S. 188; Bourdieu/Passeron 1971, S. 31). Diese schlägt sich in ungleichem Bildungserfolg, Bildungserwartungen und Lebenszielen nieder. Aufgrund der Ausrichtung der Schule an den Erwartungen der Ober- und Mittelschicht gelten niedrige Kapitalien als Risikofaktoren für Schulentfremdung, weshalb davon auszugehen ist, dass Schüler niedriger sozialer Herkunft mit höherer Wahrscheinlichkeit von Schulentfremdung betroffen sind.

Im Schulalltag wird der Theorie der Schulkultur folgend innerhalb des Klassensettings gelingende oder mangelnde Passung hergestellt, indem die spezifischen schulischen Anforderungen auf die individuellen Dispositionen und Ziele der Schüler/innen treffen. Die sich hieraus ergebenden Anziehungs- oder Abstoßungsverhältnisse ziehen im Fall gelingender Passung Bindung zwischen Schule und Schüler/in und individuelles Wohlbefinden nach sich, bei mangelnder Passung folgen Distanz und Entfremdung. Dabei wandeln sich im Zeitverlauf nicht nur die schulischen Anforderungen, auch die trägen Schülerhabitus weisen eine gewisse Dynamik auf. Diese umfasst sowohl Anpassungen im Schülerhabitus, die eine Habituskonstanz ermöglichen, als auch den Wandel hin zu stärkerer Schulorientierung oder Distanz.

Willis (1978) betont die Bedeutung der schulischen Ordnung für die Entwicklung von Distanz und Opposition gegenüber der Schule und ihren Normen und Werten. Dabei werden die auf wechselseitiger Anerkennung beruhenden Machtverhältnisse von schuloppositionellen Jugendlichen infrage gestellt, wenn sie aktiven Widerstand gegenüber der Schule zeigen (Willis 1978, S. 64). Indem Willis sowohl die Bedeutung der sozialen Herkunft als auch des Schulsettings für die individuelle Passfähigkeit und Anerkennung schulischer Werte und Normen hervorhebt, erweisen sich seine in den 1970er Jahren generierten Erkenntnisse als anschlussfähig an Helspers Ausführungen der Schulkultur und den verschiedenen Habitustypen.

Die resonanztheoretische Perspektive Rosas (2016) und Beljans (2017) stellt die Beziehung zwischen Schüler/innen und Lerninhalten, Lernumwelt und Bezugspersonen im Klassenzimmer in den Fokus, wobei sich Schulentfremdung sowohl in Indifferenz als auch in Repulsion ausdrückt. Der nichtentfremdete Zustand hingegen erfordert Resonanz zwischen den Schüler/innen und den Lerninhalten.

Im Hinblick auf Schulentfremdung legt das Verständnis verschiedener Schulformen als differenzielle Entwicklungsmilieus nahe, dass in den Sekundarschultracks verschiedene Lernumgebungen existieren. Diese wirken, kombiniert mit der Schulkultur der Einzelschule auf die Unterrichtspraktiken im Klassenzimmer. Die Praktiken im Klassenzimmer wiederum beeinflussen im Zusammenspiel mit den individuellen Dispositionen und der Kapitalausstattung der Schüler/innen, in welcher Weise Lerninhalte bei den Schüler/innen Resonanz, Repulsion oder

Indifferenz auslösen. Vor diesem Hintergrund konturieren sich unterschiedliche Risiken für die Entwicklung von Schulentfremdung.

3 Empirische Befunde zu Schulkultur, Schülerhabitus, kultureller Passung und Schulentfremdung

Das nachfolgende Kapitel bietet einen Überblick über Befunde zu Bildungsungleichheiten, Schulentfremdung und kultureller Passung. Die Systematik der thematischen Anordnung des Forschungsstandes bewegt sich von allgemeinen Befunden der Schulentfremdungsforschung hin zu speziellen Befunden der Forschung zu Schulkultur und kultureller Passung.

Dies dient dem Ziel den aktuellen Forschungsstand darzulegen sowie Forschungslücken aufzuzeigen. Zudem boten diese Befunde Hinweise für die Ausgestaltung der empirischen Studie dieser Arbeit. So lieferte die Systematisierung des Forschungsstands Informationen, welche Schüler/innengruppen von Schulentfremdung betroffen sind bzw. als Risikogruppen gelten, was als Grundlage der Hypothesenformulierung der quantitativen Studie diente. Im Hinblick auf die qualitative Studie sensibilisiert der Forschungsstand für das Zusammenspiel zwischen schulischen Strukturen, Schulkulturen und den Bedürfnissen und Ressourcen der Schüler/innen unter der Fokussierung lernbezogener Aspekte.

Zunächst werden Befunde herangezogen, die bestimmte Risikogruppen für die Entwicklung von Schulentfremdung identifizieren (II:3.1), sowie empirische Befunde des Forschungsprojekts SASAL zu Schulentfremdung (II.3.2) dargestellt. Daraufhin werden vorwiegend quantitative Studien vorgestellt, die explizit die Auswirkungen von Aspekten der Schulkultur auf die Entwicklung von Schulentfremdung untersuchen (II.3.3). Anschließend werden qualitativ-rekonstruktive Studien aus dem Bereich der Schulkulturforschung um die Forschergruppe von Helsper und Kramer präsentiert, sodass Schulentfremdung im Kontext der Beschäftigung mit Passungsverhältnissen thematisiert wird (II.3.4).

3.1 Gruppenspezifische Risiken für die Entwicklung von Schulentfremdung

Bisherige Forschung zu Schulentfremdung identifiziert drei Risikogruppen: Jungen, leistungsschwache Schüler/innen und Schüler/innen aus bildungsfernen Elternhäusern. Verschiedene Studien zeigen, dass *Jungen* in stärkerem Maße von Schulentfremdung betroffen sind als Mädchen. Die stärkere Schulentfremdung der Jungen fungiert dabei als primäre Erklärung ihres geringeren Bildungserfolgs (Hadjar/Backes/Gysin 2015, S. 104f.). Als eine Ursache für die stärkere Schulentfremdung der Jungen werden Geschlechterrollenbilder identifiziert, die bei Jungen in stärkerem Maße traditionell ausgeprägt sind und Schulerfolg negativ beeinflussen (Hadjar/Lupatsch 2010, S. 617; Hadjar/Backes/ Gysin 2015, S. 106). So stehen traditionelle Geschlechterrollenbilder – charakterisiert durch eine Präferenz der Rolle des männlichen Ernährers – in Verbindung mit stärkerem Problemverhalten, abweichendem Verhalten, was sich ausschließlich für Jungen zeigt. Zudem unterscheidet sich die Ausprägung von Geschlechterrollenbildern nach Schulform und Leistung, weshalb Schüler/innen niedriger Schultracks sowie leistungsschwache Schüler/innen im Allgemeinen in stärkerem Maße zu traditionellen Geschlechterrollenbildern tendieren Bei Mädchen ist diese Präferenz jedoch geringer ausgeprägt (Hadjar/Backes/ Gysin 2015, S. 104 f.).

Im Hinblick auf den Verlauf von Schulentfremdung zeigen sich keine geschlechtsspezifischen Differenzen, sodass für Betroffene die subjektive Relevanz und die Bindung zur Schule in gleichem Maße schwinden (Hascher/ Hagenauer 2010, S. 229). Ungeklärt ist bislang die Frage, in welcher Weise schulische Faktoren die Entfremdung der Mädchen besser verhindert. Anschließend an den Stage-Environment-Fit-Ansatz (vgl. Eccles/Midgley 1989) ist anzunehmen, dass die Bedürfnisse von Mädchen durch die schulischen Angebote besser befriedigt werden und Mädchen sich besser an die Anforderungen der Schule anpassen (Hascher/Hagenauer 2010, S. 230).

Darüber hinaus erweisen sich *leistungsschwache Schüler/innen* als in besonderem Maße von Schulentfremdung betroffen (Hascher/Hagenauer 2010, S. 229 f.). Dies ist darauf zurückzuführen, dass Schüler/innen, die Schwierigkeiten in der Schule haben und negative Erfahrungen machen, ihre Bindung zur Schule verlieren, was sich wiederum in geringer Identifikation und Partizipation niederschlägt (vgl. Finn 1989). Zudem werden die stärkeren Anstrengungen leistungsschwacher Schüler/innen als mögliche Ursache für Schulentfremdung in Betracht gezogen, da sie mehr Zeit investieren müssen, um ausreichende Ergebnisse zu erzielen, wodurch sie weniger Freizeit haben (vgl. Trautwein/ Lüdtke 2009).

Eine dritte Risikogruppe für die Entwicklung von Schulentfremdung stellen *Schüler/innen aus bildungsfernen Elternhäusern mit niedrigem sozioökonomischem Status* dar (Hadjar/Lupatsch 2010, S. 617; Hadjar/Lupatsch/ Grünewald 2010, S. 236). Demnach sind Schüler/innen aus bildungsnahen Elternhäusern in geringerem Maße schulentfremdet, was auf das kulturelle Kapital und bildungsnahe Aktivitäten der Familien zurückgeführt wird (Hadjar/ Lupatsch/Grünewald 2010, S. 240), wodurch eine hohe Nähe zur Schule und ihren Anforderungen besteht. Hingegen ergeben die vorliegenden Studien keine Hinweise auf eine besonders starke Schulentfremdung von Schüler/innen mit Migrationshintergrund (Hadjar/Lupatsch/Grünewald 2010, S. 236).

Studien belegen eine stärkere Schulentfremdung der *Schüler/innen in der Sekundarstufe* im Vergleich zur Primarschule. Auch wenn die Entwicklung von

Schulentfremdung schon im Vorschulalter beginnen kann, zeigen sich besondere Risiken (Hascher/Hagenauer 2010, S. 221) am Ende der Primarschule und zu Beginn der Sekundarstufe. So nehmen in diesen Klassenstufen die positiven Einstellungen gegenüber der Schule ab, und es kommt in zunehmendem Maße zu Konflikten zwischen Freizeitaktivitäten und Schulaufgaben (Fend 1997; Hofer 2004). Schulentfremdung verstärkt sich folglich mit der steigenden Anzahl der Schuljahre in der frühen Pubertät, wodurch sich Schulentfremdung auch empirisch als sukzessive voranschreitender Prozess zeigt (Hascher/Hagenauer 2010, S. 229).

3.2 Empirische Befunde des Forschungsprojekts SASAL zu Schulentfremdung

Nachfolgend werden die im Kontext des Forschungsprojekts SASAL erzielten empirischen Befunde zur domänenspezifischen Schulentfremdung (Hascher/Hadjar 2018) vorgestellt. Neben dieser Dissertation wurde im Rahmen des Projekts zur Bedeutung von Bildungswerten für die Entwicklung von Schulentfremdung (Scharf 2018), zum Zusammenhang von Schulentfremdung und Wohlbefinden (Morinaj/Hascher 2019) sowie zum Zusammenhang von Schulentfremdung und Lern- und Sozialverhalten der Schüler/innen (Morinaj/Marcin/Hascher 2019) geforscht. Dies erfolgte jeweils für das luxemburgische und/oder schweizerische Bildungssystem[10].

Scharf (2018) untersuchte in seiner Dissertation Institutions- und Kompositionseffekte in den Bildungskontexten Luxemburgs und der Schweiz, wobei ein Fokus auf der Wirkung intrinsischer und extrinsischer Bildungswerte auf Schulentfremdung lag (Scharf 2018, S. 232f.). Für beide Bildungskontexte zeichnet sich im Verlauf des unteren Sekundarschulunterrichts ein durchschnittlicher Anstieg von akademischer Schulentfremdung ab (Scharf 2018, S. 236). Je stärker intrinsische Bildungswerte der Sekundarschüler/innen ausgeprägt sind, desto geringer ist ihre Entfremdung von der Lehrperson sowie ihre Entfremdung vom Lernen (Scharf 2018, S. 238). Wird der Bildungsnutzen vornehmlich durch eher langfristige Aspekte des physischen Komforts und des sozialen Status wahrgenommen, besteht ein Risiko für akademische Entfremdung. Zugleich wirkt die Ausrichtung an den Erwartungen Anderer im Fall der Schweiz abschwächend auf Schulentfremdung (Scharf 2018, S. 238). Für Schüler/innen mit Migrationshintergrund zeigte diese Studie unterschiedliche Befunde. Weisen Schüler/innen mit Migrationshintergrund im schweizerischen Sample stärkere Verhaltenskonformität auf, sind im luxemburgischen Sample die Bildungswerte der Schüler/

---

10 Die Befunde für die Schweiz wurden im Kanton Bern erhoben und beziehen sich folglich auf diesen Ausschnitt des schweizerischen Bildungssystems.

innen mit Migrationshintergrund niedriger und sie sind in stärkerem Maße von Entfremdung von der Lehrperson betroffen (Scharf 2018, S. 235). Intrinsische Bildungswerte sind für Jungen weniger bedeutsam, wobei die extrinsische Verhaltensbestätigung für sie wichtiger ist (Scharf 2018, S. 235).

Die stärkere Entfremdung luxemburgischer Schüler/innen vom Lernen kann durch Kontexteffekte erklärt werden. So sind Schüler/innen im akademischen ES-Track stärker entfremdet als Schüler/innen im EST-Track. Kontextübergreifend sind Jungen signifikant stärker von Schulentfremdung betroffen (Scharf 2018, S. 237). Im Hinblick auf die Klassenkomposition ergaben sich in dieser Studie keine klaren Befunde (Scharf 2018, S. 244f.). Für beide Bildungskontexte zeigt sich, dass Schulentfremdung geringere schulische Leistungen nach sich zieht (Scharf 2018, S. 245).

Morinaj und Hascher (2019) erforschten erstmals im Rahmen einer Längsschnittstudie, basierend auf den quantitativen SASAL-Daten, die überlagerten Verbindungen zwischen den Domänen von Schulentfremdung und den verschiedenen Dimensionen von Wohlbefinden. Dies erfolgte für das Schweizer Sample für Klassenstufe 7 und 8. Dabei konnte gezeigt werden, dass die drei Domänen von Schulentfremdung in unterschiedlichen Zusammenhängen zu den sechs Dimensionen von Wohlbefinden stehen, wobei sowohl akademische als auch soziale Aspekte die Haltung gegenüber der Schule signifikant beeinflussen. So sagt ein höheres Ausmaß von Schulentfremdung ein geringeres Wohlbefinden der Schüler/innen vorher (Morinaj/Hascher 2019, S. 285f.).

Ebenfalls auf Basis des schweizerischen Samples der SASAL-Studie wurde der Wandel der Entfremdung und die überlagerten Beziehungen der Entfremdung vom Lernen, von Lehrpersonen und Mitschüler/innen sowie von Lern- und Sozialverhalten untersucht. Der zentrale Befund besteht darin, dass frühe Entfremdungserfahrungen in einer oder mehreren der Domänen einen Einfluss auf die spätere Partizipation im Unterricht und auf unerwünschtes Verhalten in der Schule haben (Morinaj/Marcin/Hascher 2019, S. 218). Auch diese Forschung belegt einen unterschiedlichen Anstieg der Entfremdung abhängig von der jeweiligen Domäne. So zeigt sich für die Entfremdung von den Mitschüler/innen kein Anstieg (Morinaj/Marcin/Hascher 2019, S. 218). Zudem zeigte sich ein direkter, positiver Zusammenhang zwischen Schulentfremdung und störendem Verhalten sowie Delinquenz in der Schule (Morinaj/Marcin/Hascher 2019, S. 219).

3.3 Empirische Studien zum Zusammenhang von Schulkultur und Schulentfremdung

Hascher und Hagenauer (2010) identifizieren verschiedene schulische Faktoren als Ursachen von Schulentfremdung – ohne jedoch explizit einen Bezug zur Schulkultur herzustellen. Hierzu zählen die Unterrichts- und

Instruktionsqualität, die Beziehung zu den Mitschüler/innen sowie die Beziehung zwischen Lehrpersonen und Schüler/innen, wobei sich für letztere der stärkste Einfluss zeigt. Demnach kommen der Lehrperson und ihrer akademischen und sozialen Unterstützung eine wichtige Bedeutung für die Haltung der Schüler/innen gegenüber der Schule und dem Lernen zu (Hascher/Hagenauer 2010, S. 230).

Auf Basis der Recherchen zum Forschungsstand von Schulkultur und Schulentfremdung wurde deutlich, dass sich bislang nur wenige Studien explizit mit diesem Zusammenhang beschäftigten. Nichtsdestotrotz konnten zwei Studien identifiziert werden, die sich dieser Thematik widmen.

Bereits in den 1970er Jahren untersuchten Dillon und Grout (1976) die Bedeutung schulischer Strukturen und der Ausgestaltung von Lernprozessen für die Entwicklung von Schulentfremdung am Beispiel amerikanischer Primarschulen. Ihre Befunde verdeutlichen, dass die Ausgestaltung schulischer Strukturen und Lehrstile die damit einhergehende Beschränkung oder Autonomie der Schüler/innen das Erleben von Schule maßgeblich determinieren. Entscheidend für die Entwicklung von Schulentfremdung ist nach Dillon und Grout, inwiefern ein Schulsystem und die Schulkulturen der Einzelschulen die Schüler/innen in schulische Entscheidungen und die Gestaltung von Lernprozessen einbeziehen und ihre Bedürfnisse ernstnehmen. Ist dies nicht gegeben, wird Schulentfremdung wahrscheinlich, die sich in Rebellion gegenüber den als fremdbestimmt und bedeutungslos erlebten schulischen Strukturen und Anforderungen äußert (Dillon/Grout 1976, S. 489). Durch umfassende Vorgaben werden sie in der Entwicklung eigener Interessen gehemmt und verlieren ihre Neugier, sodass sie die Themen und Aktivitäten im Schulalltag als bedeutungslos erleben (Dillon/Grout 1976, S. 484). Letztere Entwicklung kann als Entfremdung vom Lernen verstanden werden. Weiterhin beschränken die schulischen Anforderungen das Zugehörigkeitsgefühl derjenigen Schüler/innen, die diesen nicht oder nur bedingt entsprechen, wie es beispielsweise bei langsam Lernenden der Fall ist (Dillon/Grout 1976, S. 484).

Mahmoudi et al. (2018) arbeiten in ihrer iranischen Studie die Bedeutung der Schulkultur für die Entwicklung von Schulentfremdung in der Sekundarstufe heraus. Schulkultur verstehen sie als System kollektiver Normen, Bedeutungen und Werte der Akteure einer Schule. Entfremdung im Schulkontext ist gekennzeichnet von einer Kluft zwischen den Erwartungen und Bedürfnissen der Schüler/innen und den schulischen Angeboten und Erwartungen (Mahmoudi et al. 2018, S. 118). Die Analyse bezieht sowohl Dimensionen der Schulkultur als auch individuelle Aspekte (Autonomie, Kompetenz und Beziehungsbedürfnisse) ein, um die Entstehung und Entwicklung von Schulentfremdung zu erforschen. Die Ergebnisse zeigen, dass gegenseitige Akzeptanz, Respekt, Unterstützung und Vertrauen Schulentfremdung entgegenwirken. Schüler/innen fühlen sich durch ein geringes Maß an Kontrolle durch die Lehrpersonen intrinsisch motiviert ihre

Aufgaben zu bewältigen, wodurch Entfremdung vom Lernen abnimmt (Mahmoudi et al. 2018, S. 129). Insgesamt erweist sich die Qualität der Interaktion zwischen Lehrpersonen und Schüler/innen als effektivster Faktor, um Schulentfremdung zu erklären. Zudem zeigen Mahmoudi et al., dass die Motivation sinkt und Schulentfremdung zunimmt, wenn Schüler/innen sich in ihren Bildungsmöglichkeiten benachteiligt fühlen (Mahmoudi et al. 2018, S. 129f.).

3.4 Empirische Studien zu Passungskonstellationen zwischen Schule und Schüler/in

Die kulturelle Passung von Schüler/innen zu spezifischen Schulkulturen und deren Anforderungen ist ein zentrales Thema bisheriger Schulkulturforschung. Geprägt ist die – seit Mitte der 1990er Jahre bestehende – Schulkulturforschung von Forschenden um Werner Helsper und Rolf-Torsten Kramer und findet schwerpunktmäßig an der Universität Halle-Wittenberg statt[11]. In der kulturellen Passung drückt sich das Verhältnis von Schulkultur und individuellen Dispositionen und Ressourcen der Schüler/innen aus. Frühe Arbeiten der Schulkulturforschung befassten sich mit den Verflechtungen zwischen Schulkultur und Schülerbiografie und deren Wirkungen im Schulalltag (Helsper 1995) sowie den Dynamiken, die zum Wandel dominanter Praktiken, Handlungsroutinen und Ideale innerhalb einer Schulkultur beitragen (vgl. Helsper et al. 2001; Böhme 2000; Kramer 2002). Seither untersuchen empirische Studien das Zusammenspiel von schulischer Ordnung und Anforderungen und dem Schülerhabitus. Lag der Fokus zunächst auf der Ausdifferenzierung der Wechselwirkungen von Schülerbiografie, Schülerhabitus und deren Passung zu spezifischen Schulkulturen, werden nun verstärkt spezifische Schulkulturen und Schülerkonstellationen erforscht (Helsper 2015, S. 456).

Nachfolgend werden die zentralen Erkenntnisse der Schulkulturforschung vorgestellt, wobei Haltungen der Schüler/innen in der Sekundarstufe und deren Entwicklung im Fokus stehen. Da sich das Theoriegebäude der Theorie der Schulkultur auf das Zusammenspiel von Schule und den individuellen Dispositionen stützt und damit stets verschiedene soziale Ebenen adressiert, wird in der Struktur dieses Unterkapitels auf eine Differenzierung nach sozialen Ebenen verzichtet.

---

11 Die gesamte Forschung, die in diesem Unterkapitel vorgestellt wird, bezieht sich auf das deutsche Bildungssystem, sodass es zu berücksichtigen gilt, dass der hier thematisierte Übergang in die Sekundarstufe nach vier Jahren Primarschule erfolgt.

3.4.1 Schulkulturen als Institutionen-Milieu-Komplexe

Primäre Bezugsmilieus und Passungskonstellationen

Institutionen-Milieu-Bezüge wurden bislang vorwiegend für das exklusive Schulsegment[12] untersucht, wobei die Relationen zwischen diesen Schulen und ihren spezifischen Milieus in den Blick genommen wurden. In der Studie „Pädagogische Generationsbeziehungen in Familie und Schule" wurde gezeigt, wie diese als Institutionen-Milieu-Komplexe funktionieren, wie sich eine Schule als exklusive Bildungsinstitution entwirft, welche imaginären Entwürfe damit verbunden sind und welche Bedeutung dies für den Habitus der Schüler/innen hat. Hierzu wurden die Schulleiterrede zur Begrüßung der neuen Schüler/innen, dreißig Stunden Unterricht sowie Interviews mit Lehrpersonen und biographische Schülerinterviews sowie vier Familienszenen analysiert (Helsper/Hummrich/Kramer 2014, S. 318 f.). Anhand des Beispiels eines solchen Gymnasiums werden nachfolgend optimal passende und von kultureller Fremdheit geprägte Konstellationen zwischen dieser spezifischen Schulkultur und einzelnen Schüler/innen betrachtet. Der dominante schulkulturelle Entwurf zeichnet sich durch die Hinwendung zu kulturell und ökonomisch kapitalstarken Elternhäusern aus, womit ein Versprechen von Exklusivität gepaart mit konservativen Disziplinierungsvorstellungen einhergeht (Helsper/Hummrich/Kramer 2014, S. 320 f.).

Trotz Integration sind Schüler/innen niedriger Herkunftsmilieus mit andauernder Unsicherheit und Fremdheit konfrontiert, da sie nicht über einen konservativen Habitus der Distinktion verfügen und ihnen die Selbstverständlichkeit im Umgang mit hochkulturellen Praktiken und Gütern fehlt. Die Passung wird im Schulalltag immer wieder ausgehandelt und bestätigt, sodass diese Schüler/innen ihre Exzellenz permanent beweisen und hieraus resultierende Fremdheit ertragen müssen. Passung an exklusiven Schulen bewegt sich somit zwischen Inklusion und inkludierter Fremdheit. Aufgrund der vorherrschenden Selektionslogik, die auf bestmögliche Passung zwischen Schulkultur und Schülerschaft abzielt, wurde in den Analysen kein Fall von deutlich fehlender Passung gefunden (Helsper/Hummrich/Kramer 2014, S. 322 ff.).

---

12 Exklusive Schulen wählen ihre Schülerschaft – im Unterschied zu anderen Schulen – durch spezifische Auswahlverfahren und Zugangshürden aus, die zur Prüfung der Passung der Schüler/innen zur Schule dienen und sind zugleich auf die Klientel aus ihren primären Bezugsmilieus angewiesen, um ihre Exklusivität zu erhalten. Abhängig vom familialen Bildungshabitus nehmen Eltern und Kinder die Schullandschaft sehr selektiv wahr, was sich in der Fokussierung bestimmter Schulformen oder auch exklusiver Schulen zeigt. Beispielsweise ist das Schulspektrum von Kindern mit schul- und bildungsfernem Habitus auf öffentliche Haupt- und Gesamtschulen reduziert (Helsper/Hummrich/Kramer 2014, S. 317).

Weiterhin wird am Beispiel von Gymnasien mit unterschiedlichen Profilen deutlich, dass das Verhältnis zwischen Schulen und ihren primären Bezugsmilieus unterschiedlich stark ausgeprägt ist (Helsper 2015, S. 452 f.). Besonders klar wurden die Bildungsansprüche und Bezugsmilieus für eine internationale Schule und ein Stadtteilgymnasium rekonstruiert, die jeweils spezifische Klientel ansprechen. So adressiert der akademisch exzellente Bildungsanspruch der International School Schüler/innen und Eltern einer internationalen, mobilen oder aber kapitalstarken akademischen Oberschicht mit Bildungsansprüchen im Kontext akademischer Exzellenz, lebenslangem Lernen und Weltbürgertum. Hingegen spricht das Stadtteilgymnasium Schüler/innen aus strebenden Milieus mittlerer oder unterer sozialer Lebenslagen an. Diese erweisen sich als homolog zum Bildungsanspruch dieser Schule, humanistische und demokratische Bildung für alle zu bieten (Krüger/Keßler/Winter 2015, S. 206 f.).

Befunde zu Schulversagen im Kontext der Wechselwirkung von Schülerbiografie, Milieu und Schulkultur

Von der Schulkulturforschung wird Schulversagen als Wechselwirkung von Schülerbiografie, Milieu und Schulkultur in den Blick genommen. Ausgehend hiervon entwickelte Sandring (2013) eine, vier Formen schulischen Versagens umfassende, Typologie, wobei schulisches Versagen als Klassenwiederholung definiert ist (Busse/Sandring 2015, S. 238).

Auf Basis dieser Typologie entwirft Sandring eine anerkennungstheoretisch fundierte Theorie schulischen Versagens, die Schule als begrenzten emotionalen Anerkennungsraum beschreibt. Dabei zeigen sich Unterschiede zwischen verschiedenen Schulkulturen im Hinblick darauf, inwiefern primäre Anerkennungsbedürftigkeiten im Schulkontext berücksichtigt werden. (Sandring 2013, S. 253 f.). Um grundlegende Anerkennungsbedürftigkeiten zu berücksichtigen, muss eine Schule die Logik des Schulischen weitgehend verlassen. Innerhalb der schulischen Logiken kommt es hingegen zu Inkonsistenzen und Missverständnissen, die mit dem Risiko der Verstärkung der Probleme und Bedürftigkeit der Schüler/innen einhergehen (Sandring 2013, S. 254). Für die Typen des milieuspezifisch erzeugten Versagens und der schulisch überformten Familie kann die Schule im Rahmen von Bildungsprozessen als Kompensationsraum fungieren. Beispielsweise kann sie durch das Angebot körperlicher oder handwerklicher Tätigkeiten den Schüler/innen Möglichkeiten bieten ihre Ressourcen einzubringen und auszuschöpfen. Zudem können Lehrpersonen als Vorbilder im Kontrast zur Familie fungieren (Sandring 2013, S. 257). Der Umgang mit Anerkennungsbedürftigkeiten der Schüler/innen ist nicht nur einzelschulspezifisch, sondern auch schulformspezifisch. So ermöglicht eine flexiblere Nutzung der Unterrichtszeit in der Hauptschule die Berücksichtigung dieser Bedürfnisse (Sandring 2013, S. 252 f.). Hingegen stehen auf dem Gymnasium das Einhalten der Regeln und der Lernfortschritt der Klasse im Fokus, wodurch auf individuelle Anerkennungsbedürftigkeiten kaum eingegangen werden kann (vgl. Busse/ Sandring 2015, S. 246).

3.4.2 Wandlungsfähigkeit der Schülerhabitus im Verlauf der Sekundarstufe

Studien zur Schulkulturforschung fokussieren auch den Wandel der Haltungen von Schüler/innen. So sind diese im Bildungsverlauf immer wieder mit neuen schulischen Anforderungsstrukturen konfrontiert, während sich zugleich, insbesondere in der Adoleszenz, ihre schulischen, freizeit- und familienbezogenen Orientierungen wandeln. Überdies beeinflusst, die sich in diesem Zuge vollziehende Persönlichkeitsentwicklung die Haltung gegenüber dem Lernen (Hummrich/Kramer 2017, S. 8). Vor diesem Hintergrund wird der Schülerhabitus herausgefordert. Der Transformationsdruck auf den Schülerhabitus ist in stratifizierten Bildungssystemen vor allem im Übergang auf die weiterführende Schule sowie im Verlauf der Sekundarstufe I hoch.

Kramer (2013) sowie Köhler und Thiersch (2013) analysierten Transformationsdynamiken des Schülerhabitus für die Sekundarstufe und identifizierten unterschiedlich stark ausgeprägte Transformationsdynamiken des Schülerhabitus, die zwischen Bewährung und Krise changieren (Kramer 2013, S. 26 ff.). Dies beinhaltet sowohl die Kontinuität und Verfestigung schulischer Bildungsorientierungen als auch Transformationstendenzen in Richtung einer stärkeren Bildungsorientierung oder hin zu schuldistanzierteren Haltungen (Köhler/ Thiersch 2013, S. 39 f.).

Im Rahmen des SASAL-Projektes wurden – unter enger Anbindung an diese Dissertation – erste Erkenntnisse zum Zusammenspiel von Schulkulturen und Schulentfremdung im Kontext des luxemburgischen Bildungssystems erzielt. Anschließend an die Schulkulturforschung (Helsper et al., 2010; Köhler & Thiersch, 2013; Kramer, 2013) wurde der Übergang in die Sekundarstufe als eine mögliche Ursache von Schulentfremdung untersucht. Die Analyse der schulischen Erwartungen zeigte sehr unterschiedliche Schulkulturen in Primar- und Sekundarstufe, die mit unterschiedlichen Risikopotenzialen im Hinblick auf die Entwicklung von Entfremdung vom Lernen einhergehen. Die Schulkulturen in der Sekundarstufe unterschieden sich – trackabhängig und einzelschulspezifisch – stark von der Schulkultur der Primarschule. Dementsprechend ist der Anpassungsdruck für die Schüler/innen im Übergang in die unterschiedlichen Sekundarschultracks unterschiedlich stark ausgeprägt (Grecu/Hascher/Hadjar in press).

Ein wichtiges Ergebnis der Schulkulturforschung ist das Vorliegen nachgezogener schulischer Übergänge. Anstatt den Übergang in die Sekundarstufe als „Sekundarstufenschock" zu begreifen, plädieren Helsper et al. (2010, S. 148 f.) dafür, die längerfristigen Auswirkungen des Übergangs im Sinne eines „nachgezogenen Sekundarstufenschocks" abhängig vom jeweiligen Bildungshabitus zu berücksichtigen. Dieser zeigt sich nicht unmittelbar während des Überganges und resultiert vielmehr aus den Erfahrungen im Anpassungsprozess an die Anforderungen der neuen Schulkultur, die sich überdies auch im Verlauf der Sekundarstufe verändern. So sind bis zur siebten Klasse kaum Transformationen der schulischen Orientierungen zu erkennen, vielmehr dominiert die Fortsetzung bestehender Orientierungen und es erfolgen nur partielle Veränderungen (Köhler/Thiersch 2013, S. 37 f.). Die stärksten Veränderungen schulischer Orientierungen sind im Mittelfeld des Leistungsspektrums bzw. schulischer Orientierungen zu finden, wohingegen exzellenzorientierte sowie schulferne Habitustypen eine hohe Kontinuität aufweisen (Köhler/Thiersch 2013, S. 43).

Innerhalb der Sekundarstufe identifizieren Studien der Schulkulturforschung weitere kritische Stellen, die in besonderem Maße eine Anpassung der Schüler/innen an neue Anforderungen erfordern. So gilt das siebte Schuljahr im deutschen Bildungssystem als besonders herausfordernd, da es in nahezu allen Schulformen in dieser Klassenstufe zu einer Steigerung der Leistungsanforderungen begleitet von Lehrerwechseln, der Einführung weiterer Unterrichtsfächer, neuen innerschulischen Differenzierungen sowie einer Steigerung des Lerntempos und des Lernaufwands kommt (Kramer et al. 2013, S. 276). Das Zusammentreffen dieser Entwicklungen mit der Zunahme der Bedeutung von Peers und jugendkulturellen Zusammenhängen in der Frühadoleszenz bedingt zudem schulisch-institutionell erzeugte konflikthafte Konstellationen (Kramer et al. 2013, S. 276). Eine besonders starke Spannungsdynamik weist das Gymnasium auf, da Schüler/innen vom Habitus des moderaten Strebens angesichts der steigenden Leistungsanforderungen eine Bedrohung ihrer habituellen Balancemuster von Schul- und Freizeitorientierung bzw. Peerorientierung erleben, wodurch das Risiko besteht, dass sich bislang problemlose Schulbezüge in schuloppositionelle Haltungen wandeln (Kramer et al. 2013, S. 278).

Überdies wird deutlich, dass anfängliche Erholungseffekte durch die Zusammenstellung neuer leistungsschwächerer Bezugsgruppen an schulischen Übergängen, wie es beispielsweise auf der Hauptschule der Fall ist, selten eine nachhaltige Steigerung positiver Schulbezüge zur Folge haben. Dies ist darauf zurückzuführen, dass die besseren Leistungen nicht auf der Veränderung schulischer Orientierungen basieren, sondern aus einer Absenkung des Leistungsniveaus begründet sind. Angesichts dessen bleibt die Erfahrung besserer Noten fremd und die Effekte verpuffen (Kramer et al. 2013, S. 281 f.).

3.4.3 Die Erosion schulischer Anpassung im Nachgang schulischer Selektionsereignisse

Überdies beschäftigen sich Studien der Schulkulturforschung damit, wie sich die Passungskonstellationen von Schule und Schüler/innen im Verlauf der

Bildungskarriere verändern. Auch die Art und Weise, wie der familiale Bildungshabitus in die Schule hineinwirkt und die Herstellung von Passung beeinflusst, ist Gegenstand verschiedener Studien. Dabei können verschiedene Entwicklungen des Schülerhabitus eine Erosion schulischer Anpassungshaltungen und damit der Passung zwischen primärem und sekundärem Habitus nach sich ziehen.

Im Rahmen des DFG-Projekts „Erfolg und Versagen in der Schulkarriere. – Eine qualitative Längsschnittstudie zur biografischen Verarbeitung schulischer Selektionsereignisse" (2005-2010) wurde in einer Längsschnittperspektive das Zusammenspiel von Biografie und Schulkultur im Verlauf von Schulkarrieren untersucht. Indem sowohl Bezugs- als auch Abstoßungsverhältnisse rekonstruiert wurden, zeigten sich kontrastierende Schulbezüge und Bildungshabitus. Anhand dieser Fälle wurde deutlich, dass die Strukturen und Konventionen der Sinndeutung im schulischen Kontext komplementäre Dispositionen und Kompetenzen auf Seiten der Schüler/innen erfordern, damit diese angemessen auf die schulischen Anforderungen reagieren können (Kramer/Thiersch/Ziems 2015, S. 229). Mangelt es jedoch an komplementären Dispositionen und Bezügen, entwickeln sich unterschiedliche Ausprägungen von Bildungsfremdheit.

Für den Schülerhabitus des auferlegten Bildungsstrebens wird beispielsweise durch den Übergang auf ein exklusives Gymnasium Fremdheit gegenüber den neuen schulischen Anforderungen relevant. Die betroffenen Schüler/innen sind trotz guten Willens und starken Bildungsambitionen im Elternhaus Fremdheitserfahrungen ausgesetzt Im Verlauf der Sekundarstufe kann sich eine zunehmende Abgrenzung gegenüber den elterlich auferlegten Leistungsorientierungen und der Anforderungsstruktur der exklusiven Schule vollziehen, worin sich Transformationspotenziale konstituieren (Kramer/Thiersch/Ziems 2015, S. 225).

Hingegen erweist sich der Schülerhabitus der Bildungsfremdheit und angedeuteten schulischen Opposition kombiniert mit einem sozial schwachen, instabilen familiären Umfeld bereits in der Primarschule als von Fremdheitserfahrungen und Leistungsdefiziten betroffen. Die Schule als diffuser Raum bleibt den betroffenen Schüler/innen mit ihren Anforderungen und Logiken weitgehend fremd (Kramer/Thiersch/Ziems 2015, S. 226). Peer- und Gemeinschaftsorientierungen im schulischen Kontext bewirken immer wieder eine Annäherung, wodurch drohende schulische Opposition abgewendet werden kann (Kramer/Thiersch/Ziems 2015, S. 229).

Ebenso beleuchtet diese Studie den Fall der permanenten Spannung zwischen primärem und sekundärem Habitus, womit ein kontinuierlicher Bewährungs- und Transformationsdruck einhergeht, der letztlich Habitustransformationen anstoßen kann. So kann sich – unter Einfluss einer schuloppositionellen Peergroup als habitustransformierende Kraft – die vormals bildungskonforme, teilweise mit Fremdheitserfahrungen behaftetete Haltung in einen Habitus der Bildungsfremdheit und Opposition wandeln (Kramer 2014, S. 190ff.).

Fokussierten Studien zur Schulkultur bislang das Zusammenspiel von Schule, familialen Bildungsorientierungen und Schülerhabitus sowie Schülerhabitustransformationen im Bildungsverlauf vor dem Hintergrund von Institutionen-Milieu-Komplexen, stellt die Dimension der Schulklasse keinen zentralen Untersuchungszusammenhang dar. Lehrperson-Schüler/innen-Interaktionen sind zwar Thema der mehrebenenanalytischen Untersuchungen, treten jedoch hinter die Bedeutung von Elternhaus und Schulkultur der Einzelschule zurück. Auch Migrationshintergründe sind kein eigenständiges Thema der existierenden Studien zur Schulkultur, vielmehr werden Migrationshintergründe im Kontext der sozialen Herkunft und familialen Bildungsorientierungen betrachtet.

Die zuvor angeführten Studien zur kulturellen Passung beziehen sich durchweg auf das deutsche Bildungssystem und identifizieren die Zeit ab dem Übertritt in die weiterführende Schule von der fünften bis zur siebten Klasse. Diese Zeitspanne hält mehrfache innerschulische Neustrukturierungen bereit und erweist sich als besonders herausfordernd hinsichtlich geforderter Anpassungsleistungen (Kramer et al. 2013). Es ist anzunehmen, dass dies in ähnlicher Weise auf das luxemburgische Bildungssystem und damit den Übergang in die Sekundarstufe in Anschluss an Cycle 4.2 bzw. die sechste Klasse zutrifft. Hier ist jedoch zu berücksichtigen, dass die luxemburgischen Schüler/innen den Übergang mit durchschnittlich zwölf Jahren absolvieren (Lenz/Heinz 2018, S. 22), während in Deutschland die Schüler/innen meist zehn Jahre alt sind (Eckhardt 2017, S. 121). Inwiefern sich die deutschen Erkenntnisse zur Habitustransformation im Übergang und der Sekundarstufe I auch im luxemburgischen Bildungssystem zeigen, ist Teil des Erkenntnisinteresses dieser Arbeit.

4 Das luxemburgische Schulsystem: Charakteristika und Problemlagen

Aufgrund der starken Stratifizierung und der damit einhergehenden Mehrgliedrigkeit bietet das luxemburgische Bildungssystem ein interessantes Forschungsfeld, um die Entfremdung vom Lernen in differenziellen schulischen Entwicklungsmilieus in der Sekundarstufe zu erforschen.

Bereits heute zeichnet sich Luxemburg durch eine bemerkenswert multiethnische Bevölkerungsstruktur und Bevölkerungsentwicklung aus (Willems/Milmeister 2008, S. 156), die sich im höchsten Ausländeranteil innerhalb der OECD-Staaten zeigt (Willems/Milmeister 2008, S. 153). Auch wenn Luxemburger gegenwärtig noch knapp die Mehrheit im Großherzogtum darstellen, verschiebt sich die Bevölkerungszusammensetzung zugunsten der Einwanderer. Dies schlägt sich in der Zusammensetzung von Kindergartengruppen und Schulklassen nieder, wo luxemburgische Kinder schon heute oftmals die

Minderheit darstellen (Willems/Milmeister 2008, S. 160 f.). Betrug das prozentuale Verhältnis zwischen luxemburgischen und ausländischen Kindern im Schuljahr 2002/ 2003 noch 60,9 Prozent zu 39,1 Prozent, lernten im Schuljahr 2012/13 51 Prozent luxemburgische Kinder und 49 Prozent ausländische Kinder in luxemburgischen Schulen (Weth 2015, S. 22 f.). Angesichts dieser Bevölkerungsentwicklung steht Luxemburg bereits gegenwärtig vor Herausforderungen, die sich für andere europäische Staaten in Zukunft ebenfalls abzeichnen (Weth 2015, S. 22 f.).

Nachfolgend werden die offizielle Struktur des luxemburgischen Bildungssystems und dessen Spezifika sowie Problemlagen herausgearbeitet.

4.1 Stratifizierung und geringe Durchlässigkeit

Das luxemburgische Bildungssystem zeichnet sich durch eine starke institutionelle Stratifizierung aus, die sich in der leistungsbasierten Einteilung der Schüler/innen in die verschiedenen Schultracks und Anspruchsniveaus[13] ab der Sekundarstufe ausdrückt. Verstärkt wird die Stratifizierung durch das Fehlen einer Gesamtschule[14] (Hadjar/Rothmüller 2016, S. 59 f.). Angesichts dessen ist das luxemburgische Sekundarschulsystem anfällig für Bildungsungleichheiten entlang von sozialer oder ethnischer Herkunft oder Geschlecht (Hadjar/Uusitalo 2016; Hadjar et al. 2015).

Die Stratifizierung des luxemburgischen Bildungssystems drückt sich in einer relativ frühen Trennung zwischen technischer und klassisch akademischer Bildung aus, welche im Alter von zwölf Jahren im Rahmen der Allokation auf die Sekundarstufe erfolgt (Graf/Tröhler 2015, S. 107). Die frühe Selektivität wird angesichts des hohen Anteils von Schüler/innen mit Migrationshintergrund aus Perspektive der Bildungsforschung als hinderlich angesehen, da diese nur über kurze Zeit verfügen, um sich an das multilinguale Schulsystem anzupassen. Dies schlägt sich im relativ geringen Anteil der Schüler/innen mit nicht-luxemburgischer Nationalität auf dem höchsten Sekundarschultrack ES (Enseignement secondaire) nieder (20 %) (Graf/Tröhler 2015, S. 107).

Während in der Sekundarstufe zwischen ES und EST (Enseignement secondaire technique) nur geringe Durchlässigkeit besteht, sodass nur wenige Schüler/innen in eine andere Schulform wechseln (Hadjar et al. 2015, S. 34), ist die Durchlässigkeit innerhalb des EST wesentlich größer. Dies ergibt sich insbeson-

---

13 Als Anspruchsniveaus sind die inneren Differenzierungen Théorique, Polyvalente und Practique im EST-Track zu verstehen.
14 Das Thema Gesamtschule ist in Luxemburg bis heute stark tabuisiert. Die Ablehnung resultiert primär aus der Befürchtung, dass eine solche Reform Niveauverluste bezüglich der Sprachkenntnisse zur Folge hätte (Hadjar/Rothmüller 2016, S. 59 f.).

dere in der Unterstufe aus der angestrebten Integration von Schüler/innen vom Modulaire in die regulären Anspruchsniveaus des EST sowie Wechseln zwischen den verschiedenen Anspruchsniveaus. An dieser Stelle erweist sich das luxemburgische Bildungssystem als durchlässiger als in vielen Studien bisher angenommen (Backes 2018, S. 300) wurde. Nichtsdestotrotz zeigt sich die Stratifizierung in den hohen Hürden für den Wechsel zwischen EST und ES. Zudem besteht ein deutlicher Überhang von Abwärtswechseln in niedrigere Schultracks (Backes 2018, S. 300).

4.2 Elementarbildung und Allokationsverfahren

Das luxemburgische Bildungssystem ist stark zentralisiert und steht unter der Aufsicht des Bildungsministeriums (Ministère de l'Éducation nationale, de l'Enfance et de la Jeunesse). Die Schulpflicht beginnt mit dem Eintritt in die Vorschule (Éducation préscolaire) im Alter von vier Jahren und dauert bis zum 16. Lebensjahr (Noesen 2005, S. 26).

Die Elementarbildung umfasst Vorschule und Primarschule und ist in vier, sich jeweils über zwei Jahre erstreckende, Lernzyklen gegliedert. Der Übergang von der Primar- zur Sekundarstufe findet im Alter von zwölf Jahren am Ende von Cycle 4.2 statt. Die Grundlage des verbindlichen Orientierungsbeschlusses (décision d'orientation)[15] stellen die Leistungen im Cycle 4 dar (Krolak-Schwerdt et al. 2015, S. 58), die im Bilans Intermédiaires dokumentiert und im Bilans de Fin de Cycle zertifiziert werden. Ebenso fließen die Ergebnisse der nationalen Schulleistungstests (Épreuves standardisées) in den Orientierungsbeschluss ein (Weth 2015, S. 24f.). Seit dem Schuljahr 2016/17 folgt die Allokation einem modifizierten Verfahren, das einen ganzheitlicheren Blick auf die Schüler/innen anstrebt und die Eltern in stärkerem Maße einbezieht (MENJE 2018a).

Die Zuweisung zu einer Schulform erfolgt auf Basis von Lehrerempfehlungen eines Komitees. Diese Kommission besteht aus eine/m/r Inspektor/in, der Klassenleitung, je einer Lehrkraft des ES (Enseignement Secondaire) und EST (Enseignement Secondaire Technique) sowie – auf Wunsch der Eltern – einem Psychologen (Weth 2015, S. 24). Im Zuge des Recours haben die Eltern die Möglichkeit der Zuweisung zu widersprechen, woraufhin die Schüler/innen einen weiteren Einstufungstest ablegen können (Backes 2018, S. 111). Seit dem Schuljahr 2017 wird die Kommission nur dann einberufen, wenn Eltern und Lehrkraft sich nicht auf einen Orientierungsbeschluss einigen können (MENJE 2018b, S. 9).

---

15 Der Begriff der Orientierung bezeichnet im Kontext Luxemburgs das Allokationsverfahren im Übergang von der Primarschule in die Sekundarschule und entstammt dem Französischen.

Die hohe Bedeutung des Orientierungsbeschlusses zeigt sich daran, dass die meisten Schüler/innen den empfohlenen Schultrack im weiteren Bildungsverlauf nicht verlassen. Insgesamt folgen 98 Prozent der Sechstklässler/innen der Übergangsentscheidung. Im weiteren Bildungsverlauf verblieben 94 Prozent von ihnen bis zur neunten Klasse auf dem empfohlenen Schultrack (Krolak-Schwerdt et al. 2015, S. 58). Unklar bleibt, inwiefern dies auf eine hohe Zufriedenheit mit den zugewiesenen Schultracks oder auf mangelnde Durchlässigkeit innerhalb der Sekundarstufe zurückzuführen ist. Nichtsdestotrotz verdeutlicht das Verbleiben im gewählten Schultrack die Allokation am Ende der Primarstufe als wichtige Weggabelung.

Bildungsungleichheiten im Zuge der Allokation in die Schultracks der Sekundarstufe

Im Orientierungsprozess am Ende der Primarstufe deuten sich verschiedene Bildungsungleichheiten an, da leistungsferne Indikatoren wirkmächtig werden (vgl. MENJE/Universität Luxemburg 2013). Die hieraus resultierende soziale Selektivität der Orientierungsbeschlüsse wird aufgrund der geringen Durchlässigkeit des Bildungssystems als überaus problematisch angesehen (Krolak-Schwerdt et al. 2015, S. 61 f.).

Ungleichheiten im Übergang sind an die Nationalität der Schüler/innen geknüpft. Wechselten im Schuljahr 2012/13 46,6 Prozent der Schüler/innen mit luxemburgischer Nationalität nach der Primarschule in das, auf den Erwerb einer Hochschulzugangsberechtigung abzielende, ES (Enseignement Secondaire), gelang dies nur 14,5 Prozent der Schüler/innen mit portugiesischer Nationalität und 34,6 Prozent der Schüler/innen mit einer anderen Nationalität. Für das niedrigste Leistungsniveau der Sekundarstufe, das Modulaire (Régime Préparatoire) zeigt sich ein entgegengesetztes Bild: Während nur 7,1 Prozent der Schüler/innen mit luxemburgischer Nationalität und 12,6 Prozent der Schüler/innen mit einer anderen Nationalität diesen Schultrack besuchen, sind es 16,1 Prozent der Schüler/innen mit portugiesischer Nationalität (Weth 2015, S. 25).

Darüber hinaus variieren die Übergangsquoten innerhalb des Großherzogtums. Sind die Übergangsquoten von der Primarschule auf das ES im Zeitraum 2009/10 bis 2016/17 im Zentrum des Landes eher hoch, fallen sie im Norden (Ösling, Grenzgemeinden zu Belgien und Deutschland) und in Teilen des Südens (Petange, Differdange, Sanem, Esch/Alzette, Schifflange, Dumeldange) eher niedrig aus. Zurückgeführt werden diese relativ stabilen regionalen Unterschiede auf historisch bedingte soziale, ökonomische und sprachliche Verhältnisse und hiermit verknüpfte Sozialisationskontexte und Bildungschancen (Lenz/Heinz 2018, S. 31).

4.3 Sekundarstufe: Schultracks, die Schülerschaft und Bildungsabschlüsse

Schultracks und Bildungsabschlüsse

Die Sekundarstufe beinhaltet drei Jahre Unterricht in der Unterstufe (MENJE/ Universität Luxemburg 2015, S. 8) sowie abhängig vom besuchten Schultrack mindestens weitere drei Jahre in der Oberstufe (MENJE/Universität Luxemburg 2015, S. 10). Insgesamt gibt es in Luxemburg gegenwärtig 39 staatliche (Lycées Publics) sowie 14 private bzw. internationale Sekundarschulen (Lycées Privés) (Lenz/Heinz 2018, S. 23). Auch wenn manche Schulen sowohl einen klassischen als auch einen technischen Bildungsweg anbieten (Backes 2018, S. 119), sind die einzelnen Schultracks in der Regel stark voneinander abgegrenzt und haben wenig Berührungspunkte.

Abbildung 2 zeigt die starke Stratifizierung des luxemburgischen Bildungssystems, das ab dem Sekundarschulbereich in verschiedene Bildungswege gegliedert ist (Hadjar/Rothmüller 2016, S. 56). Mit dem Übergang in die Sekundarstufe erfolgt eine Differenzierung in die Schultracks der allgemeinen Sekundarausbildung (Enseignement secondaire; Lycée classique) und die technisch-praktisch orientierte Sekundarausbildung (Enseignement secondaire technique EST, Lycée technique). Während das ES auf die Befähigung zu einem Hochschulstudium abzielt, bereitet der technische Schultrack vorrangig auf eine Ausbildung vor und ist in der Unterstufe wiederum in zwei Bildungsniveaus unterteilt. Neben dem technischen Schultrack existiert in Klassenstufe 7 ein Vorbereitungstrack (Régime Préparatoire/Modulaire), der auf eine Integration der Schüler/innen in das herkömmliche System des EST abzielt, de facto aber mit einem hohen Risiko des frühzeitigen Verlassens der Schule verbunden ist (Backes 2018, S. 112 f.). Generell sind Sektionswechsel innerhalb einer Schulform möglich, jedoch auf einen Wechsel pro Schulform beschränkt (Backes 2018, S. 119).

In den Klassenstufen 8 und 9 erfolgen weitere Differenzierungen der technischen Sekundarschule in die Sub-Tracks Théorique, Polyvalente und Practique. Der Sub-Track Practique ist zwischen Polyvalente und Régime Preparatoire verortet und fungiert als Transferklasse für den Wechsel der Schüler/innen aus dem Modulaire (Backes 2018, S. 116). Aufgrund der, in der Unterstufe nach jedem Schuljahr erfolgenden, Differenzierung erscheinen die Bildungswege innerhalb des EST relativ flexibel (Backes 2018, S. 117), verlangen von den Schüler/ innen zugleich häufige Anpassungen an neue Klassenzusammensetzungen. Dieser Problematik begegnet das Projekt Proci, in dessen Rahmen im technischen Schultrack der gemeinsame Unterricht mehrerer EST-Formen in einer Klasse von Klasse 7 bis 9 erprobt wird. Ziel ist es, die mit einem Sub-Trackwechsel verbundenen Klassenwiederholungen zu reduzieren (Keller et al. 2013, S. 95).

Abbildung 2: Das luxemburgische Schulsystem

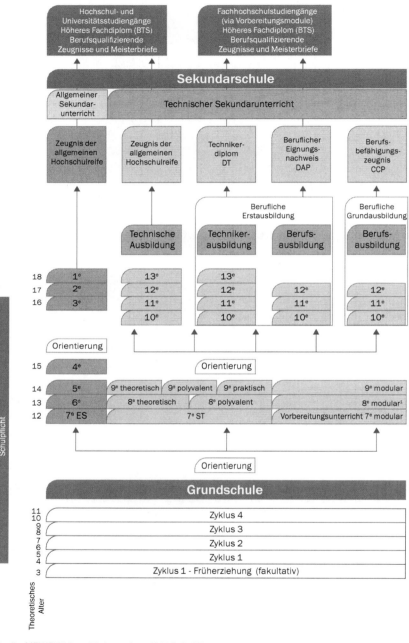

Quelle: MENJE/Universität Luxemburg (2015, S. 10)

Vor dem Übergang in die Oberstufe endet im Alter von 15 oder 16 Jahren die Schulpflicht. Das Modulaire, auf welchem die Schullaufbahn nach insgesamt elf Schuljahren endet, stellt den kürzesten Bildungsweg dar (Hadjar/Rothmüller 2016, S. 56). Der Unterricht in der Oberstufe führt, abhängig von der Schulform, zur Hochschulreife (ES) oder zu einem berufsbildenden Abschluss (EST). Dabei ist die duale Berufsausbildung in Luxemburg strukturell in das EST und damit in die Sekundarschule integriert (Backes 2018, S. 113). Innerhalb der Oberstufe des EST existieren drei Formen der Berufsausbildung (régimes): Régime technique (RT; 13-14 Schuljahre), Régime de la Formation de Technician (DT; 12-13 Schuljahre), Régime Professionel (DAP, CCP; 12 Schuljahre). Diese entsprechen einem technischen Abitur, einer Technikerausbildung oder einer Berufsausbildung mit höherem Praxisanteil (Backes 2018, S. 113).

Die Schülerschaft der Sekundarstufe

Die Differenzierung der Schülerschaft in der Sekundarstufe offenbart Ungleichheiten in der Verteilung auf die verschiedenen Schultracks, die auf sozioökonomischen Status, Migrationshintergrund und Geschlecht zurückgeführt werden können. Wurde oben bereits die Verteilung eines Jahrgangs nach sozialer Herkunft und Migrationshintergrund auf die verschiedenen Sekundarschultracks gezeigt, wird hier auf Statistiken zurückgegriffen, die alle Schüler/innen der Sekundarstufe berücksichtigen.

Der Verlauf der Bildungskarrieren wird maßgeblich durch den sozioökonomischen Status beeinflusst und verlaufen positiver, wenn Schüler/innen aus sozioökonomisch begünstigten Familien stammen (MENJE/SCRIPT/Universität Luxemburg 2017, S. 9). So besuchen 68 Prozent der sozioökonomisch begünstigten Schüler/innen das ES. Demgegenüber sind nur 12 Prozent der sozioökonomisch benachteiligten Jugendlichen auf dieser Schulform zu finden. Zudem wiederholen sozioökonomische benachteiligte Schüler/innen mit 40 Prozent in ihrer Schullaufbahn wesentlich häufiger mindestens eine Klasse, während dies nur bei 13 Prozent der sozioökonomisch begünstigten Schüler/innen der Fall ist (MENJE/SCRIPT/Universität Luxemburg 2017, S. 9).

Ebenso unterscheidet sich die Zusammensetzung der Schülerschaft in den Schultracks der Sekundarstufe im Hinblick auf das Vorliegen spezifischer Migrationshintergründe. So finden sich Schüler/innen ohne luxemburgische Staatsbürgerschaft mit einem Anteil von 44,2 Prozent im EST als wesentlich größere Gruppe wieder als im ES, wo sie nur 20 Prozent der Gesamtschülerschaft ausmachen. Dagegen machen Jugendliche mit luxemburgischer Staatsbürgerschaft 80 Prozent der Schülerschaft im ES und 55,8 Prozent der Lernenden im EST aus. Noch deutlicher erweist sich die Diskrepanz für die portugiesischen Schüler/innen, die mit 28 Prozent im EST, aber nur mit sieben Prozent im ES vertreten sind (Graf/Tröhler 2015, S. 107; MENJE 2014, S. 16).

Eine Differenzierung nach Sprachhintergrund verdeutlicht die ungleichen Bildungschancen von Schüler/innen mit luxemburgisch-deutschem Sprachhintergrund und von Schüler/innen mit anderen Sprachhintergründen. Starten 44 Prozent der Schüler/innen mit luxemburgisch-deutschem Sprachhintergrund in der siebten Klasse im ES, 45 Prozent im EST und sechs Prozent im Modulaire, starten von den Schüler/innen mit anderen Sprachhintergründen lediglich 19 Prozent im ES, jedoch 51 Prozent im EST und 22 Prozent im Modulaire (Hadjar/Fischbach/Backes 2018, S. 77). Dies zeigt deutlich, dass einheimische Schüler/innen mit luxemburgisch-deutschem Sprachhintergrund wesentlich häufiger das ES besuchen und somit höhere Chancen haben die Hochschulreife zu erlangen. Hingegen sind Schüler/innen mit Migrationshintergrund im niveauniedrigsten Modulaire-Track überrepräsentiert (Hadjar/Fischbach/Backes 2018, S. 70).

Die Verteilung der Schüler/innen in die Schultracks der Sekundarstufe erweist sich zudem als geschlechtsspezifisch. Dies zeigt sich in einer leichten Überrepräsentation der Mädchen im ES (54,5 %), wohingegen sie im EST leicht unterrepräsentiert sind (47,3 %) (MENJE/Universität Luxemburg 2015, S. 14). Diese Geschlechtsunterschiede decken sich mit den Befunden in anderen europäischen Bildungssystemen, wonach Jungen geringere Bildungschancen haben (vgl. Lupatsch/Hadjar 2011). Neben ihrer Unterrepräsentation im ES, sind sie zugleich im Modulaire überrepräsentiert (Hadjar et al. 2015, S. 53 f.).

4.4 Problemlagen: Klassenwiederholungen, Schulabbruch. Schulangst und Kompetenzunterschiede

Nachfolgend werden Problemlagen des luxemburgischen Bildungssystems thematisiert, zu denen Klassenwiederholungen, der Abbruch der Bildungskarriere sowie starke Kompetenzunterschiede innerhalb der Schülerschaft zählen. Hierin spiegeln sich zudem Bildungsungleichheiten wider.

Klassenwiederholungen:

Auffällig ist im luxemburgischen Bildungssystem die hohe Quote der Schüler/innen, die mindestens ein Schuljahr wiederholen (allongements de cycle bzw. retard scolaire). Diese ist darauf zurückzuführen, dass Klassenwiederholungen im Bildungssystem als Instrument genutzt werden, um mit der Heterogenität der Schüler/innen umzugehen (MENJE/SCRIPT/Universität Luxemburg 2017, S. 16). Generell sind die Schultracks der Sekundarstufe in unterschiedlichem Ausmaß hiervon betroffen. Am weitaus häufigsten wiederholen Schüler/innen im Modulaire (77,4 %), gefolgt vom EST (57,3 %), während im ES die Quote der Wiederholungen am geringsten ist (34,1 %) (Klapproth/Schaltz 2015, S. 78 f.).

Verschiedene Studien zeigen für Luxemburg, dass das Risiko für Klassenwiederholungen durch leistungsfremde Merkmale, wie die soziale Herkunft, den sprachlichen Hintergrund sowie den Migrationshintergrund beeinflusst wird (Hadjar et al. 2015, S. 41 ff.). Die häufigsten Klassenwiederholungen in der Sekundarstufe weisen portugiesische Schüler/innen mit 65,9 Prozent auf, wohingegen Schüler/innen anderer Nationalität (55 %) und luxemburgische Schüler/innen (55,1 %) wesentlich seltener betroffen sind (Klapproth/Schaltz 2015, S. 79). Ebenfalls zeigt sich die Bedeutung des Sprachhintergrundes für Klassenwiederholungen in der Sekundarstufe stärker als in der Primarstufe. So haben 61,7 Prozent der Schüler/innen, die zuhause Deutsch oder Luxemburgisch sprechen, keine Klassenwiederholung erlebt, wohingegen dies nur für 44,4 Prozent der Schüler/innen mit anderen Sprachhintergründen gilt. Darüber hinaus zeigen sich auch leichte geschlechtsspezifische Effekte auf Klassenwiederholungen: Erleben 48,9 Prozent der Jungen eine Verzögerung der Schulzeit, trifft dies nur auf 43,3 Prozent der Mädchen zu (Hadjar et al. 2015, S. 53).

Schulabbruch

Die permanenten Abbruchraten, das heißt, der Anteil der Schüler/innen, die das Bildungssystem ohne Abschluss verlassen, schwankten in Luxemburg in jüngerer Vergangenheit zwischen 11,6 Prozent im Schuljahr 2012/2013 bis zu 17,2 Prozent im Schuljahr 2003/2004 (Poncelet et al. 2015, S. 1). Jedoch wurden von Seiten der Bildungspolitik in den 2000er Jahren Maßnahmen zur Reduktion der Abbruchrate implementiert (Esch et al. 2011, S. 2).

Im Kontext Luxemburgs wird Schulabbrecher/innen geringere Motivation und Selbstregulation sowie eine geringere Abgrenzung von der Peergruppe bescheinigt (Meyers/Pignault/Housseman 2013, S. 274). Zudem ist das Risiko für den Abbruch der Bildungskarriere abhängig von der Schulform. Das höchste Abbruchsrisiko haben Schüler/innen, die das Modulaire besuchen, die generell gering ausgeprägte Kompetenzen und niedrige schulische Leistungen aufweisen (Meyers/Pignault/Housseman 2013, S. 272).

Für Luxemburg ist zu berücksichtigen, dass der Abbruch der Bildungskarriere im Großherzogtum teilweise durch einen Wechsel auf Schulen in den Nachbarländern kompensiert wird, was als Kritik der betroffenen Eltern und Schüler/innen am luxemburgischen Bildungssystem zu interpretieren ist und einen allgemeinen Trend darstellt (Houssemand/Meyers 2013, S. 525).

Schulangst

Zudem liegen Befunde vor, die zeigen, dass Schulangst und damit das Wohlbefinden der Schüler/innen in der Sekundarstufe in den verschiedenen Schultracks unterschiedlich ausgeprägt sind. Sind ES-Schüler/innen wenig betroffen, ist Schulangst unter Schüler/innen im EST und insbesondere im Modulaire-Track stärker verbreitet (EMACS 2013, S. 91 f.). Dies legt nahe, dass die besuchte Schulform das Wohlbefinden der Schüler/innen prägt (Hadjar/Fischbach/Backes 2018, S. 64).

Kompetenzunterschiede

Außerdem zeigen sich Kompetenzunterschiede der Schüler/innen entlang der Ungleichheitsachsen soziale Herkunft, Migrationshintergrund sowie Sprachhintergrund. Diese deuten sich bereits früh in der Primarschule an und treten in der Sekundarstufe verstärkt zutage. Hingegen sind geschlechtsspezifische Kompetenzunterschiede gering ausgeprägt. Auch wenn Mädchen über bessere Kompetenzen in den Sprachen und Jungen in Mathematik verfügen, zeigen sich in den Schulnoten und Klassenwiederholungen (Cycle 2.2) kaum Geschlechterdifferenzen (Hadjar et al. 2015, S. 45).

Im Bildungsverlauf ergibt sich für viele Schüler/innen mit Migrationshintergrund ein Lernrückstand gegenüber Schüler/innen ohne Migrationshintergrund, der bis zu eineinhalb Schuljahre betragen kann. Auch wenn seit 2006 ein Rückgang der durch Migrationshintergrund bedingten Leistungsunterschiede im Hinblick auf Naturwissenschaften, Lesekompetenz und Mathematik zu verzeichnen ist, sind sie im internationalen Vergleich weiterhin eher stark ausgeprägt (MENJE/SCRIPT/Universität Luxemburg 2017, S. 9).

Kompetenzunterschiede zeigen sich für Luxemburg zudem entlang der Sprachhintergründe. So weisen Schüler/innen mit romanischen Sprachhintergründen im Vergleich zu Schüler/innen mit nicht-romanischen Sprachhintergründen geringere Kompetenzniveaus auf (Hadjar et al. 2015, S. 51).

Gemessen in Schuljahren ergibt sich zwischen ökonomisch begünstigten und benachteiligten Schüler/innen eines Jahrgangs eine Leistungsdifferenz von 2,4 bis 2,7 Jahren zugunsten von sozioökonomisch begünstigten Schüler/innen (MENJE/SCRIPT/Universität Luxemburg 2017, S. 9). Dies stellt im europäischen Vergleich eine der am stärksten ausgeprägten Leistungsdifferenzen dar (MENJE/SCRIPT/Universität Luxemburg 2017, S. 9). Auch die Schulnoten spiegeln das wider, wobei Schüler/innen aus sozioökonomisch benachteiligten Elternhäusern in der Sekundarstufe in Deutsch, Französisch und Mathematik geringeren Bildungserfolg verzeichnen als Schüler/innen aus sozioökonomisch begünstigten Elternhäusern (Hadjar et al. 2015, S. 47).

Zudem gilt es zu reflektieren, dass fast die Hälfte der Schüler/innen mit Migrationshintergrund zugleich aus sozioökonomisch benachteiligten Familien stammt, wodurch Kompetenzunterschiede verstärkt werden (Weth 2015, S. 25; MENJE/SCRIPT/Universität Luxemburg 2017, S. 9). Insgesamt zeigen sich kumulative Effekte von Sprache, sozioökonomischem Status und Migrationshintergrund, wobei der sozioökonomische Status die Schulleistung am stärksten beeinflusst. Sein Einfluss ist mehr als 2,7 Mal so groß wie der der zu Hause gesprochenen Sprache und mehr als 5,6-mal so groß wie der Einfluss des Migrationshintergrunds (MENJE/SCRIPT/Universität Luxemburg 2017, S. 10).

4.5 Mehrsprachigkeit im luxemburgischen Bildungssystem

Das luxemburgische Bildungssystem trägt der Multilingualität des Großherzogtums Rechnung, indem die drei luxemburgischen Amtssprachen Luxemburgisch, Deutsch und Französisch in verschiedenen Klassenstufen sukzessive als Unterrichtssprachen eingeführt und genutzt werden. Mehrsprachigkeit als offizielles Ziel luxemburgischer Schulbildung (Hu et al. 2015, S. 64) wird folgendermaßen im Bildungssystem umgesetzt:

Während in der Vorschule Luxemburgisch Anleitungssprache ist, erfolgen Alphabetisierung und Unterricht in der Primarstufe auf Deutsch. Ab Cycle 2.2. lernen die Schüler/innen Französisch (Weth 2015, S. 22 f.). Ab der Sekundarstufe wird Französisch in einigen Sekundarschultracks – vor allem im ES – in verschiedenen Fächern Unterrichtssprache (Hadjar/Rothmüller 2016, S. 56; Hu et al. 2015, S. 64). Ab dem zweiten Jahr der Sekundarstufe lernen die Schüler/innen zudem Englisch und im ES kann – abhängig vom Schultrack – noch eine fünfte Sprache gewählt werden (Hu et al. 2015, S. 64).

Aufgrund der Existenz von mindestens drei Unterrichtssprachen sind die Schüler/innen generell mit hohen Anforderungen konfrontiert. Da von der gesamten Schülerschaft nahezu perfekte Drei- oder auch Viersprachigkeit erwartet wird (MENJE/SCRIPT/Universität Luxemburg 2017, S. 16), sind in Luxemburg alle Schüler/innen mit Mehrsprachigkeitsbedingungen konfrontiert.

Angesichts des hohen Ausländeranteils reicht die lebensweltliche Mehrsprachigkeit weit über die Amtssprachen hinaus, sodass in den Herkunftsfamilien der Schüler/innen viele Sprachen, wie beispielsweise Portugiesisch, gesprochen werden, die nicht Amts- und Instruktionssprachen sind. Demnach sind für über ein Drittel der Schulkinder die in der Primarschule genutzten Unterrichtssprachen Fremdsprachen (Weth 2015, S. 22). Vor diesem Hintergrund deutet sich an, dass die traditionelle Ausrichtung des luxemburgischen Bildungssystems an Schüler/innen, die über eine bestimmte Sprachfolge und gemeinsame muttersprachliche Basis verfügen, den gegenwärtigen lebensweltlichen Mehrsprachigkeitsbedingungen nicht gerecht wird (MENJE/SCRIPT/Universität Luxemburg 2017, S. 16). Als ideale Sprachausstattung für den Unterricht in der Primarstufe und die Alphabetisierung in deutscher Sprache gelten Kompetenzen in Luxemburgisch und Deutsch (Hadjar et al. 2015, S. 43). Demgegenüber steht der Befund, dass immer weniger Schüler/innen Luxemburgisch als Erstsprache sprechen (Weth 2015, S. 23).

Über alle Schultracks hinweg ist zu beobachten, dass sich die Zusammensetzung der Schülerschaft im Hinblick auf ihre Erstsprache in den vergangenen Jahren verändert hat. Während der Anteil an portugiesischsprachigen Schüler/innen in der Sekundarstufe von 17 Prozent im Schuljahr 2005/2006 auf 24,1 Prozent im Schuljahr 2012/2013 angestiegen ist (MENJE 2014), sank der Anteil der Schüler/innen, die überwiegend Luxemburgisch zuhause sprechen im gleichen Zeitraum von 65,8 Prozent auf 54,4 Prozent (Hu et al. 2015, S. 67).

4.6 Bilanz

Das luxemburgische Bildungssystem zeichnet sich durch eine starke Stratifizierung, die in der geringen Durchlässigkeit zwischen den Sekundarschultracks ES und EST zum Ausdruck kommt, sowie durch eine hohe Quote von Klassenwiederholungen aus. Zudem besteht das offizielle Ziel des Schulsystems in der Befähigung der Schüler/innen zur Mehrsprachigkeit, die sich in der Verwendung von mindestens drei Unterrichtssprachen im Bildungsverlauf zeigt. Hieraus ergeben sich hohe Erwartungen an die Schüler/innen im Hinblick auf Leistung und Sprachkompetenz. Zudem erfordert der Aufbau des Bildungssystems eine hohe Orientierungs- und Entscheidungskompetenz.

Inwiefern Schüler/innen diesen Anforderungen entsprechen können, wird durch ihren sozioökonomischen Status, Sprach- sowie Migrationshintergrund beeinflusst. Die Auseinandersetzung mit dem luxemburgischen Bildungssystem zeigt, dass dies auf eine bestimmte Kapitalausstattung der Schüler/innen rekurriert, über welche die Schüler/innen idealerweise verfügen sollten. Demnach haben Schüler/innen mit hohem sozioökonomischem Status, die über keinen Migrationshintergrund verfügen und als Primärsprachen Luxemburgisch bzw. Deutsch sprechen die besten Voraussetzungen für Bildungserfolg (MENJE/SCRIPT/Universität Luxemburg 2017, S. 10). Dies kann als optimale Passungskonstellation gedeutet werden. Angesichts dieser dominanten Vorstellung vom idealen Schüler/ der idealen Schülerin scheint Passung trotz der stark heterogenen Schülerschaft im luxemburgischen Bildungssystem eng definiert zu sein.

Vor diesem Hintergrund verspricht das Forschungsfeld Luxemburg interessante Einsichten in Mechanismen, die zur Entwicklung von Entfremdung vom Lernen in den differenziellen Entwicklungsmilieus der Schultracks der Sekundarstufe beitragen.

III. Empirische Mixed-Method-Studie zur Analyse der Entfremdung vom Lernen

1 Grundlegung des Forschungsvorhabens

In dieser empirischen Sektion werden zunächst in Kapitel III.1.1 die erkenntnisleitenden Fragestellungen und die methodische Herangehensweise dieser Arbeit überblicksartig dargestellt. Anschließend erfolgt in Kapitel III.1.2 die Verortung dieser Arbeit im Forschungsprojekt SASAL. Kapitel III.1.3 widmet sich schließlich den methodologischen und methodischen Ansprüchen dieser Mixed-Method-Studie sowie dem hieraus resultierenden Forschungsdesign. Detaillierte Beschreibungen der quantitativen und qualitativen Forschungsstrategien sind in den Kapiteln III.2 und III.3 zu finden.

1.1 Forschungsfragen und Forschungsdesign der Mixed-Method-Studie

Wie in Kapitel II.1.2.4 dargestellt, wurden die Ursachen von Schulentfremdung bislang vor allem unter Fokussierung individueller Merkmale der Schüler/innen untersucht, wohingegen die Bedeutung der Ausgestaltung der Institution Schule bisher kaum systematisch erforscht wurde (Hascher/Hadjar 2018; Hadjar/Scharf/Grecu 2019; Scharf 2018). Zugleich schreiben Baumert et al. (2006) den differenziellen Entwicklungsmilieus in den verschiedenen Schultracks eine zentrale Bedeutung für die Entwicklung der Schüler/innen zu. So wird diesen ein von den individuellen Dispositionen unabhängiger Einfluss beigemessen.

Aufbauend auf der Perspektive von Schulen als differenziellen Entwicklungsmilieus (Baumert/Stanat/Watermann 2006) und der Theorie der Schulkultur (Helsper 2008) trägt diese Arbeit zur Erforschung der Ursachen von Schulentfremdung unter Fokussierung der Entfremdung vom Lernen bei. Ziel ist es, zu untersuchen, wie differenzielle Entwicklungsmilieus und deren spezifische Anforderungen die Entwicklung von Entfremdung vom Lernen bedingen. Vor diesem Hintergrund lautet die *übergeordnete Forschungsfrage*:

Inwiefern unterscheidet sich die Entwicklung von Entfremdung vom Lernen in den differenziellen Entwicklungsmilieus in den Schultracks der unteren Sekundarstufe in Luxemburg?

Um diese Forschungsfrage angemessen beantworten zu können, wurde diese Arbeit als Mixed-Method-Studie konzipiert, sodass quantitative und qualitative Forschungsfragen komplementär zueinander angelegt wurden, um sowohl systematische, strukturelle Beziehungen als auch die Herausbildung subjektiver Orientierungen im Zusammenspiel zwischen Schüler/innen und Schule in den Blick zu nehmen.

Die *quantitative Studie* dient der statistischen Analyse der Entwicklung von Entfremdung vom Lernen im Verlauf der Sekundarstufe in Luxemburg und wird von folgender Forschungsfrage geleitet:

Wie hoch ist das Ausmaß der Entfremdung vom Lernen in den Klassenstufen 7, 8 und 9 und wie verändert sich die Entfremdung vom Lernen für Sekundarschüler/innen des ES-, EST- und Modulaire-Tracks?

Da bisherige Forschung zu Schulentfremdung zeigt, dass Schulentfremdung in der Sekundarstufe im Vergleich zur Primarstufe an Relevanz gewinnt (Hascher/Hadjar 2018; Calabrese/Seldin 1986; Morinaj/Marcin/Hascher 2019), wird in dieser Arbeit der Schwerpunkt auf die verschiedenen Schultracks der Sekundarstufe gelegt. Zudem ist für die differenziellen Entwicklungsmilieus der einzelnen Schultracks zu vergleichen, inwiefern zwischen den Schüler/innen der verschiedenen Schultracks Unterschiede im Hinblick auf die Entwicklung von Entfremdung vom Lernen bestehen. Ausgehend von der Konzeptualisierung von Schulentfremdung als Prozess (Dynan 1980; Trusty/Dooley-Dickey 1993; Finn 1989; Hascher/Hagenauer 2010; Hadjar/Backes/Gysin 2015; Hadjar/Lupatsch 2010) gilt es zu untersuchen, wie sich die Einstellungen der Schüler/innen zum Lernen im Zeitverlauf verändern.

Die *qualitative Studie* nimmt schulform- und einzelschulspezifische Anforderungen in den Blick, von denen, der Theorie der Schulkultur zufolge, angenommen wird, dass sie die Haltung der Schüler/innen gegenüber der Schule und dem Lernen beeinflussen (Kramer/Thiersch/Ziems 2015, S. 211 f.). Ziel ist es anhand der, in Gruppendiskussionen und Einzelinterviews erhobenen, kollektiven und subjektiven Orientierungen von Lehrpersonen und Schüler/innen schulische Anforderungen mit Fokus auf Lernen zu rekonstruieren und damit einhergehende Entfremdungspotenziale und Bindungsmöglichkeiten zu identifizieren.

Dies wird von der folgenden Forschungsfrage geleitet: *Inwiefern tragen die, den spezifischen Schulkulturen inhärenten, schulischen Anforderungen zur unterschiedlichen Entwicklung von Entfremdung vom Lernen in den differenziellen Entwicklungsmilieus des niveauniedrigsten[16] Modulaire-Tracks und des akademischen[17] ES-Tracks bei?*

---

16 Beim Modulaire-Track handelt es sich um den Sekundarschultrack mit dem niedrigsten Anforderungsniveau, was im Text durch den Zusatz „niveauniedrigst" verdeutlich wird.
17 Beim ES-Track handelt es sich um den Sekundarschultrack mit dem höchsten Anforderungsniveau, der auf die Hochschulreife hinführt. Dies wird im Text durch den Zusatz „akademisch" verdeutlicht.

Die Klassenebene fokussierend, nimmt der qualitative Strang die Herausbildung subjektiver Orientierungen im Zusammenspiel zwischen Schüler/innen und Schule in den Blick und interessiert sich dafür, unter welchen schulischen Bedingungen sich Entfremdung vom Lernen entwickelt.

Diese Arbeit schlägt eine Brücke zwischen Schulentfremdungsforschung, der Perspektive von Schulen als differenzielle Entwicklungsmilieus und der Schulkulturforschung. Dieses Forschungsdesign geprägt von der in Kapitel II.2 herausgearbeiteten Theorientriangulation und dem Mixed-Method-Design ermöglicht einen tiefen und differenzierten Einblick in die Entstehungsmechanismen von Entfremdung vom Lernen in verschiedenen Schultracks und Schulkulturen.

Da diese Arbeit die Bedeutung institutioneller schulischer Settings und deren spezifischer Anforderungen für die Entwicklung der Entfremdung vom Lernen untersucht, leistet sie einen Beitrag zur Schließung bestehender Forschungslücken. So wurden bislang vornehmlich individuelle Ursachen für die Entwicklung von Schulentfremdung erforscht, sodass der Fokus auf das Zusammenspiel differenzieller schulischer Entwicklungsmilieus mit den individuellen Dispositionen der Schüler/innen eine Erweiterung der bestehenden Perspektiven auf Schulentfremdung darstellt. Zudem wird die Entwicklung von Schulentfremdung in verschiedenen Schultracks – verstanden als differenzielle Entwicklungsmilieus – untersucht, um die Auswirkung unterschiedlicher schulischer Rahmenbedingungen und Kulturen für die Entwicklung von Schulentfremdung zu erfassen. Dies stellt in der Forschung zu Schulentfremdung ebenfalls eine Neuerung dar. Darüber hinaus steht mit dem luxemburgischen Bildungssystem ein spezifisches Bildungssystem im Fokus, das im Hinblick auf die Entwicklung von Schulentfremdung bislang kaum erforscht wurde.

Forschungsdesign: Sequenzielles Vertiefungsdesign

Die Studie ist als sequenzielles Vertiefungsdesign angelegt, das heißt aufbauend auf die quantitative Studie folgt eine qualitative Studie (Mayring 2001, S. 24). Durch den Mixed-Method-Ansatz ergänzen sich theoriegeleitetes Testen von Hypothesen und empiriegeleitete Theoriebildung. Hierdurch ist es möglich sowohl systematische, strukturelle Beziehungen abzubilden als auch subjektive Orientierungen zu rekonstruieren.

Konkret wurde die empirische Studie, wie in Abbildung 3 ersichtlich, realisiert: Die quantitative Fragebogenstudie basiert auf drei Erhebungswellen (2016-2018). Die qualitativen Gruppendiskussionen mit Schüler/innen[18]

---

18 Die Schüler/innen im qualitativen Sample sind nicht im quantitativen Sample vertreten, stammen jedoch von einer Schule, die an der quantitativen Teilstudie teilnahm. Ziel hiervon war es, möglichst unvoreingenommene Schüler/innen zu befragen. Es ist anzunehmen, dass sie noch nicht für das Forschungsthema Schulentfremdung sensibilisiert sind,

und Lehrpersonen jeweils einer Schulklasse von ES und Modulaire wurden im Herbst 2017 durchgeführt.

Abbildung 3: Forschungsdesign der Mixed-Method-Studie

Quelle: Eigene Darstellung

1.2 Verortung innerhalb des Forschungsprojekts SASAL

Diese Dissertation wurde im Rahmen des Forschungsprojekts SASAL (School Alienation in Switzerland and Luxembourg) (2015-2018) angefertigt. SASAL beinhaltete eine Kooperation der Universität Bern (Prof. Dr. Tina Hascher) und der Universität Luxemburg (Prof. Dr. Andreas Hadjar) und wurde vom SNF (Schweizer Nationalfonds) und FNR (Fonds Nationale de la Recherche) gefördert.

Ziel von SASAL war es, Ursachen und Konsequenzen von Schulentfremdung in der Schweiz und in Luxemburg zu erforschen. Hierzu wurde das bereits thematisierte Konzept domänenspezifischer Schulentfremdung entwickelt, das es ermöglicht Schulentfremdung umfassend und strukturiert zu analysieren. Dem Projekt lag ein Mixed-Method-Ansatz zugrunde, wobei quantitative Analysen im Fokus standen, die im Sinne eines Vertiefungsmodells (Mayring 2001) durch qualitative Daten angereichert wurden. Hervorzuheben ist, dass alle genutzten Daten speziell für dieses Projekt erhoben wurden.

Angelegt als Längsschnittdesign wurde die Entwicklung von Schulentfremdung im Zeitverlauf untersucht. Das quantitative Teilprojekt der SASAL-Studie war als Paneldesign konzipiert und beinhaltete eine standardisierte Fragebogen-

---

sodass sozialerwünschtes Antwortverhalten reduziert werden konnte, wodurch die Qualität der qualitativen Daten positiv beeinflusst wurde.

studie in drei Erhebungswellen. Befragt wurden Schüler/innen der Primarstufe und aller Schultracks der Sekundarstufe in Luxemburg und in der Schweiz. Aufgrund des Längsschnittdesigns konnten deren Entwicklung über drei Schuljahre hinweg verfolgt werden, von Klasse 4 bis 6 in der Primarschule und von Klasse 7 bis Klasse 9 in der Sekundarstufe. Dabei zielte das quantitative Teilprojekt darauf ab, die Entwicklung von Entfremdung und Wohlbefinden in der Schule und verwandter Konzepte im Zeitverlauf zu analysieren sowie Ursachen und Konsequenzen von Schulentfremdung und Wohlbefinden in der Schule zu identifizieren. In diesem Zuge wurde zudem der Zusammenhang zwischen diesen emotionalen Faktoren und Bildungsungleichheiten untersucht.

Das qualitative Teilprojekt beinhaltete ebenfalls eine Längsschnittperspektive, indem Gruppendiskussionen mit Schüler/innen zu zwei Zeitpunkten vor und nach dem Übergang in die Sekundarstufe (in Klasse 6 und 7) durchgeführt wurden. Zudem wurden separate Gruppendiskussionen mit den Lehrpersonen der befragten Schüler/innen durchgeführt. Die qualitative Vertiefungsstudie zielte darauf ab die Schüler/innen- und Lehrpersonenperspektive auf die Entwicklung von Schulentfremdung zu analysieren und Risiko- und Schutzfaktoren zu identifizieren.

Das SASAL-Projekt bot eine vielfältige, einzigartige Datengrundlage sowie tiefe wissenschaftliche Expertise, um Schulentfremdung zu erforschen. In diesem überaus günstigen Kontext wurde dieses Promotionsprojekt entwickelt, das diese Ressourcen und dieses Wissen nutzte, um mittels der Fokussierung auf die Entwicklung von Entfremdung vom Lernen in differenziellen Entwicklungsmilieus zur Auswertung der umfangreichen Daten beizutragen. So wurde ein Ausschnitt der im Rahmen von SASAL erhobenen Daten im Hinblick auf die Forschungsfragen dieser Arbeit ausgewählt und ausgewertet. Um Verwirrungen zu vermeiden, wird in den nachfolgenden Kapiteln auf die von dieser Arbeit genutzten Ausschnitte, Verfahren und Daten fokussiert. Wird hingegen Bezug auf das Gesamtprojekt SASAL genommen, wird hierauf explizit hingewiesen.

1.3 Mixed-Method-Studie: Intentionen und Prämissen

Zunächst wird die Wahl des Forschungsdesigns begründet und damit verknüpfte Anforderungen werden herausgearbeitet. Anschließend wird das Forschungsdesign präsentiert.

Ziel des Einsatzes von Mixed-Methods ist es, durch die Kombination quantitativer und qualitativer Methoden ein möglichst ganzheitliches Bild des sozialen Phänomens Entfremdung vom Lernen im Hinblick auf dessen Entwicklung in differenziellen schulischen Entwicklungsmilieus zu erhalten.

"Mixed methods research is the type of research in which a researcher or team of researchers combines elements of qualitative and quantitative research approaches (e. g., use of qualitative and quantitative viewpoints, data collection, analysis, inference techniques) for the broad purposes of breadth and depth of understanding and corroboration." (Johnson/Onwuegbuzie/Turner 2007, S. 123)

Die Methodenkombination ermöglicht es sowohl Aussagen über die strukturelle Verteilung von Entfremdung vom Lernen unter Sekundarschüler/innen verschiedener Schultracks zu treffen als auch ausgehend von den Narrationen von Schüler/innen und ihren Lehrpersonen spezifische Aspekte von Schulkulturen zu rekonstruieren und darin liegende Entfremdungspotenziale im Schulalltag zu identifizieren.

Dennoch sind die unterschiedlichen Paradigmen, die dieses Mixed-Method-Design vereint, zu reflektieren. Während die quantitative Studie eine deduktive, hypothesengeleitete Forschungsstrategie darstellt, ist der qualitative Forschungsprozess von Offenheit geprägt, wobei das induktive Vorgehen die Fokussierung der Relevanzstrukturen und Deutungen der Befragten garantiert. Dabei ist jeder Forschungsstrang als eigenständige Methode zu verstehen, wobei dem qualitativen Forschungsstrang zugleich eine Lupenfunktion zukommt, indem sie die Bedingungen, unter welchen sich Entfremdung vom Lernen auf der Ebene der Schulklasse entwickelt, in den Blick nimmt (vgl. Kühn/Koschel 2018, S. 19).

Die komplementären Befunde quantitativer und qualitativer Zugänge greifen ineinander und liegen auf einer Ebene, sind jedoch nicht deckungsgleich (Brake 2011, S. 45). Dem Komplementaritätsanspruch Rechnung tragend, wurde – wie im Theoriekapitel II.2 dargestellt – ein gemeinsamer Referenzrahmen herausgearbeitet. Zudem wurde anhand der jeweiligen Forschungsfragen für die qualitative und quantitative Studie expliziert, welche Aspekte des Untersuchungsgegenstandes fokussiert werden (vgl. Kapitel III.1.1).

Der Forschungsprozess war von Beginn an durch Überlegungen zum Integrationspotenzial im Hinblick auf das geplante multimethodische Vorgehen geprägt. Folglich war der gesamte Forschungsprozess, von der Entwicklung der Forschungsfrage, über die Stichprobenstrategie und Erhebung bis hin zur Auswertung und Ergebnisdarstellung vom Mixed-Method-Design bestimmt und vom angestrebten Grad der Methodenintegration beeinflusst.

Die Integration qualitativer und quantitativer Daten erfolgte explizit an zwei Zeitpunkten im Forschungsprozess:

a) In der Phase der Datenerhebung wurden die Ergebnisse der ersten beiden quantitativen Wellen in die Leitfadenkonstruktion, die Spezifizierung der Zielgruppe und das Sampling einbezogen.

b) In der Phase der Ergebnisdarstellung ergaben sich durch die Kombination quantitativer und qualitativer Ergebnisse empirisch fundierte Erkenntnisse über die Bedeutung differenzieller schulischer Entwicklungsmilieus für die Entwicklung von Schulentfremdung.

Um der Forderung nach der Explikation der in der vorliegenden Arbeit angelegten Kriterien gerecht zu werden (Brake 2011, S. 54), werden nachfolgend die Prämissen offengelegt, an denen sich diese Arbeit orientierte und an welchen sie sich in den nachfolgenden Kapiteln misst.

Zunächst galt es stets die Gegenstandsangemessenheit zu wahren. Dies wurde geleistet, indem der Mehrwert der Kombination qualitativer und quantitativer Zugänge für die Erforschung der Bedeutung von differenziellen Entwicklungsmilieus für die Entwicklung von Schulentfremdung stets reflektiert und aufgezeigt wurde (Brake 2011, S. 55).

Eine zentrale Anforderung der Gestaltung des Forschungsdesigns bestand darin, jeden Strang als eigenständigen methodischen Zugang zu behandeln. Folglich wurden der quantitative und der qualitative Strang jeweils als vollwertige Zugänge betrachtet, die an sich bereits Einsichten bieten. Besondere Aufmerksamkeit wurde dem Verhältnis der methodischen Zugänge zueinander gewidmet. Dabei war das Spannungsverhältnis zwischen dem Verfolgen der verschiedenen Forschungszugänge und deren gemeinsamen Gegenstandsbezug zu berücksichtigen (Grecu/Völcker 2017). Um jedem methodischen Zugang in adäquatem Maße Raum zu geben und Nachvollziehbarkeit zu garantieren, werden nachfolgend die Ausgestaltung und Ergebnisse für beide Teilstudien zunächst in jeweils getrennten Kapiteln (Kapitel III.2 und Kapitel III:3) dargestellt. Es ist darauf hinzuweisen, dass die Kapitelreihenfolge, welche die quantitative und qualitative Forschung präsentiert, keine Wertigkeit der Forschungsstränge widerspiegelt.

In Kapitel III.4 erfolgt die Integration der Ergebnisse, indem die Befunde der quantitativen und qualitativen Studie zusammengeführt und aufeinander bezogen werden (Brake 2011, S. 57).

2 Quantitative Studie: Entfremdung vom Lernen in den differenziellen Entwicklungsmilieus der Sekundarstufe

2.1 Erkenntnisinteresse

In diesem Kapitel wird mittels Panelanalysen untersucht, wie sich Entfremdung vom Lernen in den verschiedenen Schüler/innengruppen der Schultracks der luxemburgischen Sekundarstufe entwickelt. Für die quantitative

Studie dieser Arbeit ist von zentralem Interesse, inwiefern Schultracks im stratifizierten Bildungssystem Luxemburgs – verstanden als differenzielle schulische Lern- und Entwicklungsmilieus (Baumert/Stanat/Watermann 2006) – eine Bedeutung für die Prävalenz und die Entwicklung der Entfremdung vom Lernen haben. Hierdurch kann herausgearbeitet werden, inwieweit institutionelle Rahmenbedingungen, wie der Besuch eines bestimmten Schultracks, die Einstellungen der Schüler/innen gegenüber dem Lernen positiv oder negativ beeinflussen. Geleitet wird die quantitative Studie von folgender Forschungsfrage:

Wie hoch ist das Ausmaß der Entfremdung vom Lernen in den Klassenstufen 7, 8 und 9 und wie verändert sich die Entfremdung vom Lernen für Sekundarschüler/innen des ES-, EST- und Modulaire-Tracks?

Ausgehend von den theoretischen Ausführungen in Hauptkapitel II wird diese übergeordnete Frage durch folgende Hypothesen spezifiziert:

Prävalenzhypothese

H1: In den Klassenstufen 7, 8 und 9 sind Schüler/innen des akademischen ES-Tracks weniger vom Lernen entfremdet als Schüler/innen des EST- und Modulaire-Tracks.

Somit gilt es für die Sekundarschultracks Luxemburgs das durchschnittliche Ausmaß von Entfremdung (Klasse 7 bis 9) zu ermitteln. Auf dieser Grundlage ist zu vergleichen, wie sich Entfremdung vom Lernen im ES, EST und Modulaire in der unteren Sekundarstufe unterscheidet.

Anknüpfend an die theoretischen Annahmen und empirischen Befunde der Schulkulturforschung wird angenommen, dass für den ES-Track eine Homologie zwischen der leistungsorientierten Schulkultur und den bildungsnahen Orientierungen der Schüler/innen besteht (Kramer/Helsper 2011, S. 116f.). Hiermit sind gelingende Passungskonstellationen verbunden, welche die Entwicklung von Entfremdung vom Lernen unwahrscheinlich machen. Schüler/innen begünstigter sozioökonomischer Herkunft besuchen im luxemburgischen Bildungssystem vor allem den ES–Track (MENJE/SCRIPT/Universität Luxemburg 2017, S. 9). Folglich wird angenommen, dass diese aufgrund ihrer Bildungsnähe und Kapitalausstattung weniger stark vom Lernen entfremdet sind. Zugleich wird vermutet, dass im Schultrack des allgemeinen Sekundarunterrichts EST und dem niedrigeren Vorbereitungstrack Modulaire eine stärkere Differenz zwischen der Schulkultur und den Orientierungen und Kompetenzen der Schüler/innen vorliegt, wodurch Entfremdung vom Lernen wahrscheinlicher wird. So ist der Anteil sozioökonomisch benachteiligter Schüler/innen im EST und Modulaire höher als im ES (Hadjar/Fischbach/Backes 2018, S. 69).

Entwicklungshypothesen

H2a: In allen drei Schultracks der Sekundarstufe findet in den Klassenstufen 7 bis 9 ein signifikanter Anstieg der Entfremdung vom Lernen statt.

H2b: Im akademischen ES-Track ist der Anstieg der Entfremdung vom Lernen in den Klassenstufe 7 bis 9 im Vergleich zum EST und Modulaire signifikant am stärksten.

Ausgehend von der Konzeptualisierung von Schulentfremdung als Prozess (Hascher/Hadjar 2018; Hascher/Hagenauer 2010; Trusty/Dooley-Dickey 1993; Finn 1989) gilt es zu erforschen, wie sich die Einstellung zum Lernen im Zeitverlauf verändert. Mittels der Entwicklungshypothesen wird die Entwicklung der Entfremdung vom Lernen in den einzelnen Schultracks über die drei Erhebungszeitpunkte hinweg betrachtet und verglichen. Hierbei wird ein Interaktionseffekt zwischen Schultrack und Klassenstufe angenommen.

Für Schüler/innen aller Schultracks wird vermutet, dass unter Einfluss der Adoleszenz die Bedeutung von Lernen zurücktritt (Calabrese/Seldin 1986; Hascher/Hadjar 2018; Hascher/Hagenauer 2010) und dementsprechend die Entfremdung vom Lernen in diesem Zeitraum trackübergreifend ansteigt. Für den höchsten Sekundarschultrack ES wird darüber hinaus ein stärkerer Anstieg der Entfremdung vom Lernen, aufgrund des starken Leistungsdrucks in diesen Schuljahren, erwartet. Da das akademische ES eine stark kompetitive Lernumgebung darstellt, ist zu erwarten, dass die Schüler/innen in stärkerem Maße negative Einstellungen und Sorgen entwickeln (vgl. Morinaj/Hascher 2019; Anderman/Griesinger/Westerfield 1998), die sich in Entfremdung zeigen können.

Da sich diese Arbeit für die Entwicklung der Einstellungen der Schüler/innen in verschiedenen schulischen Entwicklungsmilieus interessiert, galt es in der quantitativen Studie für Schülercharakteristika zu kontrollieren. Dies war erforderlich, um den zusätzlichen, von den Charakteristika der Schüler/innen unabhängigen Effekt der differenziellen Entwicklungsmilieus auf ihre Entwicklung (vgl. Baumert et al. 2006) freizulegen. Weiterhin wurden im Rahmen der quantitativen Studie soziodemographische Variablen sowie auf das akademische Selbstbild der Schüler/innen bezogene Variablen als Kontrollvariablen in die Analyse einbezogen.

Die Darstellung der quantitativen Studie ist in drei Abschnitte gegliedert. Im ersten Abschnitt (Kapitel III.2.2) wird die quantitative Erhebung detailliert beschrieben. In diesem Zuge wird auf die Konstruktion des Fragebogens eingegangen. Weiterhin werden das Sample und die Erhebungssituation im Klassenraum beschrieben. Anschließend wird die Analysestrategie expliziert. Der zweite Abschnitt (Kapitel III.2.3) widmet sich den quantitativen Panelanalysen. Im dritten Abschnitt (Kapitel III.2.4) werden schließlich die quantitativen Ergebnisse diskutiert.

2.2 Quantitatives Forschungsdesign

2.2.1 Längsschnittstudie

Um die Entfremdung vom Lernen in der unteren Sekundarstufe zu erforschen, wurde im Rahmen des SASAL-Projekts eine quantitative Fragebogenstudie konzipiert und eine Längsschnitterhebung, auch Panelstudie (Giesselmann/ Windzio 2012) genannt, durchgeführt. Eine Visualisierung der Messzeitpunkte ist in Abbildung 4 zu finden. Die Daten der Sekundarschüler/innen wurden im Rahmen einer standardisierten Befragung erhoben. Um Vergleichbarkeit zu gewährleisten, wurde den Schüler/innen aller Schultracks der gleiche Fragebogen vorgelegt (Schnell/Hill/Esser 2008, S. 222 f.). Ebenso wurde der Fragebogen über die drei Erhebungswellen hinweg weitmöglich konstant gehalten[19]. Ziel der Längsschnittstudie war es, Aussagen über Entwicklungsverläufe und somit über Stabilität und Veränderung von Orientierungen (Asbrand/Pfaff/Bohnsack 2013, S. 3; Giesselmann/Windzio 2012, S. 10) im Hinblick auf Schule und Lernen treffen zu können.

Dem längsschnittlichen sequenziellen Kohortendesign (Prinzie/Onghena 2005) entsprechend, wurden Schüler/innen luxemburgischer Sekundarschulen über drei Schuljahre hinweg einmal pro Schuljahr mittels eines Fragebogens befragt, sodass drei Messzeitpunkte existieren. Dementsprechend konnten drei Klassenstufen innerhalb der Projektlaufzeit erfasst werden. Beginnend mit der siebten Klasse wurden die Daten jedes Jahr zur Schuljahresmitte im Zeitraum von Ende Januar bis Anfang März erhoben. Dieser Erhebungszeitraum wurde gewählt, da die Schüler/innen seit dem vorausgehenden Herbst Erfahrungen in ihrer Schulklasse und mit ihren Lehrpersonen sammeln konnten.

2.2.2 Konstruktion des Erhebungsinstrumentes

Der Fragebogen wurde im Rahmen des SASAL-Projekts entwickelt. Nach sorgfältigen theoretischen Überlegungen und Diskussionen innerhalb des Forschungsteams SASAL wurde eine Vielzahl an Items und Skalen in den Fragebogen aufgenommen. Der Fragebogen beinhaltete die Schulentfremdungsskala (SALS) sowie Fragen zum Bildungserfolg, zur Identifikation mit der Schule, zur Einstellung von Eltern und Peers gegenüber der Schule, zu Sprachfähigkeiten, zum Lernverhalten innerhalb und außerhalb der Schule, zum Sozialverhalten sowie zum subjektiven Wohlbefinden. Bei all diesen Themen handelt es sich um Aspekte, von denen vermutet wurde, dass sie in einem Zusammenhang zu Schul-

---

19 Der Fragebogen wurde im Zeitverlauf gekürzt und es wurden zwei weitere Skalen, unter anderem zur Akkulturation, aufgenommen. Dennoch blieb der Hauptteil des Fragebogens konstant.

entfremdung stehen. Dementsprechend groß ist das analytische Potenzial des Projektdatensatzes.

Insgesamt beinhaltete der Fragebogen 36 Skalen auf 21 Seiten. Überwiegend wurden somit geschlossene Fragen gestellt, die durch zwei offene Fragen ergänzt wurden. Durchgeführt wurde die Erhebung nach der Paper- und Pencil-Methode.

Im Zuge der Fragebogenkonstruktion wurde dem multilingualen Erhebungskontext des luxemburgischen Bildungssystems Rechnung getragen. Dementsprechend konnten die Schüler/innen zwischen einem Fragebogen in deutscher oder französischer Sprache wählen. Die Übersetzung ins Französische erfolgte mit Unterstützung luxemburgischer Kolleg/innen, einer französischen Muttersprachlerin und eines Spracheninstituts.

Der Sekundarschul-Fragebogen wurde im Herbst 2015 einem Pretest unterzogen und auf diese Weise Schüler/innen siebter Klassen der verschiedenen Schultracks vorgelegt. Der Pretest wurde in siebten Klassen durchgeführt, um sicherzustellen, dass auch die jüngsten Schüler/innen des Samples den Leitfaden verstehen und bewältigen können. Zudem galt es Verständnisprobleme in der französischen Version des Fragebogens zu erkennen. Auf Basis erster Analysen wurden die Qualität der Items und verwendeten Skalen überprüft und die Fragebögen für die Haupterhebung finalisiert.

Im Hinblick auf die Gestaltung der Erhebungssituation wurde die Schaffung konstanter und damit vergleichbarer Bedingungen in allen Klassen über die drei Erhebungszeitpunkte angestrebt (Bortz/Döring 2006, S. 253). Die Befragung fand in den Klassenräumen über die Dauer von zwei Schulstunden (90 Minuten) statt. Waren Lehrpersonen anwesend, hielten sie sich im Hintergrund.

2.2.3 Samplebeschreibung: Die partizipierenden Schulen und Schüler/innen

Im folgenden Abschnitt wird das Schulsample der quantitativen Studie sowie das dahinterliegende Rational erläutert.

Rational der Schulauswahl

Von einer randomisierten Sampling-Strategie von Schulen und Schulklassen wurde abgesehen. Da Schulen in Luxemburg Gegenstand zahlreicher empirischer Studien und Interventionen sind, wurde das Drop-Out-Risiko aufgrund der vielen Anfragen, welche die Schulen erreichen, als zu groß eingeschätzt. Ebenso war dies eine Grundbedingung für die Zustimmung des luxemburgischen Ministeriums für Bildung, Kinder und Jugend zur Studie.

Die gewählte Strategie zielte auf ein bewusstes, zielgerichtetes Sample (Schnell/Hill/Esser 2008, S. 298 f.) ab. Die quantitative Studie war als Vollerhebung einzelner Klassenstufen in den ausgewählten Schulen konzipiert. Das heißt es wurden jeweils die gesamte siebte (Zeitpunkt 1), achte (Zeitpunkt 2) und später neunte Klassenstufe (Zeitpunkt 3) befragt. Power-Analysen mit G*Power (Faul et al. 2007) ergaben, dass eine Samplegröße von N=400 ausreicht, um angemessene statistische Aussagekraft und komplexere statistische Berechnungen zu ermöglichen. Eine gewisse Panelmortalität berücksichtigend, wurde eine Grundgesamtheit von N=450 Schüler/innen gewählt, um schließlich ein Netto-Sample von 400 zu erreichen (vgl. Hascher/Hadjar 2014, S. 12 f.).

Die Sekundarschulen der Stichprobe wurden im Hinblick auf die geographische Lage im Land und die sozialstrukturelle Zusammensetzung der Schülerschaft ausgewählt, wobei Heterogenität im Hinblick der angesprochenen Merkmale angestrebt wurde. Ziel war es, Sekundarschulen aus dem Norden, Zentrum und Süden Luxemburgs zu integrieren, sodass verschiedene Regionen des Landes abgebildet werden. Ebenso sollte das soziale Umfeld im Hinblick auf die Zusammensetzung der Bevölkerung und die Sozialstruktur variieren. Weiterhin wurden gleichermaßen Regionen integriert, in denen die Orientierungsquoten auf den höchsten Schultrack vergleichsweise hoch oder gering ausgeprägt sind (vgl. Lenz/Heinz 2018, S. 31). Ein weiterer Anspruch an die Fallauswahl der quantitativen Studie leitete sich aus dem Gesamtprojekt SASAL ab, wonach Primarschulen und Sekundarschule das gleiche Einzugsgebiet abdecken sollten.

Der Schuldistrikt im Norden Luxemburgs ist ländlich geprägt. Es dominieren ein mittlerer sozioökonomischer Status sowie ein relativ hoher Anteil von Personen mit Migrationshintergrund. In diesem heterogenen Schuldistrikt wird ein vergleichsweise geringer Anteil der Schüler/innen auf das ES orientiert (Lenz/Heinz 2018, S. 31).

Der Schuldistrikt im Zentrum des Landes wird durch die Hauptstadt dominiert. Ein Teil des Einzugsgebiets der ausgewählten Schulen wird vorwiegend von der Arbeiterschicht bewohnt und weist einen sehr hohen Anteil von Personen mit Migrationshintergrund und eine erhebliche Kriminalitätsproblematik auf. Ein anderer Teil umfasst auch ruhige Mischzonen mit Wohn- und Geschäftsgebäuden und zahlreichen Bildungseinrichtungen. Während in der Hauptstadt selbst die Orientierungsquote auf das ES vergleichsweise gering ist, ist sie in den angrenzenden Gemeinden sehr hoch (Lenz/Heinz 2018, S. 31).

Im Schuldistrikt im Süden Luxemburgs liegen wichtige Industriestandorte und der sozioökonomische Status der Einwohner/innen ist eher gering. Auch der Anteil der Personen mit Migrationshintergrund ist relativ hoch und der Anteil der Allokationen in das ES ist eher gering bis mittel ausgeprägt (Lenz/Heinz 2018, S. 31).

Der Kontakt zu den Schulen wurde durch eine Top-Down-Vorgehensweise initiiert: Die zuständigen Inspektoren kündigten das Projekt in den ausgewählten Schulkreisen an. Daraufhin kontaktierte der Projektleiter die konkreten Schulen der ausgewählten Schulkreise per E-Mail und sendete ihnen Informationen über das Projekt zu. In den Sekundarschulen erfolgte der Erstkontakt über den Projektleiter. Erst in einem zweiten Schritt trat der/die verantwortliche Mitarbeiter/in mit den Sekundarschulen in Kontakt. Mit den interessierten Sekundarschulen wurden Termine für einen Besuch vereinbart, um das Projekt vorzustellen und organisatorische Fragen zu klären.

Das Schulsample

Insgesamt nahmen vier Sekundarschulen an der Fragebogenstudie teil: jeweils eine aus dem nördlichen und südlichen Schuldistrikt sowie zwei aus dem Zentrum des Landes. Die partizipierenden Schulen blieben über die drei Erhebungswellen hinweg konstant. Es wurden Schüler/innen in 46 Schulklassen befragt, zwölf im Modulaire-Track, zehn im EST-Traditionell, neun im EST-Proci und 15 im ES. Die durchschnittliche Klassengröße betrug im Modulaire 20, im EST-Traditionell 30, im EST-Proci 20 und im ES 28 Schüler/innen.

Die vier Sekundarschulen zeichnen sich durch einzelschulspezifische Arrangements aus, das heißt die klassische Niveauaufteilung innerhalb des EST ist in der Unterstufe teilweise aufgehoben und nicht alle Schulen bieten alle Bildungswege bzw. eine Oberstufe an:

Eine der ausgewählten Sekundarschulen ist ein klassisches Gymnasium und zielt dementsprechend auf den Erwerb der Hochschulzugangsberechtigung ab. Eine zweite Sekundarschule bietet in der Mittelstufe berufsbildende Studiengänge an. Für ein Abitur, Fachabitur oder Techniker-Diplom müssen die Jugendlichen die Schule wechseln. An einer dritten Sekundarschule werden zwar Fachabitur und Berufsausbildungen angeboten, ein klassisches Abitur hingegen nicht. Im vierten Lyzeum werden in der Mittel- und Oberstufe Bildungsgänge mit unterschiedlichen Diplomen angeboten, von der Gesellenprüfung bis zum Abitur.

Während in einer der ausgewählten Sekundarschulen die EST-Unterstufe nach den in Luxemburg etablierten Niveauabstufungen (Théorique, Polyvalente) unterrichtet wird (MENJE/Universität Luxemburg 2015, S. 8 f.), wird in zwei anderen Sekundarschulen in sogenannten Proci-Klassen unterrichtet. EST-Proci ist ein vor zehn Jahren eingeführtes Pilotprojekt, dem inzwischen 13 von 42 Sekundarschulen in Luxemburg folgen. Anstatt wie in der herkömmlichen EST-Unterstufe in verschiedene Anspruchsniveaus zu differenzieren, werden die Proci-Schüler/innen von der siebten bis zur neunten Klassenstufe möglichst im selben Klassenverband vom selben Lehrpersonal unterrichtet. Lediglich in der neunten Klassenstufe erfolgt in den Hauptfächern eine Differenzierung nach Leistungsniveau (Backes 2018, S. 31). Die soziale Durchmischung variiert an den ausgewählten Sekundarschulen. Während die Schüler/innen des klassischen Gymnasiums eher privilegierten sozioökonomischen Hintergründen entstammen, zeigt sich in den anderen Sekundarschulen eine stärkere Durchmischung der Schülerschaft. Zudem ist in einer der Sekundarschulen der Anteil an Schüler/innen aus sozioökonomisch benachteiligten Familien sehr hoch.

Die teilnehmenden Schüler/innen

Wie Abbildung 4 entnommen werden kann, nahmen im balancierten Sample 387 Sekundarschüler/innen an allen drei Befragungen der Studie teil. Dementsprechend begannen die Befragungen in der siebten Klassenstufe und endeten in der neunten Klassenstufe, sodass die Schüler/innen durchschnittlich vom zwölften bis zum 14. Lebensjahr begleitet wurden. Zugleich war in den Schulklassen ein relativ großes Altersspektrum vertreten. In Welle 1 nahmen Schüler/innen im Alter von zwölf bis 15 Jahren teil, in Welle 2 Schüler/innen im Alter von zwölf bis 18 Jahren und in Welle 3 Schüler/innen im Alter von 13 bis 17 Jahren.

Die Zahl der teilnehmenden Schüler/innen variierte wischen den Wellen 1 bis 3, was unter anderem auf Abwesenheit am Erhebungstag, Klassenwiederholungen, Klassen-/Schulwechsel, sowie Fort- und Zuzüge zurückzuführen ist. Für die vorliegende Arbeit wurden nur Schüler/innen in die Analyse einbezogen, die an allen drei Erhebungszeitpunkten teilgenommen haben.

Abbildung 4: Balanciertes Sample der quantitativen Panelstudie

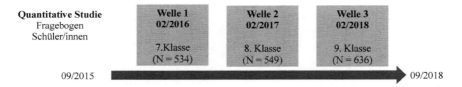

Quelle: Eigene Darstellung

2.2.4 Operationalisierung der unabhängigen und abhängigen Variablen

Im Folgenden wird die Operationalisierung der Variablen, die in die statistische Analyse eingingen, dargestellt.

2.2.4.1 Abhängige Variable: Entfremdung vom Lernen

Entfremdung vom Lernen fungierte als abhängige Variable, da das Ausmaß und die Entwicklung von Entfremdung vom Lernen erforscht wurden.

Im Rahmen des SASAL-Projekts wurde die Schulentfremdungsskala (SALS) entwickelt und validiert (Morinaj et al. 2017). Diese 24 Items umfassende Skala wurde unter Einbezug vorhandener Konzepte und theoretischer Rückbindung entwickelt, um Schulentfremdung in unterschiedlichen Bildungskontexten messen zu können. Aufbauend auf der Definition von Schulentfremdung (Hascher/

Hadjar 2018), wurden die drei Domänen Entfremdung vom Lernen (z. B. „Lernen in der Schule ist komplette Zeitverschwendung."), Entfremdung von den Mitschüler/innen (z. B. „Meine Mitschüler sind mir egal.") und Entfremdung von den Lehrpersonen (z. B. „Ich fühle mich nicht ernst genommen von meinen Lehrern.") als Kernelemente genutzt, wobei kognitive und affektive Aspekte abgebildet wurden. Die Antwortskala war eine 4-stufige Likert-Skala (1= stimmt nicht, 2= stimmt eher nicht, 3= stimmt eher, 4=stimmt). Aus den jeweils acht Items einer Skala wurde für jede Domäne ein Faktor gebildet (Abbildung 5). Die SALS-Skala wurde in verschiedenen Bildungssettings validiert und getestet, sodass sie als zuverlässiges Messinstrument zur Erforschung von Schulentfremdung gilt (Morinaj et al. 2017; Scharf 2018).

Abbildung 5: Drei-Faktoren-Modell erster Ordnung zur Messung von Schulentfremdung

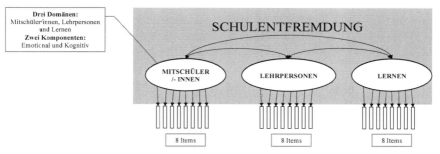

Quelle: Eigene Darstellung in Anlehnung an Morinaj et al. 2017

Aufgrund des Fokus dieser Arbeit wurde die Domäne der Entfremdung vom Lernen (SAL_L8) herausgegriffen. Entsprechend wurden die acht Items der SALS-Skala genutzt, die Entfremdung vom Lernen messen. Auf deren Basis wurde ein Skalenmittelwert gebildet. Hierzu wurden inverse Items für die Analysen umgepolt, sodass ein höherer Skalenwert immer ein höheres Maß an Entfremdung repräsentiert. Eine Übersicht der Items und Ausführungen zur internen Konsistenz findet sich in Kapitel III.2.2.6.

2.2.4.2 Unabhängige Variablen: Zugehörigkeit zu einem Sekundarschultrack und zu einer Klassenstufe

Schultrackzugehörigkeit

Für die vorliegende Arbeit wurden die verschiedenen Schultracks des luxemburgischen Bildungssystems als differenzielle Entwicklungsmilieus gefasst. Dabei interessierte, inwiefern die Zugehörigkeit zu einem bestimmten Sekundarschultrack mit dem Ausmaß und der Entwicklung der Entfremdung vom Lernen zusammenhängt, also der Effekt der Zugehörigkeit zu einem bestimmten

Schultrack auf die Einstellung der Schüler/innen gegenüber dem Lernen. Die zentrale unabhängige Variable Track_Sek beinhaltet die Zugehörigkeit zu einem Sekundarschultrack des luxemburgischen Bildungssystems zum jeweiligen Erhebungszeitpunkt von Welle 1, 2 und 3 und liegt für jede/n Schüler/in vor.

Die Operationalisierung dieser Variable ermöglichte es die Zugehörigkeit der Schüler/innen zu den verschiedenen Sekundarschultracks im Verlauf der unteren Sekundarstufe zu erfassen. Dabei bildet „1" das Modulaire, „2" das EST-Traditionell, „3" das EST-Proci und „4" das ES ab. Der EST-Track wurde feiner unterteilt, da die EST-Unterstufe in zwei der teilnehmenden Sekundarschulen nach etablierten Niveauabstufungen (EST-Traditionell) und in den beiden anderen teilnehmenden Sekundarschulen in sogenannten Proci-Klassen (EST-Proci) unterrichtet wird. Auf eine feinere Untergliederung der Niveauabstufungen des EST-Traditionell wurde verzichtet. Dies ist damit zu begründen, dass das Forschungsinteresse dieser Studie Unterschiede zwischen den Schultracks fokussierte.

Wie Kapitel III.2.2.6 entnommen werden kann, weist die Variable der Schultrackzugehörigkeit die Charakteristika einer zeitkonstanten Variablen auf, selbst wenn sie nicht von Natur aus zeitkonstant ist. Obwohl für 16 Schüler/innen Wechsel vorliegen, sind diese in der Summe zu gering, um komplexe Berechnungen zu tätigen. Dementsprechend wird die Variable in den anschließenden Analysen als zeitkonstant behandelt (vgl. Andreß/Golsch/Schmidt 2013, S. 82). Schüler/innen, die im Verlauf der Erhebung den Schultrack gewechselt haben, wurden deshalb für weitere Analysen aus dem Datensatz herausgenommen.

Klassenstufe

Für die Analyse des Ausmaßes von Entfremdung vom Lernen wurde die Variable der Klassenstufe (Grade7) zur Absicherung von Periodeneffekten einbezogen. Es handelt sich um eine diskrete Variable, die abhängig von der besuchten Klassenstufe die Werte 7, 8 und 9 annehmen konnte. Die Variable wurde von den Forschenden den einzelnen Schüler/innen im Zuge der Erhebung zugeordnet. Als Referenzwert dient die siebte Klasse. Für die Analyse der Entwicklung der Entfremdung vom Lernen wurden zusätzlich Interaktionseffekte zwischen der Schultrackzugehörigkeit und der Klassenstufe einbezogen.

2.2.4.3 Kontrollvariablen: Soziodemographische Variablen, schulisches Selbstbild und Alter

Die, die soziodemographischen Bedingungen der Schüler/innen widerspiegelnden Variablen Geschlecht, Migrationshintergrund und sozioökonomische Herkunft wurden einbezogen, da sie in der Bildungsforschung als gängige Achsen der Ungleichheit gelten (Klinger/Knapp 2007; Hadjar et al. 2015). Die zur Kontrolle des akademischen Selbstbilds genutzten Variablen Selbstkonzept und

Selbstwirksamkeit sind geeignet, um bereits bestehende Nähe oder Distanz der Schüler/innen zu schulischen Anforderungen abzubilden (vgl. Tarquin/Cook-Cottone 2008). Überdies wurde das Alter der Schüler/innen als Kontrollvariable einbezogen.

Soziodemographische Variablen

Geschlecht

Die Kontrollvariable Geschlecht wurde auf Grundlage der klassischen Kategorien „weiblich" und „männlich" erhoben. Diese dichotome Variable wurde binär kodiert (0=weiblich; 1=männlich). Von weiteren Antwortmöglichkeiten, wie beispielsweise „divers" wurde nach Gesprächen im Projekt und mit Lehrpersonen Abstand genommen mit dem Ziel, den Fragebogen, der in Grund- und Sekundarschulen gleichermaßen angewendet wurde, möglichst leicht verständlich zu halten.

Es fiel auf, dass eine Person bei keiner der drei Wellen das eigene Geschlecht angegeben hat. Zudem gibt es Inkonsistenzen über die drei Wellen hinweg – so variieren die Geschlechtsangaben von 28 Schüler/innen über die Erhebungszeitpunkte hinweg. Es ist zu vermuten, dass diese Schüler/innen sich entweder keiner der dichotomen Ausprägungen zuordnen konnten, sich einen Scherz durch Fehlantworten erlaubt haben oder unbeabsichtigt falsch geantwortet haben. Für die weiteren Analysen wurde den Schüler/innen, bei denen es Inkonsistenzen gab, das Geschlecht zugewiesen, welches sie über die drei Wellen hinweg am häufigsten angegeben haben.

Migrationshintergrund

Um den Migrationshintergrund der Schüler/innen zu kontrollieren, wurde eine einfache binäre Unterscheidung in „ohne Migrationshintergrund" und „hat einen Migrationshintergrund" gewählt. Das Vorliegen eines Migrationshintergrundes kann entweder Migration der ersten oder zweiten Generation bedeuten. Dies beruhte auf der selbstberichteten Angabe der Schüler/innen über das eigene Geburtsland und das ihrer Mutter und ihres Vaters. Es wird also unterschieden, ob Schüler/innen und ihre Eltern allesamt in Luxemburg geboren sind (0=kein Migrationshintergrund) oder ob für Schüler/in und/oder Eltern in mindestens einem Fall ein Migrationshintergrund vorliegt (1=Migrationshintergrund).

In der Literatur gibt es Hinweise, dass Migrationshintergründe – abhängig davon, welche Herkunft vorliegt – unterschiedlich auf Bildungserfolg wirken können (vgl. Jackson/Jonsson/Rudolphi 2012; Relikowski/Yilmaz/Blossfeld 2012; van de Werfhorst/van Tubergen 2007). Ebenso können Migrationshintergründe erster oder zweiter Generation Bildungserfolg in unterschiedlichem Maße beeinflussen (vgl. Kristen/Granato 2007). Nichtsdestotrotz wird in dieser Studie auf eine weitere Ausdifferenzierung verzichtet. Da das Erkenntnisinteresse den Einfluss der Schultracks als differenzielle Entwicklungsmilieus fokussiert, genügte es, das Vorliegen oder Fehlen eines Migrationshintergrundes zu kontrollieren.

Sozioökonomischer Status

Weiterhin wurde der sozioökonomische Status (SES) als Kontrollvariable einbezogen. Diese binäre Variable gibt an, ob ein/e Schüler/in aus der oberen Mittelklasse, der unteren Mittelklasse oder der Arbeiterklasse stammt.

Die SES-Variable wurde wie folgt gebildet: Die Variable basiert auf den Angaben der partizipierenden Schüler/innen zum Beschäftigungsniveau ihrer Eltern. Für Vater und Mutter galt es jeweils die geschlossene Frage „Hat dein Vater/deine Mutter einen Abschluss eines Hochschul-/Universitätsstudiums?" sowie die offene Frage „Welchen Beruf hat dein Vater/deine Mutter? Bitte nenne den Beruf auch, falls dein Vater/deine Mutter im Moment nicht arbeitet." zu beantworten. Die Schüler/innen wurden bei Unklarheiten gebeten, die Angaben für die Elternteile zu machen, bei denen sie aufwachsen. Folglich beziehen sich in einigen Fällen die Angaben auf Stief- oder Pflegeeltern.

Die Kodierung erfolgte angelehnt an das EGP „class schema" von Erikson et al. (1979). Zugunsten der Praktikabilität wurde die Berufsklassifikation von sieben auf drei Berufsklassen reduziert:

- (1) Obere Mittelklasse/Dienstleistungsklasse (Berufe mit Hochschulbildung bzw. leitende Angestellte/ Beamt/innen- EGP-Klassen I und II) und der hoch Ausgebildeten
- (2) Mittelklasse: mittlere Mittelklasse (Angestellte), untere Mittelklasse und Facharbeiter/innen (EGP-Klassen IIIa bis VI)
- (3) Arbeiterklasse (an- und ungelernte Arbeiter/innen- EGP-Klassen VIIa und VIIb)

Der hier verwendete – aus dem Englischen stammende – Klassenbegriff wird äquivalent zum deutschsprachigen Schichtbegriff verwendet.

Die Zuordnung der Schüler/innen zu diesen Schichten erfolgte auf Basis der oben genannten Fragen, die Aufschluss über den höchsten Bildungsabschluss und das Erwerbsniveau der Herkunftsfamilie boten unter Zuhilfenahme von Kenntnissen über die Erwerbs- und Berufsstrukturen in Luxemburg. Ausschlaggebend für die Zuordnung war letztlich die höchste Angabe unabhängig davon, ob sich diese auf das Beschäftigungsniveau von Mutter oder Vater bezog.

Da den Schüler/innen in allen Erhebungswellen diese zwei Fragen zum Bildungsabschluss und zur Berufstätigkeit ihrer Eltern gestellt wurden, konnten fehlende Antworten teilweise kompensiert werden. Aufgrund der zunehmenden Reife der Schüler/innen im Zuge der Panelstudie, ist zudem anzunehmen, dass ihre Antworten im Hinblick auf Bildung und Beruf der Eltern im Laufe der Zeit genauer und damit valider wurden (Kreuter et al. 2010, S. 128).

Zur Validierung der Zuordnung wurden zudem die Angaben der Schüler/innen zum ökonomischen Kapital der Familie (Besitz eines Autos, Anzahl der Urlaube in den zurückliegenden zwölf Monaten, eigenes Schlafzimmer) genutzt.

Für die Analysen wurde die SES-Variable in drei Dummy-Variablen umkodiert: Obere Mittelklasse (0=nein, 1=ja), Mittelklasse (0=nein, 1=ja) sowie Arbeiterklasse (0=nein, 1=ja). Diese Vorgehensweise ermöglichte, dass abhängig von der Fragestellung ein sozioökonomischer Status als Referenzkategorie herausgegriffen werden konnte. In dieser Arbeit geht die obere Mittelklasse bzw. Dienstleistungslasse als zentrale Referenz in die Analyse ein.

Variablen zur Erfassung des schulischen Selbstbildes

Selbstkonzept

Um das akademische Selbstkonzept der Schüler/innen zu erfassen, wurde eine drei Items umfassende Skala genutzt. Diese Items entstammen der Wellbeing-Skala von Hascher (2007) und beinhalten Aussagen zum Wissen über eigene Eigenschaften, Fähigkeiten und Verhaltensweisen im Hinblick auf das Lernen in der Schule (z. B. „Ich bin fähig, Dinge in der Schule ebenso gut zu tun, wie die meisten anderen Mitschüler."). Die Erhebung erfolgte mittels einer sechsstufigen Likert-Skala (1= stimmt nicht bis 6=stimmt sehr oft). Für die Analyse wurde ein gemeinsamer Faktor, basierend auf dem Mittelwert, gebildet.

Selbstwirksamkeit

Die Selbstwirksamkeit der Schüler/innen wurde mittels einer sechs Items umfassenden Skala erhoben. Hier wurde auf das bewährte Konstrukt BIKS, adaptiert nach FEESS 3-4 zurückgegriffen (vgl. Rauer/Schuck 2003). Die Items zielten darauf ab, zu erheben, inwieweit die Schüler/innen davon überzeugt sind, schwierige Situationen und Herausforderungen im Kontext des schulischen Lernens aus eigener Kraft erfolgreich bewältigen zu können (z. B. „Wenn mir etwas schwerfällt, gebe ich schnell auf."). Den Angaben lag eine vierstufige Likert-Skala (1=stimmt nicht, 2=stimmt eher nicht, 3=stimmt eher, 4=stimmt) zugrunde. Für die Analyse wurde ein gemeinsamer Faktor, basierend auf dem Mittelwert, gebildet.

Alter

Das Alter der Schüler/innen wurde zur Kontrolle von Pubertäts- und Maturitätseffekten einbezogen. Es handelt sich um eine kontinuierliche Variable. Das Alter wurde von den Schüler/innen im Fragebogen angegeben.

2.2.5 Kongruenz der genutzten Skalen

Im Folgenden wird die Güte der genutzten Skalen belegt. Dabei wird gezeigt, dass die Schulentfremdungsskala (SALS) zuverlässig die Entfremdung vom Lernen misst und die Schultrackzugehörigkeit als zeitkonstante Variable zu verstehen ist. Überdies wird die Güte der Skalen zur Messung des schulischen Selbstbilds dargestellt.

Schulentfremdung: Kongruenz der SALS über die drei Erhebungszeitpunkte

Die Schulentfremdungsskala war, unverändert, Teil der drei Erhebungszeitpunkte. Im Rahmen des Projekts SASAL wurden Validität und Reliabilität der SALS-Skala bereits im Zuge des Vergleichs von luxemburgischen und schweizerischen Primar- und Sekundarschüler/innen für Welle 1 (Morinaj et al. 2017) sowie im Zuge des Vergleichs luxemburgischer und schweizerischer Sekundarschüler/innen für Welle 1 und 2 (Scharf 2018) geprüft. Dennoch war es unerlässlich auch für diese Arbeit die Konstruktvalidität der Entfremdung-vom-Lernen-Skala zu überprüfen. Entfremdung vom Lernen wurde mittels fünf affektiver und drei kognitiver Items erhoben. Dabei bezogen sich die kognitiven Items auf den wahrgenommenen Nutzen des Lernens während die affektiven Items auf mit dem schulischen Lernen verbundene Empfindungen abzielten, wie Langeweile oder Spaß.

Die interne Konsistenz der Entfremdung-vom-Lernen-Skala über die drei Erhebungswellen hinweg wurde mittels des Reliabilitätsmaßes Cronbach's alpha bestätigt, nachdem im Rahmen der Hauptkomponentenanalyse die Eindimensionalität der Entfremdung-vom Lernen-Skala festgestellt wurde (Cortina 1993, S. 103). Tabelle 1 bietet einen Überblick über die Items der Skala und belegt, dass diese allesamt das Konstrukt Entfremdung vom Lernen adäquat messen. Tabelle 2 bietet eine Übersicht der Deskriptiva zur Entfremdung vom Lernen und in Tabelle 3 können die Mittelwerte und die Standardabweichung für die einzelnen Items eingesehen werden.

Da Cronbach's alpha Werte von 0.85, 0.87 und 0.88 annimmt, ist die Reliabilität bzw. interne Konsistenz dieser Skala als gut zu bewerten und damit als zuverlässig einzustufen. Dabei steigt die interne Konsistenz über die Erhebungszeitpunkte hinweg leicht an. Letzteres kann darauf zurückgeführt werden, dass die Lesefähigkeit der Schüler/innen sowie ihre Vertrautheit mit dem Fragebogen im Laufe der Zeit zunimmt.

Die Betrachtung der Schiefe zeigt, dass die Daten rechtsschief bzw. linkssteil verteilt sind, da sich durchweg positive Werte ergeben. Der Randbereich der Verteilung zeigt nach rechts, das heißt nur wenige Schüler/innen zeigen stark negative Einstellungen gegenüber dem Lernen, während der Großteil positive oder neutrale Einstellungen aufweist. Da die Schiefe über die drei Erhebungszeitpunkte hinweg abnimmt, wird die weiterhin rechtsschiefe Verteilung tendenziell

Tabelle 1: Faktorladungen Entfremdung vom Lernen

Faktorladungen	Entfremdung vom Lernen		
Items	t1	t2	t3
Affektiv			
Freue mich darauf, in Schule zu lernen (r)	0.771	0.762	0.744
Was wir lernen, macht Spaß (r)	0.792	0.756	0.779
Was wir lernen, ist langweilig	0.762	0.760	0.732
Lernen in der Schule ist spannend (r)	0.677	0.680	0.689
Keine Lust in der Schule zu lernen	0.736	0.740	0.702
Kognitiv			
Was wir lernen, bringt mir nichts fürs Leben	0.554	0.689	0.719
Finde es sinnlos, was wir lernen müssen	0.642	0.680	0.761
Lernen in Schule ist Zeitverschwendung	0.647	0.689	0.733
N	375	378	376

Anmerkung: Extraktionsmethode: Hauptkomponentenanalyse
Datenquelle: SASAL, Paneldaten in luxemburgischen Sekundarschulen (Universität Luxemburg/LU, Universität Bern/CH), eigene Darstellung

Tabelle 2: Deskriptive Statistiken zur Entfremdung vom Lernen

	M	SD	Min	Max	Cronbachs α (8 Items)	Schiefe	Kurtosis
Entfremdung vom Lernen Welle 1 N=385	1.84	0.59	1	3.75	0.85	0.58	-0.20
Entfremdung vom Lernen Welle 2 N= 387 /	2.09	0.61	1	4	0.87	0.54	-0.05
Entfremdung vom Lernen Welle 3 N= 387 /	2.22	0.62	1	4	0.88	0.30	-0.32

Datenquelle: SASAL, Paneldaten in luxemburgischen Sekundarschulen (Universität Luxemburg/LU, Universität Bern/CH).

symmetrischer und mehr Schüler/innen zeigen stärkere Entfremdung gegenüber dem Lernen.

Da die Kurtosis für alle drei Erhebungszeitpunkte negative Werte annimmt, sind ihre Randbereiche schwächer ausgeprägt als in der Normalverteilung, was einer flacheren Wölbung entspricht. Da die Werte sich innerhalb der Range von -1.96 und +1.96 bewegen, erweisen sich die Daten als annähernd normal verteilt (vgl. Wittenberg/Cramer/Vicari 2014, S. 159). Im Hinblick auf die Verteilung von Entfremdung vom Lernen bedeutet dies, dass wenige stark positive und stark negative Werte in den Daten zu finden sind. Folglich liegen sowohl schwere Ausprägungen von Schulentfremdung als auch besonders positive Einstellungen nur in wenigen Fällen vor. Die Missings betragen 0.17 Prozent (N=2).

Tabelle 3: Mittelwerte und Standardabweichung der Items zur Entfremdung vom Lernen

	M	SD
Freue mich darauf, in Schule zu lernen (r)	2.16	0.90
Was wir lernen, macht Spaß (r)	2.40	0.86
Was wir lernen, ist langweilig	2.33	0.91
Lernen in der Schule ist spannend (r)	2.64	0.90
Keine Lust in der Schule zu lernen	1.80	0.84
Was wir lernen, bringt mir nichts fürs Leben	1.66	0.85
Finde es sinnlos, was wir lernen müssen	1.83	0.90
Lernen in Schule ist Zeitverschwendung	1.58	0.76

Datenquelle: SASAL, Paneldaten in luxemburgischen Sekundarschulen (Universität Luxemburg/LU, Universität Bern/CH).

Überwiegende Konstanz der Schultrackzugehörigkeit im Verlauf der unteren Sekundarstufe

Bevor die unabhängige Variable zu weiteren Analysen der Entwicklung von Entfremdung vom Lernen in den differenziellen Entwicklungsmilieus herangezogen werden konnte, galt es zu klären, inwiefern diese als zeitkonstant oder variabel zu verstehen ist. Dies konnte nicht vorab eindeutig festgelegt werden. Die Zugehörigkeit eines Schülers/einer Schülerin kann im Verlauf der Unterstufe durchaus wechseln. So hat Backes (2018) in ihrer Dissertation gezeigt, dass Schultrackwechsel in Luxemburg selten sind, was die starke Form der Stratifizierung unterstreicht. Wie sich dies für die Schultrackzugehörigkeit über die drei Erhebungszeitpunkte im balancierten Sample dieser Studie darstellt, gilt es nun deskriptiv zu ergründen.

Tabelle 4 beinhaltet die absoluten Zahlen, aus denen die Bewegungen der Schüler/innen zwischen den Schultracks erkennbar sind. Auch hier erscheint das Bild relativ konstant.

Es können sich auch Wechsel innerhalb der Gruppen vollziehen, die sich wieder ausgleichen. Beispielsweise könnte eine Person aus dem EST-Traditionell in das ES wechseln, während zugleich eine andere Person aus dem ES in das EST-Traditionell wechselt. Deshalb ist es notwendig den Bewegungen innerhalb der Gruppen nachzugehen.

Tabelle 4: Schultrackzugehörigkeit über die Erhebungszeit

Track_Sek	1. Welle	2. Welle	3. Welle
Modulaire	89	87	87
EST-Traditionell	96	98	101
EST-Proci	62	59	58
ES	140	143	141
Total	387	387	387

Datenquelle: SASAL; Paneldaten in luxemburgischen Sekundarschulen (Universität Luxemburg/LU, Universität Bern/CH), eigene Darstellung

Weitere Analysen bestätigen die Annahme, dass Auf- und Abwärtsbewegungen selten stattfinden. Gerade einmal 16 (4.1 %) Schüler/innen wechseln mindestens einmal im Verlauf der Erhebung den Schultrack. Insgesamt sind acht Aufwärtswechsel (1: EST-Proci zu ES; 2 EST-Traditionell zu ES; 5 Modulaire zu EST-Traditionell) und fünf Abwärtswechsel (ES zu EST-Traditionell: 2, EST-Proci zu Modulaire: 3) zu verzeichnen. Daneben wechseln drei Schüler/innen zweimal im Verlauf der Erhebung vom EST-Traditionell auf das ES und wieder zurück auf das EST-Traditionell.

Bilanzierend kann für die Variable der Schultrackzugehörigkeit festgehalten werden, dass sie – mit 95.9 Prozent der Schüler/innen, die keinen Wechsel vollzogen haben – über die drei Erhebungszeitpunkte hinweg stabil ist.

Insgesamt weist die Variable der Schultrackzugehörigkeit die Charakteristika einer zeitkonstanten Variablen auf, selbst wenn sie nicht von Natur aus zeitkonstant ist. Obwohl einige Wechsel vorliegen, sind diese in der Summe zu gering, um komplexe Berechnungen zu tätigen. Überdies wären solche Befunde schwer zu interpretieren, da kaum zu differenzieren ist, von welchem schulischen Entwicklungsmilieu diese Schüler/innen beeinflusst wurden. Dementsprechend wird die Variable in den anschließenden Analysen als zeitkonstant behandelt (Andreß 2013: 82). Folglich wurden die wechselnden Schüler/innen aus der Analyse ausgeschlossen. Innerhalb der Variablen liegen mit den vier verschiedenen Schultracks unterschiedliche Kontexte vor, die es erlauben, Variationen in dem Ausmaß der Entfremdung vom Lernen zu analysieren.

Schulisches Selbstbild: Güte der eingesetzten Skalen

Selbstkonzept

Die interne Konsistenz der Skala zur Messung des schulischen Selbstkonzepts kann aufgrund der durchweg über dem Richtwert von 0.7 liegenden Werte von Cronbach's alpha (t1=0.71, t2=0.74, t2=0.75) als bestätigt angesehen werden, sodass die Skala als zuverlässig einzustufen ist. Über die Erhebungszeitpunkte hinweg steigt die interne Konsistenz leicht an. Dies wird in Tabelle 5 ersichtlich.

Die Mittelwerte zeigen, dass die meisten Schüler/innen über ein positives Selbstkonzept hinsichtlich ihrer Fähigkeiten und Verhaltensweisen im Kontext schulischen Lernens verfügen. Im Zeitverlauf über die drei Wellen nehmen die Mittelwerte leicht ab. Folglich wird das Selbstkonzept im Vergleich zum ersten Erhebungszeitpunkt fragiler, wobei der Mittelwert in Welle 3 wieder über dem von Welle 2, jedoch unter dem von Welle 1 liegt. Die Verteilung erweist sich als linksschief, sodass der Randbereich der Verteilung nach links weist.

Tabelle 5: Deskriptive Statistiken schulisches Selbstkonzept

	M	SD	Min	Max	Cronbachs' α (3 Items)	Schiefe	Kurtosis
Welle 1 N=372	4.35	0.98	1	6	0.71	-0.38	0.03
Welle 2 N=380	4.22	0.98	1	6	0.74	-0.13	-0.26
Welle 3 N=370	4.25	0.98	1	6	0.75	-0.15	-0.23

Datenquelle: SASAL, Paneldaten in luxemburgischen Sekundarschulen (Universität Luxemburg/LU, Universität Bern/CH), eigene Darstellung

Die Kurtosis-Werte zeigen, dass die Daten zu allen drei Erhebungszeitpunkten annähernd normal verteilt sind, da sie sich innerhalb der Range von -1.96 und +1.96 bewegen (vgl. Wittenberg/Cramer/Vicari 2014, S. 159). Liegt in Welle 1 noch ein leicht positiver Wert (.03) vor, sind die Werte in Welle 2 und 3 negativ. Dies deutet darauf hin, dass die Randbereiche im Laufe der Zeit eine zunehmend schwächere Ausprägung im Vergleich zur Normalverteilung aufweisen, sodass die Wölbung von t1 zu t3 hin flacher wird.

Selbstwirksamkeit

Auch wenn der Reliabilitätskoeffizient Cronbach's alpha für alle drei Erhebungszeitpunkte (t1=0.66, t2=0.65, t3=0.66) unterhalb des Richtwerts von 0.7 liegt, wird angenommen, dass die interne Konsistenz der Skala gewährleistet ist. So liegt kein Wert unter 0.65 und die Zahl der Items ist vergleichsweise gering (vgl. Cortina 1993, S. 101 f.). Über die Erhebungszeitpunkte hinweg erweist sich die interne Konsistenz bei nahezu gleichbleibenden Werten von Cronbach's alpha als stabil. Dies und weitere statistische Kennwerte zur Erhebung schulischer Selbstwirksamkeit sind in Tabelle 6 ersichtlich.

Da die Mittelwerte über die Erhebungszeitpunkte hinweg abnehmen, zeigt sich, dass die Selbstwirksamkeit der Schüler/innen in den höheren erfassten Klassenstufen geringer ausgeprägt ist.

Tabelle 6: Deskriptive Statistiken schulische Selbstwirksamkeit

	M	SD	Min	Max	Cronbachs α (6 Items)	Schiefe	Kurtosis
Welle 1 N=372	3.08	0.5	1.33	4	0.66	-0.5	0.62
Welle 2 N=380	3	0.49	1.17	4	0.65	-0.49	0.20
Welle 3 N=370	2.98	0.49	1.5	4	0.66	-0.29	0.03

Datenquelle: SASAL, Paneldaten in luxemburgischen Sekundarschulen (Universität Luxemburg/LU, Universität Bern/CH), eigene Darstellung

Es liegt eine linksschiefe Verteilung vor, sodass der rechte Randbereich, der Werte stärker ausgeprägter Selbstwirksamkeit repräsentiert, stärker ausgeprägt ist und nur wenige Extreme geringer Selbstwirksamkeit vorliegen. Über die Erhebungszeitpunkte hinweg nimmt die Schiefe, insbesondere zwischen t2 und t3 ab, sodass die Selbstwirksamkeitswerte sich tendenziell stärker in der Mitte bewegen, sodass die Schüler/innen zunehmend ähnliche Werte wählen.

Die durchweg positiven Kurtosis-Werte deuten darauf hin, dass sich die Verteilung durch stärker ausgeprägte Randbereiche als in der Normalverteilung auszeichnet. Da sich diese jedoch innerhalb der Range von -1.96 und +1.96 bewegen, kann von einer annähernden Normalverteilung ausgegangen werden (vgl. Wittenberg/Cramer/Vicari 2014, S. 159). Da die Werte über die Erhebungszeitpunkte hinweg abnehmen und sich so der Normalverteilung annähern, wird die Wölbung im Zeitverlauf flacher. Auch dies weist darauf hin, dass sich zunehmend weniger extreme Werte in den Randbereichen zeigen und die Schüler/innen ähnliche Werte – überwiegend im moderaten Bereich – aufweisen.

2.2.6 Stichprobenbeschreibung

Es folgt eine Beschreibung des Schüler/innen-Samples nach Herausnahme der Trackwechsler/innen. Das heißt in diesem Sample sind diejenigen Schüler/innen vertreten, deren Daten in die quantitativen Analysen eingegangen sind. Zudem wird ein Vergleich mit den repräsentativen Daten zur Schülerschaft in Luxemburg vorgenommen, der eine bessere Einschätzung des Samples ermöglicht.

Schultrackzugehörigkeit

Abbildung 6 zeigt die Zugehörigkeit der im Sample vertretenen Schüler/innen zu den Schultracks der Sekundarstufe. Demzufolge besuchen 22.6 Prozent der

Schüler/innen das Modulaire, 24.5 Prozent das EST-Traditionell, 15.6 Prozent das EST-Proci und 37.2 Prozent das ES (N=371 Schüler/innen).

Abbildung 6: Schultrackzugehörigkeit

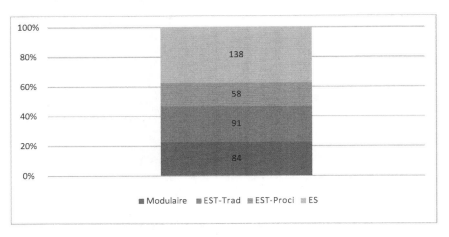

Datenquelle: SASAL; Paneldaten in luxemburgischen Sekundarschulen (Universität Luxemburg/LU, Universität Bern/CH), N=371, eigene Darstellung

Ein Blick in die Orientierungsstatistiken, der im Jahr 2015 in die Sekundarstufe orientierten Schüler/innen, zu welchen die Schüler/innen dieses Samples zählen, zeigt folgende Verteilungen: 11 Prozent der Schüler/innen besuchten das Modulaire, 50.3 Prozent das EST[20] und 37.7 Prozent das ES (Lenz/Heinz 2018, S. 30). Demzufolge sind die Modulaire-Schüler/innen im Sample dieser Studie deutlich überrepräsentiert. Nichtsdestotrotz ist die Verteilung der Schüler/innen auf die Sekundarschultracks sehr nahe an den landesweiten Statistiken und es spiegeln sich die dort vorherrschenden Relationen wider.

Geschlecht

Deskriptive Analysen der Kontrollvariable Geschlecht zeigen, dass 42.6 Prozent der partizipierenden Schüler/innen weiblich und 57.4 Prozent männlich sind. Dementsprechend ist ein leichter Überhang von Jungen gegenüber Mädchen zu

---

20 EST umfasst hier sowohl EST-Traditionell, als auch EST-Proci. Anstatt wie in der herkömmlichen EST-Unterstufe in verschiedene Anspruchsniveaus zu differenzieren, werden die Proci-Schüler/innen von der 7. bis zur 9. Klassenstufe möglichst im selben Klassenverband vom selben Lehrpersonal unterrichtet (Backes 2018, S. 31).

verzeichnen. Dieser ist darauf zurückzuführen, dass im Modulaire-Track überproportional viele Jungen befragt wurden.

Die Betrachtung der Geschlechterverteilung innerhalb der einzelnen Schultracks ermöglicht ein differenzierteres Bild (Abbildung 7).

Während im Modulaire-Track 74.4 Prozent der Befragten männlich sind, sind dies im ES lediglich 43.5 Prozent. Folglich sind im ES-Track Mädchen leicht überrepräsentiert, wohingegen im EST und im Modulaire die Jungen überrepräsentiert sind. Dies folgt dem allgemeinen luxemburgischen Trend, dass Jungen im höchsten Schultrack (ES) leicht unterrepräsentiert, jedoch im niedrigsten Schultrack (Modulaire) überrepräsentiert sind (Hadjar et al. 2015, S. 53 f.). Ebenso findet sich die leichte Unterrepräsentation der Mädchen im EST-Traditionell im Sample wieder (MENJE/Universität Luxemburg 2015, S. 14).

Abbildung 7: Geschlecht nach Sekundarschultracks

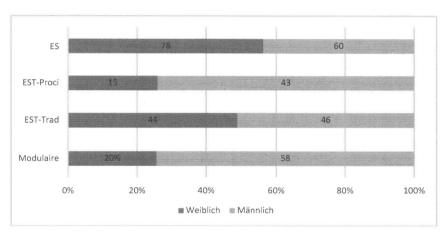

Datenquelle: SASAL; Paneldaten in luxemburgischen Sekundarschulen (Universität Luxemburg/LU, Universität Bern/CH), N=364, eigene Darstellung

Migrationshintergrund

In der Sekundarstufe stellen Schüler/innen mit Migrationshintergrund die Mehrheit (69,6%) dar. Diese Verteilung ist nicht überraschend und spiegelt die Multikulturalität Luxemburgs wider.

Bei Betrachtung der einzelnen Schultracks zeigen sich erhebliche Unterschiede in der Zusammensetzung der Schülerschaft im Hinblick auf das Vorhandensein eines Migrationshintergrundes (Abbildung 8).

Abbildung 8: Migrationshintergrund (binär) nach Sekundarschultracks

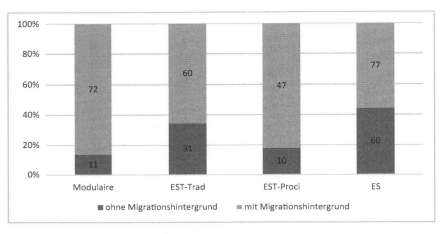

Datenquelle: SASAL; Paneldaten in luxemburgischen Sekundarschulen (Universität Luxemburg/ LU, Universität Bern/CH), N=368, eigene Darstellung

Der Anteil der Schüler/innen mit Migrationshintergrund nimmt vom Modulaire zum ES sukzessive ab. Haben auf dem Modulaire 86.8 Prozent der Schüler/innen einen Migrationshintergrund, weisen auf dem ES 56.2 Prozent der Schüler/innen einen Migrationshintergrund auf. Zwar ist der Migrationshintergrund auf dem ES immer noch im europäischen Vergleich hoch, ist aber bereits deutlich geringer als im Modulaire. EST-Traditionell (65.9 %) und EST-Proci (82.5 %) weisen ebenfalls einen Überhang von Schüler/innen mit Migrationshintergrund auf. Der Vergleich mit den luxemburgischen Statistiken zeigt, dass der Anteil der Schüler/innen mit Migrationshintergrund im Sample dieser Studie höher ist. So geben 56.2 Prozent der befragten ES-Schüler/innen an einen Migrationshintergrund zu haben, während dieser in den offiziellen Statistiken lediglich bei 20 Prozent liegt (Lenz/Heinz 2018, S. 28). Ähnliche Abweichungen zeigen sich für EST und Modulaire, wobei die EST-Daten der offiziellen Statistik nicht zwischen EST traditionell und EST-Proci differenzieren (EST gesamt 44.2 % Migrantenanteil; Modulaire 60.2 % (MENJE/Universität Luxemburg 2015, S. 20)).

Eine Erklärung hierfür liegt darin, dass der Migrationshintergrund nicht, wie in den luxemburgischen Statistiken, über die Staatsangehörigkeit, sondern über das Geburtsland der Schüler/innen und ihrer Eltern (Migrationshintergrund erster und zweiter Generation) erhoben wurde. Dies ermöglichte es die individuelle Immigrationsgeschichte der Schüler/innen differenzierter zu erfassen (vgl. Haas/Heinen 2015, S. 56). Folglich kann vermutet werden, dass im Rahmen der Fragebogenstudie SASAL auch solchen Schüler/innen ein Migrationshintergrund zugewiesen wurde, die durchaus die luxemburgische Staatsbürgerschaft besitzen. Diese Vermutung kann nicht an den Erhebungsdaten überprüft werden, da keine Angaben zur Staatsbürgerschaft vorliegen.

Diese hohen Anteile von Schüler/innen mit Migrationshintergrund verdeutlichen die Heterogenität der luxemburgischen Schülerschaft, die noch ausgeprägter ausfällt, wenn nicht nur nach Staatsangehörigkeit differenziert wird. Dementsprechend kommt Migration in Luxemburg eine besondere Bedeutung zu, sodass sie in die Analysen einbezogen werden sollte.

Soziöokonomischer Status

Im Hinblick auf die sozioökonomischen Hintergründe der Schüler/innen zeigen die deskriptiven Analysen, dass bei Einbeziehung aller Schultracks 30.4 Prozent der befragten Schüler/innen der sozialen Klasse der oberen Mittelschicht zuzuordnen sind.

Bei Betrachtung der sozioökonomischen Herkunft differenziert nach Schultracks (Abbildung 9) ergeben sich erhebliche Unterschiede. So sind auf dem akademischen, von einem hohen Leistungsniveau geprägten, ES-Track mit 58 Prozent deutlich mehr Schüler/innen hoher sozialer Herkunft zu finden. Hingegen sind auf dem niveauniedrigsten Modulaire-Track kaum Schüler/innen hoher sozialer Herkunft (3.9 %) zu finden. Das EST befindet sich dazwischen mit 79 Prozent Schüler/innen der unteren Mittelschicht und 21.1 Prozent Schüler/innen der oberen Mittelschicht im EST-Traditionell sowie 85.7 Prozent Schüler/innen der unteren Mittelschicht und 14.3 Prozent Schülerinnen der oberen Mittelschicht im EST-Proci.

Abbildung 9: Sozioökonomischer Status nach Sekundarschultracks

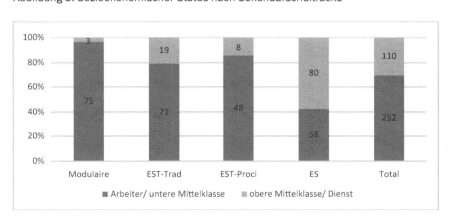

Datenquelle: SASAL, Paneldaten in luxemburgischen Sekundarschulen (Universität Luxemburg/LU, Universität Bern/CH), N=362, eigene Darstellung

Die Angaben zum sozioökonomischen Status weichen von den offiziellen luxemburgischen Statistiken ab. Beispielsweise wird der Anteil von Schüler/innen mit hohem SES im ES-Track hier mit 58 Prozent berechnet, dem 68 Prozent in der landesweiten Statistik gegenüberstehen (MENJE/SCRIPT/Universität Luxemburg 2017, S. 9). Dennoch zeigen sich im Datensatz die gleichen Tendenzen, wonach Schüler/innen mit hohem sozioökonomischem Status prozentual am stärksten im höchsten Sekundarschultrack vertreten sind (vgl. MENJE/Universität Luxemburg 2015, S. 45). Diese Abweichungen sind wiederum auf unterschiedliche Operationalisierungen des sozioökonomischen Status zurückzuführen und wird dadurch verstärkt, dass einige der Sekundarschulen im Sample Einzugsgebiete mit eher geringem sozioökonomischem Status aufweisen (vgl. MENJE/Universität Luxemburg 2015, S. 45 f.).

2.2.7 Auswertungsstrategie

Ausgehend von der Forschungsfrage, wie das Ausmaß und die Entwicklung von Entfremdung vom Lernen für Sekundarschüler/innen des ES-, EST- und Modulaire-Tracks im Verlauf der Klassenstufen 7 bis 9 ausgestaltet sind, bestand das zentrale Ziel der quantitativen Studie darin, Unterschiede zwischen den Schüler/innen verschiedener Schultracks zu analysieren (vgl. Giesselmann/Windzio 2012, S. 10; Schnell/Hill/Esser 2008, S. 238). Somit galt es Erkenntnisse über Entwicklungsverläufe und damit über Stabilität und Wandel von Orientierungen (Asbrand/Pfaff/Bohnsack 2013, S. 3; Giesselmann/Windzio 2012, S. 10) im Hinblick auf Schule und Lernen zu erlangen.

Da zur Analyse von Paneldaten eine Vielzahl von Verfahren zur Verfügung stehen, war ausgehend von der oben explizierten Forschungsfrage und den Variableneigenschaften eine geeignete Auswertungsmethode auszuwählen (Giesselmann/Windzio 2012, S. 107). Diese wird nachfolgend vorgestellt und im Hinblick auf ihre Angemessenheit begründet.

2.2.7.1 Eruierung des angemessenen Verfahrens: Die Wahl zwischen Pooled OLS, RE-Modellen, FD-Modellen und FE-Modellen

Pooled OLS (gepoolte Kleinste-Quadrate-Schätzung), Random Effects-Modelle (RE), First Differences (FD) sowie Fixed Effects-Modelle (FE) sind gängige Auswertungsverfahren zur Analyse von Paneldaten. Die Entscheidung zwischen diesen erfolgte mit dem Ziel, Konsistenz zwischen Fragestellung und Variableneigenschaften einerseits und der Analysemethode andererseits zu realisieren (Giesselmann/Windzio 2012, S. 107 f.). Im Folgenden wird dargelegt, warum ein Random Effects-Modell gewählt wurde, um das Ausmaß und die Entwicklung von Schulentfremdung zu analysieren. Hierzu wird die Eignung der oben genannten Verfahren bewertet.

Kennzeichnend für ein Pooled OLS-Verfahren ist, dass Panelstrukturen unberücksichtigt bleiben. Stattdessen werden die Informationen der unterschiedlichen Erhebungszeitpunkte t1 bis t3 so behandelt, als handle es sich nicht um Informationen für N=387 zu drei Zeitpunkten, sondern um Angaben für 1161 (N=387 × 3) unabhängige Individuen. Folglich bleiben zeitliche Trends unberücksichtigt und es wird lediglich eine Regressionskonstante eingefügt $\beta_0(t) = \beta_0$, was eine Vereinfachung darstellt, da y normalerweise im Zeitverlauf variiert. Um die Parameter des Pooled OLS-Modells zu schätzen, bedarf es Annahmen darüber, wie jeder untersuchte Wert zu dem erwarteten Wert $E(y_{it})$ in Relation steht:

$$y_{it} = E(y_{it}) + \varepsilon_{it} = \beta_0 + \beta_1 x_{1it} + \ldots + \beta_k x_{kit} + \gamma_1 z_{1i} + \ldots \gamma_j z_{ji} + \varepsilon_{it}$$

Ist dieses Vorgehen gut für Querschnittsdaten geeignet, kommt es bei Paneldaten zu erheblichen Verzerrungen, da mehrere Grundannahmen, auf denen Pooled OLS beruhen, verletzt werden. Dies betrifft zum einen die unbeobachtete Heterogenität, die sich für Paneldaten als abhängig von den erklärenden Variablen im Modell erweist und zum anderen die Korrelation der Fehlerterme der verschiedenen Erhebungszeitpunkte (Andreß/Golsch/Schmidt 2013, S. 122f.). Obwohl Pooled-OLS-Verfahren in der Forschungspraxis teilweise als erste Annäherung an die Analyse von Paneldaten genutzt werden (Andreß/Golsch/Schmidt 2013, S. 163), wurde hiervon abgesehen. Meist verfolgen solche Ansätze neben einem inhaltlichen Erkenntnisinteresse auch ein methodisches Interesse, indem sie den Nutzen verschiedener Analyseverfahren für Paneldaten untersuchen. In dieser Arbeit hingegen liegt der Fokus auf inhaltlichen Erkenntnisinteressen und darauf, die Forschungsfragen mittels adäquater Verfahren zu bearbeiten.

Um die zeitliche Dimension und damit den spezifischen Nutzen der Paneldaten auszuschöpfen, galt es auf Erweiterungen zurückzugreifen, die es ermöglichen die Panelstruktur zu modellieren. Hierzu gilt es die unbeobachtete Heterogenität und damit auch die zeitliche Dimension in ein Modell zu integrieren.

Das erweiterte Modell differenziert nun zwischen (1) u_i unbeobachteten, zeitkonstanten Prädiktoren der abhängigen Variable Y sowie 2) ε_{it} unbeobachteten Prädiktoren von Y, die spezifisch für den Erhebungszeitpunkt und somit zeitveränderlich sind (Andreß/Golsch/Schmidt 2013, S. 126f.).

Dies kommt in folgender Gleichung zum Ausdruck:

$$y_{it} = \beta_0 + \beta_1 x_{1it} + \ldots + \beta_k x_{kit} + \gamma_1 z_{1i} + \ldots \gamma_j z_{ji} + u_i + \varepsilon_{it}$$

Abhängig von den Annahmen über diese Fehlerterme stehen verschiedene Verfahren zur Schätzung zur Verfügung. Ein erster Ausgangspunkt ist das

Verständnis des zeitveränderlichen Fehlers ε_{it} als zufällige Störung, was dem Fehlerterm der OLS-Schätzung gleichkommt. Besondere Bedeutung kommt dem einheitenspezifischen Fehlerterm u_i zu, über dessen Heterogenität unterschiedliche Annahmen getroffen werden können. Zu unterscheiden ist die Schätzung von Random Effects, die u_i als zufällige Störung auf der individuellen Ebene betrachtet und die Schätzung von Fixed Effects, der die Annahme zugrunde liegt, dass der einheitenspezifische Fehler über die Erhebungszeitpunkte konstant und damit typisch für den jeweiligen Fall ist (Andreß/Golsch/ Schmidt 2013, S. 127). Während in einem RE-Modell u_i als Zufall aus dem Universum aller möglichen Werte einer Variable verstanden wird, die einer bestimmten Verteilung folgen, ist u_i in einem FE-Modell ein Parameter, der auf Basis der ausgewählten Einheit i geschätzt wird und damit samplespezifisch ist (Andreß/Golsch/Schmidt 2013, S. 127).

Zur Erklärung der Veränderung einer abhängigen Variablen stehen neben den bereits angesprochenen Verfahren auch First Differences-Modelle zur Verfügung. Deren Nutzung wurde frühzeitig verworfen, da einerseits im sozialwissenschaftlichen Kontext im Allgemeinen FE-Modellen den FD-Modellen vorgezogen werden (Andreß/Golsch/Schmidt 2013, S. 190; Giesselmann/ Windzio 2012, S. 64). Andererseits wurde von einem FD-Modell Abstand genommen, da es lediglich kurzfristigen Wandel zwischen zwei aufeinander folgenden Erhebungszeitpunkten analysieren kann (Giesselmann/Windzio 2012, S. 65; Andreß/Golsch/Schmidt 2013, S. 180). Dies erwies sich dementsprechend als ungeeignet, um den Wandel über die drei Erhebungszeitpunkte hinweg abzubilden.

Obwohl Fixed Effects-Modelle im Kontext von Längsschnittanalysen weit verbreitet sind, erwies sich die Wahl eines solchen Modells für die vorliegende Datenstruktur und das Erkenntnisinteresse als nicht angemessen. Ausgehend von den vorliegenden Informationen zu Schultrackwechseln im luxemburgischen Bildungssystem wurde angenommen, dass der Wechsel des besuchten Schultracks während der Unterstufe eine seltene Ausnahme darstellt (Backes 2018, S. 308), was sich in den deskriptiven Analysen bestätigte. So liegt mit der Zugehörigkeit der Schüler/innen zu verschiedenen Schultracks eine zeitlich konstante Variable vor.

Folglich ist anzunehmen, dass die within effects für die einzelnen Schüler/ innen überwiegend konstant sind. Fixed Effects-Modelle sind zur Analyse von Effekten einer zeitkonstanten erklärenden Variablen geeignet (Andreß/Golsch/ Schmidt 2013, S. 171; Bell/Fairbrother/Jones 2018, S. 1058). Im Fokus des Erkenntnisinteresses stehen die between effects, also Unterschiede zwischen den Schüler/innen bzw. Schüler/innengruppen der verschiedenen Schultracks des Panels. Über diese between effects sind in Fixed Effects-Modellen jedoch keine Aussagen möglich (Allison 2009; Bell/Jones 2014) da zeitkonstante Variablen durch den Achsenabschnitt absorbiert werden (Torres-Reyna 2007). Folglich blieben bei der Nutzung eines Fixed Effects-Modells wichtige Informationen über die erklärende und zu erklärende Variable im Panel ungenutzt (Bell/Fairbrother/Jones 2018, S. 1058) Zudem wird der Heterogenitätsbias berücksichtigt und explizit modelliert (Bell/Jones 2014, S. 143).

Zusammengefasst bestehen die Vorteile von RE in der genaueren Schätzung der einheitenspezifischen Achsenabschnitte, der Möglichkeit die Fehlerkomponenten differenziert zu betrachten sowie darin den Einfluss zeitkonstanter Variablen zu berücksichtigen (Giesselmann/Windzio 2012, S. 107; Andreß/Golsch/Schmidt 2013, S. 163). Nichtsdestotrotz ist die Restriktion der RE zu reflektieren, die darin besteht, dass die unbeobachtete Heterogenität als unabhängig von den abhängigen Variablen gedacht wird (Andreß/Golsch/Schmidt 2013, S. 163). Da auf Basis der zuvor dargelegten theoretischen Überlegungen sich bereits eindeutig die Wahl eines RE-Modells empfahl, konnte auf weitere statistische Berechnungen zur Entscheidungsfindung verzichtet werden (vgl. Andreß/Golsch/Schmidt 2013, S. 163; Giesselmann/Windzio 2012, S. 109 f.).

2.2.7.2 Panelanalysen: Random Effects-Modelle und Group Specific Growth Curves-Modelle

Modellspezifikation

Zur Beantwortung der Forschungsfragen wurde ein zweistufiges Verfahren gewählt. Zur Analyse der Prävalenzhypothese – also des Ausmaßes der Entfremdung vom Lernen in den Sekundarschultracks zu den drei Erhebungszeitpunkten – wurden RE-Modelle berechnet. Um die Entwicklungshypothesen zu testen – das heißt, um die trackspezifische Entwicklung der Entfremdung vom Lernen zu untersuchen – wurden Random Effects-Modelle mit gruppenspezifischen Growth Curves-Modellen gerechnet. Nachfolgend werden die Analyseschritte und die genutzten Modelle beschrieben.

Erster Schritt: Analyse des Ausmaßes der Entfremdung vom Lernen

Im Basismodell wurden Random Effects-Modelle der abhängigen Variablen Entfremdung vom Lernen und der unabhängigen Variablen Schultrackzugehörigkeit modelliert, unter Einbezug der Klassenstufe und des Alters unter Verwendung des Stata-Befehls xtreg (vgl. Rabe-Hesketh/Skrondal 2012, S. 84 f.).

Wie für Panelanalysen üblich, galt es eine adäquate Strategie für den Umgang mit dem A-P-K-Problem zu entwickeln. Das A-P-K-Problem thematisiert das Verhältnis zwischen der abhängigen Variable und der Zugehörigkeit der Fälle zu verschiedenen Kohorten (Kohorteneffekt), Geburtsjahrgängen (Alterseffekt) sowie dem spezifischen Messzeitpunkt (Periodeneffekt) (Andreß/Golsch/Schmidt 2013, S. 192; Hadjar 2008, S. 174).

Da diese Studie ganze Schulklassen und somit eine Kohorte über drei Jahre hinweg begleitete, wurde auf eine Spezifikation der Kohorte beispielsweise über Geburtsjahrgänge verzichtet. Angesichts von Maturitätseffekten und schwindendem Interesse an Schule und Lernen im Zuge der Adoleszenz wurde angenommen, dass Entfremdung vom Lernen mit dem Alter der Schüler/innen zusammenhängt (vgl. Hascher/Hagenauer 2010, S. 229), weshalb es hierfür zu kontrollieren galt. Zur Kontrolle von Periodeneffekten wurde die Klassenstufe (Klasse 7,8,9) einbezogen. Als Referenz diente die siebte Klasse.

Auch wenn es theoretisch denkbar ist, dass die Zugehörigkeit zu einer bestimmten Schulklasse die Entwicklung von Entfremdung beeinflusst, wurde auf eine solche Spezifikation verzichtet, da dies die Anwendung von Mehrebenenmodellen erfordert hätte.

Um die Varianzheterogenität zu kontrollieren, wurde ein robuster Standardfehler VCE in das Modell integriert. An dieser Stelle sei angemerkt, dass robuste Standardfehler in kleinen Samples eine geringe Aussagekraft haben (Rabe-Hesketh/Skrondal 2012, S. 88).

Das soeben beschriebene Basismodell wurde sukzessive spezifiziert, woraus zwei weitere Modelle resultierten. In Modell 2 wurden sozioökonomische Kontrollvariablen ergänzt, zu welchen in Modell 3 auf das schulische Selbstbild bezogene Kontrollvariablen hinzugenommen wurden. Ziel dieses Vorgehens war es zu prüfen, ob auch nach Integration dieser Kontrollvariablen ein Effekt der Schultrackzugehörigkeit für die Entwicklung der Entfremdung vom Lernen bestehen bleibt.

Zweiter Schritt: gruppenspezifische Growth Curves-Modelle

Um die Entwicklung von Entfremdung vom Lernen zu analysieren, wurden gruppenspezifische Growth Curves-Modelle[21] gerechnet, indem in Modell 4 Interaktionseffekte berücksichtigt wurden. Hierzu wurde Modell 3 verwendet, das bereits für soziale Herkunft, Geschlecht, Migrationshintergrund sowie das akademische Selbstbild kontrolliert. Dies wurde nun durch die Hinzunahme von Interaktionseffekten ergänzt. Dem lag die Annahme zugrunde, dass die Klassenstufe den Effekt der Schultrackzugehörigkeit moderiert (Rabe-Hesketh/Skrondal 2012, S. 37). Um darüber hinaus Unterschiede zwischen den Schultracks im Hinblick auf die Entwicklung von Entfremdung vom Lernen nachvollziehen zu können, wurde in Modell 5 der Klassenstufen-Haupteffekt und die Interaktion Klassenstufe-Track modelliert.

---

21 Die hier genutzten gruppenspezifische Growth Curves-Modelle weisen zwar Ähnlichkeiten zu Latent Growth Curves (Bollen/Curran 2006) auf, sind mit diesen jedoch nicht gleichzusetzen (Stuel/van den Wittenboer/Hox 2003).

Neben der tabellarischen Darstellung konnten die zentralen Befunde auf diese Weise auch grafisch verdeutlicht werden. Die grafische Abbildung erleichterte es Muster in den Daten zu den drei Erhebungszeitpunkten zu identifizieren.

Umgang mit fehlenden Werten

Im Vorfeld der statistischen Analysen wurde die Zahl der fehlenden Werte für die interessierenden Variablen berechnet, um eine robuste Analyse zu garantieren (vgl. Acuña/Rodriguez 2004). Dabei zeigten sich generell geringe Item-Nonresponse-Werte. Der höchste Item-Nonresponse-Wert lag für die Variable der Schultrackzugehörigkeit Track_Sek bei 4.13 Prozent. Dies erklärt sich durch die Schüler/innen, die mindestens einmal im Verlauf des Panels den Schultrack gewechselt haben und daraufhin aus dem hier genutzten Panel genommen wurden. Sieht man von dieser Variablen ab, liegen die Missings bei maximal 3.36 Prozent (Selbstkonzept). Angesichts der generell geringen Anzahl fehlender Item-Nonresponse-Werte wurde auf Datenimputationen verzichtet.

Zur Datensatzerstellung, Datenbereinigung und Datenaufbereitung kam SPSS (Version 24) zum Einsatz. Für deskriptive Analysen, Faktorenanalysen und Regressionsanalysen der Paneldaten wurde Stata 14 genutzt.

2.3 Quantitative Analysen und Ergebnisse

Nachfolgend werden die quantitativen Analysen dargestellt. Hierzu wird zunächst die Entwicklung der Entfremdung vom Lernen deskriptiv beschrieben. Daraufhin werden die Befunde der Panelanalysen für das Ausmaß und die Entwicklung der Entfremdung vom Lernen vorgestellt.

2.3.1 Deskriptive Beschreibung der Entwicklung der Entfremdung vom Lernen im Verlauf der unteren Sekundarstufe

Die deskriptiven Analysen zeigen, dass Entfremdung vom Lernen in der Sekundarstufe keine allgemeine Tendenz ist. Überwiegend haben die Schüler/innen demnach eine positive Einstellung gegenüber dem Lernen. Überschreiten einige Schüler/innen, den Wert von 2.5 gelten sie als entfremdet. Dieser Wert wurde im Rahmen des SASAL-Projekts als Grenze, ab der Schulentfremdung vorliegt, festgelegt. Da Schulentfremdung mittels einer vierstufigen Skala gemessen wurde, liegt der Wert von 2.5 über der Hälfte der gesamten Skala.

Über die drei Erhebungszeitpunkte hinweg deutet sich eine Zunahme der Entfremdung vom Lernen an. Das heißt die Entfremdung vom Lernen nimmt über den erhobenen Zeitraum hinweg von einem Mittelwert 1.84 auf einen Mittelwert von 2.22 zu. Dies ist in Tabelle 7 ersichtlich. Die Standardabweichung liegt zu allen Erhebungszeitpunkten bei ca. 0.6. Demnach bleibt die Streuung über die Erhebungzeitpunkte hinweg konstant. Die deskriptiven Befunde werden im Zuge der nachfolgenden Panelanalysen vertieft analysiert.

Tabelle 7: Mittelwerte und Standardabweichung der Entfremdung vom Lernen zu den drei Erhebungszeitpunkten

	Mittelwert	Standardabweichung	Quartile
SAL_L8 Welle 1 (N=385)	1.84	0.59	1. 1.37 2. 1.75 3. 2.25
SAL_L8 Welle 2 (N=387)	2.09	0.61	1. 1.63 2. 2.00 3. 2.50
SAL_L8 Welle 3 (N=387)	2.22	0.62	1. 1.75 2. 2.25 3. 2.63

Datenquelle: SASAL, Paneldaten in luxemburgischen Sekundarschulen (Universität Luxemburg/LU, Universität Bern/CH), eigene Darstellung

2.3.2 Panelanalysen zu Ausmaß und Entwicklung der Entfremdung vom Lernen

Das Ausmaß der Entfremdung vom Lernen

Zur Bestimmung des Ausmaßes der Entfremdung vom Lernen wurden drei Modelle erstellt. Im Basismodell (Modell 1) wurden Random Effects-Modelle der abhängigen Variablen Entfremdung vom Lernen und der unabhängigen Variable Schultrackzugehörigkeit, unter Einbezug Klassenstufe und des Alters, modelliert. In den darauf aufbauenden Modellen wurden sozioökonomische Kontrollvariablen (Modell 2) sowie auf das schulische Selbstbild bezogene Kontrollvariablen (Modell 3) integriert.

Bei den nachfolgend referierten Befunden handelt es sich um Gesamteffekte, die alle drei Erhebungswellen berücksichtigen. Die Ergebnisse für alle drei Modelle sind in Tabelle 8 ersichtlich.

Bereits in Modell 1 offenbaren die Panelanalysen, ohne Kontrolle für die Schülercharakteristika, dass im ES das stärkste Ausmaß von Entfremdung vom Lernen gegeben ist. Dabei ist das Ausmaß der Entfremdung vom Lernen im Modulaire (-0.41***), im EST-Traditionell (-0.30***) sowie im EST-Proci (-0.15+) jeweils signifikant niedriger als im ES.

Bei Kontrolle für soziodemographische Variablen in Modell 2 bleibt diese Tendenz bestehen. Während die Entfremdung vom Lernen im ES weiterhin hoch signifikant stärker ist als im Modulaire (-0.45***) und EST-Traditionell (-0.30***), unterscheidet sich das Ausmaß der Entfremdung vom Lernen im EST-Proci (-0.20+) nicht signifikant vom ES.

Tabelle 8: RE-Modelle zum Ausmaß der Entfremdung vom Lernen

	Entfremdung vom Lernen/ Ausmaß					
	Modell 1		Modell 2		Modell 3	
Schultrack (Ref. ES)						
Modulaire	-0.41	***	-0.45	***	-0.52	***
EST-Traditionell	-0.30	***	-0.30	***	-0.31	***
EST-Proci	-0.15	+	-0.20	+	-0.26	**
Klassenstufe (Ref. 7. Klasse)						
8. Klasse	0.20	***	0.20	***	0.19	***
9. Klasse	0.30	***	0.30	***	0.31	***
Alter	0.04		0.04		0.02	
Sozio-ökonomische Herkunft						
Geschlecht (Ref. männlich)			0.12	*	0.16	**
Sozioökonomischer Status (Ref. Obere Mittelklasse)			0.03		0.06	
Migrationshintergrund (Ref. Migrationshintergrund)			0.07		0.03	
Schulisches Selbstbild						
schulisches Selbstkonzept					-0.13	***
schulische Selbstwirksamkeit					-0.22	***
R-sq						
Within	0.19		0.19		0.25	
Between	0.09		0.11		0.31	
Overall	0.12		0.13		0.28	

+= $p \leq .1$ * = $p \leq .05$, ** = $p \leq .01$, *** = $p \leq .001$; standardisierte Koeffizienten
Datenquelle: SASAL, Paneldaten in luxemburgischen Sekundarschulen (Universität Luxemburg/LU, Universität Bern/CH), N=387, eigene Darstellung.

In Modell 3, das neben den soziodemographischen Variablen auch für das schulische Selbstbild kontrolliert, verstärkt sich der Befund, dass das Ausmaß der Entfremdung vom Lernen im ES signifikant stärker ist wie in allen anderen Schultracks. So zeigen sich auch hier signifikante Resultate für Modulaire (-0.52***), EST-Traditionell (-0.31***) und EST-Proci (-0.26**).

Über alle Modelle hinweg hat die Klassenstufe (Grade) einen signifikanten Effekt auf das Ausmaß der Entfremdung vom Lernen, wohingegen Alterseffekte nicht bedeutsam sind. Im Hinblick auf die soziodemographischen Schülercharakteristika zeigt sich lediglich für Geschlecht ein signifikanter Effekt. Demnach sind Jungen stärker vom Lernen entfremdet als Mädchen. Hingegen wirkt das schulische Selbstbild signifikant reduzierend auf das Ausmaß der Entfremdung vom Lernen.

In allen drei Modellen zeigt sich ein signifikanter Einfluss der Schultrackzugehörigkeit auf das Ausmaß der Entfremdung vom Lernen. Dabei ist das Ausmaß der Entfremdung vom Lernen im ES am stärksten ausgeprägt. Am wenigsten ausgeprägt ist die Entfremdung vom Lernen hingegen für Schüler/innen im Modulaire, gefolgt von Schüler/innen im EST-Traditionell und im EST-Proci. Der signifikante Effekt der Schultrackzugehörigkeit auf die Entfremdung vom Lernen bleibt auch bei Hinzunahme der Kontrollvariablen bestehen. Zudem ist der Einfluss der Schultrackzugehörigkeit in Modell 3, unter Berücksichtigung von sowohl soziodemographischen als auch auf das schulische Selbstkonzept bezogenen Kontrollvariablen im Vergleich zu Modell 1 und 2 am stärksten, was die Relevanz der Schultrackzugehörigkeit für das Ausmaß der Entfremdung vom Lernen unterstreicht.

Die Entwicklung der Entfremdung vom Lernen

Um die Entwicklung der Entfremdung im Zeitverlauf von der 7. bis zur 9. Klassenstufe in den verschiedenen Schultracks genauer zu betrachten, wurden, aufbauend auf dem zuvor präsentierten Modell 3, gruppenspezifische Growth Curves-Modelle erstellt, wobei Interaktionseffekte im Hinblick auf Alter und Klassenstufe integriert wurden (Modell 4). Um zudem Unterschiede zwischen den Schultracks im Hinblick auf die Entwicklung der Entfremdung vom Lernen identifizieren zu können, wurden in Modell 5 Haupt- und Interaktionseffekte der Klassenstufe einbezogen. Die Ergebnisse hierzu sind in Tabelle 9 ersichtlich.

Modell 4 zeigt, wie sich Entfremdung vom Lernen innerhalb der verschiedenen Schultracks von Klasse 7 bis 9 entwickelt. Von Klasse 7 bis 9 nimmt die Entfremdung vom Lernen in allen Schultracks zu (Modulaire 0.36***, EST-Traditionell 0.4***, EST-Proci 0.3***, ES 0.24***). In den Koeffizienten deutet sich bereits an, dass die Entfremdung im ES im Vergleich zu allen anderen Schultracks im Zeitverlauf weniger stark ansteigt.

Die Visualisierung der gruppenspezifischen Growth Curves-Modelle aus Modell 4 (Abbildung 10) ermöglicht es, Unterschiede und Gemeinsamkeiten in der Entwicklung zu beschreiben. Für alle Schultracks wird deutlich, dass die Entfremdung vom Lernen über die drei Wellen hinweg moderat ausgeprägt ist und im Durchschnitt unter dem Wert 2.5 liegt. Zudem zeigt sich für alle Schultracks im Zeitverlauf ein Anstieg der Entfremdung vom Lernen. Für das ES erfolgt der Anstieg über den gesamten Erhebungszeitraum, wobei er von Klassenstufe 7 bis Klassenstufe 8 etwas stärker ausgeprägt ist als von Klassenstufe 8 zu 9. Auch das EST-Traditionell verzeichnet über den gesamten Erhebungszeitraum hinweg einen Anstieg, der jedoch flacher als im ES ausfällt. Im EST-Proci nimmt von Klassenstufe 7 zu Klassenstufe 8 die Entfremdung leicht ab. Anschließend erfolgt von Klassenstufe 8 zu Klassenstufe 9 ein Anstieg. Eine mögliche Erklärung hierfür liegt in der leistungshomogenen Differenzierung in den Hauptfächern in den Proci-Klassen in Klassenstufe 9.

Der Vergleich der Kurven für EST-Traditionell und EST-Proci ergibt, dass EST-Proci mit höheren Werten startet als EST-Traditionell. Bis Klassenstufe 9 erfolgt jedoch für beide Formen der allgemeinen Sekundarschulbildung eine Annäherung der Werte der Entfremdung vom Lernen. Im Modulaire-Track zeigt sich ein Anstieg über den gesamten Erhebungszeitraum, wobei die Entfremdung vom Lernen zu jedem Erhebungszeitpunkt im Vergleich zu den anderen Schultracks am geringsten ausgeprägt ist.

Abbildung 10: Profile Plots der Entwicklung der Entfremdung vom Lernen im Zeitverlauf

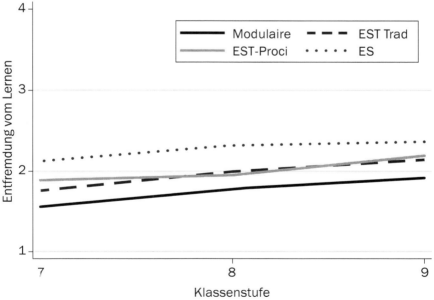

Datenquelle: SASAL, Paneldaten in luxemburgischen Sekundarschulen (Universität Luxemburg/LU, Universität Bern/CH). N0387, eigene Darstellung

Tabelle 9: Gruppenspezifische Growth Curves-Modelle zur Entwicklung der Entfremdung vom Lernen

		Entfremdung vom Lernen /Wachstum			
		Modell 4		Modell 5	
Schultrack (Ref. ES)					
	Modulaire	-0.56	***	-0.56	***
	EST-Traditionell	-0.37	***	-0.37	***
	EST-Proci	-0.23	***	-0.23	***
Klassenstufe (Ref. 7. Klasse)					
	8. Klasse			0.2	***
	9. Klasse			0.26	***
Alter		0.02		0.02	
Interaktion Track- Klassenstufe					
	Modulaire – 8	0.22	***	0.02	
	Modulaire – 9	0.36	***	0.11	
	EST-Traditionell – 8	0.24	***	0.04	
	EST-Traditionell – 9	0.4	***	0.15	+
	EST-Proci – 8	0.06		-0.14	+
	EST-Proci – 9	0.3	***	0.06	
	ES – 8	0.2	***	(Ref.)	
	ES – 9	0.24	***	(Ref.)	
Sozio-ökonomische Herkunft					
	Geschlecht (Ref. männlich)	0.16	***	0.16	***
	Sozioökonomischer Status (Ref. Obere Mittelklasse)	0.06		0.06	
	Migrationshintergrund (Ref. Migrationshintergrund)	0.02		0.02	
Schulisches Selbstbild					
	schulisches Selbstkonzept	-0.13	***	-0.13	***
	schulische Selbstwirksamkeit	-0.22	***	-0.22	***
R-sq	Within	0.26		0.26	
	Between	0.31		0.31	
	Overall	0.29		0.29	

+= p⩽.1 * = p ⩽.05, ** = p ⩽.01, *** = p ⩽.001; standardisierte Koeffizienten
Datenquelle: SASAL, Paneldaten in luxemburgischen Sekundarschulen (Universität Luxemburg/LU, Universität Bern/CH), N=387, eigene Darstellung.

Modell 4 und 5 bestätigen die in Modell 1 bis 3 belegten Befunde. So bleibt der Haupteffekt der Schultrackzugehörigkeit bestehen und die Entfremdung vom Lernen ist für die Schüler/innen im Modulaire und EST-Traditionell und EST-Proci weniger stark ausgeprägt als für Schüler/innen im ES-Track. Das Geschlecht hat einen signifikanten Einfluss auf das Ausmaß der Entfremdung vom Lernen, sodass Jungen stärkere Entfremdung zeigen als Mädchen. Weitere Analysen zur Bedeutung von Geschlecht im Zeitverlauf, die hier nicht eingehender thematisiert werden sollen, belegen überdies einen stärkeren Anstieg der Entfremdung vom Lernen für Jungen von Klassenstufe 7 bis 9. Zudem wirkt auch in diesen Modellen ein positives schulisches Selbstbild reduzierend auf das Ausmaß der Entfremdung vom Lernen, das heißt Schüler/innen mit hoher Selbstwirksamkeit sind weniger entfremdet. Hingegen haben die soziale und ethnische Herkunft der Schüler/innen sowie ihr Alter keine signifikanten Effekte auf die Entfremdung vom Lernen.

Modell 5 geht der Frage nach, wie sich die Entwicklung der Entfremdung vom Lernen zwischen den Schultracks unterscheidet. Zwischen Modulaire und ES zeigen sich keine signifikanten Unterschiede im Wachstum der Entfremdung vom Lernen. Zeigt sich zwischen EST-Traditionell und ES in Klasse 8 kein Unterschied, ist in Klasse 9 ein, auf einem 10-Prozentniveau stärkeres, Wachstum im EST zu verzeichnen (0.15+). Der Vergleich von EST-Proci und ES belegt hingegen, dass im EST-Proci in Klasse 8 eine Abnahme der Entfremdung vom Lernen erfolgt (-0.14+). In Klasse 9 zeigen sich für diese Schultracks keine Unterschiede in der Entwicklung der Entfremdung vom Lernen.

Bilanzierend ist auf Basis der Modelle 4 und 5 festzuhalten, dass in allen Schultracks von Klasse 7 bis 9 eine signifikante Zunahme der Entfremdung vom Lernen zu verzeichnen ist, wobei sich nur leichte Unterschiede zwischen den Schultracks zeigen. So weist die Entwicklung der Entfremdung vom Lernen im ES starke Ähnlichkeiten zu den Entwicklungen in den anderen Schultracks auf. Lediglich im EST-Traditionell ist der Anstieg in Klasse 9 signifikant stärker und im EST-Proci erfolgt in Klasse 8 eine Abnahme.

2.4 Bilanz der quantitativen Studie: Trackspezifisches Ausmaß der Entfremdung vom Lernen bei gemeinsamer Entwicklungstendenz

Die quantitative Studie verfolgte das Ziel Entfremdung vom Lernen in den luxemburgischen Sekundarschultracks von Klasse 7 bis 9 zu analysieren. Die Studie wurde von der folgenden Forschungsfrage geleitet:

Wie hoch ist das Ausmaß der Entfremdung vom Lernen in den Klassenstufen 7, 8 und 9 und wie verändert sich die Entfremdung vom Lernen für Sekundarschüler/innen des ES-, EST- und Modulaire-Tracks?

Folgende Befunde konnten mittels der Berechnung von Random Effects-Modellen und gruppenspezifischen Growth Curves-Modellen generiert werden.

Die RE-Modelle zeigten, dass sich Entfremdung vom Lernen in den Sekundarschultracks signifikant unterscheidet und teilweise unterschiedlich entwickelt. Demnach ist die Entfremdung vom Lernen in den verschiedenen Schultracks unterschiedlich stark ausgeprägt. Dieser Befund bleibt auch bei Kontrolle für die Schülercharakteristika der sozioökonomischen Herkunft, des Migrationshintergrunds, des Alters, des Geschlechts sowie des akademischen Selbstbilds bestehen. Die Entfremdung vom Lernen erwies sich für Schüler/innen im ES-Track als am stärksten ausgeprägt, wohingegen die Schüler/innen im EST-Traditionell und EST-Proci sich im Mittelfeld bewegen und die Modulaire-Schüler/innen das geringste Ausmaß von Entfremdung vom Lernen zeigen.

Die Prävalenzhypothese H1: „Schüler/innen des ES sind weniger entfremdet als Schüler/innen des EST und Modulaire" ist demzufolge als widerlegt anzusehen und zu verwerfen. Die stärkste Ausprägung von Schulentfremdung zeigt sich über den gesamten Erhebungszeitraum hinweg für den ES-Track. Folglich ist anzunehmen, dass den Lern- und Entwicklungsmilieus im ES Aspekte inhärent sind, die nicht hinreichend durch die hohe kulturelle Kapitalausstattung und Bildungsnähe der Schüler/innen kompensiert werden können.

Darüber hinaus zeigten die gruppenspezifischen Growth Curves-Modelle für alle Schultracks eine gemeinsame Entwicklungstendenz. So sind auch nach Kontrolle für Maturitätseffekte die Schüler/innen in Klasse 9 im Vergleich zu Klasse 7 stärker entfremdet. Da die Entfremdung vom Lernen in allen Schultracks in diesem Zeitraum zunimmt, ist Hypothese 2a, dass in allen drei Schultracks der Sekundarstufe in den Klassenstufen 7 bis 9 ein Anstieg der Entfremdung vom Lernen stattfindet, als bestätigt anzusehen. Während sich der Zuwachs der Entfremdung im ES als am geringsten erweist, findet der stärkste Anstieg bei Schüler/innen im EST-Traditionell statt.

Da sich die Entwicklung der Entfremdung vom Lernen im ES nicht von der aller anderen Schultracks eindeutig abhebt, bedurfte es eines differenzierteren Vergleichs. Dieser ergab, dass die Entwicklung der Entfremdung vom Lernen im ES starke Ähnlichkeiten zu den Entwicklungen in den anderen Schultracks aufweist. Unterschiede zeigten sich im Vergleich zum EST-Traditionell und EST-Proci zu jeweils einem Erhebungszeitpunkt, wohingegen zum Modulaire-Track keine signifikanten Unterschiede bestehen. Dementsprechend ist Hypothese 2b zu verwerfen, dass der Anstieg der Entfremdung vom Lernen in den Klassenstufen 7 bis 9 im ES am stärksten ist.

Die übergeordnete quantitative Forschungsfrage ist, wie folgt, zu beantworten: Da die Schultrackzugehörigkeit einen signifikanten Effekt auf das Ausmaß der Entfremdung vom Lernen hat, zeigen die im Rahmen der quantitativen Studie durchgeführten Analysen die Relevanz trackspezifischer Merkmale und somit schulischer Bedingungen für Entfremdung vom Lernen. Angesichts dessen wird Entfremdung vom Lernen neben individuellen Faktoren auch von den trackspezifischen schulischen Gegebenheiten beeinflusst. Hinsichtlich der Entwicklung von Entfremdung vom Lernen im Zeitverlauf erweist sich die Schultrackzugehörigkeit als weniger aussagekräftig. Es deutet sich an, dass das Geschlecht einen Einfluss auf die Entwicklung von Entfremdung vom Lernen hat. Offen bleibt jedoch, was genau hinter diesen trackspezifischen, schulischen Bedingungen steht und wie die Schüler/innen diese wahrnehmen und darauf reagieren.

3 Qualitative Studie: Entstehung und Reproduktion der Entfremdung vom Lernen im Zusammenspiel von Schule und Schüler/in

3.1 Erkenntnisinteresse

Die bisherige Forschung zu Schulentfremdung legt nahe, dass die Einstellung der Schüler/innen gegenüber der Schule und dem Lernen sich im Zusammenspiel von Schule und Schüler/in herausbildet (siehe Kapitel II.1.2). Hieran knüpft die qualitative Studie an, indem sie schulische Anforderungen – also den sekundären Schülerhabitus – im akademischen Schultrack ES sowie im niveauniedrigsten Schultrack Modulaire und die Art und Weise, inwiefern die Schüler/innen an diese anschließen, in den Blick nimmt. Hierzu wird eine schulkulturelle Perspektive nach Helsper et al. (2014) eingenommen.

Schulkultur umfasst – wie bereits im theoretischen Teil dieser Arbeit dargestellt – drei zentrale Dimensionen, die sich den Bereichen Schulorganisation, Pädagogik/Didaktik und Lernen zuordnen lassen. Diese Dimensionen von Schulkultur greifen ineinander und lassen sich auf der Ebene der Alltagspraxis kaum trennen. Es handelt sich somit eher um eine analytische Unterscheidung (vgl. Helsper 2008, S. 65). In dieser Arbeit werden lernbezogene Aspekte schulischer Kulturen fokussiert. Hierzu zählt die Art und Weise des Lernens in den verschiedenen Schultracks, worin sich die schulischen Anforderungen[22] und die erwartete Reaktion der Schüler/innen darauf widerspiegeln. Die Betrachtung lernbezogener Aspekte wurde gewählt, da das Lernen als zentrales Ziel von Schule eine besondere Relevanz aufweist.

Die schulischen Anforderungen beziehen sich auf Einstellungen und Verhaltensweisen, die Schüler/innen benötigen, um in einer spezifischen Schulkultur „erfolgreich" zu sein. „Erfolg" zeigt sich darin, dass es den Schüler/innen gelingt, mit ihren Haltungen und Verhaltensweisen an die schulischen Anforderungen

---

22 Wie sich schulische Anforderungen im Zusammenspiel verschiedener Akteure herausbilden und wie sie im schulischen Kontext vermittelt werden siehe Kapitel II 2.2.

der Schulkultur ihrer Schule anzuschließen. Dabei wird dem mit Entfremdung verknüpften Gedanken der Resonanz (Rosa 2016; Beljan 2017) Rechnung getragen und analysiert, in welcher Weise die spezifische Ausgestaltung einer Schulkultur, in diesem Fall fokussiert auf die lernbezogenen Aspekte, bei den Schüler/innen Resonanz oder Ablehnung hervorruft.

Besonderes Augenmerk liegt auf der Differenzierung von einzelschulspezifischen und trackspezifischen lernbezogenen Elementen von Schulkulturen. Hierzu wurden innerhalb eines Lyzeums (Einzelschule) exemplarisch eine siebte Klasse im ES-Track und eine siebte Klasse im Modulaire-Track als Einzelfälle untersucht, wobei jeweils die Perspektive der Lehrpersonen als auch die der Schüler/innen erfasst wurde. Diese Vorgehensweise erlaubt eine kontrastierende Analyse, inwiefern die verschiedenen Schultracks innerhalb einer Schule als differenzielle Entwicklungsmilieus (Baumert/Stanat/Watermann 2006) fungieren.

Anhand der, in Gruppendiskussionen und Einzelinterviews erhobenen, kollektiven und individuellen Orientierungen von Lehrpersonen und Schüler/innen wurden lernbezogene schulische Anforderungen rekonstruiert und damit einhergehende Entfremdungspotenziale und Bindungsmöglichkeiten[23] im Hinblick auf Schule und Lernen identifiziert. Die qualitative Studie wird von der folgenden Forschungsfrage geleitet:

Inwiefern tragen die, den spezifischen Schulkulturen inhärenten, schulischen Anforderungen zur unterschiedlichen Entwicklung von Entfremdung vom Lernen in den differenziellen Entwicklungsmilieus des niveauniedrigsten Modulaire-Tracks und des akademischen ES-Tracks bei?

Ausgangspunkt ist die Annahme, dass die schulischen Anforderungen von der jeweiligen spezifischen Schulkultur einer Schule abhängen. Zweitens liegt der Fragestellung die Annahme zugrunde, dass die beiden Schultracks differenzielle Entwicklungsmilieus darstellen, in denen sich unter anderem die Kompetenzen, aber auch die lernbezogenen Dispositionen von Schüler/innen unterschiedlich entwickeln.

Der qualitative Forschungsstrang fokussiert somit Schüler/innen im Kontext ihrer Schulklasse und betrachtet die Schulklasse als Mikrokosmos, in dem schulische Anforderungen vermittelt und verarbeitet werden und sich Haltungen gegenüber der Schule und dem Lernen entwickeln. Die Lehrpersonen fungieren als zentrale schulische Akteure, da sie Anforderungen auf der Klassenebene

---

23 Bindungsmöglichkeiten beschreiben hier gelingende Passung zwischen Schulkultur und Schüler/in und stellen den Entfremdungspotenzialen einen positiven Gegenpol zur Seite. Somit drücken sich in den Bindungsmöglichkeiten Aspekte der Schulkultur aus, die eine positive Einstellung der Schüler/innen und damit nichtentfremdete Zustände befördern. Hingegen beschreiben die Entfremdungspotenziale Aspekte der Schulkultur, die eine negative Haltung der Schüler/innen befördern.

vermitteln und konkrete Anerkennungsmöglichkeiten schaffen (Helsper 2008, S. 66 f.).[24] Die Ebene der Schulklasse stand in der Schulkulturforschung bislang nicht im Fokus. Vielmehr wurden die Ebene der Einzelschule sowie die des Einzelschülers/der Einzelschülerin betrachtet. Insofern wendet sich diese Arbeit einer bislang kaum untersuchten Dimension von Schulkultur zu: der Schulklasse. Ebenso stellt die Erforschung des Beitrags spezifischer Aspekte von Schulkulturen zur Entwicklung von Entfremdung vom Lernen eine Forschungslücke in der Schulentfremdungsforschung dar. Diese Arbeit schlägt somit eine Brücke zwischen Schulkultur- und Schulentfremdungsforschung.

Um den Beitrag schulischer Anforderungen zur Entwicklung von Entfremdung vom Lernen zu untersuchen, sind verschiedene Analyseschritte erforderlich. die sich in den hier angeführten qualitativen Unterfragen widerspiegeln. Diese beinhalten jeweils sowohl die Perspektive der Lehrpersonen als auch der Schüler/innen.

1. Welche Anforderungen an die Schüler/innen bestehen in spezifischen Schulkulturen im Modulaire- und ES-Track?
   - Welche Anforderungen spezifischer Schulkulturen drücken sich in den Vorstellungen der *Lehrpersonen* von idealen Schüler/innen (sekundärer Schülerhabitus) aus?
   - Welche schulischen Anforderungen nehmen ihre *Schüler/innen* wahr?
2. Welche Passungskonstellationen im Unterrichtsalltag konturieren sich in den Perspektiven der Lehrpersonen und Schüler/innen in den untersuchten Schulkulturen im Modulaire- und ES-Track?
   - Welche Haltungen der Schüler/innen zeigen sich aus *Lehrpersonensicht* im Schulalltag?
   - Wie erleben die *Schüler/innen*, die an sie herangetragenen Anforderungen, und wie positionieren sie sich dazu?
3. Inwiefern gibt es Gemeinsamkeiten und Unterschiede zwischen Lehrpersonen- und Schüler/innensicht im Hinblick auf den erwarteten und wahrgenommenen sekundären Schülerhabitus und die Passung der Schülerhabitustypen zu den Anforderungen der jeweiligen Schulkultur?
4. Inwiefern sind den Anforderungen spezifischer Schulkulturen Bindungsmöglichkeiten und Entfremdungspotenziale im Hinblick auf Lernen inhärent?

---

24 Zwecks Komplexitätsreduzierung stand die, durchaus bedeutsame Ebene der Peers in dieser Studie nicht unmittelbar im Fokus. Vielmehr ging es um die Untersuchung der Anschlussmöglichkeiten des Einzelschülers/ der Einzelschülerin, die in kollektive Deutungsmuster eingelassen sein können.

In einem ersten Schritt sind zunächst die schulischen Anforderungen – also der sekundäre Schülerhabitus – aus Perspektive der Lehrer/innen und Schüler/innen zu rekonstruieren. Daneben gilt es in einem zweiten Schritt zu rekonstruieren, welche Passungskonstellationen sich zeigen. Hierbei wird angenommen, dass Entfremdung vom Lernen aus Konstellationen geringer oder mangelnder Passung resultiert (vgl. Kapitel II.2.2). Dies ist wegweisend für die Analyse, da hierin deutlich wird, inwiefern die schulischen Anforderungen bei den Schüler/innen Bindung oder Entfremdung erzeugen. Während in diesem Schritt aus Perspektive der Lehrpersonen deren Beobachtungen im Hinblick auf Haltungen und Verhalten der Schüler/innen analysiert werden, ergeben sich die Passungskonstellationen aus Schüler/innensicht aus deren Schilderungen zum Erleben des Unterrichtsalltags.

Weiterhin umfasst die qualitative Studie in einem dritten Schritt einen fallinternen Vergleich von Lehrpersonen- und Schüler/innenperspektive, dessen Fokus auf Gemeinsamkeiten und Unterschieden im Hinblick auf den sekundären Schülerhabitus und die Passung verschiedener Schülerhabitustypen zu diesen Anforderungen liegt. Auf diese Weise werden Bindungsmöglichkeiten und Entfremdungspotenziale der schulischen Anforderungen innerhalb der spezifischen Schulkulturen identifiziert.

Der fallübergreifende Vergleich der Perspektiven von Lehrpersonen und Schüler/innen beider Schultracks bietet im vierten Schritt Einblick in die schulkulturelle Ausgestaltung der analysierten Schultracks innerhalb einer Schule. Dies ermöglicht Aussagen darüber, inwiefern diese als differenzielle Entwicklungsmilieus Schulentfremdung in unterschiedlicher Weise bedingen.

Pointiert dargestellt, zeichnete sich die qualitative Erhebung durch leitfadengestützte Interviews und Gruppendiskussionen mit Schüler/innen der siebten Klasse und ihren Lehrpersonen in den Schultracks mit dem höchsten und niedrigsten Leistungsniveau in einer Sekundarschule in Luxemburg aus. An dieser Stelle sei nochmals betont, dass die Modulaire-Klasse und die ES-Klasse als zwei Fallstudien betrachtet werden. Um die oben aufgeworfenen qualitativen Forschungsfragen zu beantworten, wurden die Daten mit der Methode der sequenzanalytischen Habitusrekonstruktion (Kramer 2018) ausgewertet.

Die Wahl eines qualitativ-rekonstruktiven Zugangs begründet sich aus dem Erkenntnisinteresse und der Rückbindung an die Theorie der Schulkultur. Die gewählte rekonstruktive Vorgehensweise ermöglichte es neben inhaltlich-thematischen Aspekten auch kommunikative Kontexte und gruppenaktionelle Phänomene einzubeziehen (Kruse 2014, S. 208). So stellt die Theorie der Schulkultur das Zusammenspiel von schulischen Strukturen und den Dispositionen der schulischen Akteure in den Fokus und fragt nach der Art und Weise, wie diese spezifische Passungskonstellationen bedingen. Schulentfremdung wird dabei als ein Ergebnis spezifischer Passungskonstellationen verstanden. Hieran anknüpfend, zielt das Erkenntnisinteresse der qualitativen Studie darauf ab, wie die Schulkultur von Schüler/innen und ihren Lehrpersonen gestaltet und wahrgenommen wird. Hierdurch sollen vertiefende Erkenntnisse erlangt werden, in welcher Weise die Anforderungen spezifischer Schulkulturen zur Entwicklung von Entfremdung oder Bindung gegenüber der Schule und dem Lernen beitragen.

Das Kapitel zur qualitativen Studie ist wie folgt aufgebaut:

In Kapitel III.3.2 wird der Ablauf des qualitativen Forschungsprozesses dargestellt. Hierzu werden zunächst die Erhebungsmethoden vorgestellt und deren Angemessenheit, bezogen auf die Forschungsfrage, begründet. Anschließend werden die Prinzipien der Leitfadenkonstruktion, das qualitative Sample, die zugrundeliegenden Auswahlstrategien und die Vorgehensweise zur Aufbereitung der Daten vorgestellt. Dabei wird auch auf den Technikeinsatz im Kontext von Erhebung, Datenaufbereitung und Auswertung eingegangen. Darüber hinaus werden die Rahmenbedingungen der Erhebungssituationen sowie die jeweilige Gesprächsatmosphäre reflektiert. Ebenso wird der Umgang mit Multilingualität im Forschungsprozess beschrieben. Anschließend wird die Auswertungsmethode der sequenzanalytischen Habitusrekonstruktion vorgestellt und deren Anwendung dargelegt.

Die Kapitel III.3.3 und III.3.4 beinhalten die qualitativen Analysen der schulischen Anforderungen in ES und Modulaire. Die Darstellung der Analysen erfolgt zunächst getrennt nach Fällen[25]. Demnach sind diese Kapitel analog aufgebaut: Zunächst werden schulische Anforderungen und Passungskonstellationen aus Perspektive der Lehrpersonen analysiert. Anschließend folgt die Perspektive der Schüler/innen, indem die von ihnen wahrgenommenen lernbezogenen Anforderungen untersucht werden. Schließlich werden die Perspektiven von Lehrpersonen und Schüler/innen zusammengeführt. So werden aus dem Zusammenspiel schulischer Anforderungen und Positionierungen der Schüler/innen Bindungsmöglichkeiten und Entfremdungspotenziale in der jeweiligen Schulform herausgearbeitet.

In Kapitel III.3.5 erfolgt die Ergebnisdarstellung, in der die Ergebnisse beider analysierter Schultracks zusammengeführt werden. Hierzu werden die einzelnen Unterfragen pointiert beantwortet. Ziel hiervon ist es, Gemeinsamkeiten und Differenzen im Hinblick auf die Entstehung von Entfremdung vom Lernen in den analysierten Schulkulturen im Modulaire- und ES-Track aufzuzeigen.

---

25 Die Ausführungen in den Kapiteln 3.3, 3.4 und 3.5 beziehen sich stets auf die spezifischen untersuchten Klassen im Modulaire und ES im Lycée Bicane. Somit sind Formulierungen, wie „im ES" nicht als Generalisierung zu verstehen.

3.2 Qualitatives Forschungsdesign

3.2.1 Erhebungsmethoden: Gruppendiskussionen und Einzelinterviews

Wie soeben dargelegt, zielt die qualitative Studie darauf ab, schulische Anforderungen in differenziellen Entwicklungsmilieus und deren Wirkung auf die Einstellung der Individuen gegenüber dem Lernen zu rekonstruieren. Hierzu galt es kollektive Deutungsmuster und latente Strukturen in spezifischen Schulkulturen zu erfassen, sodass Gruppendiskussionen als Erhebungsmethode gewählt wurden. Aus forschungspraktischen Gründen war es erforderlich, das Forschungsdesign im Fall der Lehrpersonen im ES-Track zu modifizieren und anstelle einer Gruppendiskussion zwei Einzelinterviews durchzuführen.

3.2.1.1 Gruppendiskussionen: Die Erfassung kollektiver und individueller Orientierungen bezogen auf schulische Anforderungen und lernbezogene Aspekte

Da in der qualitativen Studie Lehrpersonen und Schüler/innen als schulische Akteure in den Blick genommen werden, die aktiv die Schulkultur mitgestalten und in diese eingebunden sind, interessiert sich diese Arbeit für das konjunktive Wissen[26], das in den kollektiven Deutungsmustern der ausgewählten schulischen Akteure zum Ausdruck kommt. Der Begriff der kollektiven Orientierungsmuster, wie er in der qualitativen Forschung beispielsweise von Bohnsack (2013, S. 181 f.) verwendet wird, bezieht sich auf sozial geteilte Sinnstiftungsmuster und Erfahrungen und ist eng verknüpft mit dem, von Karl Mannheim geprägten, grundlagentheoretischen Konzept des konjunktiven Erfahrungsraumes. Konjunktive Erfahrungsräume sind gekennzeichnet von geteilten Erfahrungen und verbinden Individuen, die sich in den jeweils vorherrschenden Bedeutungsstrukturen bewegen (Przyborski/Wohlrab-Sahr 2014, S. 91) und Zugehörigkeit stiften (Kühn/Koschel 2018, S. 11). In diesen konjunktiven Erfahrungsräumen wird atheoretisches, implizites Wissen geteilt, über das keine verbale Verständigung erforderlich ist (Kruse 2014, S. 195).

Mit den Schüler/innen einer Schulklasse und ihren jeweiligen Lehrpersonen stehen in der qualitativen Studie dieser Arbeit Realgruppen im Fokus, die

---

26 Das konjunktive Wissen ist Teil der individuellen Orientierungsrahmen und damit im Habitus zu verorten. Vom Orientierungsrahmen sind die Orientierungsschemata abzugrenzen. Während Ersterer die inkorporierten Strukturen der Handlungspraxis in den Habitus umfasst, beinhalten Orientierungsschemata das kommunikative Wissen, das gesellschaftliche und institutionelle Werte und Normen reflektiert (Bohnsack 2013, S. 181 f.).

sich im schulischen Kontext in einem konjunktiven Erfahrungsraum bewegen (vgl. Kruse 2014, S. 200 f.). So sammeln sie ihre Erfahrungen innerhalb der gleichen Schule und des gleichen Klassenverbandes. Als Angehörige der gleichen Schulklasse erleben die Schüler/innen gemeinsam das Schulsetting und werden von den gleichen Lehrpersonen nach dem gleichen Lehrstil unterrichtet. Sie sind demnach mit den gleichen Anforderungen konfrontiert, die sie jedoch – entsprechend ihrer individuellen Haltungen und Dispositionen – unterschiedlich wahrnehmen und auf welche sie unterschiedlich reagieren.

Überdies ist anzunehmen, dass die Lehrpersonen einer Schule in gewissem Maße Erfahrungen und pädagogische Orientierungen teilen, da sie in die gleiche Schulkultur eingebunden sind. Dennoch ist zu berücksichtigen, dass Lehrpersonen über individuelle Haltungen verfügen, die sich im Zuge der Gruppendiskussion als mit den kollektiven Deutungsmustern übereinstimmend oder aber als hiervon abweichend konturieren können. Letzteres weist auf eine tabuisierte oder marginalisierte Haltung hin (vgl. Helsper 2008, S. 73 ff.). Angesichts dessen erweisen sich die befragten Gruppen der Schüler/innen und ihrer Lehrpersonen einerseits als homogen, da es sich bei der Schulklasse um einen stark kohäsiven Verband handelt. Andererseits sind diese Gruppen in sich durchaus heterogen, was sich beispielsweise in der sozialen Herkunft und den pädagogischen Orientierungen zeigt. Vor diesem Hintergrund ermöglichen die Gruppendiskussionen mit den Lehrpersonen die Rekonstruktion von schulischen Anforderungen, die als Aspekt der Schulkultur der Einzelschule gelten, jedoch zugleich schulformspezifisch überformt sein können. Die Gruppendiskussionen mit den Schüler/innen ermöglichen es wiederum zu rekonstruieren, welche schulischen Anforderungen sie als solche wahrnehmen und wie sie mit diesen umgehen.

Die Schulkultur der Einzelschule ist somit als konjunktiver Erfahrungsraum der schulischen Akteure und als spezifischer Bedeutsamkeitskreis zu verstehen, das heißt Lehrpersonen und Schüler/innen machen dort gemeinsame Erfahrungen. Ausgehend hiervon können handlungsleitende Deutungsmuster rekonstruiert werden (Kruse 2014, S. 200 f.).

Die Gruppendiskussionen bieten einen geeigneten Rahmen, um über die Perspektive der Individuen hinauszugehen und in der Zustimmung oder Uneinigkeit kollektive Haltungen der Akteure zu identifizieren und die schulischen Anforderungen zu rekonstruieren, die sich in deren konjunktivem Wissen widerspiegeln. Es gilt zu reflektieren, dass in den Gruppendiskussionen sowohl kollektive als auch individuelle Orientierungen ausgedrückt werden können. Inwiefern es sich um eine kollektive Orientierung handelt, zeigt sich im Gesamtkontext der Gruppendiskussion, wenn die Beteiligten aufeinander Bezug nehmen und sich eine Gruppenmeinung herausbildet (Lamnek 2005b, S. 426 f.). Um sich dem Zusammenspiel von in die Schulkultur eingelassenen schulischen Anforderungen und individuellen Dispositionen anzunähern, werden in dieser Arbeit sowohl kollektive als auch individuelle Orientierungen analysiert.

3.2.1.2 Einzelinterviews und deren Triangulation: Eine forschungspragmatische Methodenerweiterung

Aufgrund von zeitlichen Beschränkungen der angefragten Lehrpersonen im ES-Track des Lycées Bicane gelang es nicht, eine Gruppendiskussion in diesem Schultrack zu initiieren, wodurch eine Anpassung der Forschungsstrategie erforderlich war. Um der Frage nach den Anforderungen dieser spezifischen Schulkultur nachgehen zu können, wurden stattdessen Einzelinterviews mit zwei Lehrerinnen durchgeführt.

Die Einzelinterviews stellen einen erweiterten interaktiven Kontext der Datenerhebung dar, der im Gegensatz zu den Gruppendiskussionen zunächst auf die Erhebung individueller Deutungsmuster abzielt, deren kollektive Bezüge bereits innerhalb der Interviews deutlich und deren kollektiver Gehalt durch die Triangulation weiter herausgearbeitet wurde. Die Auswertung erfolgte für die Einzelinterviews analog zu den Gruppendiskussionen, indem die gleichen Verfahren zur Anwendung kamen.

Auch wenn die ES-Lehrerinnen in den Erhebungssettings nicht unmittelbar miteinander interagierten und aufeinander Bezug nehmen konnten, zeigten sich in den Analysen der Einzelinterviews an einzelnen Stellen kollektive Sichtweisen. So referierten die Lehrerinnen teilweise in ähnlicher Weise über Deutungs-, Handlungs- und Verhaltensmuster im Schulalltag, worin ihr konjunktiver Erfahrungsraum deutlich wurde. Dies konnte durch die Ergebnistriangulation erweitert und geschärft werden, sodass auch für das ES Anforderungen der Schulkultur im Hinblick auf Lernen und Schulentfremdung rekonstruiert werden konnten.

Zugleich wurden in den Interviews mit den Lehrpersonen auch unterschiedliche pädagogische Haltungen deutlich. Die Triangulation der Interviews stellte eine forschungspragmatische Notwendigkeit dar, um mit den Gegebenheiten im Feld umzugehen. Folglich waren hiermit keine Ansprüche auf eine wechselseitige Überprüfung von Erkenntnissen verbunden (vgl. Flick 2011, S. 41).

3.2.2 Sampling: Auswahl und Beschreibung des Samples

Die Auswahl der zu befragenden Schulklassen erfolgte mittels der Strategie der maximalen strukturellen Variation (Kruse 2014, S. 246), sodass mit dem ES-Track und dem Modulaire-Track Schultracks mit besonders hohem und besonders niedrigem Leistungsniveau untersucht wurden.

Insgesamt umfasste das qualitative Sample zwei Realgruppen, die miteinander verglichen wurden: eine siebte Klasse und deren Lehrpersonen im ES-Track und ebensolche im Modulaire-Track. Die untersuchten Schultracks befinden sich an derselben Schule (Lycée Bicane), in der alle Schultracks der Sekundarstufe angeboten werden. Jedoch ist der Modulaire-Track in einem separaten Gebäude untergebracht, wodurch die Schülerschaft räumlich weitgehend getrennt ist. Angesichts dessen stellte sich die Frage, inwiefern diese Schule über eine trackübergreifende Schulkultur verfügt. Zudem wird der EST-Track in Form der traditionellen Abstufungen (Théoretique, Polyvalente, Practique) unterrichtet, sodass keine Proci-Klassen existieren.

Die ausgewählte Schule befindet sich in einer industriell geprägten Region des Großherzogtums. Die Bevölkerung im Einzugsgebiet der Schule hat überwiegend einen geringen sozioökonomischen Status (MENJE/Universität Luxemburg 2015, S. 46) und der Migrantenanteil ist relativ hoch. Darüber hinaus wechselt in dieser Region – im Vergleich zu anderen Landesteilen – nur ein geringerer Anteil von Schüler/innen auf den höchsten Sekundarschultrack (ES) (MENJE/Universität Luxemburg 2015, S. 43).

Das Lycée Bicane wurde aufgrund von Überlegungen im SASAL-Projekt ausgewählt. So galt es, auf Basis einer ersten Erhebungswelle in einer Primarschule einen größtmöglichen Teil der befragten Schüler/innen nach der Transition in die Sekundarstufe erneut zu befragen. Vor diesem Hintergrund ergab die Nachverfolgung der Bildungswege dieser Schüler/innen, dass sie überwiegend auf das Lycée Bicane wechselten. Auch die Auswahl der zu konsultierenden Schulklassen orientierte sich daran, dass möglichst viele Schüler/innen des Samples aus der Primarschule dort vertreten sein sollten. Zudem war das Lycée Bicane mit seinen verschiedenen Schultracks bereits an der quantitativen Studie des SASAL-Projekts beteiligt, sodass bereits ein guter Kontakt zur Schulleitung bestand. Das Projekt wurde der Klasse und der Lehrperson persönlich vorgestellt, um deren Teilnahme zu erbitten. Anschließend wurde die Zustimmung der Eltern mit Hilfe von Elternbriefen eingeholt, die in die wichtigsten vertretenen Sprachen (Deutsch, Französisch, Englisch, Portugiesisch) übersetzt worden waren. Die unterschriebene Einverständniserklärung händigten die Schüler/innen jeweils der Klassenleitung aus.

An dieser Stelle sei angemerkt, dass aus forschungsethischen Gründen für die qualitative Studie ein Sample gewählt wurde, das sich nicht mit dem der quantitativen Studie überschneidet. Um die Schüler/innenperspektive zu erfassen, wurden insgesamt drei Gruppendiskussionen mit Schüler/innen der siebten Klassenstufe, wenige Wochen nach Beginn des Schuljahres im Herbst 2017 geführt, wodurch diese sich noch im Anpassungsprozess an die Anforderungen der neuen Schulkulturen befanden. Zwei dieser Gruppendiskussionen wurden mit Schüler/innen des ES-Tracks durchgeführt, da die hohe Anzahl der Schüler/innen eine Teilung der Klasse erforderte (vgl. Lamnek 2005b, S. 435). Die dritte Gruppendiskussion fand mit Modulaire-Schüler/innen statt.

Zudem wurden Einzelinterviews mit den Französisch- und Science[27]-Lehrerinnen der ES-Klasse sowie eine Gruppendiskussion mit zwei Lehrpersonen und der Sozialarbeiterin der Modulaire-Klasse durchgeführt. Im Fall des ES wurden aufgrund von zeitlichen Beschränkungen anstelle von Gruppendiskussionen zwei Einzelinterviews durchgeführt, die anschließend trianguliert wurden. Sowohl in der ES-Klasse als auch in der Modulaire-Klasse war die Klassenleitung an der Erhebung für die Lehrpersonen beteiligt.

Die nachfolgende Tabelle 10 bietet einen Überblick über das qualitative Sample:

Tabelle 10: Das qualitative Sample

Akteure	Erhebungsmethode	Zusammensetzung
Modulaire Lehrpersonen	1 Gruppendiskussion	2 Lehrpersonen (1 w/1 m), 1 Pädagogin
Modulaire Schüler/innen	1 Gruppendiskussion	7 (4 w/3 m)
ES Lehrpersonen	2 Einzelinterviews	2 Lehrerinnen
ES Schüler/innen	2 Gruppendiskussionen	8 (7 w/1 m) und 8 (3 w/5 m)

Quelle: Eigene Darstellung

3.2.3 Leitfäden als Erhebungsinstrument: Intentionen und Konzeption

Um die schulischen Anforderungen in den differenziellen Entwicklungsmilieus der ausgewählten Schultracks aus Perspektive der zentralen schulischen Akteure zu erfassen, wurden verschiedene Leitfäden für die Gruppendiskussionen und Interviews mit den Lehrpersonen und Schüler/innen entwickelt. Die Notwendigkeit, für Lehrpersonen und Schüler/innen jeweils spezifische Leitfäden zu entwickeln, leitet sich daraus ab, dass diesen für die Beantwortung der Forschungsfragen unterschiedliche Funktionen zukamen. Während die Lehrpersonenperspektive auf die lernbezogenen Anforderungen spezifischer Schulkulturen in verschiedenen Schultracks fokussierte, interessierte aus Schüler/innenperspektive primär, wie diese Anforderungen erlebt und verarbeitet werden. Auch, wenn sich die Leitfäden inhaltlich unterschieden, lagen ihnen gemeinsame Überlegungen zugrunde, die nachfolgend expliziert werden.

In den Gruppendiskussionen wurde textorientiertes und interaktionsorientiertes Sinnverstehen erfasst (Kruse 2014, S. 196 f.), das Hinweise auf das konjunktive Wissensgefüge bezogen auf schulische Anforderungen und Schulent-

---

[27] Das Unterrichtsfach Science naturelle, umgangssprachlich Science genannt, beinhaltet den naturwissenschaftlichen Fachunterricht in der siebten und achten Klasse im ES und vereint Inhalte aus Physik, Chemie und Biologie.

fremdung beinhaltete. Vor diesem Hintergrund galt es die Gruppendiskussionen so zu konzipieren, dass die beteiligten Schüler/innen und Lehrpersonen die Möglichkeit erhielten, ihre kollektiven Erfahrungen zu aktivieren und einzubringen (vgl. Corsten 2010, S. 89 f.).

Aufbauend auf der Logik problemzentrierter Interviews (Witzel 2000) wurden die Leitfäden vom Offenen hin zum stärker Strukturierenden konzipiert (vgl. Helfferich 2011; Kruse 2014), wodurch ein semi-strukturiertes Gesprächssetting initiiert wurde. Dies ermöglichte zum einen eine Strukturierung entlang der Forschungsinteressen und gewährte den Befragten zum anderen Raum für eigene Prioritätensetzungen. Auf diese Weise wurden Theoriegeleitetheit und Offenheit kontrolliert miteinander verbunden.

Die Leitfadenentwicklung folgte einem regelgeleiteten Prozess, wozu das S^2PS^2-Verfahren in Anlehnung an Helfferich (2011) und Kruse (2014) genutzt wurde, das in einem iterativen Prozess die Arbeitsschritte des Sammelns, Sortierens, Prüfens, Streichens und Subsumierens enthält (Kruse 2014, S. 231 ff.). Ausgangspunkt der Leitfadenentwicklung war das aus Literaturrecherchen gewonnene Vorwissen über Ursachen und Konsequenzen der Entfremdung vom Lernen, das als heuristisch-analytischer Rahmen genutzt wurde (Witzel 2000, S. 2; Lamnek 2005b, S. 365). Die Leitfadenentwicklung erfolgte in dialogisch-kritischem Austausch mit dem Forschungsteam. Daraufhin folgte für den Leitfaden der Schüler/innen ein Pretest. Dieser ergab wichtige Hinweise auf Verständnisschwierigkeiten, die daraufhin behoben wurden. Der Leitfaden der Lehrpersonen wurde vorab mit luxemburgischen Lehrpersonen diskutiert.

Die Leitfäden beinhalteten mehrere thematische Blöcke, in denen Anforderungen und problematische Situationen im Schulalltag und deren Bewältigung thematisiert wurden. Dies beinhaltete zudem Fragen nach Anpassungsprozessen im Zuge des Übergangs in die Sekundarstufe und sich daraus ergebenden Passungskonstellationen. Darüber hinaus wurde der Ausgestaltung von und dem Umgang mit Schulentfremdung besonderes Interesse beigemessen.

Um trotz Leitfadennutzung sicherzustellen, dass die Bedeutungsstrukturierung den Befragten obliegt, wurden innerhalb eines jeden thematischen Blockes verschiedene Phasen des Erzählens, Interpretierens und Nachfragens durchlaufen (Witzel 2000, S. 2). Diese zeichneten sich durch sukzessive steigende Grade der Strukturierung aus. Ausgehend von der kaum strukturierenden Phase der allgemeinen Sondierung nimmt die Strukturiertheit bis zur stark strukturierenden Phase des direkten Nachfragens zu. Den unterschiedlichen Strukturiertheitsgraden Rechnung tragend, dominierten in den einzelnen Phasen unterschiedliche Nachfragetypen. Während in den Phasen der allgemeinen und spezifischen Sondierung immanente Fragen überwogen, wurde erst in der Phase des direkten Nachfragens auf exmanente Fragen zurückgegriffen. Priorität hatte aus Perspektive der Forschenden in allen Phasen das Nachvollziehen der Deutungsmuster der Interviewten.

3.2.4 Ablauf und Gesprächsführung der Gruppendiskussionen und Interviews

Der Ablauf der Gruppendiskussionen orientierte sich am Phasenmodell. nach Lamnek (2005a, S. 130 ff.):

Die *Eröffnungsphase* begann mit der Ankunft der Forschenden und beinhaltete im Fall der ES-Klasse die Aufteilung der Schulklasse in zwei Gruppen. Für alle Gruppendiskussionen galt es, die Zahl von zehn Teilnehmer/innen nicht zu überschreiten. Begleitet wurden die Interviewer/innen jeweils von einem Protokollierenden. In den Gruppendiskussionen der Schüler/innen war die Lehrperson stets abwesend. Nachdem Diktiergerät und Videokamera vorbereitet waren, erhielten die Teilnehmer/innen erneut Informationen zum Projekt, zu Datenschutz und Anonymisierung sowie zum Ablauf der Gruppendiskussion. Zudem wurden Fragen hierzu beantwortet.

Die *Einstiegsphase* gestaltete sich unterschiedlich. Während die Lehrpersonen durch einen verbalen Grundreiz aufgefordert wurden, sich vorzustellen, erhielten die Schüler/innen die Aufgabe, mit Hilfe von Stickern auf Plakaten ihre Lehrer/innen, die Klasse, den Unterricht sowie den Übergang in die Sekundarstufe zu bewerten. Diese Plakate dienten als Einstieg für jeden Themenblock der Gruppendiskussion. So betrachteten Schüler/innen und Interviewer/in gemeinsam die vorgenommenen Bewertungen und kamen darüber ins Gespräch.

In der *erhöhten Aktionsphase* wurde die Diskussion anhand der Leitfäden thematisch-fokussierend gesteuert. Innerhalb der einzelnen Themenblöcke wurden zudem immanente oder thematisch exmanente Stimuli eingesetzt, die der Aufrechterhaltung des Diskussionszusammenhangs oder aber der Konkretisierung dienten. Die Themen der Gruppendiskussionen können Tabelle 11 entnommen werden.

Jede Gruppendiskussion endete mit der *Auslaufphase*, in der die Gruppe über das Ende selbst entschied, wenn kein/e Teilnehmer/in einen weiteren Beitrag hatte. Daraufhin bedankten sich die Forschenden und überreichten ein kleines Dankeschön. Bei den Interviews mit den Lehrpersonen erfolgte zudem die Unterzeichnung der Einverständniserklärungen bezogen auf Speicherung und Nutzung der Daten. Bei den Schüler/innen wurde diese bereits im Vorfeld über das Einverständnis der Eltern eingeholt, jedoch hatten die Schüler/innen ebenfalls die Gelegenheit mündlich der Nutzung ihrer Daten zuzustimmen. Im Anschluss an die Gruppendiskussion fertigten Interviewer/in und Protokollierende/r ein Postskript an.

Der soeben geschilderte Ablauf wurde auch in den Einzelinterviews mit den Lehrpersonen des ES-Tracks verfolgt.

Der nachfolgenden Tabelle 11 kann die Struktur der Leitfäden und somit der thematische Ablauf der Gruppendiskussionen und Interviews entnommen werden.

Tabelle 11: Ablauf der Gruppendiskussionen und Interviews

Schüler/innen	Lehrpersonen
– Ankunft in der Klasse/Smalltalk/Vorbereitung des Equipments	– Ankunft in der Klasse/Smalltalk/Vorbereitung des Equipments
– Begrüßung der Gruppe und Organisatorisches	– Begrüßung der Gruppe und Organisatorisches
– Einstiegsfrage	– Vorstellungsrunde
– Themen	– Themen
o T1 Lehrer und Unterricht	o T1 Vorstellung der Klasse
o T2 Klasse und Peers	o T2 Transition
o T3 Prävention von Schulentfremdung	o T3 Passung (LU)
o T4 Wechsel zur Sekundarschule (variiert nach Primar- und Sekundarschule)	o T4 Schulentfremdung
o T5 Motivation und Ziele	o T5 Prävention von Schulentfremdung
– Ausklang „Wunschmoment"	– Offener Ausklang

Quelle: Eigene Darstellung

Die Gruppendiskussionen mit den Schüler/innen fanden jeweils in Klassenräumen statt. Demzufolge wurden die Schüler/innen im ihnen vertrauten Schulsetting befragt. Aufgrund der Gruppengröße war im Falle der ES-Klasse eine Teilung der Klasse erforderlich. In allen Gruppendiskussionen mit den Schüler/innen waren keine Lehrpersonen anwesend, wodurch eine Atmosphäre geschaffen werden sollte, in der die Schüler/innen ihre ehrlichen Meinungen und Erfahrungen äußern können. Aufgrund der natürlichen Gesprächssituation und des vertrauten Settings ist anzunehmen, dass die Schüler/innen ein ähnliches Verhalten, wie im regulären Unterricht zeigten, sodass auch hieraus Annahmen über Haltungen und Verhaltensweisen bezogen auf Schule und Lernen abgeleitet werden konnten.

Die Gruppendiskussionen bzw. Interviews mit den Lehrpersonen wurden in Besprechungszimmern durchgeführt, wodurch diese vom Schulleben separiert waren, um Störungen zu vermeiden. Im Durchschnitt dauerten die Gruppendiskussionen und Interviews ungefähr eine Schulstunde.

Um die Deutungsmuster zu erheben, zielte die Gesprächsführung stets darauf ab, einen selbstläufigen Diskurs bzw. zusammenhängende Erzählungen in Bezug auf die eingebrachten Stimuli zu generieren (vgl. Kruse 2014, S. 199). Dabei oblag es den Befragten, in welcher Weise diese Themen diskutiert wurden. Die Rolle der Gesprächsführung zeichnete sich durch eine Kombination aus non-direktiver und direktiver Führung und damit verbundene weitgehende Zurückhaltung und Nicht-Parteilichkeit der Interviewer/innen aus. Ihre Rolle bestand vornehmlich darin, das Gespräch zu leiten und erzählgenerierende Impulse zu setzen und Nachfragen zu stellen oder weitere Impulse zu setzen, wenn die Kommunikation oder Erzählung stockte. Die Gruppendiskussionen folgten überdies der Maxime die gesamte Gruppe einzubeziehen (Przyborski/Wohlrab-Sahr 2014, S. 99; Lamnek 2005b, S. 447).

Auch wenn eine Gesprächsatmosphäre auf Augenhöhe angestrebt wurde, gilt es den Einfluss des Schulsettings, dessen Hierarchien sowie der generationalen Differenz zwischen Interviewer/in und Schüler/innen auf die Erhebungssituation zu reflektieren. In den Gruppendiskussionen mit den Schüler/innen nahmen die Interviewer/innen eine der Lehrperson ähnliche Rolle ein. Hierzu zählte die Anleitung und Führung durch die Gruppendiskussion. In den Gruppendiskussionen und Interviews mit den Lehrpersonen wurden Gespräche auf Augenhöhe selbstgängig realisiert.

In den Gruppendiskussionen herrschte überwiegend eine konstruktive Gesprächsatmosphäre, wobei einige Schüler/innnen der Modulaire-Klasse durch störendes Verhalten auffielen. Zeigten sich die meisten Schüler/innen auf der Vorderbühne kooperativ und antworteten – wenn auch meist einsilbig – auf die Fragen der Interviewerin, vollzogen sich auf der Hinterbühne Konflikte, Parallelgespräche und Parallelbeschäftigungen. Dass die Schüler/innen das, sich auf der Hinterbühne vollziehende, Verhalten teilweise zu verbergen versuchten, kann als Hinweis gewertet werden, dass sie durchaus über ein Bewusstsein für in der Schule erwünschte und unerwünschte Verhaltensweisen verfügen. Vom Geschehen auf der Hinterbühne zeigten sich insbesondere die Mädchen gestört. Aufgrund des permanent störenden Verhaltens zweier Jungen musste die Interviewerin mehrmals ordnend eingreifen.

Das kurz angebundene, oft einsilbige Antwortverhalten der Modulaire-Schüler/innen kann zudem auf die begrenzte Sprachkompetenz zurück geführt werden, sodass das Gespräch eher zwischen einzelnen Schüler/innen und der Interviewerin stattfand. Gerade diese Gesprächskultur zeigte den Mehrwert eines rekonstruktiven Vorgehens auf, da dieses es ermöglichte auch in diesen – auf den ersten Blick dürftigen – Erzählungen die Orientierungen der Schüler/innen aufzudecken.

Die unterschiedlichen Kompetenzen der ES und Modulaire-Schüler/innen wurden insbesondere im Zuge der in die Gruppendiskussion integrierte Aufgabenbearbeitung deutlich. Während die ES-Schüler/innen ihre Aufgabe fokussiert und zügig bewältigten, zeigten die Modulaire-Schüler/innen zurückhaltendes, abgelenktes Verhalten, das von zahlreichen – die Erfüllung der Aufgabe behindernden – Peerdynamiken begleitet wurde. Dabei fiel es ihnen schwer sich im Zuge der Aufgabenbearbeitung selbst zu organisieren.

3.2.5 Technikeinsatz, Transkription und Anonymisierung

Zur Transkription der Gruppendiskussionen und Interviews wurde das Programm F4 genutzt. Die Analyse erfolgte unterstützt durch die qualitative Analysesoftware MAXQDA.

Die Interviews und Gruppendiskussionen wurden, mit dem vorherigen Einverständnis der Lehrpersonen bzw. der Eltern und Schüler/innen, mit Hilfe eines Diktiergeräts und einer Videokamera aufgezeichnet. Die Audiodateien stellten die Basis der Transkription des Gesprochenen dar, wohingegen die Videoaufnahmen vorrangig genutzt wurden, um Sprecherwechsel zuordnen zu können. Die Datensicherung erfolgte gemäß den forschungsethischen Richtlinien auf einem Server der Universität Luxemburg.

Die Protokollierungstechnik bestand in einer geglätteten wörtlichen Transkription, das heißt die Transkription erfolgte Wort für Wort, wobei verkürzte Aussprachen und Dialekt beibehalten wurden. Füllwörter, Lautäußerungen sowie Pausen der Sprecher wurden mittranskribiert. Grammatikalisch falscher Satzbau, Wortabbrüche oder fehlerhafte Ausdrücke wurden beibehalten. Ebenso wurden feststehende Begriffe aus dem Luxemburgischen oder Französischen übernommen, die im luxemburgischen Bildungssystem gängig sind. Neben den offiziellen Landessprachen beinhalteten die Transkripte auch portugiesische Sequenzen oder Worte, die unter Rücksprache mit Muttersprachler/innen erschlossen wurden, sowie Fantasiesprache, die es bestmöglich nachzuvollziehen galt. Indem der vorab beschriebene Sprachenmix in der Analyse solange wie möglich beibehalten wurde, sollte die ursprüngliche Bedeutung der Daten erhalten werden (Kruse 2014, S. 323).

Pausen wurden ab einer Dauer von drei Sekunden unter Angabe ihrer Länge dokumentiert. Parasprachliche Äußerungen von Emotionen wie Seufzen oder Lachen fanden ebenso wie Lautäußerungen („ähm") und Zuhörersignale („aha", „hm") Berücksichtigung. Des Weiteren wurden Unsicherheiten in der Transkription und unverständliche Stellen gekennzeichnet (Fuß/ Karbach 2014, S. 61 f.).

Den forschungsethischen Geboten folgend, wurden alle personenbezogenen Daten in den Transkripten sowie in der verschriftlichten Analyse und Ergebnisdarstellung verändert, sodass die Interviewten nicht durch Dritte identifiziert werden können. Dies betraf insbesondere Namen, soziodemografische Daten und Angaben zur Schule. Um den Sinngehalt der Primärdaten, der für die Rekonstruktion der schulischen Anforderungslogiken sowie kollektiven und individuellen Deutungsmuster ausschlaggebend war, bestmöglich zu erhalten, wurde eine Strategie der faktischen Anonymisierung verfolgt. Diese beinhaltete eine Veränderung der Daten mit direktem oder indirektem Identifizierungscharakter, sodass eine Wiedererkennung unmöglich bzw. erheblich erschwert ist, was einen Kompromiss zwischen dem Schutz der Identität der Interviewten und dem Erhalt des Sinngehalts der Primärdaten darstellt (Fuß/Karbach 2014, S. 96 f.). Konkret wurden die Daten, wie nachfolgend dargestellt, verfremdet: Namen wurden durch erdachte Namen ersetzt, wobei darauf geachtet wurde, den kulturellen Kontext, dem diese zuzuordnen sind, zu erhalten (z.B. Mehmet – Murat). Ortsangaben wurden geographisch umschrieben.

3.2.6 Multilingualität im Forschungsprozess

Auch wenn Multilingualität nicht den primären Fokus dieser Forschung darstellte, war diese aufgrund ihrer Bedeutung in der luxemburgischen Gesellschaft und im luxemburgischen Bildungssystem während des gesamten Forschungsprozesses zu berücksichtigen. Im Zuge des qualitativen Forschungsprozesses dieser Arbeit orientierte sich der Umgang mit verschiedenen Sprachen an den von Kruse (2014, S. 319 ff.) formulierten Prämissen.

Als Hauptsprache wurde in den Interviews und Gruppendiskussionen Deutsch gewählt. Nichtsdestotrotz wurde in der Erhebungssituation immer eine Offenheit gegenüber anderen Sprachen kommuniziert, wodurch alle Teilnehmer/innen trotz unterschiedlicher Sprachkompetenzen die gleichen Chancen erhalten sollten, sich in die Diskussion einzubringen. Das Deutsche wurde als Hauptsprache gewählt, da es alle Schüler/innen in der Primarschule im Zuge der Alphabetisierung erlernen. Vor diesem Hintergrund wurde angenommen, dass alle befragten Lehrpersonen und Schüler/innen über Deutschkenntnisse verfügen. Zu reflektieren gilt es jedoch, dass nicht alle Beteiligten ihre Äußerungen in den Interviews und Gruppendiskussionen in ihrer Muttersprache tätigen konnten.

Während der Erhebung erfolgten Sprachwechsel sowohl in den Gesprächen mit den Lehrpersonen als auch in denen mit den Schüler/innen. Dabei handelte es sich überwiegend um Wechsel in andere Landessprachen Luxemburgs sowie in der Gruppendiskussion mit den Schüler/innen im Modulaire um Wechsel in die dominante Muttersprache Portugiesisch. Darüber hinaus wurden im luxemburgischen Bildungssystem feststehende französische Begriffe verwendet, die jedoch aufgrund des vorhandenen Wissens über das luxemburgische Bildungssystem nachvollzogen werden konnten. Auch wurde ins Französische oder Luxemburgische gewechselt, um Sprachdefizite zu kompensieren.

Im Zuge der Auswertung galt es die ursprüngliche Bedeutung des Gesagten zu bewahren. Hierzu wurde der Sprachenmix möglichst lange beibehalten und von einer Übersetzung im Zuge der Transkription abgesehen. Vielmehr erfolgten Übersetzungen, wenn erforderlich, im Zuge der Interpretation. Dabei wurden, wenn nötig, Kolleg/innen konsultiert, die über Kenntnisse in der jeweiligen Sprache verfügen, was insbesondere auf die Sprachen Portugiesisch und Luxemburgisch zutraf (vgl. Kruse 2014, S. 323). Auf diese Weise konnte der Sprachenmix in den Daten gut nachvollzogen werden, was eine zuverlässige Interpretation ermöglichte.

3.2.7 Auswertungsstrategie der qualitativ-rekonstruktiven Analyse

Die Auswertung erfolgte mittels der Methode der sequenzanalytischen Habitusrekonstruktion nach Kramer (2018). Dieses Verfahren wurde im Kontext der Schulkulturforschung entwickelt und kann als geeignetes systematisches Verfahren angesehen werden, um Habitusformationen anhand individueller und kollektiver Deutungsmuster zu rekonstruieren. Beispielsweise sind die Vorstellungen vom idealen Schüler/der idealen Schülerin Teil des impliziten Wissens, das die sequenzanalytische Habitusrekonstruktion an die Oberfläche bringen kann. Überdies ermöglichte sie auch solche Haltungen gegenüber der Schule und dem Lernen zu erfassen, die nicht in produktiven Redebeiträgen zum Ausdruck kamen. So konnten auf diese Weise auch Gruppendynamiken erfasst und analysiert werden.

Das Ziel der sequenzanalytischen Habitusrekonstruktion ist *die methodisch kontrollierte Bestimmung der Sinnstrukturiertheit einer Habitusformation*, die den Gegenstand der Analyse darstellt. Das Wissen der Akteure in spezifischen Schulkulturen wird bezogen auf den Schulalltag analysiert, um auf diese Weise die schulischen Anforderungen (sekundärer Schülerhabitus) sowie die Haltungen der Schüler/innen (primärer Schülerhabitus) zu identifizieren.

Die sequenzanalytische Habitusrekonstruktion wurde ausgewählt, da sie im Unterschied zu anderen rekonstruktiven Verfahren, wie der dokumentarischen Methode (Bohnsack 2013; Bohnsack 1997) oder der Habitushermeneutik (Lange-Vester/Teiwes-Kügler 2013) einen besonderen Fokus auf die Sequenzanalyse legt (Kramer 2018, S. 263). Dies trägt dem genetisch-strukturalistischen Charakter des Habituskonzepts Rechnung, dessen Sinnstrukturiertheit, die sich in den Transkripten dokumentiert, zu rekonstruieren ist.

Zur Erschließung der Sequenzialität der Lebenspraxis[28], als welche die schulischen Anforderungen und Haltungen und Verhaltensweisen der schulischen Akteure zu verstehen sind, galt es sowohl die Handlungsregeln des schulischen Felds, die den jeweiligen Handlungsspielraum determinieren, als auch die Dispositionen der Schüler/innen in den Blick zu nehmen. Dabei fungieren die individuellen Dispositionen als Erzeugungsbedingungen, indem sie darüber bestimmen, in welcher Weise die einzelnen Schüler/innen an die Schulkultur anschließen bzw. auf diese reagieren (vgl. Kramer 2018, S. 255).

Die zentralen Prinzipien der sequenzanalytischen Habitusrekonstruktion stellen die Hypothesenbildung und Verifizierung oder Falsifikation dar. Diese sind grundverschieden von einer quantitativen Hypothesenprüfung und nicht mit einer solchen gleichzusetzen. Die qualitative Hypothesenbildung stellt einen abduktiven Schluss von Ausdrucksgestalten des Protokolls bzw. einer Sequenz auf einen impliziten Generierungsmodus dar und wird im rekonstruktiven Analyseprozess vollzogen (Kramer 2018, S. 260).

---

28 Das implizite, handlungsleitende Wissen des Habitus ist jeweils an eine konkrete Lebenspraxis und deren Individuierungsverlauf gebunden. Ausschnitte hiervon kommen in den erhobenen Daten zum Ausdruck. Die Lebenspraxis wird deshalb als sequenziell betrachtet und entsprechend analysiert, da der Möglichkeitsraum des Handelns zu allen Zeitpunkten von impliziten wie expliziten Regeln beschränkt wird (Kramer 2018, S. 255 f.). Dies nachzuvollziehen, ermöglicht das gewählte sequenzielle Vorgehen.

Der Mechanismus der sequenzanalytischen Habitusrekonstruktion zielt darauf ab, im Zuge der Analyse zu klären, ob eine ausgewählte Sequenz als gültiger Ausdruck (modus operatum) des vermuteten Habitus (modus operandi) gelten kann (Kramer 2018, S. 258). Dem liegt die Annahme zugrunde, dass sich in den Daten eines Transkripts eine spezifische Habitusformation zeigt, die es zu rekonstruieren gilt. Um dies zu realisieren, werden zunächst möglichst breit Annahmen im Hinblick auf mögliche Habitusformationen angestellt. Im Verlauf der Analyse erfolgt im Zuge des sequenzweisen Vorgehens sukzessive die Eingrenzung der Annahmen. Auf diese Weise wird die sogenannte Habitushypothese bestimmt, die sich über alle Sequenzen hinweg als Ausdruck eines Habitus vollständig plausibilisieren lässt und diesen erklären kann (Kramer 2018, S. 260). Im Verlauf der Analyse werden Annahmen verworfen, für die sich heterologe Äußerungen zeigen. Hingegen wird eine Annahme zur Habitushypothese erklärt, wenn sie durchgehend durch homologe Äußerungen gestützt wird und damit als bestätigt gilt. Dieser Rekonstruktionsprozess wird in der Abbildung 11 veranschaulicht.

Abbildung 11: Visualisierung des Rekonstruktionsprozesses

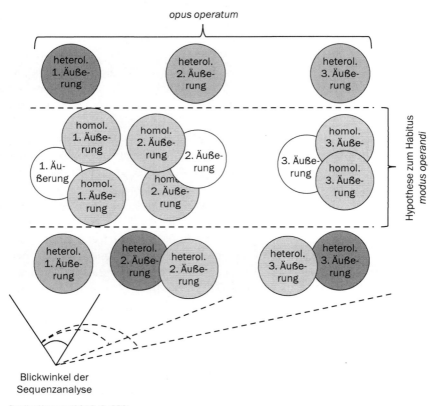

Quelle: Kramer (2018, S. 259)

3.2.7.1 Forschungspraktische Vorgehensweise

Zur Rekonstruktion und Identifikation der Habitusformationen der primären und sekundären Schülerhabitus wurden vier gruppenspezifische Analysen durchgeführt: Perspektive der Lehrpersonen Modulaire, Perspektive der Schüler/innen Modulaire, Perspektive der Lehrpersonen ES, und Perspektive der Schüler/innen ES. Diese gruppenspezifischen Analysen wurden in späteren Analyseschritten verdichtet, um zu trackspezifischen Habitusformationen zu gelangen. Nachfolgend wird die forschungspraktische Vorgehensweise gemäß der sequenzanalytischen Habitusrekonstruktion dargestellt.

Separate gruppenspezifische Analyse für Lehrpersonen und Schüler/innen des niveauniedrigsten Modulaire-Tracks und des akademischen ES-Tracks

Folgende Vorgehensweise wurde in einem ersten Schritt für jede der gruppenspezifischen Analyse separat durchgeführt. Die separate gruppenspezifische Analyse erfolgte in drei Arbeitsschritten.

Im ersten Schritt galt es, relevante Passagen aus dem Material auszuwählen. Eine Passage wurde definiert als thematische Einheit, also zusammenhängende Äußerungen zu einem inhaltlich, in sich geschlossenem Thema. Eine Sequenz stellte eine der Passage untergeordnete Sinneinheit dar, in der das Thema der Passage verhandelt wurde. Zunächst wurden in den Transkripten für die Forschungsfragen besonders relevante Passagen identifiziert und ausgewählt. Das heißt in den Transkripten der Lehrpersonen wurden Passagen ausgewählt, die Hinweise auf die Haltungen und Kompetenzen des idealen Schülers/der idealen Schülerin oder auch Hinweise auf ungünstige Passungskonstellationen als Gegenhorizont zum idealen Schülerhabitus enthielten. In den Transkripten der Gruppendiskussionen mit den Schüler/innen wurden Passagen identifiziert und ausgewählt, in denen die Haltungen der Schüler/innen zu den schulischen Anforderungen deutlich wurden. Somit wurden Ausschnitte ausgewählt, in denen sich zeigt, welche schulischen Anforderungen die Schüler/innen wahrnehmen und wie sie sich diesen gegenüber positionieren.

Eine besondere Bedeutung wurde der ersten Sequenz des Transkripts beigemessen, da angenommen wurde, dass diese das Spektrum möglicher Habitusformationen eröffnet. Deshalb wurde diese stets in die Analyse einbezogen (Kramer 2018, S. 258). Zudem wurden jeweils auch solche Passagen ausgewählt, die sich für die Befragten als bedeutsam erwiesen. Die subjektive Relevanz zeigte sich in einer besonders intensiven oder emotionalen Diskussion sowie tiefen, zusammenhängenden Erzählungen.

Der zweite Analyseschritt beinhaltete die chronologische, sequenzielle Analyse der ausgewählten Passagen. Um die Passagen zu erschließen, wurden sie zunächst paraphrasiert. Ziel hiervon war es, die thematisch-strukturelle Gliederung des Textes zu erfassen, indem der thematische Gehalt der Passagen in eigenen Worten wiedergegeben wurde. Hierbei wurde konsequent vom Relevanzsystem und somit dem Orientierungsrahmen der Interviewten ausgegangen, wobei Interpretationen durch die Forscherin und die Einführung sozialwissenschaftlicher Termini vermieden wurden (Bohnsack 2014, S. 35). Zudem wurden im Zuge der Paraphrasierung Unterthemen in den längeren Passagen identifiziert. Auch wenn der Schritt der Paraphrasierung in der sequenzanalytischen Habitusrekonstruktion nicht vorgesehen ist (Kramer 2018, S. 262), erschien dieser – inspiriert durch die dokumentarische Methode (Bohnsack 2014, S. 35) – angesichts des Umfangs der Daten als notwendig. Die Paraphrasierung ermöglichte es, das Material initial zu strukturieren und im weiteren Verlauf den Überblick zu behalten.

Die ausgewählten Passagen wurden jeweils ihrer chronologischen Struktur folgend analysiert, welche die sequenzielle Entwicklung der Argumentation reflektierte. Hierzu wurde jede Passage in verschiedene Sequenzen aufgeteilt und beginnend mit der ersten Sequenz der ersten Passage wurden Annahme über Orientierungen, Verhaltensweisen und Fertigkeiten der Schüler/innen schriftlich festgehalten, wodurch ein Spektrum möglicher Interpretationen eröffnet wurde.

Da das Forschungsinteresse der qualitativen Studie auf schulische Anforderungen gerichtet ist, wurden solche Passagen ausgewählt, in denen wünschenswerte, unerwünschte sowie reale Haltungen, Verhaltensweisen und Kompetenzen von Schüler/innen in den verschiedenen Sekundarschultracks verhandelt werden oder zum Ausdruck kommen.

Im Fortgang der Analyse wurden, durch die Hinzunahme weiterer Sequenzen und später auch Passagen, Aspekte identifiziert, die bestimmte Interpretationen stützen oder zu deren Verwerfung führten. Im Zuge dieser Rekonstruktionsprozesse wurden Gegenhorizonte[29] genutzt, um die Aspekte der Schulkultur sowie die Haltungen der Schüler/innen vertieft herauszuarbeiten und auf diese Weise einen Zugang zu den Orientierungen der Befragten zu erhalten. Dies ermöglichte es, die Interpretation weiter zu belegen, anzureichern und abzugrenzen, welche Habitusformationen als gültige Ausdrucksgestalt angesehen werden können (Kramer 2018, S. 258 ff.).

Diese Vorgehensweise wurde für alle ausgewählten Passagen eines Dokuments wiederholt. Die Interpretation, verstanden als kommunikativer Prozess, erfolgte soweit möglich im Rahmen der qualitativen Forschungswerkstatt der

---

29 Empirische Gegen- oder Vergleichshorizonte ergänzen die an den Standort des Forschers gebundene Interpretation. Die Gegenhorizonte ergeben sich aus den unterschiedlichen Orientierungsrahmen aller Befragten, indem verglichen wird, wie diese mit einem spezifischen Thema umgehen (Nohl 2012, S. 49).

Forschungseinheit Education, Culture, Cognition & Society (ECCS) der Universität Luxemburg. Zudem wurden Nachwuchstagungen genutzt, um die Interpretationen abzusichern.

Der dritte Analyseschritt bestand in der Identifizierung der Habitusformationen. Am Ende jeder gruppenspezifischen Analyse stehen somit die rekonstruierten Habitusformationen in Form des primären und sekundären Schülerhabitus (vgl. Kramer 2018, S. 263). Der sekundäre Schülerhabitus umfasst dabei lernbezogene Anforderungen an den idealen Schüler/die ideale Schülerin. Der primäre Schülerhabitus beinhaltet die habituellen Orientierungen im Hinblick auf ihre Kompatibilität zur Schule. Zudem wurde in diesem Schritt analysiert, welche Haltungen von den Schüler/innen einer Klasse kollektiv geteilt werden. Eine Übersicht über die rekonstruierten Habitusformationen der primären Schülerhabitus der untersuchten Schulklassen können im Anhang gefunden werden. Die Benennung und Charakterisierung der primären und sekundären Schülerhabitustypen ergab sich aus den Daten. Sie wurden so gewählt, dass sie das Typische eines jeden Typs abbilden.

Die in diesem Schritt zunächst getrennt für alle Gruppen durchgeführten Analysen stellten die Basis der weiteren Analysen dar. Nach Abschluss der Auswertung wurden die Analysen und Ergebnisse für jede Gruppe separat verschriftlicht (Kapitel II.3.3.1, Kapitel II.3.3.2, Kapitel II.3.4.1, Kapitel II.3.4.2). So resultiert hieraus Wissen darüber, welche schulischen Anforderungen eine Gruppe formuliert oder wahrnimmt und welche Anschlussmöglichkeiten sich für Schüler/innen konkret ergeben. Das gewählte kleinteilige Vorgehen, war aufgrund der Datenstruktur und der Komplexität des Erkenntnisinteresses, das auf das Zusammenspiel schulischer Anforderungen und individueller Dispositionen abzielte, unabdingbar. So lagen für Lehrpersonen und Schüler/innen der beiden analysierten Schulklassen separate Dokumente vor, die die Lehrpersonen- und Schüler/innenperspektive beinhalteten. Zudem konnte die angestrebte ganzheitliche Perspektive lediglich durch die schrittweise Erweiterung der Perspektive realisiert werden.

Fallinterne Perspektiventriangulation zur Identifikation von trackspezifischen Habitusformationen und Passungskonstellationen

Der fallinterne Vergleich (Kapitel III.3.3.3, Kapitel III.3.4.3), also die Perspektiventriangulation der Lehrpersonen und der Schüler/innen entsprechend der Auswertungsstrategie der sequenzanalytischen Habitusrekonstruktion (Kramer 2018) erfolgte separat für die Modulaire- und ES-Schulklasse. In diesem Zuge wurde an dieser Stelle auf Basis der zuvor für Lehrpersonen und Schüler/innen separat erstellten Schülerhabitustypen eine beide Perspektiven umfassende Typologie gebildet.

Die fallinterne Perspektiventriangulation erfolgte in vier Schritten. Zuerst wurde der sekundäre Schülerhabitus aus Perspektive der Lehrpersonen mit den Wahrnehmungen der Schüler/innen fallintern kontrastiert. Auf diese Weise konnte gezeigt werden, inwiefern die schulischen Anforderungen, welche die Lehrpersonen formulieren und in den Unterricht einbringen, von den Schüler/innen wahrgenommen werden bzw. inwiefern diesbezüglich Abweichungen existieren.

Ein zweiter Schritt des fallinternen Vergleichs bestand darin, die von den Lehrpersonen beschriebenen primären Schülerhabitus mit den aus den Haltungen der Schüler/innen rekonstruierten Schülerhabitus zu kontrastieren. Auf Basis dieses Vergleichs wurden schließlich für die jeweilige Klasse Schülerhabitustypen gebildet, die auf der Perspektive der Lehrpersonen und auf den Orientierungen der Schüler/innen basieren.

Hierauf aufbauend, wurden im dritten Schritt des fallinternen Vergleichs Passungskonstellationen identifiziert. Diese resultierten aus dem Vergleich des die schulischen Anforderungen beinhaltenden sekundären Schülerhabitus mit den primären Schülerhabitus. Auf diese Weise konnten passende und kritische Habitusformationen für die untersuchten Schultracks offengelegt werden. Das heißt, in den Passungskonstellationen drückt sich die Anschlussfähigkeit des primären Habitus an die Anforderungen und Normen der Schule aus.

Im vierten Schritt des fallinternen Vergleichs wurden Bindungsmöglichkeiten und Entfremdungspotenziale lernbezogener Anforderungen separat für Modulaire und ES identifiziert. Diese ergaben sich aus den, in den Analysen identifizierten Passungskonstellationen. So wurde bei Fällen gelingender und konflikthafter Passung betrachtet, welche Aspekte hierzu beitragen.

Fallübergreifender Vergleich zur Identifikation von trackspezifischen Bindungs- und Entfremdungspotenzialen

Ziel des fallübergreifenden Vergleichs (Kapitel III.3.5) war es Unterschiede und Gemeinsamkeiten der (trackspezifischen) Schulkulturen in der untersuchten Modulaire- und ES-Klasse zu identifizieren. Im Zuge dessen wurde herausgearbeitet, inwiefern in der untersuchten Einzelschule – der beide untersuchten Schultracks zugehörig sind – eine trackübergreifende Schulkultur existiert. Abschließend wurden die Bindungsmöglichkeiten und Entfremdungsrisiken einander gegenübergestellt. Hieran ist sodann erkennbar, inwiefern die, den spezifischen Schulkulturen inhärenten, schulischen Anforderungen zur unterschiedlichen Entwicklung von Entfremdung vom Lernen in den differenziellen Entwicklungsmilieus des Modulaire-Tracks und des ES-Tracks beitragen.

3.3 Qualitative Fallanalyse des niveauniedrigsten Modulaire-Tracks: Rekonstruktive Analyse und Ergebnisse

Dieses Kapitel widmet sich der qualitativen Fallanalyse für den niveauniedrigsten Modulaire-Track. Da es sich um die Triangulation der Perspektiven der Lehrpersonen und Schüler/innen handelt, sind hierzu mehrere, aufeinander aufbauende Analyseschritte nötig.

Zunächst werden die Analysen und Ergebnisse zum sekundären Schülerhabitus und Passungskonstellationen getrennt für Lehrpersonen (Analyse: III.3.3.1.1 – Ergebnisse: III.3.3.1.2) und Schüler/innen (Analyse: III. 3.3.2.1 – Ergebnisse III.3.3.2.2). vorgestellt. Die daran anschließende Triangulation des sekundären Schülerhabitus und der Anschlussmöglichkeiten aus Lehrpersonen- und Schüler/innen-Perspektive ermöglicht das Aufdecken von Bindung- und Entfremdungspotenzialen schulischer Anforderungen im Modulaire Track (III. 3.3.3.)

3.3.1 Die Perspektive der Modulaire-Lehrpersonen

3.3.1.1 Analyse schulischer Anforderungen: Sekundärer Schülerhabitus und Passungskonstellationen

Die Narrationen der Lehrpersonen gewähren Einblick in den sekundären Schülerhabitus, der die idealen Haltungen, Verhaltensweisen und Kompetenzen der Schüler/innen im niveauniedrigsten Modulaire-Track beinhaltet. Der sekundäre Schülerhabitus bildet dementsprechend die schulischen Anforderungen ab. Darüber hinaus kommt in den Narrationen der Modulaire-Lehrpersonen zum Ausdruck, wie sich die Schüler/innen ihrer siebten Klasse zum sekundären Schülerhabitus positionieren. In diesen Passungskonstellationen wird deutlich, inwiefern es den Schüler/innen möglich ist, an die schulischen Anforderungen anzuschließen.

Nachfolgend werden die aus Perspektive der Lehrpersonen rekonstruierten zentralen Themen dargestellt, in denen die schulischen Anforderungen dieser Schulkultur zum Ausdruck kommen. Anschließend werden diese Befunde pointiert zusammengefasst.

Keine Leistungsorientierung: „Der Leistungsgedanke, mit dem haben wir abgeschlossen"[30]

Für den Modulaire-Track als niveauniedrigstem Schultrack in der luxemburgischen Sekundarstufe zeigt sich eine nachgeordnete Bedeutung von akademischem Lernen und schulischer Leistungsorientierung.

---

30 Die Überschriften zu den qualitativen Analysen bilden die jeweilige schulische Anforderung und die Perspektive der Lehrpersonen/Schüler/innen oder Reaktionen der Schüler/

Die nachfolgende Sequenz illustriert, dass Leistungsorientierung nicht Teil der Schulkultur im Modulaire ist:

„Herr Bonnet: Wenn ich jetzt sagen würde, ok wir machen Trainingseinheiten, wir haben ein Leistungsziel //Frau Dias: (lacht)// und jeder muss über die Latte springen. Dann ist es einfach, verschiedene nie drüber und dann war es das. Und die anderen lassen wir so oft springen, bis wir hoffen, dass sie dann höher springen täten. Aber das machen wir ja nicht. Das heißt in dem Sinne ist das *nicht* unser Konzept glaube ich.
Frau Thomas: Ja das passt nicht hier
Herr Bonnet: Das passt nicht hier rein. Irgendwo nicht.
Frau Dias: Nein.
I: Ok, also sie meinen das passt nicht hier rein, weil dieser Leistungsgedanke ähm-
Herr Bonnet: Der ist nicht *da mehr*. Der Leistungsgedanke, mit dem haben wir *abgeschlossen*." (Herr Bonnet, Frau Thomas, Frau Dias und I: M-P14)

Die Metapher des Über-eine-Latte-Springens verdeutlicht, dass es nicht darum geht, dass alle Schüler/innen einheitliche, vorab definierte Leistungsziele erreichen. Die Latte steht symbolisch für das Erreichen von Mindeststandards bzw. Lernzielen, die für die leistungsschwachen Schüler/innen dieses Schultracks nicht erreichbar erscheinen. Leistungsorientierung läuft dem pädagogischen Konzept des Modulaires zuwider, indem sie nicht zu den Zielen und Bedingungen des Lehrens und Lernens auf diesem Schultrack passt.

Die Schüler/innen entstammen typischerweise komplexen Problemkonstellationen, was sich in störendem Verhalten, Unselbstständigkeit, gering ausgeprägten akademischen Fähigkeiten und in Konflikten im Elternhaus niederschlägt. Vor diesem Hintergrund passen die Lehrpersonen ihre Praktiken und Anforderungen an die Kompetenzen der Schüler an, stehen leistungsorientierten Lehrpraktiken skeptisch gegenüber und streben danach auch die besonders leistungsschwachen Schüler/innen zu integrieren. Unter diesen Bedingungen haben die Lehrpersonen mit dem Leistungsgedanken abgeschlossen, da dieser sich als nicht umsetzbar erwiesen hat. Somit ist der Leistungsgedanke auf dem Modulaire von Seiten der Lehrpersonen nicht (mehr) existent, worin sich zugleich deren Resignation und Akzeptanz ausdrückt.

Stattdessen wird ein pädagogisches Konzept verfolgt, das Leistungsdruck vermeidet, wodurch die Lehrpersonen das Modulaire explizit von den anderen

---

innen darauf ab. Dabei ist es durchaus intendiert, dass die Zitate nichtzwangsläufig die schulische Anforderung widerspiegeln. Vielmehr können sie auch im Kontrast hierzu stehen und geben somit erste Ausblicke auf unterschiedliche Passungskonstellationen.

Schultracks abgrenzen. So steht die Wissensvermittlung nicht im Fokus. Stattdessen werden die Schüler/innen in ihrer Individualität mit ihren spezifischen Problemkonstellationen angenommen. Der Fokus liegt auf den Fähigkeiten, den Alltag zu bewältigen und regelmäßig am Unterricht teilzunehmen. Anstelle von Leistungsorientierung und daraus resultierendem Leistungsdruck, zeigt sich ein hoher Konformitätsdruck in Bezug auf das Sozialverhalten. Ausgangspunkt der pädagogischen Arbeit ist das jeweils vorhandene Potenzial des einzelnen Schülers/der einzelnen Schülerin.

Orientierung im Schulalltag und Selbstständigkeit: „Er kommt einfach zu spät."

Von den Schüler/innen wird erwartet, dass sie fähig und willig sind, ihren Schulalltag eigenständig zu bewältigen. Dies beinhaltet sowohl Zeitmanagement als auch die Orientierung im Schulgebäude. Die Schüler/innen müssen sich eigenständig im Schulalltag orientieren und die richtigen Räumlichkeiten auf dem komplexen Schulgelände und andere Lernorte pünktlich und zur richtigen Zeit aufsuchen. Das Selbstständigwerden in der Sekundarstufe umfasst dementsprechend eigenständig den Weg zur Schule oder zum Schwimmbad finden sowie Zeitmanagement. Zudem obliegen ihnen organisatorische Tätigkeiten, wie das Vorlegen von Unterlagen oder das Einholen von Informationen im Sekretariat. All dies setzt Orientierung auf dem Schulgelände, in den Schulgebäuden sowie Wissen über die organisatorische Struktur der Schule voraus.

Die Fähigkeit, sich zu orientieren und zu strukturieren, wird als Entwicklungsprozess verstanden, sodass die Schüler/innen über diese Kompetenzen zu Beginn der siebten Klasse nicht in vollem Umfang verfügen und sie mit diesen Anforderungen teilweise überfordert sind. Vielmehr entwickeln und erweitern sich diese im Zeitverlauf durch die Konfrontation mit den Anforderungen an eigenständige Strukturierung und Organisation.

Mangelhafte Selbstorganisation, wie sie sich im Zuspätkommen ausdrückt, ist nicht unbedingt auf einen Mangel der Fähigkeit sich zu organisieren zurückzuführen, sondern kann auch aus der fehlenden Bereitschaft resultieren, das erwünschte Verhalten zu zeigen:

> „Herr Bonnet: Außer außer der Lyon, der jeden Tag zu spät kommt einfach weil er nur zu spät kommt. Ist das aber jetzt nicht das, da ist keiner der offensichtlich dann Probleme hat.
> Frau Dias: Er kommt einfach zu spät.
> Herr Bonnet: Er kommt zu spät, aber es keiner der jetzt nicht klar kommt.
> Frau Dias: Nicht weiß warum oder muss ich hinko-
> Herr Bonnet: Mit Bus und ja oder wo er hin muss. Ja." (Frau Dias, Herr Bonnet: M-P4)

Am Beispiel Lyon wird deutlich, dass ihm von Seiten der Lehrpersonen durchaus die Fähigkeit zugeschrieben wird, sich orientieren und organisieren zu können, er diese jedoch nicht nutzt, was sie als Unwille interpretieren. Generell gibt es zwei Gründe, weshalb die Erwartung, sich zu organisieren und pünktlich in den richtigen Räumen zu erscheinen, nicht erfüllt wird: Den Schüler/innen mangelt es an Fähigkeiten bzw. sie haben noch nicht gelernt sich zu organisieren oder ihnen fehlt der Wille dazu.

Ein weiterer Aspekt des Zurechtfindens im Schulalltag besteht in der Fähigkeit, mit wechselnden Lehrpersonen und der fachabhängigen Zusammenstellung der Lerngruppe zurechtzukommen. Dies erfordert ein flexibles Einstellen auf fluide Lernsettings und ihre Akteure.

Zudem zeigt sich, dass angesichts des frühzeitig stattfindenden Übergangs in den Beruf hohe Anforderungen an Selbstständigkeit und Berufsorientierung an die Schüler/innen im Modulaire gestellt werden:

> „Frau Dias: Wenn jemand mit 15 mich gefragt hat du musst jetzt das und das dann hm *ja äh keine Ahnung.* // Herr Bonnet: ja// Wir verlangen eigentlich *viel* von ihnen. //Herr Bonnet: ja machen wir auch, ja//.
> Frau Thomas: Sind eigentlich die *Schwächsten* und müssen // Herr Bonnet: am frühsten raus// die *Schule am frühsten* verlassen //Herr Bonnet: ja, die müssen am frühsten raus// Und am frühsten *selbstständig* sein. Und *genau* wissen was sie wollen." (Frau Dias, Frau Thomas und Herr Bonnet: M-P8)

Die Lehrpersonen sehen diesen Umstand kritisch, da die Schüler/innen des Modulaire-Tracks besonders schwach sind und von ihnen zugleich in vergleichsweise jungem Alter die Reife erwartet wird, eine Berufswahl zu treffen und realistische Vorstellungen von der eigenen Zukunft zu haben. Während die Schüler/innen des ES-Tracks wesentlich längere Jugend- und Schulzeit erleben, müssen die Schüler/innen des Modulaires früher erwachsen werden und sich mit der Arbeitswelt auseinandersetzen. In diesem Kontext wird die Schule als geschützter Raum gesehen, in welchem die Schüler/innen Kind und Jugendliche sein dürfen ohne weitreichende Entscheidungen zu treffen. Dabei wird deutlich, dass die Schüler/innen die hierfür notwendige Reife nicht zwangsläufig besitzen und eigentlich aufgrund dessen mehr Zeit benötigen würden.

Präsenz und Partizipation: „Er muss einfach hier sein"

Die minimale Anforderung an die Partizipation besteht in der physischen Präsenz, die es den Lehrpersonen im Modulaire ermöglicht mit den Schüler/innen zu arbeiten:

Herr Bonnet: „sich selbst." Frau Dias: „ja genau Motivation.". „Herr Bonnet: Ja er muss einfach *hier* sein. //Frau Dias: Präsent// Er muss einfach hier sein. //Frau Dias: Präsent/. Für den *Rest* kommen wir schon klar." (Herr Bonnet, Frau Dias: M-P7)

Auch wenn es als ideal angesehen wird, dass die Schüler/innen geistig präsent sind und sie motiviert am Unterrichtsgeschehen teilnehmen, ist es primär wichtig, dass sie physisch in der Schule anwesend sind. Ist dies gegeben, profitieren sie in jedem Fall vom Unterricht, wenn keine massiven Behinderungen vorliegen. Folglich „schnappen" sie durch ihre bloße Anwesenheit etwas auf. Dies gilt als hinreichend, um eine durchschnittliche Bildungskarriere erfolgreich zu absolvieren und die Neuviéme Practique abzuschließen.

Hingegen gefährdet die physische Abwesenheit vom Unterricht das erfolgreiche Absolvieren des Modulaires. Sind Schüler/innen nicht anwesend, kann die Schule bzw. die Lehrperson nicht auf sie einwirken und sie unterstützen. Darüber hinaus bewegen sich die abwesenden Schüler/innen oftmals in gefährlichen Milieus, die von Gewalt, Missbrauch und Delinquenz geprägt sind. Demgegenüber konturiert sich die Schule als Schutzraum.

Zugleich sind auf dem Modulaire-Track auch lernwillige Schüler/innen zu finden, die die minimalen Präsenzanforderungen übertreffen:

„Frau Dias: Und das ist dann wieder das Problem gegenüber von anderen Schülern, die auch mittlerweile sagen auch die anderen Schüler auch sehr oft schon so, man er nervt, soll er nicht rausgehen? //Herr Bonnet: hmh// Das die dann in irgendeiner Form nicht mehr zuhören können, nicht mehr sich konzentrieren können. Und da sind einige Schüler auch dabei, die wollen sich konzentrieren. Wollen mitarbeiten. // Herr Bonnet: Ja//" (Frau Dias und Herr Bonnet: M-P15)

Als ideal konturieren sich Schüler/innen, die dem Unterricht folgen, sich für die Unterrichtsinhalte interessieren, zuhören und sich konzentrieren wollen. Damit diese grundsätzliche Partizipationsbereitschaft in schulische Lernprozesse münden kann, ist angemessenes Verhalten der Mitschüler/innen sowie eine ruhige Lernumgebung erforderlich. Ist dies nicht der Fall, grenzen sich die lernwilligen Schüler/innen von den störenden Mitschüler/innen ab und fordern die Wiederherstellung einer ruhigen Lernumgebung, was ihre Lernorientierung unterstreicht.

Umgang mit Erfolg: „positive Aufmerksamkeit erstmal annehmen"

Der sekundäre Schülerhabitus beinhaltet die Erwartung mit Erfolg umgehen zu können und Lob annehmen zu können. Dies erweist sich aus Sicht der

Lehrpersonen für viele Schüler/innen schwierig, da sie es nicht gewohnt sind, positives Feedback zu erhalten und Wertschätzung für ihre Arbeiten zu erfahren:

> „Frau Dias: Aber das ist genau das Ding, wo sie so ein *Erfolgserlebnis* haben, damit muss ich erstmal umgehen können, dass ich gesagt bekomme wow du hast das anständiges da her." (Frau Dias. M-P8)

Angesichts der generalisierten Erfahrung von Tadel, Kritik und Ablehnung in der Primarschule, müssen viele Schüler/innen erst lernen Lob anzunehmen. Im Gegenhorizont zum idealen Schülerhabitus zeigen sich somit niedriger Selbstwert und geringe Selbstwirksamkeit, Dieses Unvermögen ist tief internalisiert und kann erheblich abweichendes Verhalten nach sich ziehen, indem Schüler/innen beginnen nach negativer Aufmerksamkeit zu streben:

> „Herr Bonnet: Ähm weil er nie gelernt hat einfach nur-er würde viel mehr mehr Feedback bekommen, wenn er einfach nur mal mitmachen täten. //Frau Dias: Ja// Jetzt statt anstelle nur zwei Minuten vielleicht mal fünf Minuten oder so. Dann wäre jeder von uns sofort begeistert. Frau Dias: Und diese *positive* Aufmerksamkeit erstmal annehmen.
> Herr Bonnet: Ja, die mag er gar nicht. Die mag er eigentlich nicht.
> Frau Dias: Ne neee (lacht).
> Herr Bonnet: Die mag er nicht, die kennt er nicht.
> Frau Dias: Nein.
> Herr Bonnet: Er kennt nur die Andere. Es nur lustig, wenn es bumm. Dann ist es lustig, dann ist es gut, dann ist er in seinem Element ne. Dann geht es vorwärts. Das andere das ist hmmm.
> Frau Dias: Ne aber, wenn ich sage, wow das hast du jetzt super gemacht //Herr Bonnet: geht gar nicht//. Das dauert dann so *10 Sekunden*, da *strahlt* er *über* das *ganze* Gesicht. //Herr Bonnet: ja ja// Wie beim Fußball draußen.
> Herr Bonnet: Ja und dann denkt er scheiße, dass andere ist viel witziger.
> Frau Dias: Ja (lacht).
> Herr Bonnet: Und dann auaa
> Frau Dias: Und dann geht es los. Dann strahlt er und dann sagt er manchmal zu mir, Siehst du Madame Dias wie ih dat kann //Herr Bonnet: ja// Und dann sage ich, ja das hast du super gemacht. Und dann pff // Herr Bonnet: geht es gar nicht mehr// Geht es gar nicht mehr." (Herr Bonnet und Frau Dias: M-P15)

Aus Perspektive der Lehrpersonen streben Schüler/innen idealerweise nach der positiven Anerkennung der Lehrpersonen und nehmen diese als Motivation zu arbeiten. Zudem sollen die Schüler/innen ihre Impulse kontrollieren können und sich und ihre Bedürfnisse zurücknehmen können.

Streben nach Aufmerksamkeit: „Jetzt war er wieder still und dann äh bekommt der eine einen Ellenbogen oder er fängt an zu rülpsen oder schmeißt mit der Flasche durch die Klasse."

Die Suche nach Aufmerksamkeit durch provokantes und störendes Verhalten erweist sich aus Lehrpersonensicht als Problem im Klassenzimmer. Am Beispiel Lyon konturiert sich ein fundamentales Anerkennungsdefizit, das auf einem Mangel an positiven Erfahrungen basiert und sich auf Lehrpersonen und Mitschüler/innen bezieht und in störendem Verhalten im Klassenzimmer ausdrückt:

„Herr Bonnet: Also er hat irgendein- *irgendetwas* bei ihm drinnen, ja. Er möchte dann Aufmerksamkeit, zu irgendeinem Moment reicht es nicht mehr nur positiv mitzumachen. Weil er macht oft positiv mit oder sogar ganz positiv (lacht) // Frau Dias: ja und er kann // [...] Dann irgendwann geht es nicht mehr, jetzt jetzt muss was geschehen. Jetzt war er wieder still und dann äh bekommt der eine einen Ellenbogen oder er fängt an zu rülpsen oder schmeißt mit der Flasche äh durch die Klasse. Und dann muss jemand sich für ihn- und dann er *sucht* auch dieses ähm // Frau Dias: Reibung// Die Reibung dann. Ne." (Frau Dias, Frau Thomas, Herr Bonnet: M-P15)

Auch wenn Lyon zeitweise angepasstes Verhalten zeigt, genügt ihm dies nicht und es schlägt, für die Lehrpersonen unvorhersehbar, in unterrichtsstörendes Verhalten um. Letzteres beinhaltet das Attackieren von Mitschüler/innen und unangemessene Verhaltensweisen im Klassenzimmer, wie Rülpsen und Herumwerfen von Gegenständen. Insgesamt konturiert sich im Gegenhorizont der Beschreibung von Lyons Suche nach negativer Aufmerksamkeit ein idealer Schülerhabitus geprägt von der Kompetenz sich zurückzunehmen, an Regeln zu halten und nach positiver Aufmerksamkeit zu streben.

Da Lyons Verhalten zudem verbale Ausfälle gegenüber den Lehrpersonen beinhaltet, wird deutlich, dass die Schüler/innen sich auf Gesprächsangebote und Anweisungen der Lehrpersonen einlassen und ihnen respektvoll begegnen sollen. Der ideale Schülerhabitus konturiert sich somit als den Verhaltenskonventionen im Klassenzimmer angepasst.

Offenheit und Selbstvertrauen: „Als hätten sie Angst davor zu bestehen"

Überdies kristallisierten sich aus Sicht der Lehrpersonen Offenheit gegenüber Neuem sowie Selbstbewusstsein als ideale Haltungen für Schulzeit und Leben der Modulaire-Schüler/innen heraus:

„Frau Dias: „Das Leben kennzeichnet sich durch Offenheit. Wenn ich nicht offen für irgendwas bin kann ich nichts erfahren. Das ist in der *Grundschule* äh und *Precoce* // Herr Bonnet: hmh// Im *Berufsleben*. Im. *Offenheit*, ich muss für *neue Situationen*, für *Menschen* für alles Mögliche muss ich offen sein. Ich muss mich können, ich muss mich einstellen können auf Sachen, die auf mich da zukommen in dem Sinne. Und Selbstbewusstsein, das vermitteln- *versuchen* wir ihnen zu vermitteln, so gut wie es geht." (Frau Dias; Herr Bonnet: M-P8)

Offenheit gilt als Haltung, die neue Erfahrungen ermöglicht und in allen Lebensstationen vom Kindergarten bis zum Berufsleben bedeutsam ist. Offenheit wird als Erfolgsbedingung konstruiert, die es ermöglicht adäquat auf neue Situationen und Menschen zu reagieren. Von den Schüler/innen wird somit Flexibilität erwartet, sich auf Neues einzustellen und einzulassen.

Zudem erweisen sich Selbstbewusstsein und Selbstvertrauen als wünschenswert, sind jedoch bei den Schüler/innen oftmals gering ausgeprägt. Dies zeigt sich darin, dass ältere Schüler/innen nicht an, für sie arrangierten, Bewerbungsgesprächen teilnehmen. Dies interpretieren die Lehrpersonen nicht als Desinteresse oder Unwillen, sondern sie führen es auf fehlendes Selbstwertgefühl sowie mangelnde Offenheit und Motivation zurück. Da den Schüler/innen trotz vorhandener Fähigkeiten der Mut fehlt, sich potenziellen Arbeitgeber/innen zu präsentieren, schöpfen sie ihr Potenzial nicht aus. Dies führen die Lehrpersonen auf ein geringes Selbstbewusstsein zurück, das frühzeitige Resignation sowie Selbstabwertung und Selbstsabotage nach sich zieht.

„Herr Bonnet: Der der der ähm *wir* klären das teilweise sogar mit den Firmen oder so- die brauchen wirklich nur aufzutauchen mit diesem Zettel in der Hand. Und innerhalb eines Tages oder so. //Frau Dias: Bringen sie schon nicht// Aber *das* geht dann nicht. Und das ist irgendwie dann schade, weil wir Leute dann hier aufgebaut haben oder so und die haben dann durchaus- die könnten das. //Frau Dias: hmh// Aber *irgendwo* ist dann da der Wurm drin. Und das erlebe ich *immer wieder*, dass da dann so eine, dass die nicht auftauchen, die kommen dann einfach nicht. Als hätten sie *Angst* davor ähm zu *bestehen*." (Herr Bonnet und Frau Dias. M-P8)

Die alltagspraktische Erwartung, Termine einzuhalten, erfordert nicht nur die Fähigkeit, sich zu organisieren, sondern auch Selbstvertrauen. Die Minimalanforderung, Termine wahrzunehmen, erweist sich nicht als selbstverständlich, da viele Schüler/innen hiermit Probleme haben. Dieser Gegenhorizont zeigt, dass der ideale Schülerhabitus Selbstvertrauen, Offenheit und Motivation und damit einhergehend Selbstwirksamkeit beinhaltet, die es ermöglichen Aufgaben zu bewältigen.

Sozialverhalten: „Oder irgendwann eine Schere nehmen und ihn picken"

Zwischenmenschliche Konflikte und persönliche Antipathien unter den Schüler/innen sowie zwischen Lehrperson und Schüler/innen gelten aus Lehrpersonensicht als konstitutiver Teil des Schulalltags. Anstelle von Konfliktfreiheit werden von den Schüler/innen Sozialkompetenzen erwartet, um mit diesen Konflikten umzugehen.

Das ideale soziale Miteinander ist geprägt von zwischenmenschlicher Unterstützung, Wertschätzung und Empathie gegenüber den Bedürfnissen und Interessen der Mitschüler/innen. Im Gegenhorizont hierzu konturieren sich unerwünschte, problematische Verhaltensweisen, wie Auslachen, Abwerten oder gar Mobbing von Mitschüler/innen. Auch das Sozialverhalten wird von den Lehrkräften nicht als abschließend herausgebildet, sondern als sich in Entwicklung befindend betrachtet. Angesichts dessen fungiert die Schule als Ort, wo die Schüler/innen Zusammenhalt, Respekt sowie Praktiken der Kommunikation und Konfliktlösung erlernen und einüben.

Das ideale Sozialverhalten der Schüler/innen ist dadurch geprägt, dass sie ihre Impulse kontrollieren können, ihre Kraft einschätzen und dosieren können sowie die Folgen ihrer Handlungen abschätzen können. In welcher Weise ein Mangel dieser Kompetenzen in der Interaktion im Klassenzimmer als problematisch und unerwünscht angesehen wird, zeigt das folgende Beispiel des Schülers Lyon:

> „Frau Dias: „Und wie du sagst, was *er sehr gerne macht* ist halt dieses dieses jemanden mit dem Stift picken oder sowas ne //Herr Bonnet: hmh//. Das ist dieses ich muss etwas machen, ich muss mich irgendwie // Herr Bonnet: Ja jetzt muss etwas geschehen// jetzt muss was geschehen // Herr Bonnet: es ist nicht normal, dass es hier so ruhig ist//. Aber das Ding ist einfach, jemand einen einfach mal so picken (pickt Frau Thomas leicht mit dem Stift an den Arm) oder irgendwann eine Schere nehmen und ihn picken //Herr Bonnet: ja//, das befürchten wir dann auch, das kommt alles." (Frau Dias und Herr Bonnet: M-P15)

Das Verhalten Lyons konturiert sich als Gegenhorizont zum Verhalten des idealen Schülers/der idealen Schülerin und ist geprägt von körperlichen Attacken gegenüber Mitschüler/innen, die aufgrund mangelnder Selbstregulation und Selbsteinschätzung schwerer ausfallen als beabsichtigt. Aufgrund seiner körperlichen Überlegenheit, Impulsivität und der Tendenz sein Verhalten immer weiter zu steigern, befürchten die Lehrpersonen, dass aus seinen Attacken –wenn auch nicht intendiert – schwerwiegende Verletzungen resultieren können.

Grenzen des tragbaren Verhaltens: „Und das was wir glaube ich auch ein bisschen befürchten, dass er irgendwann aggressiv gegenüber sich selbst und aggressiv gegenüber einem Schüler wird."

Wie bereits angedeutet, ist störendes Verhalten für die Lehrpersonen ein normaler Teil des Schulalltags, sodass kein absolut regelkonformes Verhalten erwartet wird. Eine Grenze des Akzeptablen ist erreicht, wenn die Störungen so massiv ausfallen, sodass Unterrichten nicht mehr möglich ist. Ist dies der Fall, ist eine Verhaltensänderung unabdingbar, da die Lehrpersonen nun keine Zugeständnisse mehr machen können:

> „Herr Bonnet: Ab einem Punkt ne ist die Aufmerksamkeitssuche ist so eine Sache, aber irgendwann kommt es dann zu Konflikten und dann muss man zu ihm sagen und jetzt musst du irgendwie uns entgegen kommen jetzt in deinem Verhalten. Ne. Da musst du irgendwie, entweder musst du leiser treten oder irgendwo positiv mitmachen, damit wir das als erträglich noch irgendwie verkaufen können und mit den anderen zusammen weiterarbeiten können. Ne." (Herr Bonnet: M-P15)

Eine Verhaltensänderung hin zu ruhigerem Verhalten und Partizipation im Unterricht ermöglichen es den Lehrpersonen weiterhin nachsichtig zu sein und betroffene Schüler/innen im Klassensetting zu belassen. Inwiefern letzteres möglich ist, bemisst sich daran, ob die Sicherheit und körperliche Unversehrtheit aller gefährdet ist.

Im Fall Lyon beobachten die Lehrer/innen eine Tendenz zur Steigerung seiner Attacken. Mittlerweile schätzen sie ihn als Gefahr für seine Mitschüler/innen ein und befürchten ein hohes Verletzungsrisiko:

> „Frau Dias: Das Problem ist tatsächlich, dass er, er setzt ja immer einen drauf es *genügt* ihm ja *nicht das nur manchmal* zu machen. Wenn es das wäre, könnte man irgendwie damit umgehen //Herr Bonnet: ja, kriegen wir hin//. Aber es muss ja *immer wieder was drauf* kommen. Und irgendwann artet es dann aus, dass er mit dem Ellenbogen halt nicht mehr in die Rippen, sondern in die Nase kommt." (Frau Dias und Herr Bonnet: M-P15)
>
> „Frau Dias: Er ist ja nicht nur negativ gegenüber Erwachsenen, sondern auch gegen seine Mitschüler. //Herr Bonnet: ja// Und das was wir glaube ich auch ein bisschen befürchten, dass er irgendwann aggressiv gegenüber sich selbst //Herr Bonnet: ja// und aggressiv gegenüber einem Schüler wird." (Frau Dias und Herr Bonnet: M-P15)

Diese Sequenzen illustrieren, dass aggressives und autoaggressives Verhalten eine Grenze des Tragbaren markiert, wenn Schüler/innen als Gefahr im

Klassenzimmer wahrgenommen werden. Hingegen scheinen gelegentliche, leichte Attacken aus Lehrpersonensicht nicht als problematisch eingestuft zu werden.

Im Fall Lyon wird deutlich, dass seine Aggression, seine mangelnden Sozialkompetenzen sowie sein starkes Streben nach negativer Aufmerksamkeit für die Lehrer/innen eine Grenze des Beherrschbaren markiert und sie zunehmend davon überzeugt sind, dass die Schule nicht die Unterstützung und Behandlung leisten kann, die er benötigt.

Kooperation mit der Lehrperson: „Er gibt auch uns keine Chance."

Idealerweise ist das Verhältnis zwischen Lehrpersonen und Schüler/innen von Vertrautheit geprägt, wobei es als ideal gilt, wenn die Schüler/innen mitteilungsbereit sind, sich öffnen, persönliche Probleme besprechen und sich generell kooperationsbereit zeigen. Auf diese Weise fungiert die Lehrperson als signifikante/r Andere/r.

Zugleich wird jedoch deutlich, dass es nicht allen Schüler/innen gelingt, eigeninitiativ ihre Probleme anzusprechen und um Hilfe zu bitten, worin sich unterschiedliche Charaktere und Umgangsweisen mit Problemen andeuten. Dies wird von den Lehrpersonen auch nicht erwartet, sodass sie aktiv versuchen das Vertrauen ihrer Schüler/innen zu gewinnen. Als ideal gilt weiterhin die Fähigkeit, die eigenen Emotionen und Befindlichkeiten wahrzunehmen und zu artikulieren. Dies ist verknüpft mit der Erwartung von Ernsthaftigkeit gegenüber den Fragen der Lehrperson.

Zudem beinhalten die Anforderungen an den sekundären Schülerhabitus die Akzeptanz von Regeln und Grenzen, die durch die Lehrperson aufgestellt werden. Dies umfasst auch die Bereitschaft der Schüler/innen an sich selbst und ihrem Verhalten zu arbeiten, sich auf Ratschläge der Lehrpersonen einzulassen aber auch sich ihrer Autorität unterzuordnen und ihre Anweisungen zu befolgen.

Am Fall Lyon wird im Gegenhorizont zum sekundären Schülerhabitus deutlich, dass dieser Hilfe ablehnt bzw. nicht bereit ist sich auf diese einzulassen:

> „Herr Bonnet: Und da macht er dann dicht. Und da sagt er nein, ich bin so wie ich bin. Und ähm //Frau Dias: ja// Ich lasse dich jetzt nicht ran hier. Und das widersetzt sich und dann steht er im Abseits. Und wenn er das, wenn er die Linie durchzieht, ja, dann geht es immer weiter, dann geht es den Abgrund runter." (Herr Bonnet und Frau Dias: M-P15)

Vielmehr blockt der Schüler jegliche Unterstützungsangebote und ist weder bereit an sich selbst zu arbeiten noch sich durch Dritte verändern zu lassen. Dies kann auch als pubertäres oder rebellisches Verhalten und Abgrenzung von den

Erwachsenen, die glauben zu wissen, was gut für ihn ist, gedeutet werden. Im Dichtmachen konturiert sich eine Distanzierung von den schulischen Akteuren, die ihm Brücken anbieten. Letztlich ist Hilfe nur möglich, wenn die Schüler/innen selbst sie wollen, einsichtig sind und mitarbeiten. Ist dies nicht der Fall prognostizieren die Lehrpersonen eine negative Entwicklung.

Offenheit für geschlechtsuntypische Aufgaben und Rollen: „Und die Jungs spielen Fußball und die Mädchen kochen."

Darüber hinaus sind moderne Geschlechterrollenbilder Teil des sekundären Schülerhabitus. Demnach wird von den Schüler/innen eine Offenheit für geschlechtsuntypische oder geschlechtsneutrale Geschlechterrollen erwartet. Dies ist im Schulalltag jedoch nicht der Fall, da die Schüler/innen traditionelle Geschlechterrollenbilder verinnerlicht haben:

> „Und das ist etwas, was die Mädchen teilweise gar nicht wissen. Dass sie gleichwertig sind. Das ist zum Beispiel ein großes Problem, ne. Ähm wie die Jungs dann auch nicht wissen, dass sie die Mädchen nicht zu kommandieren haben oder anzufassen haben." (Herr Bonnet: M-P17)

Während sich die Mädchen unterordnen und über ein geringes Selbstbewusstsein verfügen, nehmen sich die Jungen als überlegen wahr. Letzteres zeigt sich in ihrem Umgang mit den Mädchen, der geprägt ist von Handlungen, wie dem Herumkommandieren und Anfassen. Dieses wird aus Sicht der Lehrpersonen als Grenzüberschreitungen dargestellt und als Ausdruck hegemonialer Männlichkeit gedeutet. Die Jungen dominieren selbstverständlich die Mädchen, was beide Geschlechter qua Sozialisation und Verinnerlichung der Geschlechterrollenbilder nicht hinterfragen. Da die Lehrpersonen sich Gleichberechtigung wünschen, deuten sich Diskrepanzen zwischen den Werten und Regeln in Elternhaus und Schule an. Dies gilt für Schüler/innengruppen mit spezifischen Migrationshintergründen, die mit einem niedrigen sozioökonomischen Status verknüpft sind.

Im Gegenhorizont zeigt sich die aus Lehrpersonensicht ideale Haltung, wonach die Schüler/innen die Gleichwertigkeit der Geschlechter verinnerlicht haben und im Alltag leben. Im Schulalltag zeigt und reproduziert sich die Internalisierung traditioneller Geschlechterrollenbilder, indem die Schüler/innen geschlechtstypische Aktivitäten präferieren. Dies wird am Beispiel einer Unterrichtssituation verdeutlicht. Werden die Schüler/innen aufgefordert etwas zu zeigen, das sie gut können, präsentieren die Jungen typische Freizeittätigkeiten, wohingegen die von den Mädchen präsentierten Tätigkeiten und Produkte aus den Bereichen Kochen und Hausarbeit stammen:

> „Frau Dias: Und da habe ich so, das war richtig wie du sagst so dieser Zwiespalt. // Herr Bonnet: ja//. Ich hätte gerne etwas Anderes gesehen, natürlich war es lecker was sie mitgebracht haben. Wir hatten Kuchen, Madelen hat Kuchen mitgebracht und Lia hat Thunfischcreme. //Herr Bonnet: Du hättest vielleicht auch gerne gesehen, wenn die andere gesagt hat ich mache Fotos mit dem alten Apparat von meinem Großvater // Zum Beispiel. Ja oder //Herr Bonnet: Oder die andere ist bei der Feuerwehr. Wäre auch gegangen. Wäre auch gut gewesen. // Oder ich hätte mir vielleicht auch gewünscht, dass die Jungs mal sagen, ich bringe einen Kuchen mit. // Herr Bonnet: ja// Und das ist dann so dieses absolute //Herr Bonnet: Klischeehafte// *Rollenklischee*. Und die Jungs spielen Fußball und die Mädchen kochen. Ne und das //Herr Bonnet: und das wird Zuhause vorgelebt und unterstützt// genau." (Frau Dias und Herr Bonnet: M-P17)

Auch wenn die Lehrpersonen die Ergebnisse der Schüler/innen anerkennen, kritisieren sie, dass die Schüler/innen jeweils geschlechtsspezifische Tätigkeiten gewählt haben. Hingegen wünschen sie sich mehr Diversität und Offenheit für geschlechtsuntypische Aktivitäten. Idealerweise interessieren sich Schüler/innen somit auch für geschlechtsuntypische oder geschlechtsneutrale Aktivitäten. Dies beinhaltet den Mut, Neues auszuprobieren und bestehende Klischees zu überwinden und eigenen Interessen zu folgen. Als wünschenswert erweist sich die Reflexion traditioneller Geschlechterrollen, was als Teil des schulischen Bildungsauftrags im Modulaire verstanden wird.

Körperliche und mentale Reife: „Mit 13 macht man keine Klingelstreiche mehr. Dann ist man hinter den Mädchen her."

Zudem konturiert sich in den Narrationen der Lehrpersonen die Erwartung einer altersgemäßen Entwicklung bzw. Reife sowohl in körperlicher als auch mentaler Hinsicht. Dies beinhaltet klare Vorstellungen davon, welche Verhaltensweisen in einem bestimmten Alter angemessen sind. Beispielsweise beschreiben die Lehrpersonen den Schüler Jacob als noch sehr kindlich und nehmen sein Verhalten als altersunangemessen wahr:

> „Frau Dias: Das ist zum Beispiel, er macht noch Klingelstreiche. // Herr Bonnet: jaaa// Wo ich dann so gesagt habe hallo? Ne einfach so um den einfach mal in einen Rahmen zu setzen. Der macht Klingelstreiche. Mit 13 macht man keine Klingelstreiche mehr. Dann ist man *hinter den Mädchen her* sage ich jetzt mal. Das ist bei ihm noch nicht der Fall. Das heißt wie du sagst, wenn der jetzt im Sommer vielleicht einen Sprung macht, dann ist der nächstes Jahr ist das etwas ganz Anderes." (Herr Bonnet, Frau Dias: M-P16)

Auch wenn Jacobs aktuelles Verhalten als altersuntypisch bewertet wird, besteht zugleich die Erwartung, dass sich dies im Zuge seiner individuellen Entwicklung an die Norm angleichen wird. An die Schüler/innen wird somit auch die Erwartung gestellt, dass sie erwachsen werden und von kindlichen Aktivitäten Abstand nehmen. Dabei wird die Rolle der Pubertät für die Herausbildung des altersgemäßen sekundären Schülerhabitus deutlich.

Sprachkompetenz: „Ihr größtes Problem im schulischen Sinne, die Sprache"

Da das luxemburgische Bildungssystem multilingual ausgestaltet ist, erwarten die Lehrpersonen von den Schüler/innen, dass sie sich in den unterschiedlichen Sprachräumen zurechtfinden und jeweils angemessene Sprachen verwenden. Dies beinhaltet die Kompetenz zwischen den Sprachen zu wechseln und zu wissen mit wem in welcher Sprache kommuniziert werden kann. Dabei ist es in der Praxis auch akzeptiert Sprachen zu mischen, da das Verstandenwerden im Fokus steht.

Nichtsdestotrotz zeigen sich im Schulalltag für bestimmte Schüler/innen – abhängig von ihrer Muttersprache – sprachliche Barrieren:

> „Herr Bonnet: Das ist ja ihr größtes Problem. hm im schulischen Sinne, die Sprache. Weil jeder Zuhause eine andere Sprache spricht, als wir hier mit ihnen. //Frau Dias: die meisten ja//. Das heißt die meisten die ja dasitzen, die sprechen Zuhause Portugiesisch, eine capverdianische //Frau Dias: Kreolisch// kreolische Form von Portugiesisch. Ja. Das ist dann schon nicht einfach irgendwo. Als Barriere so." (Herr Bonnet und Frau Dias: M-P6)

Einerseits erscheint es ideal, wenn eine der Unterrichtssprachen die Muttersprache der Schüler/innen ist. Für Schüler/innen mit portugiesischem Sprachhintergrund zeichnen sich sprachlich parallele Welten ab, da sich die Sprache im sozialen Umfeld von den in der Schule verwendeten Sprachen unterscheidet.

Aber auch Schüler/innen mit frankofonem Sprachhintergrund haben Schwierigkeiten mit dem Deutschen und Schüler/innen mit germanofonem Hintergrund eher Schwierigkeiten mit dem Französischen. Folglich fällt den Schüler/innen abhängig von ihrem muttersprachlichen Hintergrund das Erlernen der Unterrichtssprachen Französisch und Deutsch unterschiedlich schwer. Da die Sprachbeherrschung als das „größte Problem im schulischen Sinne" bezeichnet wird, zeigt sich die hohe Bedeutung der Sprachbeherrschung, die jedoch für die meisten Schüler/innen aufgrund ihres Sprachhintergrundes herausfordernd ist.

3.3.1.2 Ergebnisdarstellung: Die Perspektive der Lehrpersonen im niveauniedrigsten Modulaire auf den sekundären Schülerhabitus und die Passungskonstellationen

Der sekundäre Schülerhabitus

Auf Basis der Gruppendiskussion mit den Lehrpersonen der siebten Klasse im Modulaire wurden deren Anforderungen gegenüber den Schüler/innen im Sinne des *sekundären Schülerhabitus des schulischen Wohlbefindens* rekonstruiert. Die rekonstruierten Anforderungen aus Lehrpersonensicht betreffen die Leistungsorientierung, die Orientierung im Schulalltag, Präsenz und Partizipation, den Umgang mit Erfolg, das Streben nach Aufmerksamkeit, Offenheit und Selbstvertrauen, das Sozialverhalten sowie Grenzen tragbaren Verhaltens, die Kooperation mit den Lehrpersonen, Offenheit für geschlechtsuntypische Rollen, die körperliche und mentale Reife sowie die Sprachkompetenzen. Dabei wurde deutlich, dass die Erwartungen der Lehrpersonen Mindeststandards orientieren und das Wohlbefinden der Schüler/innen in den Fokus stellen, wodurch die Anforderungen gering sind und den Schüler/innen ein großer Handlungsfreiraum im Sinne akzeptierter Verhaltensweisen geboten wird. Kennzeichnend ist die Einnahme einer realistischen Perspektive, die von den – im Vergleich zu anderen Schultracks – geringen akademischen Fähigkeiten der Schüler/innen im Modulaire und deren vielfältigen Problemkonstellationen ausgeht. Dies zeigt sich darin, dass sich die Erwartungen der Lehrpersonen auf grundlegende Fähigkeiten der Alltagsbewältigung und auf die Einhaltung grundlegender Regeln im Unterricht richten. Demgegenüber haben sie keine akademischen Leistungserwartungen an die Schüler/innen. Die Lehrpersonen sind sich des breiten Fähigkeitenspektrums ihrer Schüler/innen bewusst, das sowohl Schüler/innen, die lernbereit sind, als auch Schüler/innen, die nicht lernen können oder wollen, umfasst. Angesichts dessen stellen ihre geringen Erwartungen einen Mindeststandard dar, den alle Schüler/innen erreichen sollen.

Die Erwartungen gegenüber den Schüler/innen beinhalten die Fähigkeit und Bereitschaft sich im Schulalltag selbstständig zu orientieren und zu organisieren. Dabei besteht die Mindesterwartung an die Partizipation darin, physisch anwesend zu sein. Teil der Erwartungen ist es, dass sich die Schüler/innen in verschiedenen Sprachräumen zurechtfinden, zwischen den Sprachen wechseln können und ein Bewusstsein dafür haben, welche Sprache in einem bestimmten Setting angemessen ist.

Überdies wird ein konstruktiver Umgang mit Lob gewünscht. Die Offenheit für Neues und Selbstvertrauen befähigt die Schüler/innen zur Bewältigung ungewohnter Situationen. Bezogen auf das Sozialverhalten wird keine umfassende

Konfliktfreiheit vorausgesetzt, jedoch Unterstützung der Schüler/innen untereinander sowie Wertschätzung und Empathie. Zudem sollen die Schüler/innen über Impulskontrolle verfügen und ihre eigenen Kräfte realistisch einschätzen können. Dies ist mit einem Bewusstsein für die Folgen des eigenen Handelns verknüpft.

Die Grenzen der Akzeptanz von störendem Verhalten sind dann erreicht, wenn massive Störungen und unkontrollierbare physische Gewalt in Form von Aggression gegen sich selbst oder Mitschüler/innen vorliegen. Es wird erwartet, dass sie Regeln akzeptieren und bereit sind mit den Lehrpersonen zu kooperieren. Zudem wird eine altersentsprechende körperliche und mentale Reife als günstig angesehen, worin sich Vorstellungen davon konturieren, welche Verhaltensweisen und Haltungen einem bestimmten Alter angemessen sind. Darüber hinaus wird Offenheit für geschlechtsuntypische Rollen und Aufgaben erwartet.

Angesichts der Beschränkung der Erwartungen auf für das soziale Miteinander essentielle Verhaltensregeln, kombiniert mit einem relativ großen Spielraum tolerierten Verhaltens im Hinblick auf Konflikte und Partizipation, konturiert sich hier ein sekundärer Schülerhabitus, der darauf abzielt, möglichst allen Schüler/innen in der Schule ein angenehmes Umfeld zu bereiten. Folglich besteht ein Ziel der geringen schulischen Anforderungen darin, das Wohlbefinden der Schüler/innen in der Schule zu fördern und ihnen breite Anschlussmöglichkeiten zu bieten.

Primäre Schülerhabitus und die Passungskonstellationen

Nachdem oben in Form des sekundären Schülerhabitus die schulischen Anforderungen aus Perspektive der Lehrpersonen im niveauniedrigsten Modulaire-Track rekonstruiert wurden, gilt es nun die Haltungen und Verhaltensweisen der Schüler/innen in den Blick zu nehmen, die die Lehrpersonen im Schulalltag beobachten. Diese Haltungen und Verhaltensweisen der Schüler/innen korrespondieren in unterschiedlichem Maße mit dem sekundären Schülerhabitus und stellen somit unterschiedliche Passungskonstellationen dar. Aus den Erzählungen der Lehrpersonen über die Schüler/innen konnten folgende vier Schülerhabitustypen für die siebte Klasse im Modulaire-Track gebildet werden:

ML1) Schülerhabitus der Partizipationsbereitschaft
ML2) Schülerhabitus moderater, kontrollierbarer Verhaltensauffälligkeiten
ML3) Schülerhabitus stark abweichenden Verhaltens und negativer Anerkennungs-bedürftigkeit
ML4) Schülerhabitus überdurchschnittlichen Leistungsniveaus

Diese Schülerhabitustypen erweisen sich als unterschiedlich passend zu den schulischen Anforderungen und können somit auf dem Kontinuum der kulturellen Passung verortet werden. Generell wird deutlich, dass die Passung der Schüler/innen zum Modulaire von den Determinanten niedriges Leistungsniveau beziehungsweise geringe akademische Fähigkeiten und dem Ausmaß abweichenden Verhaltens bestimmt wird. Schüler/innen passen demnach in den Modulaire-Track, wenn sie über geringe akademische Kompetenzen verfügen und ihr Leistungsniveau deutlich unter den Anforderungen des EST-Tracks zurückbleibt. Weiterhin erweist sich abweichendes Verhalten in einem moderaten Maße als akzeptiertes Element der Schulkultur, sodass auch dann Passung noch gegeben sein kann. Anhang 1 bietet einen tabellarischen Überblick über die Charakteristika der einzelnen Schülerhabitustypen aus Sicht der Lehrpersonen der Modulaire-Klasse.

Als passend zur Schulkultur des Modulaires erweisen sich vor allem zwei Schülerhabitustypen. Dies ist zum einen der *Schülerhabitus der Partizipationsbereitschaft (ML1)*. Schüler/innen mit diesem Habitus sind interessiert und lernwillig, verfügen aber zugleich über ein geringes Leistungsniveau. Ebenfalls als passend gilt der *Schülerhabitus moderater, kontrollierbarer Verhaltensauffälligkeiten (ML2)*. Schüler/innen mit diesem Habitus zeigen in moderatem Maße störendes Verhalten und sind mental im Unterricht nur gelegentlich präsent.

Ein dritter Schülerhabitustyp, der *Schülerhabitus stark abweichenden Verhaltens und negativer Anerkennungsbedürftigkeit (ML3)*, weist die geringste Passung zum schulischen Anforderungs- und Normgefüge auf und ist damit aus Sicht der Lehrpersonen kaum tragbar. Er ist durch stark abweichendes Verhalten, kombiniert mit einer hohen Anerkennungsbedürftigkeit charakterisiert. Diese Schüler/innen zeigen für die Lehrpersonen nicht kontrollierbares Verhalten und gefährden sich selbst und ihre Mitschüler/innen. Dieser Schülerhabitustyp verfügt nicht zwangsläufig über geringe intellektuelle Fähigkeiten, läuft aufgrund seines Verhaltens und der daraus resultierenden konflikthaften Passung aber Gefahr, aus dem Bereich des Tragbaren im Bildungssystem herauszufallen.

Ein vierter Schülerhabitustyp, der *Schülerhabitus überdurchschnittlichen Leistungsniveaus (ML4)*, zeichnet sich durch ein unerwartet hohes Leistungsniveau aus und ist deshalb auf dem Modulaire-Track unterfordert, was auf eine Fehlplatzierung hinweist und eine zeitnahe Reallokation in den EST-Track erfordert. Deshalb sind wenige Ausführungen zu diesem Schülerhabitustyp in den Analysen zu finden.

Übergreifend für alle Schülerhabitustypen zeigt sich, dass aus Perspektive der Lehrpersonen traditionelle Geschlechterrollenbilder von den Schüler/innen aus ihren Herkunftsfamilien in das schulische Setting getragen werden, die als problematisch eingestuft werden, da sie die Schüler/innen in ihrer Entwicklung hemmen.

3.3.2 Die Perspektive der Modulaire-Schüler/innen

3.3.2.1 Analyse schulischer Anforderungen: Sekundärer Schülerhabitus und Passungskonstellationen

Die Erzählungen der Schüler/innen der siebten Klasse im niveauniedrigsten Modulaire-Track gewähren Einblick in deren Positionierung zum sekundären Schülerhabitus. Diese beinhalten die wahrgenommenen schulischen Anforderungen sowie Reaktionen hierauf. In diesen Haltungen drücken sich Passungskonstellationen aus, die verdeutlichen, inwieweit die Schüler/innen an die schulischen Anforderungen anschließen oder diese ablehnen.

Nachfolgend werden die, aus Perspektive der Schüler/innen rekonstruierten, zentralen Themen dargestellt, worin die Wahrnehmung und Verarbeitung der schulischen Anforderungen der Schulkultur im Modulaire zum Ausdruck kommt. Anschließend werden diese Befunde pointiert zusammengefasst.

Sinnhaftigkeit der Schule und des Lernens: „Für zu lernen und für eine gute Arbeit zu haben"

In den Erzählungen der Schüler/innen zeigt sich, dass sie dem Lernen und schulischer Bildung in unterschiedlichem Maße Sinn beimessen, worin sich Nähe und Distanz gegenüber Bildung konturieren.

Zunächst konturiert sich in der unterschiedlich ausgeprägten Indifferenz gegenüber Ereignissen der Schullaufbahn eine geringe subjektive Bedeutsamkeit von Bildung. So geben mehrere Schüler/innen an, sich nicht an ihren ersten Schultag im Modulaire-Track erinnern zu können, obwohl dieser erst wenige Wochen zurückliegt. Dies deutet darauf hin, dass dieser nicht als wichtiger Einschnitt in der Schullaufbahn wahrgenommen wurde und ihm keine oder nur geringe subjektive Relevanz beigemessen wurde. Alternativ kann dies auch als geringes Interesse, über die Schule zu sprechen, gedeutet werden. Dass diese Indifferenz nicht für alle Schüler/innen gleichermaßen gilt, zeigt sich darin, dass die Schülerin Madalena sich erinnert und auf die Frage antwortet.

Eine stark unterschiedliche Nähe und Distanz zu Bildung und Schule zeigt sich auch in kontrastierenden Haltungen von Lia und Lyon. Lias Erzählung zeigt einen bildungsbezogenen Habitus, da sie ihre Tante für deren Bildungseifer und ihr Engagement bewundert:

> „Lia: Mich motiviert die Schule an, weil ähm meine äh Ta-Tante. Äh sie, will sie will Psy- äh Psychologin ginn. //Daciano: Oh yea. // Ähm sie hat schon viele Stagen gemacht von äh äh Lehrerin, Educatrice und so. Und wo sie das gemacht hat, sie war auch in der Gaffelt ähm. Und die Kinder m- ma. magen sie *noch immer*. Sie war da seit ähm zwei Jahren und die Kinder äh sie weissen noch wer sie ist. Und ein paar Mal, wenn sie ihr äh wenn sie ihr wichtige Teste hat, ähm dann sie lernt von h sie (Unruhe

im Hintergrund) sie wacht um fünf Uhr morgens auf bis die Schule anfangt. Und für mich ist das ein gutes Beispiel, ich will auch so wie sie sie sein." (MS-P29)

Das Bildungsstreben ihrer Tante erlebt Lia als nachahmenswertes Beispiel. Demnach assoziiert sie diszipliniertes Lernen verbunden mit frühem Aufstehen positiv. Lia erlebt am Beispiel ihrer Tante einen erfolgreichen, aber langwierigen Bildungsweg, der verschiedene Etappen enthält. Ihre Tante lebt Lia den Wert des Lernens und der Schule vor, wobei kontinuierliche Weiterqualifikation zum Erreichen des Bildungsziels führt. Am Beispiel dieser Sequenz wird die Bedeutung der Haltungen und Praktiken in Bezug auf Bildung und Lernen im sozialen Umfeld der Schüler/innen deutlich. Da Lia das Bildungsstreben ihrer Tante als bewundernswert und nachahmenswert wahrnimmt und sich so mit diesem identifiziert, zeigt sich eine Nähe zu Bildung und Lernen.

Im Kontrast zu Lias Bildungsaffinität steht die ausgeprägte Distanz Lyons gegenüber schulischem Lernen:

„I: Lyon was motiviert dich zu lernen?
Lyon: Ich lerne nicht.
Jaimy: (lacht)
I: Und warum bist du demotiviert?
Lyon: (..) Es bringt nichts zu lernen.
Jaimy: Doch.
I: Und was sagen deine Eltern dazu?
Lyon: Nichts.
Daciano: braa
I: Da bekommst du auch keine Strafen oder Ärger, wenn du nicht lernst?
Lyon: ich habe noch nie gelernt.
Daciano: Ech och net.
Mädchen: Och an der Primaire Schoul?
Lyon: Nee.
I: Die anderen lernen aber schon?
Mädchen: ja
Mädchen: ja
Jaimy: Nein
Lyon: Ech hun och nach nie vierdrun geleiert gell." (MS-P29)

Da Lyon noch nie gelernt hat, deutet sich eine generalisierte Distanz gegenüber dem Lernen an. Die Feststellung Lyons, dass Lernen nichts nutzt, lässt darauf schließen, dass er keinen Sinn im Lernen sieht und es ablehnt. Dies kann als Entfremdung vom Lernen eingestuft werden, wobei unklar bleibt, weshalb er keinen Sinn im Lernen erkennt: ist es ihm grundsätzlich fremd oder hat er es ausprobiert und keine Veränderung in Form besserer Noten oder neuem Wissen festgestellt? Lyon präsentiert seine Distanz zum Lernen selbstbewusst und offen, was darauf schließen lässt, dass er selbst dies nicht als negativ wahrnimmt und möglicherweise stolz darauf ist.

Da mehrere Schüler/innen angeben zu lernen, zeigt sich, dass Lyons Haltung in der Klasse ein Extrem darstellt und andere Schüler/innen durchaus bildungsorientiert sind. Folglich stellt diese starke Distanz gegenüber dem Lernen keine kollektive Haltung der Klasse dar. Vielmehr kann sich eine Schülerin nicht vorstellen, dass jemand gar nicht lernt bzw. nie gelernt hat, sodass sich hier ein kontrastierender, bildungsbezogener Schülerhabitus zeigt. Lernen gehört aus ihrer Sicht für alle Schüler/innen dazu, sodass die umfassende Ablehnung des Lernens nicht Teil ihres Erfahrungsraumes ist. Sowohl Jungen als auch Mädchen zeigen hier eine prinzipielle Bildungsaffinität, von der nur Lyon explizit abweicht.

Darüber hinaus zeigt sich in den Erzählungen ein zumindest oberflächlich vorhandenes Wissen um die Bedeutung guter Bildung für berufliche Chancen, wobei anzunehmen ist, dass die Schüler/innen in unterschiedlichem Maße davon überzeugt sind, dass die Schule ihnen für die Zukunft nützt. So konturieren sich nachfolgend stark unterschiedliche Bewertungen der Bedeutung von Schule. Diese changieren zwischen „gar nicht wichtig" und „wichtig":

„I: Wie wichtig ist es denn für Schüler in die Schule zu gehen?
Lyon: nicht wichtig.
: wie bitte?
I: Wie wichtig ist es denn für einen Schüler in die Schule zu gehen?
Lyon: Nicht wichtig.
?: Waat gelift?
I: Wie, wie wichtig ist es denn für Schüler in die Schule zu gehen?
?: Wichtig für eine Arbeit zu kriegen
Madalena: Für zu lernen und für eine gute Arbeit zu haben.
Lyon: Witz vum Daach.
I: Und du? //Lia: Haal op. // Wie ist deine Meinung dazu? //Daciano: Haal op. // Wie wichtig ist das Lernen in der Schule?
[…]
Jaimy: Ähm, für eine //[…]. // gute Arbeit. //[…] // und nicht immer zuhause bleiben.
[…]
I: Ok. Dass man nicht immer Zuhause ist. Wie sieht es bei dir aus? Wie wichtig ist es für Schüler und Schülerinnen in die Schule zu gehen?
Elaila: Ähm um eine Arbeit zu kriegen." (MS-P28)

Auch wenn sich die Schüler/innen im ersten Teil der Sequenz unkonzentriert zeigen und mehrfach nachgefragt wird, worauf die Frage abzielt, äußern sie sich im weiteren Verlauf über die Bedeutung der Schule. Dabei wird deutlich, dass außer Lyon drei Schüler/innen antworten, die der Schule jeweils eine wichtige

Bedeutung für die Zukunft beimessen. Lernen und damit eine gute Bildung wird von ihnen als ausschlaggebend wahrgenommen, um eine gute Arbeit zu finden. Auch Jaimy weist darauf hin, dass das Risiko, arbeitslos zu sein und weniger Chancen zu haben, groß ist, wenn man nicht genug gelernt hat. Es stellt sich die Frage, inwiefern dies sozial erwünschte Antworten sind, vor allem, da die Formulierungen nahezu gleich sind.

Zudem wird deutlich, dass die Schüler/innen Berufswünsche haben, die teilweise höhere Abschlüsse erfordern als sie voraussichtlich erreichen werden. So erfordert beispielsweise der Beruf des Tierarztes ein Studium. Offen ist, inwiefern die Schüler/innen sich der Ausbildungswege und Qualifikationsvoraussetzungen bewusst sind. Andere Berufe, die genannt werden, sind Erzieherin, Mechaniker sowie Sekretärin oder Bankangestellte. Vor diesem Hintergrund deutet sich an, dass sich die Schüler/innen in soliden Berufen sehen. Es fällt auf, dass Lyon sich von einem anderen Schüler abgrenzt, der auch Mechaniker werden will, indem er schließlich seinen Wunschberuf wechselt. Dies deutet an, dass die Schüler/innen noch unentschlossen bzw. teilweise sprunghaft in ihren Zukunftsvisionen sind.

In den kontrastierenden Haltungen von Madalena und Lyon wird deutlich, dass den Schüler/innen der Wert eines Bildungsabschlusses sowie der Weg dorthin in unterschiedlichem Maße bewusst ist. Madalena lässt dabei eine grundlegende Bildungsorientierung erkennen, die sich in der Übernahme des Wissens um die Notwendigkeit, ein Diplom zu erwerben und sich dafür anzustrengen, zeigt:

„Madalena: Weil wir hier müssen gut mitlernen, dass wir unsere Diplom kriegen. […]
I: Und das Diplom, wofür ist das //(lachen)// Wofür ist das Diplom gut?
Madalena: um äh ohne Diplom findet ihr keine Arbeit. Dann landen wir, ohne Diplom, können wir keine gute Arbeit kriegen." (MS-P37)

In Madalenas Wahrnehmung stellt der Erwerb eines Diploms die Voraussetzung dafür dar, eine gute Arbeit zu bekommen. Dabei bleibt an dieser Stelle unklar, was für sie eine gute Arbeit ist. Es ist anzunehmen, dass es um den Zugang zu ihren präferierten Berufsbildern der Sekretärin oder Bankangestellten geht. Diese setzen eine bestimmte Qualifikation voraus, die sie nur mittels eines Diploms nachweisen kann. Dabei ist ihr bewusst, dass sie sich anstrengen muss, um das Diplom zu erreichen. Ohne Diplom scheint es für sie keine erstrebenswerte Zukunft zu geben, obgleich unklar bleibt, wie dieser alternative Lebensweg aussehen würde.

Im Gegensatz zu Madalena zeigt sich Lyon orientierungslos und wirkt überrascht, dass man im Modulaire-Track ein Diplom erhalten kann bzw. die Schule gewöhnlich mit dem Erwerb eines Diploms endet:

„I: ok. Und du für- wie siehst du das mit dem Diplom? Für was ist es wichtig?
Lyon: Diplom? Bekommt man hier ein Diplom?" (MS-P37)

Seine Überraschung legt nahe, dass er sich wenig mit seiner Zukunft beschäftigt und keine konkrete Vorstellung von seiner weiteren Schullaufbahn und Zukunft hat. Dies kann als geringe Ernsthaftigkeit gedeutet werden. Zudem zeigt sich, dass er kein Interesse an den konkreten Abläufen im Bildungssystem und damit verbundenen Chancen und Grenzen hat. Zumindest hat er sich bislang nicht mit diesen auseinandergesetzt. Vor diesem Hintergrund stellt sich auch die Frage, wie ernst ihm seine Berufswünsche als Mechaniker oder Polizist sind und ob er um die damit verbundenen Qualifikationsanforderungen weiß.

Lyon scheint nicht der Einzige zu sein, der sich nicht mit dem Wert schulischer Bildung auseinandersetzt. So schweigen auch andere Schüler/innen und möchten ihre Sichtweise nicht teilen, inwiefern ihnen die Lerninhalte später dienlich sein werden. Hierin deutet sich für mehrere Schüler/innen eine Distanz zur Schule und zur Bildung an, da sich ihnen die Sinnhaftigkeit der Lerninhalte möglicherweise nicht erschließt.

Auch in der ablehnenden Haltung zweier Schüler gegenüber der Schule zeigt sich, dass sie dem Schulbesuch keinen Wert beimessen bzw. keine Freude dabei empfinden. Lyon und Daciano können sich mit den entfremdeten Schulkindern auf dem ihnen präsentierten Bild identifizieren. Unter Hinzunahme der weiteren Ausführungen dieser Passage kann diese Distanz als Entfremdung vom Lernen, aber nicht als Entfremdung von der Schule als Peervergemeinschaftungsraum interpretiert werden.

Darüber hinaus zeigt sich, dass einige Schüler/innen in bestimmten Fächern bzw. Fachinhalten keinen Sinn erkennen bzw. sich nicht für diese interessieren, woraus Indifferenz oder Ablehnung resultiert.

„Lia: Und Atelier habe ich angekreuzt, weil ich habe se-ich ich habe Metallsachen, für mich interessiert das, mich nicht. [...]
Lia: So (.) Sachen biegen äh und so Sachen. Und ich finde das. Wenn die Leute, wo nicht ähm so ein Arbeit mit Metall zu tun haben, ich finde es ist nicht so das wir brauchen." (MS-P26)

In Lias Erzählung wird deutlich, dass für sie eine berufliche Tätigkeit im handwerklichen Bereich nicht infrage kommt. Folglich erschließt sich ihr nicht der Sinn, sich mit diesen Materialien im Unterricht zu beschäftigen. Es fällt auf, dass mit Lia und Elaila zwei Mädchen die Arbeit mit Metall ablehnen, was auf genderspezifische Differenzen hinweist. So scheinen sie nicht gewohnt zu sein mit diesen Materialien zu arbeiten und sich auch nicht dafür zu interessieren, worin sich Indifferenz zeigt.

In Jaimys Erzählung wird eine generelle Ablehnung der deutschen Sprache deutlich, die über das Unterrichtfach hinausweist, indem er im Beherrschen dieser Sprache keinen Nutzen für sich erkennt. Dies ist darauf zurückzuführen, dass Deutsch eine abstrakte Fremdsprache für ihn darstellt, die er außerhalb der

Schule nicht benötigt. Dies bedeutet zugleich eine Distanz gegenüber der Schule und dem Lernen, da er dem Beherrschen einer der Bildungssprachen Luxemburgs keine Bedeutung beimisst. Vor diesem Hintergrund ist anzunehmen, dass er auch im schulischen Bereich mit erheblichen sprachlichen Differenzen umgehen muss.

Anstrengungsbereitschaft: „Und weil ich nicht arbeiten möchte."

In den Erzählungen der Schüler/innen zeigt sich eine variierende, tendenziell geringe Anstrengungsbereitschaft. Die begrenzte Anstrengungsbereitschaft der Schüler/innen drückt sich darin aus, dass sie Fächer mögen, in denen sie nicht zu stark gefordert werden und wenig oder nichts arbeiten zu müssen und somit keine negativen Erfahrungen machen. Diese Erfahrungen werden unter anderem durch die Haltung zu einem bestimmten Unterrichtsfach, die Beziehung zur Lehrperson und die Komplexität der Aufgaben beeinflusst.

Kennzeichen geringer Anstrengungsbereitschaft ist die Ausrichtung am Mindeststandard, einen Test zu bestehen. Ebenso zeigt sich, dass den meisten Schüler/innen schulische Leistungen nicht vollkommen gleichgültig sind. Dies konturiert sich in den Emotionen vor der Rückgabe von Tests: Einige Schüler/innen geben an nervös oder aufgeregt zu sein oder sich schlecht zu fühlen. Letzteres deutet an, dass die Erwartung eines schlechten Ergebnisses ihnen bereits vorweg ein schlechtes Gefühl bereitet. Die Bedeutung, welche die Schüler/innen den Testergebnissen beimessen, wird zudem im Austausch und Vergleich der Resultate deutlich. In einigen Schüler/innen ruft eine nichtbestandene Arbeit Traurigkeit hervor, sodass ihnen schlechte Testergebnisse nicht gleichgültig sind.

Die Schüler/innen differenzieren schulische Leistungen nach den Kriterien „bestanden" und „nicht bestanden". Konkret wird diese in den Ausführungen Madalenas, die sich in jedem Test das Ziel setzt über 30 Punkte zu erzielen und ihn somit zu bestehen. Dies scheint unabhängig von der Schwierigkeit eines Tests zu sein und sie scheint in allen Fächern den gleichen Anspruch an sich selbst zu haben. Zwar impliziert der Wille zu bestehen eine grundsätzliche Anstrengungsbereitschaft, verweist aber zugleich auf ein zielgerichtetes, begrenztes Engagement und ein geringes Kompetenzniveau.

Gute Leistungen in einem Fach können zum positiven Erleben des Unterrichts beitragen. So mag Lyon das Fach Deutsch, weil er in seiner Gruppe der Beste sei. Hierin zeigt sich, dass ein Fach positiv erfahren wird, wenn er Anerkennung in Form von Lob und guten Noten erhält, die im schulischen Setting übliche und legitime Formen der Anerkennung darstellen.

Auch wenn sich Lyon immer wieder ablehnend gegenüber dem Lernen äußert und Passivität demonstriert, wird deutlich, dass er im Fach Deutsch die besten Leistungen in seiner Gruppe erbringt, worin sich sein Engagement für dieses Fach zeigt:

„Lyon: ah ich mag es nicht- äh ich mag ja mein Prof nicht so sehr, aber das Deutsch äh bin ich gut drin. [...]
Jaimy: Der Lehrer, der Lehrer hat gesagt er, er ist sehr gut im//Lyon: Der Beste!// ja im Deutschen //Lyon: im Mathe// im Deutschen! //Lyon: äh im Deutsche!//" (MS-P24)

In dieser Sequenz zeigt sich, dass die Schüler/innen gute Leistungen anerkennen und es legitim erscheint hierüber zu sprechen, sodass gute schulische Leistungen nicht durch die Gruppe negiert werden. Da es Lyon wichtig ist der Beste zu sein, deutet sich eine gewisse Leistungsorientierung an.

Hingegen wird Lernen auch als unangenehm empfunden, was mit negativen Erfahrungen und Emotionen, etwas nicht zu können, verknüpft ist. So deutet sich in den Erzählungen Elailas eine geringe Selbstwirksamkeit an, die in der Überzeugung besteht, bestimmte Dinge nicht zu können. Elailas permanente Erfahrung, etwas nicht zu können, beeinflusst ihre negative Einstellung gegenüber dem Lernen. Dies zieht eine Distanz gegenüber dem Unterrichtssetting und dem Lernen nach sich. Kennzeichen der geringen Selbstwirksamkeit ist ein fehlendes Interesse an bzw. das Vermeiden herausfordernder Themen. Schwierige oder komplexe Inhalte bewertet sie als uninteressant und langweilig.

Die Tendenz herausfordernde Aufgaben und Anstrengung zu vermeiden, konturiert sich auch für andere Schüler/innen in verschiedenen Unterrichtskontexten. Beispielsweise werden Sachaufgaben als komplex und unangenehm wahrgenommen, woraus Ablehnung und die Forderung resultieren, diesen Aufgabentyp abzuschaffen. In dem von vielen Schüler/innen geteilten Wunsch, gar keine Sachaufgaben bearbeiten zu müssen, zeigt sich die allgemeine Tendenz, herausfordernde Aufgaben zu vermeiden anstatt sich mit diesen auseinanderzusetzen oder einfachere Aufgaben einzufordern. Auch in der Ablehnung der Auseinandersetzung mit französischen Verben wird deutlich, dass sich die Schüler/innen ungern lernbezogenen Herausforderungen stellen und sich nicht dazu in der Lage sehen diese zu bewältigen. Dies weist auf eine geringe Selbstwirksamkeit hin.

Andererseits zeigt Madalena im Fach Französisch auch bei schwierigen Aufgaben Engagement. Hierin konturiert sich ein teilweise engagierter Schülerhabitus, da sie sich unter bestimmten Rahmenbedingungen auch auf herausfordernde Lerninhalte einlässt: Obwohl die Aufgaben im aktuellen Modul herausfordernd sind, mag sie das Fach. Dies deutet darauf hin, dass hohe inhaltliche Ansprüche nicht zwangsläufig zur Entfremdung und zum Aufgeben führen. Förderlich wirken im Fall Madalenas die Unterstützung und Empathie, die sie durch ihre Lehrerin erfährt.

Werden die klassischen Unterrichtsfächer, die lernbezogene Anstrengung erfordern, als unangenehm erlebt, zeigen sich die Schüler/innen im aktiven Unterrichtsfach Sport anstrengungsbereit. Es ist anzunehmen, dass die Anstrengungsbereitschaft in den Fächern größer ist, welche die Bedürfnisse der Schüler/innen im Hinblick auf Bewegung und Kontakt zu den Peers bestmöglich befriedigen. Zudem scheinen die Schüler/innen einen Ausgleich zu den Anforderungen des Stillsitzens und Leiseseins in den anderen Fächern zu benötigen und zu schätzen, da es ihnen schwerfällt, durchgängig stillzusitzen und leise zu sein:

> „Lia: Ich find- äh ich habe santé gerne, weil wir nicht so viel arbeiten wie Cultur und ja, Sport. Dafür Tutorat liebe ich, weil wir, weil wir eine Stunde nichts machen. [...]
> Lia: Bei Tutorat machen wir eine Stunde nichts, nur reden. Und das gefällt mir.
> Daciano: oh yea" (MS-P25)

Obwohl die Einstellungen gegenüber und Wahrnehmungen von Hausaufgaben variieren, wird deutlich, dass mehrere Schüler/innen Hausaufgaben ablehnen oder gar hassen. Dabei erweist sich die negative Haltung gegenüber den Hausaufgaben zumindest teilweise als fachspezifisch. Es ist anzunehmen, dass Schüler/innen für Fächer, die sie mögen, lieber Hausaufgaben anfertigen. Weiterhin zeigen sich in den Erzählungen von Madalena und Lia konträre Wahrnehmungen des Zeitaufwands und der Menge der Hausaufgaben, wobei der Umfang der Hausaufgaben sich zwischen den Leistungsmodulen unterscheidet. Während Madalena die Hausaufgaben als umfangreich und zeitaufwendig erlebt, findet Lia es gut, dass es kaum Hausaufgaben gibt: Diese stark unterschiedlichen Wahrnehmungen können mit dem individuellen Leistungsniveau erklärt werden, da sie unterschiedlich viel Zeit aufwenden müssen, um die Aufgaben zu erledigen. Darüber hinaus erscheint es möglich, dass die Schüler/innen Aufgaben, die sie in der Schule nicht erledigt haben, zuhause beenden müssen.

Auch Lia scheint Hausaufgaben nicht zu mögen. Vielmehr schätzt sie, dass sie kaum Hausaufgaben erledigen muss. Dies unterscheidet sich wenig von den Haltungen der Anderen, die Hausaufgaben als Zumutung und unliebsame Tätigkeit erleben. Dies legt nahe, dass die Schule und das Lernen im Leben der Schüler/innen eine niedrige Priorität einnehmen und die Beschäftigung mit Lerninhalten ihnen keine Freude bereitet, worin sich eine Distanz gegenüber dem Lernen konturiert. Da sie ungern neben der Schule Zeit in schulische Aufgaben investieren, wird deutlich, dass die Schule eine niedrige Priorität in ihrem Leben einnimmt.

In Lyons Schilderungen konturiert sich zudem eine generalisierte Ablehnung gegenüber dem Lernen, deren Ursachen und treibende Faktoren diffus bleiben:

> „Lyon: Ich lerne nicht gern-ne.
> I: ok.
> Lyon: Der Unterricht ist scheiße.
> I: Und was genau findest du daran schlecht?
> Lyon: Alles.
> I: In jedem Fach?
> Lyon: ja. Außer Culge oder Santé.

> ?: An Französisch.
> I: Ok. Und was genau findest du an den anderen Fächern nicht so gut.
> Lyon: D. [Name Lehrperson]? (lachen)
> I: Und was genau findest du an den anderen Fächern nicht so gut?
> Lyon: Keine Ahnung. *Mathe*, Französisch und *Deutsch* mag ich nicht so sehr."
> (MS-P16)

Hierin konturiert sich eine generalisierte Distanz vom Lernen, die sich zunächst in seinen generellen, auf alle Fächer bezogenen Aussagen ausdrückt, wonach ihn alles am Lernen stört. Jedoch erfolgt in dieser Sequenz keine Erklärung, worauf die Ablehnung des Lernens zurückzuführen ist und warum diese Fächer ausgenommen sind. Es fällt auf, dass er im Verlauf der Sequenz seine anfangs sehr extrem formulierte Aussage abmildert: War zu Beginn der gesamte Unterricht „scheiße" steht am Ende „Mathe, Französisch und Deutsch mag ich nicht so sehr". Hieran deutet sich an, dass Lyon seine zunächst sehr extreme Aussage möglicherweise gar nicht so meint und dies erst für sich selbst ordnen muss. So scheint seine Abneigung letztlich fachspezifisch und möglicherweise abhängig von der Lehrperson zu sein, wobei er es selbst nicht konkretisieren kann. Hierin konturiert sich eine diffuse Ablehnung verschiedener Unterrichtssettings.

Darüber hinaus zeigen sich unterschiedliche Haltungen zur Partizipation im Unterricht, worin deutlich wird, dass die Schüler/innen sich in unterschiedlicher Weise in den Unterricht einbringen. Während manche sich gerne am Unterricht beteiligen, gilt das für andere nur gelegentlich oder gar nicht. Die Partizipation fällt unterschiedlich ernsthaft aus. Dies beinhaltet auch „scheiß" zu machen sowie die erzwungene Beteiligung. Jedoch bleibt unklar, weshalb sich dieser Schüler zur Partizipation gedrängt fühlt.

Kennzeichnend für das Gefühl, die Schule nicht zu mögen, ist eine Distanz gegenüber der geforderten Arbeitshaltung. Dies drückt sich in den Wünschen, zuhause zu bleiben, in der Schule nichts oder nicht viel zu machen aus. So nehmen die Schüler in der nachfolgenden Sequenz Abstand von starkem schulischem Engagement

> „I: Kannst du mir mal beschreiben, wie sich das anfühlt, wenn man die Schule nicht mehr mag? (…)
> Daciano: Ech well doheem bleiwen. Oder, hei kommen mais
> Lyon: Neicht maachen (lacht)
> Daciano: Nee. Bessen, weineg maachen" (MS-P27)

Zugleich lehnen sie das schulische Setting an sich nicht ab, sondern viel mehr die dort vorherrschende Arbeits- und Leistungsorientierung. Dies deutet darauf hin, dass sie sich generell in der Schule wohlfühlen und auch dort Zeit verbringen möchten. Angesichts der Distanzierung von der schulischen Lernkultur, scheint die Schule eher als Vergemeinschaftungsraum relevant zu sein, in den die Schüler/innen überdies ihre Freizeitorientierung einbringen. Sie können sich vorstellen zur Schule zu gehen, aber überwiegend zu ihren eigenen Regeln. Dies verdeutlicht, dass sie sich durch die schulischen Strukturen und Machthierarchien eingeschränkt fühlen. Charakteristisch hierfür ist die mangelnde Bereitschaft und Lust, die schulischen Anforderungen zu befolgen. Auch besteht im Fall Lyon eine generelle Distanz gegenüber den grundlegenden Prinzipien der Schule, die sich in der Ablehnung frühen Aufstehens und von Arbeit ausdrücken. Diese Aspekte scheinen sein Wohlbefinden zu mindern.

Jedoch stimmen nicht alle Schüler/innen den Wünschen zu, weniger Zeit in der Schule zu verbringen und weniger zu lernen. So widerspricht Lia der Forderung ihrer Mitschüler, weniger Zeit in das Lernen investieren zu wollen. Sie begründet ihre Haltung damit, dass die Schule gegenwärtig früh genug endet. So scheint die Schule in der Sekundarstufe früher zu enden als in der Primarschule, was jedoch auf die verkürzte Mittagspause zurückzuführen ist. Letzteres wird von einem anderen Kind als „unfair" bezeichnet. Hierin deuten sich auch veränderte Rahmenbedingungen im Zuge des Übergangs an, da die Mittagspause verkürzt ist. Die Unterrichtsstundenzahl bleibt jedoch gleich.

Einen positiven Gegenhorizont zu den zuvor thematisierten Haltungen begrenzten Engagements stellt die leistungsbereite Haltung von Lia dar. Auch wenn sie anstrengungsbereit ist und partizipieren möchte, wird sie durch die Praktiken der Lehrperson daran gehindert:

> „Lia: Ähm weil ich finde es ist *zu leicht* für mich. Ich kann *zwei Stunden* im Französisch *gar nichts* machen, mein *Lehrer* ruft *mich* nie.
> I: ok, und wa- warum kannst du da nichts machen?
> Lia: Weil der Lehrer ruft immer ein anderes Mädchen oder ein anderes Junge und. [..]
> I: Und was ruft der Lehrer dann da? –Aufrufen zum- – […].
> Lia: Oder, zu etwas zum Lesen oder zum in der Tafel zu schreiben. Irgend- Irgendetwas äh *ich bin nie dabei*.
> I: Und warum denkst du ist das so?
> Lia: Weil es *ist so*. Weil das Mädchen, immer wenn wir eppes-etwas zusammen machen oder in der Tafel schreiben, sie macht *irgendwie* immer mit und ich nicht. Und ich finde das ist nicht so (..).
> I: Und wie fühlst du dich dann, wenn du da nicht einbezogen wirst?
> Lia: Schlecht. Ich finde ich äh die-die Schüler sind hier zu Lernen und *Alle*. Nur ein Paar. Weil das Mädchen ist am ähm. Ich dachte mal, dass dies-dieses Mädchen das ähm lieb-ähm lieb lieblingste Mädchen der Lehrer ist." (MS-P18)

Obwohl Lia sich gerne in den Französischunterricht einbringen möchte und sich selbst als Schülerin beschreibt, die die Fachinhalte mit Leichtigkeit beherrscht, wird ihr das durch die Praktiken des Lehrers verwehrt. So wird sie nie aufgerufen und andere Mitschüler/innen werden ihr vorgezogen. Dabei handelt es sich nicht um ein einmaliges Ereignis. Dies umfasst alle Formen der Partizipation am Unterricht, wie das Beantworten von Fragen, etwas laut vorlesen oder etwas an die Tafel zu schreiben. Diese Wahrnehmung bestätigen auch andere Mitschüler/innen, worin sich ein kollektives Deutungsmuster abzeichnet. Die Behandlung durch den Lehrer deutet Lia als gezielte Missachtung und bewertet sie als ungerecht. Sie ist frustriert, da sie in ihrer Partizipationsbereitschaft gehemmt wird und ihr Wissen nicht einbringen kann. Lia fühlt sich ausgeschlossen, was sich in ihrer Erwartung ausdrückt, dass die Schule für alle Schüler/innen gleichermaßen da ist und alle das Recht haben sollen, in der Schule zu lernen und sich zu beteiligen. Sie selbst erlebt jedoch, dass ihre Erwartung von Schule als Raum für alle im Französischunterricht nicht umgesetzt wird, da sie kaum Gelegenheiten hat, etwas zu lernen und sich in der Gruppe isoliert fühlt. Dabei nimmt sie eine passive Haltung ein und sieht die Verantwortung beim Lehrer, der ihr im Unterricht die Partizipation verwehrt. Da sie das andere Mädchen als Lieblingsschülerin thematisiert, deutet sich an, dass sie sich persönlich zurückgewiesen fühlt und davon ausgeht, dass der Lehrer sie aus Antipathie nicht aufruft. Sich beteiligen zu dürfen, ist für sie wichtig, um sich wohlzufühlen und nicht zu langweilen, weshalb sie ihr Recht auf aktive Beteiligung explizit einfordert:

> „Lia: Und ich finde das ist ähm wir sind alle da zu lernen und nicht äh die anderen anzuschauen und ja, fertig." (MS-P22)

Auch wenn Lia das Fach Französisch trotz der negativen Beziehung zu ihrem Lehrer mag und sogar als Lieblingsfach bezeichnet, ist sie sehr unzufrieden mit ihrer Situation. Es stellt sich die Frage, ob sich die negativen Erfahrungen im Unterricht zukünftig auf ihre Haltung gegenüber dem Fach auswirken werden.

Unter Hinzuziehung des geringen Engagements ihrer Mitschüler/innen wird deutlich, dass Lias Vorstellung, dass alle Schüler/innen in der Schule sind, um zu lernen, von den Mitschüler/innen nicht unbedingt geteilt wird, was sich im Unwillen zu partizipieren und Herumalbern zeigt. Dies verdeutlicht, dass diese Schüler/innen den Unterricht und die Schule nicht ernst nehmen. Insgesamt konturieren sich somit zwei Perspektiven auf Partizipation: eine leistungsbereite Haltung, die beinhaltet lernen zu wollen und die eigenen Kompetenzen zu demonstrieren sowie eine passive oder störende Haltung, wobei der Unterricht und die Lernziele nachgeordnet wahrgenommen werden und als nervig. langweilig oder unwichtig empfunden werden.

Da Lia die Aufgaben im Fach Französisch als „zu leicht" empfindet, deutet sich Unterforderung und Langeweile an. Dies scheint sie frustrieren, woran deutlich wird, dass das geringe Leistungsniveau ihre Haltung gegenüber der Schule und dem Lernen in negativer Weise beeinflusst. Angesichts dessen scheint Lias Leistungsniveau teilweise über dem zu liegen, was ihr im Modulaire geboten wird. Sie erlebt sich als in diesem Unterrichtssetting fehlplatziert und nicht wahrgenommen, wobei ihre Kompetenzen nicht anerkannt zu werden scheinen. So kann sie ihre Stärken im Fach Französisch nicht einbringen, was zu Frustration führt. Für Lia deutet sich auch für andere Fächer eine Unterforderung oder Distanz zu den Lerninhalten an, da sie mehrere, nicht näher spezifizierte Fächer als langweilig erlebt. Offen bleibt, ob sie in allen Fächern so leistungsstark ist, dass sie besser in einer regulären EST-Klasse gefördert werden würde und somit fälschlicherweise in das Modulaire orientiert wurde.

Zudem zeigen die Schüler/innen Pflichtbewusstsein, indem sie ihren Stundenplan kennen und diesen befolgen möchten, was durchaus den Willen impliziert rechtzeitig zu den jeweiligen Fächern zu erscheinen: So sorgt sich Lyon darum, den Informatik-Unterricht aufgrund der Gruppendiskussion zu verpassen.

Dass die Anstrengungsbereitschaft der Schüler/innen unterschiedlich stark ausgeprägt ist, zeigt sich sehr konkret in ihren unterschiedlichen Arbeitspraktiken. Dabei konturieren sich zwei Gruppen. Während eine Gruppe den Unterricht ernst nimmt, aufmerksam ist und partizipiert, mangelt es der zweiten Gruppe an Ernsthaftigkeit und sie interessiert sich nur bedingt für das, was im Unterricht gemacht wird. Um ihre Unaufmerksamkeit und mangelnde Partizipation zu kompensieren, bedient sich diese Gruppe dem Abschreiben bei den Schüler/innen der engagierten Gruppe, worin sich eine Kluft innerhalb der Klasse andeutet:

„Lia: Aber nicht das ich nichts so mit Hilfe. Sie kommen nur anschauen was wir machen und danach kopieren die sie das le-äh selbe.
I: Das heißt sie schreiben ab?
Lia: Ähm ich nicht. //I: nein// die anderen." (MS-P13)

In dieser Sequenz relativiert Lia die von den Jungen zuvor positiv bewertete Hilfsbereitschaft und beschreibt deren Verhalten vielmehr als Vermeiden von Anstrengung. Da die Abschreibenden dies einzufordern scheinen, erfolgt diese Hilfe nicht freiwillig und Lia ist mit dieser Situation unzufrieden. Dies lässt darauf schließen, dass sie die eingeforderte Hilfe als nicht wechselseitig erlebt und sie sich ausgenutzt fühlt. Dabei scheint die Gruppe der Nutznießer die Schüler/innen der ernsthaft arbeitenden Gruppe zu dominieren, die ihr Wissen nicht freiwillig zur Verfügung stellen.

Lias starke Abgrenzung von den Abschreibenden unterstreicht ihre Leistungsbereitschaft. So ist es ihr wichtig, klarzustellen, dass sie nicht abschreibt, aber andere dieses Verhalten zeigen. Zudem zeigt sich, dass es der Gruppe der Abschreibenden primär um das Ergebnis geht, wobei sie vortäuschen sich dieses selbst erarbeitet zu haben. Der Weg, auf dem sie dieses Ergebnis erreichen, soll möglichst angenehm sein, was das Abschreiben ermöglicht. Dies deutet erneut darauf hin, dass es diesen Schülern um die Vermeidung von Anstrengung und unangenehmen Tätigkeiten geht.

Zudem fällt auf, dass die Schüler/innen einander durchaus als Gemeinschaft sehen, was an der Verwendung, des Pronomens „wir" deutlich wird. Während dies bei den Beschreibungen Lyons, der die Solidarität in der Klasse lobt, vermutlich die gesamte Klasse einschließt, deutet sich in Lias Erzählung an, dass sie zwischen der Gruppe der ernsthaft Arbeitenden, der sie angehört und die sie als „wir" betitelt, und der Gruppe der Abschreibenden unterscheidet. Da die Einteilung in diese beiden Gruppen überwiegend geschlechtsspezifisch erscheint und überwiegend Jungen abschreiben, deuten sich Unterschiede in der Haltung von Jungen und Mädchen im Kontext schulischen Arbeitens an.

Die Schüler/innen sind in unterschiedlichem Maße motiviert, wofür verschiedene extrinsische und intrinsische Motivationsquellen bedeutsam sind. Während einigen die Motivation völlig fehlt, werden andere von Eltern oder Verwandten unterschiedlich unmittelbar motiviert. Dabei wirken die Eltern von außen mit Druck und Verhaltensanweisungen auf die Schüler/innen ein, sei es durch Verhaltensanweisungen und Regeln (Madalena) oder Sanktionen (Jaimy).

Insbesondere am Beispiel Madalenas konturiert sich, dass ihre Eltern einen Wert in Bildung und Lernen sehen und versuchen, ihr diesen zu vermitteln. Da die Eltern auf sie einwirken müssen zu lernen, wird deutlich, dass sie dies noch nicht verinnerlicht hat und unterstützende Strukturierung von außen benötigt, um in ausreichendem Maße zu lernen. Dabei begrenzt ihre Mutter zeitweise Madalenas Handlungsfreiraum, was darauf hindeutet, dass sie wenig diszipliniert arbeitet und dem Lernen selbst nur bedingte Bedeutung beimisst: Diese scheint für den Großteil der Klasse zu gelten bzw. für Madalena so selbstverständlich zu sein, dass sie von „unsere Eltern" spricht. Hierbei handelt es sich jedoch nicht um die gesamte Klasse, da Daciano und Lyon sich schon vorab davon distanziert haben, überhaupt von irgendetwas oder irgendjemandem motiviert zu werden.

Peerorientierung: „Ich liebe die Schule, weil wir da die unsere Freunde [...] kenngelernt haben"

In den Erzählungen der Schüler/innen zeigt sich, dass die Haltung gegenüber der Schule eng mit der Beziehung zu ihren Mitschüler/innen verknüpft ist. Als wichtiges Element tragen die Mitschüler/innen zum Wohlbefinden in der Schule bei. Überdies erscheinen die Haltungen gegenüber der Schule teilweise an die Gruppenmeinung gebunden bzw. werden von der Gruppe kontrolliert.

Es wird deutlich, dass die Schüler/innen mit ihrer Klasse durchaus angenehme Gefühle verbinden und sich im Klassenverband überwiegend wohlfühlen. Dies zeigt sich einerseits darin, dass sie angeben ihre Mitschüler/innen zu mögen. Andererseits assoziieren sie ihre Klasse mit positiven Begriffen wie „froh".

Das Verhältnis zu den Mitschüler/innen erweist sich als zentrales Element im Schulalltag. So gibt Lyon an, dass er seine Klasse vermissen wird, wenn er sie verlassen muss. Dies verdeutlicht, dass seine Mitschüler/innen ihm wichtig sind und er gerne mit ihnen Zeit verbringt:

> „Lyon: ähm behalten werde ich (.) sie in Erinnerung. Außer vielleicht sie zwei da nicht. Nein komm. Ech maachen den Geck." (MS-P15)

Seine Bindung zur Schule ist stark an die Mitschüler/innen gebunden, da diese Lyons Bezug zu dieser Schule auszumachen scheinen. Andererseits scheinen Lyon diese Peerbeziehungen nicht wertvoll genug zu sein, um sein Verhalten zu ändern, um langfristig in dieser Klasse bleiben zu können.

Peerbeziehungen fungieren zudem als positiver Aspekt eines sonst ungeliebten Fachs:

> „Lia: Ähm ich (.) Ich äh (.) Ich habe gerne ähm mit meine Mitschüler zu arbeiten in Mathematik. Aber Mathe in seinem Fach selber nicht. Aber, mehr es ist nicht." (MS-P26)

So stellt die Zusammenarbeit mit den Mitschüler/innen für Lia den einzigen positiven Aspekt des Fachs Mathematik dar. Dies deutet auf eine starke Peerorientierung hin, die nicht kompensiert, dass Lia das Fach selbst nicht mag und grundsätzlich von diesem Fach distanziert ist, aber ein gewisses Wohlbefinden im Unterrichtssetting vermittelt.

Den Schüler/innen ist es wichtig, Zeit miteinander zu verbringen, worin sich die Bedeutung der Schule als Vergemeinschaftungsraum zeigt. Lia und Lyon sind sich einig, dass sie die Schule aufgrund der Mitschüler/innen mögen, sodass sich die Schule als Ort darstellt, wo man Freundschaften schließt und pflegt.

Darüber hinaus zeigt sich, dass das Modularsystem mit wechselnden Gruppenzusammensetzungen von mehreren Schüler/innen abgelehnt wird:

> „Sesta: Ich hassen bessen meng Klass, well mir sin net an all Fächer net zesummen.
> Daciano: Oh yea.
> Lyon: Wellst du dass mear alleguerten zesummen sin an der Klass?
> Lia: Ech net." (MS-P28)

Diese Sequenz verdeutlicht, dass der Zusammenhalt in der Klasse hoch ist und einige Schüler/innen gerne mehr Zeit miteinander verbringen würden. Andererseits ist Lia froh, dass die Klasse nicht immer zusammen ist, was auf eine unterschiedliche Wahrnehmung der Peerbeziehungen hinweist. Vor diesem Hintergrund erscheint es denkbar, dass Lia nicht so gut in die Klasse integriert ist und deshalb die wechselnde Zusammensetzung in den Arbeitsgruppen schätzt.

Darüber hinaus zeigt sich, dass Einstellungen gegenüber der Schule von den Mitschüler/innen bewertet und kontrolliert werden. Einigen Schüler/innen, insbesondere den Jungen, ist die Meinung der Peergruppe sehr wichtig, sodass sie nach deren Anerkennung streben, was sich in ihrem Antwortverhalten niederschlägt. Dies drückt sich darin aus, dass sie ihre individuelle Meinung an dem auszurichten versuchen, was von den Peers anerkannt wird. Ein gewisser Konformitätsdruck wird deutlich, indem Aussagen zurückgezogen oder aber von anderen ins Lächerliche gezogen werden. Dies zeigt sich insbesondere dann, wenn ein Junge andeutet, einen schulischen Aspekt gut zu finden. Als Sprecher der Gruppe scheint Lyon zu wissen, dass Jaimys Aussage über die Schule nicht der Wahrheit entspricht. So behauptet Jaimy die Schule wirklich zu lieben. Dies zweifelt Lyon an, indem er diese Aussage als „wirklich dumm" einstuft und als nicht der Wahrheit entsprechend bezeichnet. Da Jaimy sich nicht zu Lyons Überlegungen äußert, kann auch ein sozial erwünschtes Antwortverhalten vorliegen. Er vermeidet es vor der gesamten Gruppe Position zu beziehen und geht auf diese Weise möglicherweise dem Konflikt aus dem Weg.

Auch wenn letztlich unklar bleibt, wie Jaimys ursprüngliche Behauptung zu deuten ist, zeigt sich, dass die Aussage, die Schule zu lieben, kontrovers aufgegriffen wurde und Lyon unvorstellbar bzw. begründungsbedürftig erscheint. Dies zeigt, dass es als akzeptabel zu gelten scheint, die Schule nicht zu mögen, sodass die Distanz gegenüber der Schule zumindest innerhalb dieser Gruppe eine legitime Haltung darstellt. Interessant ist, dass sich kein Mädchen zu dieser Thematik äußert.

Ein weiterer Aspekt besteht im Streben nach der Aufmerksamkeit der Mitschüler/innen. Dies wird in Lyons Verhalten deutlich, der am Ende der Gruppenaufgabe, nachdem alle anderen wieder Platz genommen haben, feststellt, dass er ein Kreuz vergessen hat und dies nachträglich setzt. Dies zelebriert er vor den Augen seiner Mitschüler/innen und zieht es in die Länge. Lyon versucht zudem durch besonders extremes Kreuzen die Aufmerksamkeit auf sich zu lenken. Da ihm dies nur bedingt gelingt, setzt er sein Kreuz schließlich an weniger extremer Stelle, was seinen Konflikt zwischen Konformitätsstreben und Aufmerksamkeitsbedürfnis aufzeigt.

Zudem konturieren sich die Beziehungen zu den Mitschüler/innen als wichtige soziale Ressource, da sie einander durch Erklärungen unterstützen und sich beim Ausführen von Aufgaben aneinander orientieren.

Offene Unterrichtssettings: „darfen ein paar Mal auch zusammen reden, zusammenarbeiten."

Die Schüler/innen weisen eine unterschiedlich stark ausgeprägte Freizeitorientierung auf. Ausschlaggebend hierfür ist die Definition von Schule als Ort, der cool sein soll, und die Präferenz für Pausensettings sowie das informelle Integrieren von Freizeitaktivitäten in den Unterricht.

In der Eingangspassage konturiert sich eine erste Vorstellung von Schule und Lernen aus Sicht der Schüler/innen. Dies wird in der Frage Lyons deutlich, ob eine bestimmte Primarschule „cool" war:

> „Lyon: //War die *cool*, die [S.-] Schule? //
> I: nochmal?
> Lyon: Nein ich frage sie *nur* ob die [S-] Schule cool war.
> Madalena: Ja." (MS-P1)

Vor diesem Hintergrund deutet sich Coolness als ein, aus Perspektive der Schüler/innen, wichtiges Bewertungskriterium des schulischen Settings an. Es wird nicht weiter ausgeführt, wann eine Schule als „cool" gilt. Da Madalena Lyons Frage bejaht, kann davon ausgegangen werden, dass zwischen den Schüler/innen ein geteiltes Verständnis davon existiert, was eine Schule zu einer „coolen" Schule macht. Es kann angenommen werden, dass eine Schule, die als „cool" gilt, von den Schüler/innen positiv erlebt und bewertet wird, sodass eine „coole" Schule zugleich ein Ort ist, an dem sich die Schüler/innen wohlfühlen und an dem sie gerne Zeit verbringen.

Das Motiv, des „Coolseins" konturiert sich in weiteren Passagen, sowohl in Bezug auf die Lehrpersonen als auch auf den Unterricht und wird von verschiedenen Schüler/innen eingebracht und scheint mit Wohlbefinden assoziiert zu werden.

Während unklar bleibt, weshalb die Lehrerin „cool" ist, zeigen sich Aspekte, die dazu beitragen, dass der Unterricht als „cool" erlebt wird:

> „I: ok. Wie sieht (..) Wie sieht es bei dir aus Lia?
> Lia: Ähm ich bin bei der Frau (Name der Lehrerin?) Ähm ich finde das Unterricht ist sehr cool. Wir sind auch zu weniger. //I: Lyon höre mal bitte auf// Wir sind auch zu weniger. Und ein ein paar Mal dearfen wir reden, wir dürfen ein paar Mal wir dearf-darfen ein paar Mal auch zusammen reden, zusammen arbeiten //?: Ua du Bitch. Ah nee awer net. // und so. Ich finde das, das ist ein von den besten Unterricht wo ich ha-hab." (MS-P24)

Der Deutschunterricht erscheint einerseits aufgrund der kleinen Gruppengröße angenehm. Er ist geprägt von Zusammenarbeit und es scheint eine lockere, offene Atmosphäre vorzuherrschen. Es existieren keine strikten Regeln im Hinblick auf das Sprechen im Unterricht und die Schüler/innen dürfen gelegentlich miteinander reden. Offen bleibt, ob sich dies auf den Unterrichtskontext bezieht oder auf private Gespräche, die toleriert werden. Diese Ausgestaltung trägt dazu bei, dass Lia den Deutschunterricht als einen der besten einstuft. Im Gegenhorizont hierzu wird deutlich, dass sie stärker regulierte Settings weniger mag bzw. diese ihr Wohlbefinden vermindern. Da somit schulische Settings präferiert werden, die Kontakt zu den Mitschüler/innen ermöglichen, wenig reguliert sind und Raum eröffnen, um eigene Interessen einzubringen und umzusetzen, drückt sich eine starke Peer- und Freizeitorientierung aus.

Auch die Präferenz für Pausen und damit verbundene Freiheiten reflektiert die Peer- und Freizeitorientierung. Indem Lyon auf die Frage, was in der neuen Schule gut ist, die Freiheit in den Pausen thematisiert, deutet sich eine Distanz zum schulischen Setting im engeren Sinne an. Lyon schätzt es in den Pausen das Schulgelände verlassen zu dürfen, was darauf schließen lässt, dass er ungern Zeit in der Schule verbringt und die Freiheit, die ihm die neuen schulischen Regeln bieten, positiv erlebt. Da auf die Frage, was an dieser Schule gut ist, keine lern- oder unterrichtsbezogenen Aspekte thematisiert werden, kann von einer starken Freizeitorientierung ausgegangen werden. Insgesamt scheinen die schulischen Aspekte der Peer- und Freizeitorientierung nachgeordnet zu sein, da diese erst nach mehrmaligem Nachfragen thematisiert werden.

Zugleich zeigt sich in späteren Ausführungen, dass es durchaus schulische Aspekt gibt, die die Schüler/innen mögen. Dies kommt in der Nennung von Fächern zum Ausdruck, die sie gut finden. Zu den Lieblingsfächern zählen Santé (Gesundheitslehre) und Info (Informatik), wobei unklar bleibt, welche Aspekte die Schüler/innen an diesen Fächern mögen. Dies kann darauf zurückzuführen sein, dass sie dies selbst nicht in Worte fassen können oder aber nicht bereit sind ihre Aussagen weiter zu konkretisieren.

Ein weiterer Hinweis auf die Freizeitorientierung ergibt sich aus dem Einbringen von Freizeitaktivitäten in das schulische Setting, wobei dies auf informellem Wege geschieht. Die Freizeitorientierung konturiert sich beispielsweise in dem Begriff „zocken". Dieser impliziert, dass die Schüler/innen im Informatikunterricht nicht nur schulische Aufgaben erledigen, sondern am Computer spielen. Inwiefern dies in einem von der Lehrkraft kontrollierten Setting erfolgt, bleibt unklar. Im Fach Informatik bestehen somit Freiräume, die es den Schüler/innen ermöglichen eigenen Interessen nachzugehen. Diese Freizeitorientierung scheint nicht für alle Schüler/innen gleichermaßen bedeutsam zu sein, was sich darin zeigt, dass die Schülerin Lia lieber an der Gruppendiskussion teilnimmt, anstatt zum Informatikunterricht zu gehen. Dies legt nahe, dass sie ein geringeres Interesse am „Zocken" hat.

Die Schüler/innen erleben es als angenehm, wenn die Lehrperson auf störendes oder abweichendes Verhalten mit Humor reagiert:

„Daciano: Herr Lehrer ist, cool. (.) An wann ech Dommheet-äh Dummheiten maachen, dann laacht hien. Manchmal." (MS-P24)

Hierin deutet sich an, dass „Dummheiten" im Unterricht teilweise toleriert werden, sodass es den Schüler/innen möglich ist, ihr Bedürfnis nach Unterhaltung und Spaß im Unterricht auszuleben, ohne umgehend sanktioniert zu werden:

Sprache: *„Daitsch schwetzen"*

In den Erzählungen der Schüler/innen sowie im Gruppendiskussionssetting zeigt sich ein flexibler Umgang mit Sprachen.

Die Schüler/innen verfügen über vielfältige Sprachhintergründe, sodass ihre Sprachkompetenzen erheblich variieren. Dies zeigt sich in unterschiedlichen Muttersprachen sowie in den darüber hinaus beherrschten Sprachen. Gemeinsam ist allen das Luxemburgische sowie in der Regel Französisch und Deutsch, was sie jeweils unterschiedlich gut beherrschen. Als Muttersprache dominiert das Portugiesische. Englisch gilt als beliebte Sprache, die viele lernen möchten oder bereits in ihrer Freizeit üben.

In der Schule werden vorrangig die offiziellen Landessprachen Luxemburgs bzw. die jeweiligen Instruktionssprachen gesprochen. Das Portugiesische erhält in der Schule keinen offiziellen Raum und wird eher in informellen Settings, wie in der Pause, gesprochen. Zudem wird deutlich, dass die Schüler/innen die Sprachvielfalt mögen.

Neben der offiziellen Sprache (Deutsch) der Gruppendiskussion werden weitere Sprachen (Luxemburgisch, Portugiesisch) genutzt. Die Kommunikation in den weiteren Sprachen diente dazu, um eine Aufgabe zu verstehen, wobei die Schüler/innen sich gegenseitig unterstützten. Dass die Erklärungen untereinander in den ihnen vertrauten Sprachen erfolgen, kann als erlerntes Verhalten gedeutet werden. Demnach scheint es legitime Unterrichtspraxis zu sein, einander durch Erklärungen in der Muttersprache zu unterstützen.

Die Schüler/innen verfügen über ein Bewusstsein, welche Sprache einem Kontext angemessen ist. Dies zeigt sich darin, dass sie einander auf die Verwendung unangemessener Sprachen hinweisen und sich auf diese Weise gegenseitig kontrollieren. So wird Madalena von Jaimy in rauem Umgangston dafür zurechtgewiesen, dass sie auf Luxemburgisch und nicht auf Deutsch antwortet:

„Madalena: Also ech vermessen en bessi mein aner Schoul, awer dass net
Jaimy: Daitsch schwetzen." (MS-P3)

In diesem Fall fungiert Jaimy als „Sprachpolizei", indem er die Verwendung der für die Gruppendiskussion vorgesehenen Sprache einfordert. Zugleich wird im Gespräch zwischen Lyon und Jaimy deutlich, dass es Jaimy vornehmlich um das Rechthaben geht. Lyon weist darauf hin, dass die Interviewerin durchaus etwas Luxemburgisch versteht. Dennoch sieht sich Jaimy durch die Bestätigung der

Interviewerin, Luxemburgisch nur schwer zu verstehen, bestätigt. Dies bringt er triumphierend in dem Ausruf „Bähm" zum Ausdruck, wobei er sich erneut an Madalena richtet, um sie nochmals auf ihren „Fehler" aufmerksam zu machen. Dabei fällt auf, dass Madalena selbst sich gar nicht an dem Gespräch über die Angemessenheit des Luxemburgischen beteiligt. Ein Grund für das starke Beharren auf die Verwendung des Deutschen kann darin liegen, dass der Klassenlehrer während der Projektvorstellung explizit auf die Verwendung des Deutschen bestand.

Darüber hinaus zeigt sich, dass die befragten Jungen eine Fantasiesprache nutzen, die offenbar arabische Elemente enthält. Diese wird erstmals im Zuge eines Arbeitsauftrags in die Gruppendiskussion eingebracht, nachdem die Interviewerin nachdrücklich dazu aufforderte, mit der Arbeit zu beginnen. Die Funktion der Fantasiesprache bleibt unklar. Es kann vermutet werden, dass es sich um eine Strategie handelt mit Druck umzugehen und die schulischen Anforderungen durch den Wechsel in die Fantasiesprache auszublenden. Vor diesem Hintergrund kann der Wechsel in die Fantasiesprache einen Schutzraum schaffen, in den sich die Schüler zurückziehen, wenn die Anforderungen zu viel werden. Andererseits kann der Wechsel in die Fantasiesprache auch als mangelnde Ernsthaftigkeit gedeutet werden. Die Verwendung einer Fantasiesprache stellt eine Abgrenzung zum in der Interaktion zuvor dominanten Sprachkontext dar, indem in eine Sprache gewechselt wird, die nicht alle Anwesenden verstehen.

Sozial- und Lernverhalten: „ich finde, dass, dass ein paar Leute nur Blödsinn machen"

Das Verhalten der Schüler/innen während der Gruppendiskussion wird zur Rekonstruktion herangezogen, da die Gesprächssituation dem schulischen Setting stark ähnelte, sodass angenommen werden kann, dass das gezeigte Verhalten, dem im Unterricht üblichen ähnelt.

Im Rahmen einer während der Gruppendiskussion gestellten Aufgabe zeigen sich Arbeitsweise und Anstrengungsbereitschaft in der Art und Weise, wie die Schüler/innen diese bewältigen. Dabei zeigen sich neben Sprachdefiziten ein geringes Maß an Selbstorganisation und ein hoher Ablenkungsgrad. So benötigen die Schüler/innen viel Zeit, um die Aufgabe zu verstehen und zu bearbeiten, was von starker Unruhe begleitet wurde.

Von Anfang an sind die Schüler/innen in unterschiedlichem Maße bereit zu partizipieren. Während nahezu alle Schüler/innen einen Stift heraussuchen, zeigt Lyon sich nach langer Anlaufzeit unvorbereitet. Während er vordergründig interessiert und kooperativ ist, hat er keinen Stift zur Hand. Dies verdeutlicht, dass er Instruktionen nur sehr bedingt bzw. nur zu seinen eigenen Regeln umsetzt.

Neben Lyon bejaht auch Jaimy eine Frage der Interviewerin, obwohl dies nicht der Realität entspricht. So gibt er auf Deutsch an, die Aufgabe verstanden zu haben, fragt jedoch im nächsten Moment bereits seine Mitschüler/innen auf Portugiesisch, was zu tun sei. Angesichts dessen wird eine Tendenz deutlich, Konflikte mit der Interviewerin zu vermeiden, sodass vordergründig Zustimmung und erwünschtes Verhalten demonstrier werden. Dabei bleibt offen, ob es sich um tatsächliche mangelnde Fähigkeiten, mangelndes Sprachverständnis oder um Unlust handelt. Nach der Bitte der Interviewerin mit der Aufgabe zu beginnen verhält sich die gesamte Gruppe passiv und unschlüssig. Die Gründe hierfür bleiben unklar, erscheinen aber vielschichtig. So ist anzunehmen, dass mangelnde Sprachkompetenzen, komplexe oder unklare Instruktion aber auch Demotivation sowie gruppendynamische Aspekte eine Rolle spielen. Im Zuge des Erfüllens der gestellten Aufgabe deuten sich somit verschiedene Stufen der Partizipation an, die die Schüler/innen in unterschiedlichem Maße bewältigen: Aufgabe verstehen, arbeitsbereit sein (Stift haben), Aufstehen und zur Tafel gehen, die eigenen Kreuze setzen, zum Sitzplatz zurückkehren.

Die Schüler/innen zeigen ein stark unterschiedliches Arbeitstempo und auch nach Beendigung der Aufgabe scheinen nicht alle diese tatsächlich verstanden zu haben. Letzteres deutet an, dass die Schüler/innen nicht danach streben, eine Aufgabe zu verstehen und gut zu bewältigen. Stattdessen scheinen sie, wenn sie eine Aufgabe nicht verstehen – orientiert an den Mitschüler/innen – irgendetwas zu machen, wodurch ihr mangelndes Verständnis vordergründig kompensiert wird und nicht offensichtlich zutage tritt.

In der Reaktion der Schüler/innen auf die Fragen der Interviewerin wird immer wieder deutlich, dass die Schüler/innen erhebliche Verständnisschwierigkeiten haben, welche die Interviewerin aufzuklären versucht. Zudem zeigt sich, dass die Schüler/innen die Fragen unterschiedlich ernst nehmen, wobei sich ein Unterschied zwischen Jungen und Mädchen andeutet. Während die Schülerin Madalena die Frage nach dem Wohlbefinden in der neuen Schule ernst nimmt und nachfragt, ist der Rest der Gruppe weiterhin unruhig. Zudem kritisiert Jaimy Madalena für den Gebrauch der falschen Sprache, anstatt selbst auf die Frage zu antworten und schränkt so ihre Ausführungen ein. Insgesamt erweisen sich die Mädchen als kooperativer, wohingegen bei den Jungen vielfach Fantasiesprache und Unzusammenhängendes dominieren.

Sowohl im unruhigen Verhalten, den Parallelgesprächen, aber auch in expliziten Sprechakten zeigt sich das Desinteresse einiger Schüler an der Gruppendiskussion. So verkündet Daciano zusammenhangslos nun schlafen zu wollen. Auf diese Weise demonstriert er Langeweile und verkündet das Ende seiner Partizipationsbereitschaft und möchte, zumindest mental, aus der Gruppendiskussion aussteigen. Dennoch bleibt er physisch präsent, was darauf hinweist, dass er sich trotz Unlust an grundlegende Regeln hält. So ist anzunehmen, dass es den Schüler/innen nicht gestattet ist, das schulische Setting bei Unlust zu verlassen. Es fällt auf, dass es sich bei dieser Aussage Dacianos um seinen ersten Redebeitrag seit einigen Passagen handelt. Er ist jedoch an den Albernheiten und

Störungen beteiligt, wohingegen er keine ernsthaften Beiträge tätigt. Dies kann in Kombination mit dem artikulierten Desinteresse als Hinweis auf eine Distanz Dacianos zu den schulischen Themen der Gruppendiskussion gewertet werden. Diese zeigt sich durch Passivität, das Verwenden einer Fantasiesprache und der Partizipation an der nicht auf das Thema bezogenen Peerdynamik.

Im Verhalten der Schüler/innen während der Gruppendiskussion sowie in ihren Erzählungen über den Unterricht konturiert sich unterschiedlich offensives störendes Verhalten. Im Zuge einer von der Interviewerin initiierten Veränderung der Sitzordnung entsteht eine Diskussion darüber, weshalb Lyon sich umsetzen muss. Während Lyon sich ungerecht behandelt fühlt, wird er unter anderem von Jaimy verhöhnt. Die Gruppendynamik in dieser Passage ist von latentem Anstacheln durch Jaimy geprägt, wohingegen Lyon innerhalb der Gruppe als Sündenbock zu gelten scheint. In diesem Zuge ist zu vermuten, dass Lyon aufgrund seines offensiven Störens oft von Autoritätspersonen zurechtgewiesen bzw. sanktioniert wird, wohingegen andere Schüler eher im Hintergrund wirken. Indem Lyon von Jaimy als „Aggressor" bezeichnet wird, wird dessen Rolle im Klassenverband deutlich. Demnach scheint Lyon sich bereits nach wenigen Schulwochen als Sündenbock und Aufrührer der Klasse etabliert zu haben. Dabei ist anzunehmen, dass auch die Lehrpersonen ihn als Störer bezeichnen, was von den Mitschüler/innen übernommen wird.

Die Mädchen sind im Verlauf der Gruppendiskussion zunehmend von der geringen Ernsthaftigkeit, den Albernheiten und Störungen der Jungen genervt, was sich in einer zunehmenden Blockbildung zwischen Jungen und Mädchen andeutet. Insbesondere Lia versucht die Jungen zur Ordnung zu rufen. Hierin wird deutlich, dass ein Teil der Gruppe durchaus bereit ist, ein ernsthaftes Gespräch zu führen, und sich dabei von den Jungen gestört fühlt.

In den Erzählungen von Lia und Madalena wird deutlich, dass sie sich von einigen Mitschülern generell gestört fühlen. Insbesondere in Lias Aussage zeigt sich, dass es um Mitschüler geht, die das Klassenklima durch Blödsinn stören:

„Lia: ich bin froh mit den Mitschüler aber nicht mit dem ähm Klima, so
Lyon: Klima (lachen)
(lachen von Lyon, Daciano und Jaimy)
I: Mit dem Klassenklima
Lia: ja.
I: Was findest du könnte man da verbessern?
Lia: Äh ich finde, dass, dass ein paar Leute nur Blödsinn machen und-
Daciano: //oh yea, gell Lyon//
Lyon: //Ech net. Ech sin deen Bravsten.//
Jaimy: //(lacht)//
Lyon: //Ich bin der Bravste.//" (MS-P11)

Es ist anzunehmen, dass sich die Unzufriedenheit der Mädchen auf das Verhalten der Jungen bezieht, die während der Gruppendiskussionen als störend auffallen, auch wenn sie nicht namentlich erwähnt werden. So wirkt sich das alberne Verhalten aus Sicht Lias negativ auf das Klassenklima aus. Dabei fällt auf, dass sie den Begriff „Klima" eigenständig einbringt. Obwohl die Mädchen sich im Plenum mit dem Klassenklima nur bedingt zufrieden erweisen, wird dies von den Jungen nicht ernst genommen, die das Thema zwar albern aufgreifen, es jedoch nicht auf sich beziehen und nicht ernst nehmen. Dies wird einerseits in Dacianos Verweis auf Lyon deutlich, worin sich erneut dessen Sündenbockposition andeutet. Auch Lyon weist von sich, Blödsinn zu machen und verortet sich stattdessen im positiven Extrem, indem er sich als den „Bravste[n]" bezeichnet. Dies lässt annehmen, dass die Jungen sich ihres störenden Verhaltens durchaus bewusst sind und sie mit diesem kokettieren. Vor dem Hintergrund dieser Erzählungen über das Klassenklima verfestigt sich der Eindruck, dass in der Klasse zwei Lager existieren: eine Gruppe, die albern ist, den Unterricht stört und sich durch fehlende Ernsthaftigkeit auszeichnet und eine Gruppe, die sich von diesen gestört fühlt und an einer guten Klassen- und Arbeitsatmosphäre interessiert ist. Zwischen diesen Gruppen deuten sich Konflikte an, welche auch im Rahmen der Gruppendiskussion immer wieder relevant werden. Zudem zeigt sich, dass die Lager (überwiegend geschlechtsspezifisch) getrennt sind. So zählen die Jungen zum Lager der Störer, während die Mädchen von ihnen genervt sind.

Darüber hinaus zeigt sich in der Gruppendiskussion, welche Verhaltenserwartungen den Schüler/innen im schulischen Setting bewusst sind. Inwieweit sie diese Erwartungen erfüllen und wie schulische Unterrichtssettings erlebt und bewertet werden, wird nachfolgend dargestellt. Verschiedene Aspekte des Lernens werden mit unangenehmen Gefühlen in Verbindung gebracht und es zeigt sich, dass schulische Arbeit sowie klassische Lernsettings als belastend wahrgenommen werden. Hierzu zählen ein ruhiges Verhalten kombiniert mit Partizipation im Unterricht.

Lyons Formulierung, dass sie sich „schläferisch" verhalten sollen, kann dahingehend gedeutet werden, dass sie nicht stören sollen und stillsitzen sollen. Dies beinhaltet die Abwesenheit von Bewegung und Lautäußerungen, was einen störungsfreien Unterricht garantiert. „Schläferisch" kann als Kritik am erwarteten Verhalten interpretiert werden. Demzufolge nimmt Lyon das Ruhigsein als Zwang und einengende Verhaltensnorm wahr. Dies bestätigt auch Madalena, die die von den Erwartungen stillzusitzen und zuzuhören geprägte Unterrichtsstruktur als langweilig erlebt.

„Madalena: Das ist langweilig.
I: Und was genau ist langweilig?
Madalena: Do setzen. An do den Herr Lehrer heieren, an äh." (MS-P16)

In Madalenas Erzählung zeigt sich, dass das im Unterricht erwartete passiv-aufmerksame Verhalten, das darin besteht auf dem Platz zu sitzen und der Lehrperson zu folgen, als langweilig empfunden wird. Hieran wird deutlich, dass eine solche Ausgestaltung des Unterrichts und des Lernens negative Emotionen befördern kann, worin sich eine Distanz gegenüber den schulischen Anforderungen andeutet. Obwohl sie sich langweilt, scheint Madalena sich jedoch den schulischen Erwartungen gegenüber konform zu verhalten.

Mehrere Schüler/innen gehen davon aus, dass die Lehrpersonen von ihnen erwarten, dass sie am Unterricht partizipieren. Hierin zeigt sich ein Bewusstsein, dass von ihnen im Unterricht erwartet wird, aufmerksam zu sein und sich zu beteiligen. Dies scheint über die Anwesenheit hinauszureichen und ein aktives Einbringen in den Unterricht zu umfassen.

Zudem konturiert sich im Gegenhorizont einer, von den Schülern beschriebenen, Sanktionssituation das von den Lehrpersonen im Unterricht erwartete Verhalten. Da der Lehrer auch das zufällige Herunterfallen von Gegenständen sanktioniert, erwartet er ruhiges Verhalten im Unterricht. Hierzu zählt sich nicht ablenken zu lassen, ruhig zu sein und Gegenstände adäquat zu verwenden. Abweichendes Verhalten wird von diesem Lehrer umgehend sanktioniert.

In Lyons Perzeptionen schulischer Erwartungen zeigt sich, dass er sich seines oftmals abweichenden Verhaltens bewusst ist und weiß, dass die Lehrpersonen von ihm „besseres" Verhalten erwarten:

„I: Und du Lyon, was würdest du sage, was sind die Erwartungen von euren Lehrern an euch? […]
Lyon: Waat gelift?
I: Was dein Lehrer oder deine Lehrerin von dir erwarten?
Lyon: Keng Ahnung. (.) Ah mech besser behuelen.
Jaimy: dass die Klasse äh ganz prop-äh ähm ganz
?: sauber?
?: ja" (MS-P30)

Zunächst kann er mit der Frage nichts anfangen und antwortet recht allgemein, dass besseres Benehmen von ihm erwartet wird. Dies impliziert, dass er diese Erwartung nicht erfüllt und auch nur bedingt bereit ist, dies zu ändern. Unklar bleibt, was ein besseres, angepasstes Verhalten beinhalten würde. Zudem wird von der Klasse Sauberkeit erwartet. Dies kann sich sowohl auf die Arbeitsweise als auch die Ordnung im Klassenzimmer beziehen. Es deutet sich an, dass es um ein von Sorgfalt und Umsicht geprägtes Verhalten geht.

Überdies zeigt sich ein Bewusstsein für das erwartete Sozialverhalten. So denken die Schüler/innen, dass ihre Lehrpersonen von ihnen ein harmonisches Sozialverhalten erwarten, geprägt von Friedfertigkeit und der Bereitschaft, Streit zu schlichten. Die Schüler/innen erkennen eine eigene Verantwortung für das soziale Miteinander und Klassenklima, indem sie es als erwünscht wahrnehmen Streit zu schlichten. Auch wenn die Abwesenheit von Streit als Erwartung genannt wird, deutet sich zugleich an, dass es nicht um vollständige Harmonie geht, sondern darum Konflikte konstruktiv beizulegen und einander dabei zu unterstützen. Die Schüler/innen sollen Verantwortung für das soziale Miteinander in der Klasse übernehmen, woran deutlich wird, dass es nicht die primäre Aufgabe der Lehrperson ist Streit zu schlichten.

3.3.2.2 Ergebnisdarstellung: die Perspektive der Modulaire-Schüler/innen auf den sekundären Schülerhabitus und die Passungskonstellationen

Der sekundäre Schülerhabitus

Die Analyse der Gruppendiskussion mit den Schüler/innen im Modulaire zielte im ersten Schritt auf die Rekonstruktion der von den Schüler/innen wahrgenommenen schulischen Anforderungen (sekundärer Schülerhabitus) ab, woraus ein *sekundärer Schülerhabitus der Verhaltenskonformität und diffusen Lernorientierung* resultierte. Die Analyse zeigte, dass den Schüler/innen verhaltensbezogene sowie lernbezogene Anforderungen bewusst sind.

Wahrgenommene Kennzeichen des sekundären Schülerhabitus zeigten sich in der Anforderung, im Unterricht zu partizipieren. Abhängig vom Unterrichtsfach und der Lehrperson sind die Erwartungen an das Verhalten unterschiedlich strikt ausgestaltet. In der, in vielen Unterrichtsfächern bestehenden, Erwartung stillzusitzen und zuzuhören, drücken sich klassische schulische Anforderungen aus. Hierzu zählt ebenso das Vermeiden von Unterrichtsstörungen. Auch das Anfertigen von Hausaufgaben in unterschiedlichem Umfang ist Teil des sekundären Schülerhabitus. Darüber hinaus sind den Schüler/innen Erwartungen und Regeln des sozialen Miteinanders bewusst, die darin bestehen sich friedlich zu verhalten und Konflikte zu bearbeiten. Überdies sehen sich die Schüler/innen mit der Erwartung konfrontiert, sauber zu arbeiten bzw. das Klassenzimmer und die Schule sauber zu halten. Weiterhin wird erwartet, dass sie eigenverantwortlich und pünktlich aus der Pause zurückzukehren.

Das rekonstruktive Vorgehen ermöglichte es, Spuren lernbezogener Anforderungen in den Daten zu identifizieren. So deutet sich eine diffuse Leistungserwartung an, die darin besteht, dass die Schüler/innen Aufgaben, die sie als komplex wahrnehmen, bearbeiten müssen. Überdies zeigt sich in der Existenz von Hausaufgaben die Erwartung eines Engagements, das über den Unterricht hinausreicht.

Insgesamt bestehen die von den Schüler/innen wahrgenommenen schulischen Anforderungen in angepasstem, unauffälligem Verhalten und einer diffusen Lern- und Anstrengungsbereitschaft. Dies wird von allen befragten Schüler/innen in der befragten Klasse in ähnlicher Weise wahrgenommen und kommuniziert.

Primäre Schülerhabitus und die Passungskonstellationen

Die kulturelle Passung zeigt sich darin, wie die Schüler/innen auf die an sie herangetragenen, schulischen Anforderungen reagieren und inwieweit und in welcher Weise sie an den sekundären Schülerhabitus anschließen können. Während der qualitativen Analyse der zugrundeliegenden Daten wurde deutlich, dass die Passung der Schüler/innen gegenüber den schulischen Anforderungen maßgeblich durch den primären Schülerhabitus determiniert wird. Ausgehend von dieser Erkenntnis war es unerlässlich, die Schülerhabitus der Schüler/innen in einem ersten Schritt in die Analyse zu integrieren. In einem zweiten Schritt ging es darum, zu ergründen, inwiefern der Positionierung eine kollektive Dimension inhärent ist. Die Ergebnisse dieser beiden Analyseschritte werden nachfolgend dargestellt.

Aufbauend auf den Rekonstruktionen der Positionierung der Schüler/innen gegenüber dem sekundären Schülerhabitus, wurden die folgenden vier Schülerhabitustypen für die, im Fokus der Analyse stehende, siebte Klasse im Modulaire-Track rekonstruiert:

MS1) Schülerhabitus begrenzter Leistungsorientierung und passiver Indifferenz
MS2) Schülerhabitus begrenzter Leistungsorientierung und der tolerierten, kontrollierbaren Opposition
MS3) Schülerhabitus der Schulbildungsnähe und Anstrengungsbereitschaft
MS4) Schülerhabitus der Entfremdung vom Lernen. starker Verhaltensauffälligkeit und Opposition

Nachfolgend werden die rekonstruierten Schülerhabitustypen näher charakterisiert. In Anhang 2 findet sich zudem einen tabellarischen Überblick über die Charakteristika der einzelnen Schülerhabitustypen aus Sicht der Modulaire-Schüler/innen.

Charakteristisch für den *Schülerhabitus begrenzter Leistungsorientierung und passiver Indifferenz* (MS1) ist ein angepasstes Verhalten und ein diffuser Bildungsbezug. Letzterer drückt sich in einem diffusen Wissen um die Notwendigkeit guter Bildung aus, was jedoch nicht in intrinsischer Motivation gründet. Diese Schüler/innen sind teilweise mit den Lerninhalten überfordert, können diese jedoch mit Unterstützung durch die Lehrperson bewältigen. Nichtsdestotrotz ist ihre Anstrengungsbereitschaft begrenzt und sie vermeiden komplexe Aufgaben, was auf geringe Selbstwirksamkeitsüberzeugungen zurückgeführt werden kann und sich in passiven bis hin zu resignierten Haltungen ausdrückt. Komplexe Themen werden als langweilig perzipiert und es besteht Indifferenz gegenüber bestimmten Fächern bzw. Fachelementen. Diese Schüler/innen haben keine Freude daran, sich mit unbekannten, komplexen Themen auseinanderzusetzen, und bewegen sich lieber im Rahmen des Bekannten.

Zeigen Schüler/innen des ersten Schülerhabitustyps angepasstes Verhalten, ist dies für den *Schülerhabitus begrenzter Leistungsorientierung und der tolerierten, kontrollierbaren Opposition* (MS2) nicht der Fall. Kennzeichnend ist abweichendes Verhalten geprägt von Unruhe und Albernheiten. Dies vollzieht sich überwiegend auf der Hinterbühne des Unterrichts und bewegt sich im Bereich des von den Lehrpersonen Tolerierten und Kontrollierbaren. Auch diese Schüler/innen zeigen einen diffusen Bildungsbezug, der dem ersten Schülerhabitustyps ähnlich ist. Sie vermeiden ebenfalls herausfordernde Aufgaben. Ihre Arbeitshaltung ist geprägt von einer geringen Anstrengungsbereitschaft und fehlender Ernsthaftigkeit gegenüber dem Lernen, was sich in der Praxis des Abschreibens widerspiegelt und eine erhebliche Distanz gegenüber dem Lernen verdeutlicht. Zugleich schätzen sie die Schule als Ort der Vergemeinschaftung, was sich darin zeigt, dass sie gerne Zeit in der Schule verbringen, jedoch nicht zu stark gefordert werden wollen. Stattdessen präferieren sie es, eigenen Interessen gemeinsam mit ihren Peers nachzugehen. Die starke Peerorientierung drückt sich in starker Konformität gegenüber der Gruppenmeinung aus.

Der *Schülerhabitus der Schulbildungsnähe und moderaten Anstrengungsbereitschaft* (MS3) ist von einem, im Vergleich zu den anderen Schülerhabitustypen im Modulaire, starken Bildungsbezug gekennzeichnet. Dennoch weisen auch diese Schüler/innen ein niedriges Leistungsniveau auf. Jedoch besteht ein Bewusstsein für den Wert und die Bedeutung von Lernen und Schule, das in stärkerem Maße verinnerlicht ist und sich in intrinsischer Motivation ausdrückt. Das Verhalten ist angepasst. Obwohl auch hier die Anstrengungsbereitschaft begrenzt ist und leicht lösbare Aufgaben bevorzugt werden, besteht eine grundsätzliche Lern- und Anstrengungsbereitschaft. Die starke subjektive Bedeutung von Lernen und Schule drückt sich im Einfordern von Partizipation und Lernen im Unterricht aus. Dies wird als Recht aller Schüler/innen verstanden. Kennzeichnend ist darüber hinaus ein Bedürfnis nach Ruhe und Ernsthaftigkeit im Unterricht. Hierin konturiert sich ein ernsthaftes Interesse an einem geregelten Unterricht. Die Peerorientierung ist vergleichsweise gering ausgeprägt und es erfolgt eine Abgrenzung gegenüber störenden, sich abweichend verhaltenden Schüler/innen.

Der *Schülerhabitus der Entfremdung vom Lernen, starker Verhaltensauffälligkeit und Opposition* (MS4) ist gekennzeichnet von stark ausgeprägter Entfremdung vom Lernen. Ablehnung, Distanz und Nichtwissen werden offen demonstriert. Anstrengungsbereitschaft und Motivation, zu lernen, fehlen. Zugleich bestehen diffuse Bildungsbezüge, indem Anerkennung durch die Lehrpersonen durchaus angenommen wird. Die Anstrengungsbereitschaft ist sehr begrenzt und folgt eigenen Regeln. Abweichendes, extremes Verhalten dient dem Streben nach der Aufmerksamkeit und Anerkennung durch die Mitschüler/innen oder Lehrpersonen. Trotz der Distanz zum Lernen wird die Schule positiv als Vergemeinschaftungsraum erlebt. Hierin zeigt sich eine starke Freizeitorientierung gekennzeichnet von der Wertschätzung informeller schulischer Settings. Dieser Schülerhabitustyp scheint aufgrund des extremen Verhaltens nicht in das Modulaire zu passen, sodass ein Schulwechsel absehbar ist. Im Hinblick auf die Benennung dieses Schülerhabitustyps als stark verhaltensauffällig, ist darauf hinzuweisen, dass es sich hierbei keineswegs um eine Zuschreibung der Forscherin handelt. Das abweichende Verhalten wurde vielmehr aus den Daten rekonstruiert.

Für alle Schülerhabitustypen im Modulaire-Track zeigen sich folgende Charakteristika, die zwar unterschiedlich ausgeprägt sind, aber als gemeinsame Tendenzen verstanden werden können: Gemeinsam ist ihnen eine starke Peerorientierung in deren Kontext Schule vor allem als Ort der Vergemeinschaftung bedeutsam ist. Vor diesem Hintergrund wird Schule aufgrund der guten Beziehung zu den Mitschüler/innen als Ort erlebt, an dem sich die Schüler/innen wohlfühlen. Zudem zeigt sich eine Präferenz für offene Lernsettings, gekennzeichnet von weniger strikten Verhaltensnormen, die beispielsweise Interaktionen mit den Mitschüler/innen ermöglichen. Überdies besteht in der Klasse eine Offenheit gegenüber der Sprachvielfalt, wobei alle Schüler/innen einen romanischen Sprachhintergrund teilen. Auch wenn sie unterschiedliche sprachliche Defizite haben, zeigen sie ein Bewusstsein für die einem Setting angemessene Sprache.

Insgesamt konnte ein breites Spektrum von Nähe und Distanz zum Lernen rekonstruiert werden. Dabei weisen alle Schüler/innen zumindest diffuse Bildungsbezüge auf und verschließen sich dem Lernen nicht komplett. Nähe zu Bildung konturiert sich im Erinnern von schulischen Ereignissen, in der Identifikation mit schulischen Zielen und Arbeitsweisen sowie im Wissen um die Bedeutung eines Schulabschlusses. Nachfolgend wird herausgearbeitet, wie die soeben dargestellten Schülerhabitustypen sich zu den Anforderungen im Modulaire verhalten.

Zwei der vier Schülerhabitustypen, der passiv-indifferente Habitustyp (MS1) und der kontrollierbar-oppositionelle Habitustyp (MS2), reflektieren – den Anforderungen des Modulaires überwiegend entsprechende – Haltungen, die eine kollektive Dimension aufweisen. Folglich können jeweils mehrere Schüler/innen diesen beiden Typen zugeordnet werden. In den unterschiedlichen Schülerhabitus der Individuen konturiert sich in Form eines Spektrums von Haltungen und Verhaltensweisen ähnlicher Tendenz ein kollektiver Schülerhabitus. Demnach besteht eine kollektive Tendenz, die individuell unterschiedlich ausgeprägt ist. Der kollektive Schülerhabitus, der sich für den passiv-indifferenten Habitustyp (MS1) und den kontrollierbar-oppositionellen Habitustyp (MS2) zeigt, ist gekennzeichnet von diffusen Bildungsbezügen, situationsbezogener Anstrengungsbereitschaft, starker Peer- und Freizeitorientierung, der Ablehnung klassischer Lernsettings und damit verbundener Verhaltenserwartungen sowie extrinsischen Motivationsquellen. Wie oben analysiert, wird die schulische Leistungskultur als überwältigend und unangenehm erlebt. Die Schüler/innen fühlen sich ständig gefordert, fremdbestimmt und erleben dies negativ. Lernen zu ihren eigenen Regeln wäre für sie annehmbar. Obwohl die Schüler/innen dieser beiden Schülerhabitustypen die soeben beschriebenen Tendenzen teilen, unterscheiden sie sich maßgeblich in der Verhaltensdimension, woraus sich die Differenzierung in zwei unterschiedliche Schülerhabitustypen ergibt. Während sich der passiv-indifferente Habitustyp (MS1) durch angepasstes, bis hin zu passiv-resigniertem Verhalten auszeichnet, ist für den kontrollierbar-oppositionellen Habitustyp (MS2) störendes, oppositionelles Verhalten charakteristisch, das sich jedoch im Rahmen eines durch die Schulseite tolerierten Maßes bewegt.

Auch wenn der zuvor beschriebene kollektive Schülerhabitus eine relativ breite geteilte Grundhaltung der Schüler/innen offenbart, bewegen sich einige Schülerhabitustypen außerhalb dieses Grundkonsens. So weisen der schulbildungsnahe Habitustyp (MS3) und der lernentfremdet-oppositionelle Habitustyp (MS4) Entfremdungspotenziale und Passungskonflikte in der Lerndimension auf. Folglich weichen diese Schülerhabitustypen von den kollektiv geteilten Orientierungen ab und bilden jeweils die Enden eines Kontinuums des Bildungsbezugs und der Entfremdung. Dabei ist der schulbildungsnahe Habitustyp (MS3) von vergleichsweise starker Bildungsnähe und Anstrengungsbereitschaft gekennzeichnet, die über das diffuse Maß hinausreicht, das sich im kollektiven Schülerhabitus zeigt. Der starke Bildungsbezug wird jedoch im Schulalltag durch die Verhaltensweisen von Mitschüler/innen und teilweise auch durch Praktiken der Lehrpersonen gehemmt. Hierin deutet sich ein Passungskonflikt zum Modulaire an, der darin besteht, dass das Bedürfnis nach einem störungsfreien Unterricht und fordernden Lerninhalten nicht befriedigt wird. Kennzeichnend ist dabei das Streben nach aktiver Partizipation im Unterricht, was in Kontrast steht zum passiven, abgelenkten oder störenden Verhalten der anderen Schülerhabitustypen. Auch durch die geringe Peerorientierung hebt sich der schulbildungsnahe Habitustyp (MS3) von den anderen ab, worin sich ebenfalls der stärkere Bildungsbezug zeigt.

Hingegen bewegt sich der lernentfremdet-oppositionelle Habitustyp (MS4) außerhalb des im Modulaire Akzeptierten, was sich in Entfremdung vom Lernen und stark den Unterricht störendem Verhalten zeigt. Kennzeichnend ist ein starkes Streben nach Freiheit, wobei das schulische Setting dieses beschränkt. Durch extreme Haltungen und Verhaltensweisen strebt dieser Schülerhabitustyp nach der Aufmerksamkeit der Mitschüler/innen und Lehrpersonen. Es besteht eine umfassende Distanz gegenüber dem Lernen, die jedoch gelegentlich durch das positive Erleben von Anerkennung im schulischen Kontext gebrochen wird. Die Schule wird als Vergemeinschaftungsraum positiv erlebt, wohingegen aktives Lernen und Partizipieren offensiv abgelehnt wird. Der lernentfremdet-oppositionelle Habitustyp (MS4) steht aufgrund der Überschreitung des Raums der akzeptierten Opposition und Distanz in einem Passungskonflikt zum Modulaire, sodass ein Verbleib in dieser Schule nicht möglich erscheint.

In den Schülerhabitustypen zeigen sich zudem Geschlechterdifferenzen. So konnten die Mädchen den angepassteren, bildungsbezogeneren Schülerhabitustypen (passiv-indifferenter Habitustyp MS1, schulbildungsnaher Habitustyp MS3) zugeordnet werden, wohingegen die Jungen in stärkerem Maße unangepasste, von Opposition begleitete Haltungen zeigten, die dem kontrollierbar-oppositionellen Habitustyp (MS2) und dem lernentfremdet-oppositionellen Habitustyp (MS4) entsprechen.

3.3.3 Spezifische Aspekte der Schulkultur im Modulaire und die Entwicklung von Entfremdung vom Lernen: Triangulation der Perspektiven von Lehrpersonen und Schüler/innen

Um die Frage nach Gemeinsamkeiten und Unterschieden zwischen der Perspektive der Lehrpersonen- und der Schüler/innen im Hinblick auf den erwarteten sekundären und wahrgenommenen Schülerhabitus und die Passung der Schülerhabitustypen zu den Anforderungen im Modulaire zu beantworten, wird in diesem Analyseschritt eine fallinterne Perspektiventriangulation vorgenommen.

Der sekundäre Schülerhabitus

In den vorangegangenen Analysen wurden schulische Anforderungen aus Perspektive der Lehrpersonen und Schüler/innen rekonstruiert, woraus der *sekundäre Schülerhabitus des schulischen Wohlbefindens* (Lehrpersonenperspektive) und der *sekundäre Schülerhabitus der Verhaltenskonformität und diffusen Lernorientierung* (Schüler/innenperspektive) hervorgingen. Deren Triangulation zeigt weitreichende Übereinstimmungen, aber auch einige Unterschiede.

Zu den Gemeinsamkeiten: Übergreifend kommt dem Sozialverhalten eine hohe Bedeutung zu, was sich in der Erwartung ausdrückt, dass die Schüler/innen einander unterstützen und Konflikte konstruktiv bearbeiten. Ebenso stellt angepasstes Verhalten eine von Lehrpersonen und Schüler/innen wahrgenommene Anforderung dar, die sich in der Akzeptanz von Regeln und Kooperationsbereitschaft zeigt. Gemeinsam ist ihnen überdies die Anforderung der Selbstorganisation. Mit dieser geht ein Handlungsfreiraum der Schüler/innen einher, der zugleich mit der Aufgabe verbunden ist, ihn eigenständig zu strukturieren.

Obwohl die Schüler/innen sie nicht explizit thematisieren, zeigt sich in ihrem Verhalten in der Gruppendiskussion ein Bewusstsein für die, von den Lehrpersonen geäußerte Erwartung, mit der Vielfalt der Sprachen im Unterricht umzugehen. Da sie zwischen verschiedenen Sprachen wechseln und ihnen bewusst ist, welche Sprache angemessen ist, wird deutlich, dass sie die Erwartungen der Lehrpersonen an den Umgang mit der Sprachvielfalt im Unterricht wahrnehmen und umsetzen.

Hingegen bestehen Unterschiede in den wahrgenommenen Anforderungen im Hinblick auf die Lern- und Leistungsorientierung. Während die Schüler/innen diffuse Leistungserwartungen wahrnehmen, besteht aus Perspektive der Lehrpersonen die minimale Erwartung in der physischen Anwesenheit. Überdies sehen sich die Schüler/innen mit schulischen Aufgaben konfrontiert, die von den Lehrpersonen nicht explizit thematisiert werden, wie das Anfertigen von Hausaufgaben und die Partizipation im Unterricht. Dies deutet darauf hin, dass die Erwartungen, die im Unterricht transportiert werden, über den Mindeststandards liegen, die von den Lehrpersonen in der Gruppendiskussion thematisiert werden. Zugleich zeigt sich in den Orientierungen der Schüler/innen, dass einige die reine Anwesenheit in der Schule ohne weitere Aufgaben und Verpflichtungen schätzen würden, was aber letztlich nicht die Realität im Unterricht darstellt. Angesichts dessen stellt sich die Frage, wodurch diese Kluft zwischen den Erwartungen der Lehrpersonen und den von den Schüler/innen wahrgenommenen Anforderungen bedingt ist. Möglicherweise kommunizieren die Lehrpersonen die Mindesterwartung nicht gegenüber den Schüler/innen, sie stellt lediglich ein toleriertes Minimum dar.

Insgesamt zeigt sich, dass den Schüler/innen die schulischen Anforderungen bewusst sind. Während sie konkretere Vorstellungen von dem erwarteten Sozialverhalten haben, erscheinen die akademischen Erwartungen diffuser. Im Vergleich wird deutlich, dass die Lehrpersonen Erwartungen formulieren, die die Schüler/innen nicht aufgreifen. Dies kann darauf zurückgeführt werden, dass einige Anforderungen – wie die Offenheit für nichttraditionelle Geschlechterrollen oder die Offenheit für Neues – die pädagogische Hinterbühne betreffen und dementsprechend wünschenswerte pädagogische Ziele darstellen, die aber gegenüber den Schüler/innen im Unterricht nicht explizit als solche formuliert werden.

Primäre Schülerhabitus und die Passungskonstellationen

Die kulturelle Passung der Schüler/innen zum Modulaire-Track zeigt sich darin, in welcher Weise ihre Haltungen und Verhaltensweisen den schulischen Erwartungen entsprechen. Wohlbefinden, Bindung oder Entfremdung zur Schule sind Ausdrucksweisen von Passungskonstellationen zwischen dem primären Schülerhabitus und dem sekundären Schülerhabitus.

Der Vergleich der Schülerhabitustypen aus Perspektive der Lehrpersonen und Schüler/innen ergibt ein hohes Maß an Übereinstimmung. Hieraus resultieren sehr ähnliche Schülerhabitustypen, wobei einige Passungskonstellationen nur von den Lehrpersonen thematisiert wurden oder sich ausschließlich in den Haltungen der Schüler/innen zeigten. So ergibt sich aus der Zusammenführung der bereits vorgestellten Schülerhabitustypologien ein umfassendes Bild der, in dieser siebten Klasse im Modulaire, rekonstruierten Schülerhabitustypen aus Perspektive der Lehrpersonen und Schüler/innen. Dies ist in Tabelle 12 visualisiert.

Tabelle 12: Kombinierte Schülerhabitustypen aus Lehrpersonen- und Schüler/innenperspektive im Modulaire

Lehrpersonenperspektive	Schüler/innenperspektive	Kombinierte Schülerhabitustypen
Schülerhabitus überdurchschnittlichen Leistungsniveaus (ML1[31])		Schülerhabitus überdurchschnittlichen Leistungsniveaus (M1)
Schülerhabitus der Leistungsbereitschaft (ML2)	Schülerhabitus der Schulbildungsnähe und Anstrengungsbereitschaft (MS3)	Schülerhabitus der Leistungsbereitschaft (M2)
	Schülerhabitus begrenzter Leistungsorientierung und passiver Indifferenz (MS1)	Schülerhabitus begrenzter Leistungsorientierung und passiver Indifferenz (M3)
Schülerhabitus moderater, kontrollierbarer Verhaltensauffälligkeiten (ML3)	Schülerhabitus begrenzter Leistungsorientierung und der tolerierten, kontrollierbaren Opposition (MS2)	Schülerhabitus begrenzter Leistungsorientierung und tolerierter, kontrollierbarer Opposition (M4)
Schülerhabitus stark abweichenden Verhaltens und negativer Anerkennungsbedürftigkeit (ML4)	Schülerhabitus der Entfremdung vom Lernen, starker Verhaltensauffälligkeit und Opposition (MS4)	Schülerhabitus stark abweichenden Verhaltens und der Entfremdung vom Lernen (M5)

Quelle: eigene Darstellung

Insgesamt resultieren für diese Klasse vier voneinander abzugrenzende Passungskonstellationen, die teilweise Subtypen beinhalten. Diese beinhalten fehlende Passung aufgrund eines zu hohen Leistungsniveaus (1), resonante, den Anforderungen im Modulaire entsprechende Passung (2) sowie zwei Formen konflikthafter Passung. Konflikthafte Passung zeigt sich sowohl in Form von Unterforderung (3) als auch in starker Verhaltensauffälligkeit und Entfremdung vom Lernen (4).

Im Folgenden wird dargestellt, in welcher Relation die identifizierten primären Schülerhabitustypen zum sekundären Schülerhabitus und damit zu den Anforderungen im Modulaire-Track stehen. Dabei wird gezeigt, in welcher Weise

---

31 Die verwendeten Abkürzungen basieren auf folgenden Überlegungen: M steht für den Modulaire-Track, L für die Lehrpersonenperspektive, S für die Schüler/innenperspektive und die Ziffer wurde in numerischer Reihenfolge vergeben. Dabei wurde für die kombinierten Schülerhabitustypen lediglich die Bezeichnung M und eine Ziffer gewählt.

sich die Schülerhabitustypen auf dem Kontinuum zwischen gelingender Passung und mangelnder Passung bewegen.

Ausschließlich aus Lehrpersonensicht wurde ein *Schülerhabitustyp des überdurchschnittlichen Leistungsniveaus* (ML1/M1) rekonstruiert, der Schüler/innen umfasst, deren Leistungsniveau generell über den Erwartungen im Modulaire liegt. Aufgrund dessen wird in den ersten Schulwochen eine Re-Allokation in den EST-Track vorgenommen. Dieser Schülerhabitustyp zeigte sich nicht in den Haltungen der befragten Schüler/innen. Es ist anzunehmen, dass Schüler/innen, die diesem Schülerhabitustyp entsprechen, bereits umorientiert wurden und deshalb nicht in der Gruppendiskussion vertreten waren. Da diese Schüler/innen das Modulaire bereits nach kurzer Zeit verlassen, besteht keine Passung zu den Anforderungen im Modulaire. Es ist anzunehmen, dass Entfremdung wahrscheinlich wäre, würde keine Re-Allokation erfolgen, da diese Schüler/innen aufgrund ihrer Bildungswerte und ihres Leistungsniveaus von den niedrigen Anforderungen im Modulaire nicht angesprochen würden.

Ein *leistungsbereiter und lernwilliger Schülerhabitus* (M2) konturiert sich sowohl in den Beobachtungen der Lehrpersonen als auch in den Haltungen der Schüler/innen. So erweist sich der Schülerhabitus der Leistungsbereitschaft aus Lehrpersonenperspektive (ML2) als deckungsgleich mit dem Schülerhabitus der Schulbildungsnähe und Anstrengungsbereitschaft der Schüler/innen (MS3). Aufgrund der vergleichsweise stark ausgeprägten Lern- und Leistungsbereitschaft ergibt sich eine konflikthafte Passung, die sich in partieller Unterforderung zeigt. Diese Schüler/innen fühlen sich wenig gefordert und können ihr Potenzial nicht in den Unterricht einbringen. Vor diesem Hintergrund ist Wohlbefinden im Modulaire nur bedingt gegeben, da die Bildungsorientierung durch das Verhalten der Mitschüler/innen und der Praktiken der Lehrpersonen gehemmt wird. Hierin konturiert sich eine lediglich bedingte Resonanz zu den Angeboten im Modulaire, womit ein Entfremdungsrisiko verbunden ist.

Der *Schülerhabitus begrenzter Leistungsorientierung und passiver Indifferenz* (MS1, M3) wird von den Lehrpersonen nicht direkt thematisiert, zeigt sich jedoch in den rekonstruierten Haltungen der Schüler/innen. Dass die Lehrpersonen diesen angepassten Schülerhabitus nicht thematisieren, kann auf ihren Fokus auf abweichendes, störendes Verhalten zurückgeführt werden. Der Schülerhabitus begrenzter Leistungsorientierung und passiver Indifferenz unterscheidet sich vom zuvor beschriebenen leistungsbereiten, lernwilligen Schülerhabitus durch ein geringeres Leistungs- und Anstrengungsniveau und steht den Lerninhalten teilweise indifferent gegenüber. Dies zeigt sich darin, dass die schulischen Anforderungen als schwer wahrgenommen werden, was teilweise mit Überforderung und Passivität einhergeht. Zugleich zeigen diese Schüler/innen angepasstes Verhalten und entsprechen damit den schulischen Erwartungen im Modulaire.

Die soeben beschriebenen Haltungen teilen auch der *Schülerhabitus moderater, kontrollierbarer Verhaltensauffälligkeiten* (ML3, M4) und der *Schülerhabitus begrenzter Leistungsorientierung und tolerierten und kontrollierbaren Opposition* (MS2, M4), die sich auf der Verhaltensebene vom zuvor beschriebenen Schülerhabitustyp unterscheiden. So zeigen diese Schüler/innen abweichendes Verhalten, das sich in einem im Modulaire tolerierten und von den Lehrpersonen als kontrollierbar wahrgenommenen Rahmen bewegt.

Die Schülerhabitustypen *Schülerhabitus begrenzter Leistungsorientierung und passiver Indifferenz* (MS1, M3) sowie *Schülerhabitus moderater, kontrollierbarer Verhaltensauffälligkeiten* (ML3, M4) und *Schülerhabitus begrenzter Leistungsorientierung und der tolerierten, kontrollierbaren Opposition* (MS2, M4) repräsentieren die breit gestreute Mitte der Haltungen und Verhaltensweisen der Schüler/innen. So sind diesen Schülerhabitustypen die meisten Schüler/innen der Gruppendiskussion zuzuordnen, sodass hierin ein kollektiver Schülerhabitus der Schüler/innen im Modulaire verortet werden kann. Während sich diese Schüler/innen zwischen angepasstem und toleriertem abweichendem Verhalten bewegen, teilen sie eine diffuse Leistungsorientierung und -bereitschaft bei zugleich geringem Leistungsniveau. Sie fühlen sich generell in der Schule wohl und entsprechen den schulischen Erwartungen, womit Passung vorliegt.

Das schulische Wohlbefinden dieser Schüler/innengruppe wird durch das Ausleben ihrer starken Peerorientierung generiert, da das schulische Setting ihnen teilweise Raum zum Reden, Zusammenarbeiten und Miteinander – Zeit – Verbringen bietet, was zudem nicht auf akademische Aufgaben beschränkt ist. Zugleich werden stark lehrerzentrierte Unterrichtssettings als unangenehm und einengend wahrgenommen, was durch informelle Unterrichtssettings ausgeglichen wird. Die Resonanz dieser Gruppe gegenüber dem schulischen Setting ist aufgrund der zuvor beschriebenen Umstände hoch, sodass eine Bindung an die Schule gegeben ist. Folglich ist die Passung zu den Anforderungen im Modulaire hoch, sodass in diesen Passungskonstellationen kaum Entfremdungspotenziale vorliegen.

Im Hinblick auf die mit stark konflikthafter Passung verknüpften Schülerhabitustypen des *Schülerhabitus stark abweichenden Verhaltens und negativer Anerkennungsbedürftigkeit* (ML4, M5) und des *Schülerhabitus der Entfremdung vom Lernen, starker Verhaltensauffälligkeit und Opposition* (MS4, M5) besteht wiederum Deckungsgleichheit zwischen den Beobachtungen der Lehrpersonen und den rekonstruierten Haltungen auf Schüler/innenseite. Die konflikthafte Passung dieser Schülerhabitustypen zu den schulischen Anforderungen ist nicht auf mangelnde akademische Fähigkeiten, sondern auf das die Grenze des Tragbaren überschreitende Verhalten dieser Schüler/innen zurückzuführen. Darüber hinaus wird der Passungskonflikt durch indifferente bis hin zu ablehnenden Haltungen gegenüber dem Lernen verstärkt. Zudem sind Betroffene, trotz Bewusstseins für die Situation, nicht in der Lage, Passung (wieder-) herzustellen und ihr Verhalten den schulischen Erwartungen anzupassen, sodass sich die bereits bestehende Entfremdung weiter verstärkt. Das Ausmaß der mangelnden Passung zeigt sich darin, dass ein Schulwechsel unausweichlich erscheint, wenn keine Verhaltensänderung erfolgt.

Entfremdungspotenziale und Bindungsmöglichkeiten schulischer Anforderungen im Modulaire

Im Rahmen der Analysen konnten Bindungsmöglichkeiten und Entfremdungspotenziale für die Schulkultur im Modulaire-Track des Lycée Bicane rekonstruiert werden.

Die Analysen zeigten, dass eine Entstehung und Verstärkung der Entfremdung vom Lernen im Modulaire in zwei Passungskonstellationen zwischen primärem und sekundärem Schülerhabitus bedeutsam ist.

Für Schüler/innen, deren Haltung die diffuse Leistungsorientierung übertrifft (M2), besteht ein Risiko, Entfremdung gegenüber dem Lernen zu entwickeln. Auch wenn diese Schüler/innen zu schwach für das EST sind, sind sie im Vergleich zu ihren Mitschüler/innen leistungsstark und anstrengungsbereit. Die Schulkultur im Modulaire, geprägt von niedrigen Anforderungen, geringen Partizipationsmöglichkeiten und Unruhe im Klassenzimmer, kann bei diesen Schüler/innen eine Einschränkung des Wohlbefindens und Entfremdung gegenüber dem Lernen nach sich ziehen.

Die Entfremdungspotenziale für den Schülerhabitustyp starker Verhaltensauffälligkeiten kombiniert mit einer Distanz gegenüber dem Lernen (M5), erweisen sich als vielschichtig und komplex. Dabei gilt es zu berücksichtigen, dass der Ausgangspunkt dieser Schulentfremdung bereits in der Primarschule zu verorten ist, sodass die Ursachen hierfür nicht ausschließlich in der Schulkultur des Modulaire zu verorten sind. Es kommt jedoch zu einer Verstärkung der Entfremdung vom Lernen, da es der Schule nicht gelingt, den Wert von Schule und Lernen zu vermitteln.

Für Jungen und Mädchen deuten sich unterschiedliche Entfremdungsrisiken an. Während die Mädchen tendenziell stärkere Bildungsbezüge aufweisen und angepasster sind und sich in stärkerem Maße von der unruhigen Unterrichtsatmosphäre gestört fühlen, tendieren Jungen in stärkerem Maße zu störendem Verhalten und einer generalisierten Distanz gegenüber dem Lernen. Bei den Mädchen hingegen bezieht sich die Indifferenz eher auf ein Unterrichtsfach oder spezifische Fachinhalte.

Neben den zuvor thematisierten Entfremdungspotenzialen bietet die analysierte Schulkultur im Modulaire vielfältige Bindungsmöglichkeiten. So können die nachfolgenden Aspekte dazu beitragen, dass Schüler/innen Resonanz gegenüber der Schule und dem Lernen entwickeln und aufrecht halten.

Der existierende große Raum akzeptablen Verhaltens im Modulaire bietet den Schüler/innen generell den Freiraum, ein breites Verhaltensspektrum zu zeigen, das sowohl angepasstes als auch leicht störendes Verhalten beinhalten kann. Da das primäre Ziel das Wohlbefinden der Schüler/innen ist, kommt die Schulkultur den Bedürfnissen der Schüler/innen, ihre Peerorientierung auszuleben und sich zu bewegen, in verschiedenen Unterrichtssettings nach. Diese Elemente werden in die verschiedenen Fächer in unterschiedlichem Maße integriert und wirken als Puffer gegenüber der Entwicklung einer generalisierten negativen Haltung gegenüber dem Lernen. Dies verdeutlicht, dass in der Modulaire-Schulkultur ein Bewusstsein für die Bedürfnisse der Schüler/innen besteht und diese überwiegend berücksichtigt werden.

Zudem ist die Schulkultur von geringen Leistungsanforderungen und der Abwesenheit von Leistungsdruck geprägt, wodurch das Wohlbefinden der Schüler/innen weitgehend gewahrt wird. Die Schüler/innen lernen überwiegend gerne, solange die Aufgaben nicht zu schwierig oder anstrengend und das Lernpensum nicht zu hoch sind. Vor diesem Hintergrund gelingt es, diese Bedürfnisse, die die meisten Schüler/innen teilen, zu befriedigen und deren Lernorientierung zu erhalten. Da die Wissensvermittlung dem Wohlbefinden möglichst aller Schüler/innen nachgeordnet ist, orientieren sich die Lehrpersonen an der großen Gruppe der Schüler/innen mit diffusen Bildungsbezügen und geringerer Anstrengungsbereitschaft. Die Analysen offenbaren, dass Lern- und Leistungsorientierung aus Sicht der Befragten nicht Teil der Schulkultur im Modulaire sind, sodass die Wissensvermittlung im schulischen Selbstverständnis nachgeordnet ist. Vielmehr versteht sich das Modulaire auf Basis der durchgeführten Gruppendiskussionen als schulischer Schutzraum für Schüler/innen mit vielfältigen Problemen.

3.4 Qualitative Fallanalyse des akademischen ES-Tracks: Rekonstruktive Analyse und Ergebnisse

Folgendes Kapitel wendet sich der qualitativen Fallanalyse für den akademischen ES-Track zu. Da es sich um die Triangulation der Perspektiven der Lehrpersonen und Schüler/innen handelt, sind hierzu mehrere, aufeinander aufbauende Analyseschritte nötig.

Zunächst werden die Analysen und Ergebnisse zum sekundären Schülerhabitus und zu den Passungskonstellationen getrennt für Lehrpersonen (Analyse: III.3.4.1.1 – Ergebnisse III.3.4.1.2) und Schüler/innen (Analyse: III.3.4.2.1 – Ergebnisse III.3.4.2.2). vorgestellt. Daran anschließend erfolgt Triangulation des sekundären Schülerhabitus und der Anschlussmöglichkeiten aus Lehrpersonen- und Schüler/innen-Perspektive. Dies ermöglicht das Aufdecken von Bindungs- und Entfremdungspotenzialen schulischer Anforderungen im ES-Track (III.3.4.3.).

3.4.1 Die Perspektive der ES-Lehrpersonen

3.4.1.1 *Analyse schulischer Anforderungen: Sekundärer Schülerhabitus und Passungskonstellationen*

Die Narrationen der beiden befragten Lehrpersonen gewähren Einblick in den sekundären Schülerhabitus, der die aus ihrer Sicht idealen Haltungen, Verhaltensweisen und Kompetenzen der Schüler/innen im akademischen ES-Track beinhaltet. Der sekundäre Schülerhabitus bildet dementsprechend die schulischen Anforderungen ab. Darüber hinaus kommt in den Narrationen der ES-Lehrerinnen zum Ausdruck, wie sich die Schüler/innen ihrer siebten Klasse zum sekundären Schülerhabitus positionieren. In diesen Passungskonstellationen wird deutlich, in welcher Weise es den Schüler/innen möglich ist an die schulischen Anforderungen anzuschließen.

Nachfolgend werden die aus Perspektive der Lehrpersonen rekonstruierten zentralen Themen dargestellt, in denen die schulischen Anforderungen dieser Schulkultur zum Ausdruck kommen. Anschließend werden diese Befunde pointiert zusammengefasst.

Eigenständiges Arbeiten und Organisieren: „Ihnen wird nicht andauernd gesagt ja du musst dies und das machen"

Die Fähigkeit, eigenständig zu arbeiten, zu lernen sowie das Lernsetting zu strukturieren, stellt aus Lehrpersonenperspektive eine zentrale Erwartung der ES-Schulkultur an die Schüler/innen dar. Demnach werden weitreichende Erwartungen an die Selbstorganisation gestellt. Im Gegensatz zur Primarschule, die als Gegenhorizont fungiert, wird von den Schüler/innen im ES erwartet, dass sie ihre Arbeitsweise und ihren Lernprozess eigenständig strukturieren. Idealerweise benötigen sie hierzu keine Vorgaben durch die Lehrperson, sie sollen vielmehr mitdenken und vorausschauend arbeiten:

> „Also das ist schon ein sehr schwieriges Jahr für sie, weil sie aus der Grundschule kommen und in der Grundschule ist alles normiert. Das heißt, äh sie wissen ganz genau für Französisch nehmen sie einen *roten* Ordner, für Mathematik den *gelben*, und den Stift für *dies* oder für *das* und ähm in äh auf *Septième* müssen sie eben lernen *autonom* zu arbeiten. Das heißt, ihnen wird nicht andauernd gesagt ja du musst dies und das machen, sondern sie müssen eben lernen autonom zu arbeiten, autonom zu lernen, autonom Sachen aufzuschreiben und das ist sehr schwierig für sie." (Frau Henry ES1: P2)

Es wird nicht vorausgesetzt, dass die Schüler/innen die Kompetenz des autonomen Arbeitens bereits bei ihrer Ankunft im ES beherrschen. Vielmehr müssen die Siebtklässler/innen sie erst erlernen. Dies ist herausfordernd, da sich die Anforderungslogik von Primarschule und ES im Hinblick auf das autonome Arbeiten und Strukturieren stark unterscheiden. Hierin deutet sich eine notwendige Transformation der gewohnten Lern- und Arbeitspraktiken im Zuge des Übergangs in den ES-Track an.

Die Auseinandersetzung mit den Lerninhalten findet neben dem Unterricht auch zu einem großen Teil zu Hause statt, was der Nachbereitung des Unterrichts sowie der Vorbereitung auf Klassenarbeiten dient. Folglich müssen sich die Schüler/innen über den Unterricht hinaus mit den Fachinhalten beschäftigen, was kontinuierliches, eigenständiges und selbststrukturiertes Engagement sowie das Entwickeln von geeigneten Lernstrategien erfordert.

Das eigenständige Arbeiten beinhaltet auch die Strukturierung der Lerninhalte, was Heftführung und Schriftbild einschließt. Diese Kompetenzen zu vermitteln fällt nicht unter die Aufgaben der Lehrpersonen im ES und wird als in der Primarschule erlernt vorausgesetzt. Dies ist jedoch in der Praxis in unterschiedlichem Maße der Fall, wie die Kritik an der Heftführung verdeutlicht. Eine Veränderung der Heftführung muss von den Schüler/innen ausgehen und wird nicht durch die Lehrperson initiiert:

> „Der Damian und der Barry, die passen nicht gut genug auf, die machen die schreiben zu (.) also unstrukturiert auf, nicht sauber genug. Mir persönlich wäre deren Heft zum Beispiel zu schlecht geschrieben, sodass ich den Inhalt lernen könnte. Ich brauche selber einen sauberen (.) eine ordentliche Unterlage, aber ich kann jetzt nicht die Schüler tadeln wegen ihrer Schrift. Das ist in diesem Alter zu spät, die müssen mit deren Schrift selber klarkommen." (Frau Kepler ES2: P5)

Es zeigt sich, dass eine unstrukturierte Heftführung und ein schlechtes Schriftbild dem Lernerfolg abträglich sind, da den Schüler/innen eine übersichtliche Lerngrundlage fehlt. Zudem erweisen sich einige Schüler/innen als unzuverlässig, wenn es darum geht die von den Eltern unterschriebenen Prüfungen zurück in die Schule zu bringen. Dies verdeutlicht, dass ihre Selbstorganisation noch nicht zufriedenstellend ausgeprägt ist. Die Lehrperson unterstellt ihnen dabei keine böse Absicht.

Die hohen Erwartungen an die Selbstorganisation werden von klar kommunizierten Anforderungen und berechenbaren Unterrichtsstrukturen und Prüfungsabläufen gerahmt, welche die Aufgaben der Schüler/innen definieren. Es gilt die im Heft fixierten Unterrichtsinhalte zu beherrschen. Die Inhalte werden präsentiert, sie aufzuschreiben und zu lernen liegt in der Verantwortung der Schüler/innen. Sie müssen sich jedoch keine neuen Inhalte selbst erschließen.

Das Arbeiten außerhalb des Unterrichts beinhaltet neben dem Auswendiglernen auch die eigenständige Überprüfung des individuellen Lernergebnisses und Wissensstandes. Dabei wird erwartet, dass die Schüler/innen ihre Antworten mit einer Musterlösung bzw. den im Unterricht erarbeiteten Inhalten abgleichen. Die eigenständige Lernzielkontrolle gelingt nur, wenn die Inhalte eindeutig richtig oder falsch sind und eine Musterlösung vorliegt. Dies ist in den Naturwissenschaften stärker als in den Sprachen der Fall.

In der Kontrastierung der Unterrichtsbedingungen mit den Kompetenzen der Schüler/innen wird deutlich, dass die im ES selbstverständlichen Erwartungen an Selbstorganisation und schriftliches Ausdrucksvermögen aus Sicht der Lehrerin im EST nicht umsetzbar sind. Dies unterstreicht das hohe Kompetenzniveau der Schüler/innen im ES sowie die anspruchsvolle Unterrichtsstruktur:

> „Und ähm die [EST-Schüler/innen] arbeiten auch noch im Unterricht gut mit, aber die kriegen das *gar nicht*, also ganz ganz ganz schlecht aufs Papier. Nicht gut. Das ist wirklich *sehr* harte Arbeit das dann richtig aufs Papier zu kriegen, obwohl die sehr *freundlich*, sehr *höflich* zum Teil sind, nachfragen wie es einen geht und von zu Hause erzählen und auch im Unterricht ausstrecken und auch im Unterricht richtige Antworten geben. Da muss man aber dann immer wieder sagen das ist so, da fehlt noch ein Teil, was der Aspekt ist noch nicht ganz richtig ausgeleuchtet, da müssen wir noch etwas- dann hak ich nach und durch das viele Nachhaken haben wir auch im Endeffekt die richtigen Antworten, das dauert dann etwas länger, steht auch im Heft nachher alles richtig drin. Aber in der Prüfung dann alles von selbst, weil das Nachhaken nicht mehr da ist, wiedergeben und an die Vollständigkeit denken, *das ist dann ganz schwer* für *die*." (Frau Kepler ES2: P6)

Die hohen Anforderungen an das eigenständige Arbeiten und Denken sind ES-spezifisch und funktionieren im EST-Track nur bedingt. Dies spiegelt sich in der Notwendigkeit der stärkeren Anleitung durch die Lehrperson im EST und den Schwierigkeiten dieser Schüler/innen wider, Lerninhalte eigenständig wiederzugeben. Demnach scheinen die EST-Schüler/innen auch das Auswendiglernen nicht so selbstverständlich zu beherrschen, was hingegen im ES konstitutiv ist.

Verinnerlichen der Fachlogik und Fachsprache: „Das sind Schüler, die genau wissen, Biologie, das ist ein Fach, das muss man einfach lernen, auswendig lernen am besten."

Die Narrationen der Lehrerinnen zeigen, dass von den Schüler/innen die Anerkennung und Internalisierung der fachspezifischen Anforderungen erwartet wird. Dies betrifft sowohl Fachlogik als auch Fachsprache. Die Internalisierung dieses Wissens erfolgt im Zeitverlauf, sodass Schüler/innen höherer Klassen genau wissen, was von ihnen verlangt wird und sich danach richten:

> „Ich muss sagen die ähm lernen relativ schnell, die wissen jetzt also, wenn sie den Bogen später raushaben. was mir da auffällt, das sind Schüler, die wenn ich jetzt äh (.) also bei uns ist ja dann das Quatrième und Troisième, wenn ich jetzt die nehmen, das sind Schüler, die genau wissen, Biologie, das ist ein Fach, das muss man einfach lernen, auswendig lernen am besten. Und die haben das nachher raus." (Frau Kepler ES2: P6)

In den höheren Klassen zeigt sich die hohe Orientierungskompetenz der Schüler/innen darin, dass sie, auch wenn sie sich nicht für das Fach interessieren, gute Noten erzielen. Da sie die Anforderungen sehr gut kennen und sich an diesen ausrichten, zeigt sich stark strategische Orientierung der Schüler/innen: Sie engagieren sich zumindest so weit für das Unterrichtsfach, dass sie eine gute Note erzielen. In der Anerkennung und Übernahme der fachlichen und schulischen Anforderungen verdeutlicht sich die grundlegende, hohe Bildungsorientierung und Anpassungsbereitschaft der Schüler/innen. Sie erfüllen die an sie gestellten Erwartungen, auch wenn sie nicht unbedingt Sinn darin sehen und keine Freude daran haben.

Während Schüler/innen höherer Klassenstufen die jeweiligen Fachmechanismen kennen und wissen, wie sie arbeiten müssen, um gute Noten zu erzielen, ist das bei den Siebtklässler/innen noch nicht der Fall. Das Durchschauen und Verstehen der schulischen Spielregeln und Mechanismen ist ein Prozess, in dem sich anfängliche Fremdheit bzw. Unerfahrenheit in Vertrautheit wandelt. Dieses „den Bogen heraushaben" deutet die Lehrerin positiv: in höheren Schulklassen wissen die Schüler/innen genau, worauf es ankommt. Idealerweise sind sie somit anpassungsfähig und dazu in der Lage, ihre Arbeitsstrategien zu reflektieren. So wird von ihnen am Anfang der siebten Klasse erwartet zu erkennen, dass die kontinuierliche, unterrichtsbegleitende Beschäftigung mit den Lerninhalten sowie die Aneignung der Fachsprache und korrekte Wiedergabe von Definitionen essentielle Kompetenzen für den Lernerfolg sind. Auf diesen Transformationsdruck sollten sie mit Aneignung der geforderten Kompetenzen reagieren:

> „Ich frag dann am Anfang und dann versuche ich anfangs ein paar kleine Tests zu machen, dass sie regelmäßig bei der Sache bleiben, dass sie merken, ah ich muss das, Definitionen richtig wiedergeben können und nicht so ungefähr in meinen eigenen Worten oder ein Beispiel ist keine Definition. Dass sie das anfangs gut verstehen, dass die Naturwissenschaftslehre ihre eigene Fachsprache besitzen und dann läuft das normalerweise. Ja." (Frau Kepler ES2: P4)

Die Aneignung von Fachlogik und Fachsprache gilt als Voraussetzung für eine erfolgreiche Adaption und schulischen Erfolg im ES. Dies scheint überwiegend gut zu verlaufen, sodass die Schüler/innen diese Erwartung in der Regel nach kurzer Zeit erfüllen.

Eine weitere mit der Verinnerlichung der Fachlogik einhergehende Erwartung besteht darin, die fachspezifischen Lernprozesse nicht zu hinterfragen, sondern sich ihnen anzupassen. Dies wird am Beispiel des Biologieunterrichts deutlich. Da die ideale Lernstrategie im Auswendiglernen besteht, wird von den Schüler/innen erwartet die Lerninhalte nicht zu hinterfragen. Letzteres wird als unangemessen und den Unterrichtsfluss störend wahrgenommen. Mit dem Auswendiglernen geht folglich nicht zwingend das Verstehen eines Sachverhaltes einher und es wird erwartet, dass sie die Unterrichtsinhalte auch dann lernen, wenn sie diese nicht verstanden haben. So handelt es sich um Faktenwissen, das es zu lernen gilt und kein tiefes Verstehen erfordert.

Idealerweise haben die Schüler/innen diesen Mechanismus verinnerlicht und hinterfragen ihn nicht. Teil der Internalisierung der Fachlogik ist es, dass sie verstehen, welche Form von Fragen erwünscht sind und sich danach richten. So ist ein globales „ich habe es nicht verstanden" unerwünscht, wohingegen konkrete Nachfragen akzeptiert werden. Am Beispiel der Schülerin Marcia wird deutlich, dass in der Septième eine Haltung des Etwas-nicht-verstanden-Habens noch vorhanden ist und die Verinnerlichung der Fachlogik noch nicht abgeschlossen ist:

„Also, auf Septième, also die Klasse, wo wir ja drüber reden, wenn die Marcia sagt, ich habe nichts verstanden, sag ich, wie, du hast beim Skelett nichts verstanden? Da gibt es nichts zu verstehen. Es ist genauso wie, wenn jemand sagt bei Mathe, ich hab'das Einmaleins nicht verstanden" (Frau Kepler ES2: P7)

Ernsthaftigkeit: „Ihnen kann's doch egal sein"

Überdies wird von den Schüler/innen Ernsthaftigkeit bezogen auf das Erbringen schulischer Leistungen und deren Bewertung erwartet. Als ideal erscheint eine Balance: sie sollen weder zu stark betroffen sein von schlechten Leistungen, noch sollen sie schlechte Noten ganz kalt lassen. Jedoch stimmen die Ansprüche von Lehrperson und Schüler/in nicht immer überein, wie der folgende Gegenhorizont zum idealen Schülerhabitus zeigt:

„Aber ich weiß, dass ich einen Schüler habe, so ah 40 ist doch, ich so, ne 40 ist nicht gut, vor allem nicht für jemanden, der jetzt das Jahr zu zweit macht, aber ich find's gut, ich find's nicht gut, Ihnen kann's doch egal, ist es mir aber nicht, ja und dann wissen sie nicht mehr, was sie sagen sollen." (Frau Kepler ES2: P13).

Anhand dieses Beispiels werden die unterschiedlichen Bewertungsmaßstäbe einer Leistung durch Lehrerin und Schüler deutlich. Die in diesem Zitat genannten 40 Punkte stellen auf der luxemburgischen Bewertungsskala eine zwischen ausreichend und befriedigend zu verortende Leistung dar. Maximal können

60 Punkte erreicht werden, wobei Leistungen unter 30 Punkten das Nichtbestehen einer Arbeit zur Folge haben.

Während der Schüler seine Leistung als ausreichend einstuft, erwartet die Lehrerin gerade von jemandem, der die Klasse wiederholt, eine bessere Leistung. Zudem erlebt der Schüler diese Positionierung der Lehrerin als Einmischung und blockt ein weiteres Gespräch ab. So zeigt sich der besagte Schüler nicht als einsichtig und beharrt auf seinem Standpunkt, ohne sich auf die Argumente der Lehrerin einzulassen. Es ist anzunehmen, dass es sich bei dem besagten Schüler um Damian handelt.

Erfüllung akademischer Mindeststandards: „Ich glaube, dass es eben nur um diese Noten geht."

Von den Schüler/innen wird die Erfüllung von Mindeststandards im Hinblick auf akademische Leistung erwartet. Es ist anzunehmen, dass dieser Mindeststandard ausreichende Noten in allen Fächern beinhaltet. Die Fokussierung der Schüler/innen auf Noten zeigt das umfassende Ausmaß, in welchem sie die Anforderungen der Schule übernehmen.

Dies verdeutlicht, dass die Schüler/innen kein darüber hinausreichendes Interesse an den Lerninhalten zeigen und strategische Lernhaltungen dominieren:

> „Hm, ich glaube, dass es eben nur um diese Noten geht. Das ist normal, das sind sie gewöhnt und sie arbeiten darauf hin, dass es eben reicht, aber nicht mehr. Was soll ich, warum muss ich das können, wenn ich es nicht wirklich anzuwenden weiß. Ja."
> (Frau Henry ES1: P4)

Die Formulierung „dass es eben nur um diese Noten geht" deutet darauf hin, dass sowohl von Seiten der Schule als auch durch die Schüler/innen selbst der Fokus des Lernens auf dem Erreichen guter Noten liegt. Charakteristisch ist dabei, dass die Schüler/innen kein Interesse an einem vertieften Verständnis der Lerninhalte haben. Sie lernen, um eine akzeptable Note zu erhalten und wissen genau, was sie tun müssen, um dies zu erreichen. Dies gilt aus Sicht der Lehrerin als ausreichend und akzeptabel, worin sich eine gemeinsame Erwartungshaltung von Lehrerin und Schüler/innen dokumentiert. So gilt die Fokussierung auf Noten und das damit verbundene begrenzte Engagement als normal. Die Schüler/innen haben sich in einem langen schulischen Sozialisationsprozess daran gewöhnt und diese Strategie bewährt sich in der Praxis. Folglich kommen alternative Herangehensweisen nicht in den Blick und sind auch nicht erforderlich.

Die Fokussierung auf Noten und das akzeptierte minimale Engagement der Schüler/innen im ES-Track überrascht, da es sich um Schüler/innen aus stark bildungsorientierten Familien handelt, sodass ihnen ein starkes Interesse an Bildung über Noten hinaus zugeschrieben werden könnte.

Durchhaltevermögen: „Beweisen, dass man Sitzfleisch hat. Und dann schafft man es auch."

In den Narrationen der Lehrpersonen konturieren sich Durchhaltevermögen und Frustrationstoleranz als ideale Aspekte des sekundären Schülerhabitus im ES-Track. Dies beinhaltet das Aushalten von und Durchbeißen in akademischen und sozialen Konfliktsituationen im Schulkontext. Idealerweise demonstrieren die Schüler/innen Resilienz in belastenden Situationen. Es wird nicht erwartet, dass sie mit Leichtigkeit und ohne jegliche Schwierigkeiten das ES absolvieren, bedeutsam ist vielmehr ihre Einstellung gegenüber Schwierigkeiten.

Diese besteht idealerweise darin, sich nicht entmutigen zu lassen und es solange zu versuchen, bis sich Erfolg einstellt:

> „Also Haltung, also am Ball bleiben, immer am Ball bleiben, immer wieder versuchen, immer wieder von Neuem probieren und sich nicht ins Bockshorn jagen lassen." (Frau Kepler ES2: P8)

Am Beispiel von Schüler/innen niedriger sozialer Herkunft, die von der Lehrperson überwiegend auf den niedrigeren Schultracks verortet werden, konturiert sich zudem ein ungünstiger Schülerhabitus, der im Kontrast zum idealen Schülerhabitus im ES-Track steht. Kennzeichnend für Schüler/innen niedriger sozialer Herkunft ist oftmals die Einnahme einer Opferrolle, wodurch sie die Schuld für ihre schlechten Leistungen den Lehrpersonen oder Mitschüler/innen zuschreiben und in Passivität verharren. Hingegen wird von den ES-Schüler/innen erwartet, dass sie ihren eigenen Beitrag zu Problemsituationen erkennen und Eigenverantwortung übernehmen. Letztere besteht darin selbst aktiv zu werden und an sich zu arbeiten, anstatt die Schuld anderen zuzuweisen und in Passivität zu verharren.

Am Ball zu bleiben umfasst folglich, sich weder durch ungünstige Beziehungskonstellationen zu Lehrpersonen und Mitschüler/innen, noch durch schulische Misserfolge, wie schlechte Noten, entmutigen zu lassen. Vielmehr besteht die erwünschte Haltung, um diese Situationen zu bewältigen darin, aktiv zu bleiben und nicht zu resignieren:

> „Auch wenn dieses Jahr die Klasse vielleicht nicht angenehm ist, vielleicht nächstes Jahr ändert sich was. Oder auch, wenn dieses Jahr die Lehrperson vielleicht nicht angenehm ist in dem Fach, nächstes Jahr musst du ja nicht die Gleiche haben. Bleib am Ball. Oder auch wenn dieser Test schlecht ausgefallen ist, nichts sagt darüber aus, was jetzt im nächsten Test kommt vor allem auf der 7. Klasse da ist ja nichts Aufbauendes dabei, dann klappt es nächstes Mal besser, das mein ich wirklich am Ball bleiben, Sitzfleisch beweisen. Beweisen, dass man Sitzfleisch hat. Und dann schafft man es auch." (Frau Kepler ES2: P11)

Die Anforderung, schwierige Situationen auszuhalten, steht in Verbindung zur Dynamik des Schulalltags. So beinhaltet jeder neue Test und jedes neue Unterrichtsthema die Chance für einen individuellen schulischen Erfolg. Auch die sozialen Konstellationen verändern sich mit jedem Schuljahr und bieten Aussicht auf Besserung.

Angesichts der als ideal beschriebenen Strategie, dranzubleiben und durchzuhalten, wird deutlich, dass es weniger darum geht, Konflikte konstruktiv zu bearbeiten und zu transformieren. Vielmehr gibt es im Schulalltag Situationen und Konstellationen, die die Schüler/innen nicht aktiv beeinflussen können, die es auszuhalten gilt.

Frustrationstoleranz wird, auch bezogen auf das Berufsleben, eine hohe Bedeutung beigemessen. Vor diesem Hintergrund konturiert sich der ES-Track als Lernort, der auf die Anforderungen des Berufslebens vorbereitet, indem die Schüler/innen mit schwierigen Situationen im Alltag konfrontiert werden, die es zu bewältigen gilt. Da die Schüler/innen nicht vor diesen Anforderungen abgeschirmt werden, zeigt sich, dass die Schule hier nicht als Schutzraum fungiert.

Konstruktiver Umgang mit Nichtwissen: „Das heißt, wenn ich etwas nicht kann, dann schau ich mir YouTube an und ich kann's oder wenn ich etwas nicht weiß, dann google ich und dann find ich sofort die neue – die Antwort."

Der sekundäre Schülerhabitus beinhaltet das Einlassen auf die schulische Logik der Wissensvermittlung, was die Bereitschaft umfasst, sich Lösungen selbst zu erarbeiten und sich intensiv mit einem Thema zu beschäftigen. Jedoch bestehen erhebliche Diskrepanzen zwischen der schulischen Logik der Wissenspräsentation und -vermittlung und der Logik des Wissenserwerbs im außerschulischen, von Medien dominierten, Alltag der Schüler/innen. Hieraus resultiert eine geringe Frustrationstoleranz der Schüler/innen bezogen auf die Aneignung von Wissen, wie der nachfolgende Gegenhorizont zeigt:

> „Und ich glaube, dass viele Schüler einfach gewohnt sind andauernd so einen Input zu haben durch Medien, Handy, Smartphone, Email, Facebook, Twitter, was weiß ich. Und die Schule ist dann im Vergleich zu Galileo oder was weiß ich langweilig. Aber das ist ja auch eine Sache der Perzeption. Sie sind es gewöhnt und sie haben eine niedrige Frustrationstoleranz. Das heißt, wenn ich etwas nicht kann, dann schau ich mir Youtube an und ich kann's oder wenn ich etwas nicht weiß, dann google ich und dann find ich sofort die neue – die Antwort. Und das macht, dass sie nicht viel Frust aushalten und wenn dann etwas in deiner Schule passiert – es ist schneller Frust, glaube ich, im Vergleich vielleicht zu der Generation, der früheren Generation." (Frau Henry ES1: P 10)

Aufgrund ihrer umfangreichen Mediennutzung sind es die Schüler/innen gewohnt, Input zu erhalten, ohne selbst aktiv zu werden. Während die Schüler/

innen es im außerschulischen Alltag gewohnt sind, via Internet sofort und ohne eigene Anstrengung Anleitungen und Informationen abzurufen, erfordert der Wissenserwerb in der Schule eigenen Einsatz und Anstrengung, indem sie sich beispielsweise die Lösung selbst erarbeiten müssen. Da sie gewohnt sind Lösungen zu konsumieren, anstatt selbst nachzudenken und auszuprobieren, erleben sie die Art und Weise der schulischen Wissenserarbeitung als frustrierend und umständlich und haben wenig Spaß an der intensiven Beschäftigung mit Lerninhalten. Hierin deutet sich eine Entfremdung vom schulischen Lernprozess an.

Es zeigt sich eine Fokussierung auf Ergebnisse, wohingegen dem Erkenntnisprozess ein geringer Wert beigemessen wird und es vielmehr darum geht, mit minimalem Aufwand das richtige Ergebnis zu erlangen. Dies gilt als noch akzeptable Haltung, die jedoch nicht dem idealen Schüler/innenbild entspricht. Als ideal gelten Bereitschaft und Freude, sich intensiv mit Fragestellungen zu beschäftigen, sich Wissen eigenständig zu erschließen und sich dafür anzustrengen.

Stressresistenz: „Und wenn sie nicht gewöhnt sind manchmal Stress zu haben, dann sind sie frustriert, wenn es mal Stress gibt"

Von den Schüler/innen wird Stressresistenz erwartet, sodass sie Prüfungssituationen bewältigen können. Idealerweise verfügen sie bereits bei ihrer Ankunft im ES über diese Haltung und entwickeln diese dann weiter. Die Konfrontation mit Stresssituationen im Schulalltag gilt als notwendig, um Frustrationstoleranz und Widerstandsfähigkeit zu stärken:

> „Und so haben die Kinder auch mal einen Test. Und das war Stress und das ist ok. Und wenn sie nicht gewöhnt sind manchmal Stress zu haben, dann sind sie frustriert, wenn es mal Stress gibt." (Frau Henry ES1: P10)

So werden bereits die Prüfungen (Épreuves) im Rahmen des Orientierungsverfahrens als Belastungssituation entworfen, welche die Schüler/innen bewältigen müssen. Der damit verbundene Stress gilt als angemessen und notwendig, um den Umgang mit Prüfungssituationen und Druck einzuüben. Demnach wird durch das Bewältigen von schwierigen Prüfungen in der Schule die Frustrationstoleranz der Schüler/innen trainiert.

Konstruktiver Umgang mit Fehlern und Problemen: „Aber wenn der gar nicht mehr möchte, dann möchte der nicht mehr."

Wie sich bereits in den Rekonstruktionen zur Haltung der Frustrationstoleranz andeutet, gilt es als wünschenswert, dass sich die Schüler/innen mit ihren Fehlern auseinandersetzen und aus ihnen lernen. Grundsätzlich dürfen sie Fehler machen, es wird jedoch erwartet, dass sie diese reflektieren und ihre Strategien und Verhaltensweisen anpassen. Dies erfordert die Ernsthaftigkeit sich mit ihren eigenen Lerntechniken auseinanderzusetzen. Zur Auseinandersetzung mit Fehlern benötigen die Schüler/innen Fähigkeiten zur Selbstreflexion und die Kenntnis der Anforderungen des Fachs.

Dies ist bei den Siebtklässler/innen noch nicht immer der Fall, wie in einem Gegenhorizont deutlich wird. Obwohl Musterlösungen existieren, werden sie nicht immer im erwünschten Sinne zur Aufarbeitung der eigenen Fehler genutzt. Dies deutet auf eine mangelnde Ernsthaftigkeit bezogen auf das Fach bzw. das Lernen im Allgemeinen hin. Dies verhindert einen selbstreflexiven Prozess, der bessere Ergebnisse in der nächsten Prüfung verspricht.

Von den Schüler/innen wird eine aktive Haltung des Mitdenkens erwartet, die sich in Form des – mehrfach von den Lehrpersonen aufgegriffenen – Motives des Dranbleibens bei Schwierigkeiten weiter konturiert. So ermöglicht das Mitdenken Defizite zu kompensieren, indem die Schüler/innen sich mit den Inhalten und ihren Problemen befassen und nicht aufgeben. In dieser erwünschten Haltung zeigt sich die Eigenverantwortlichkeit der Schüler/innen, denen es obliegt ihre Defizite auf konstruktive Weise zu bearbeiten:

> „Also ich äh es ist mir fällt jetzt vielleicht über die Zeit auf, dass ich jetzt was schwächere Schüler auch drauf hab, was das Deutsch betrifft, aber die denken mit. Ich find das eine ganz angenehme Klasse." (Frau Kepler ES2: P1 a)

Das Mitdenken und Dranbleiben erweisen sich als wichtige Haltung im Unterricht, wodurch es Schüler/innen gelingt Schwierigkeiten zu überwinden und Passung herzustellen oder aufrechtzuerhalten. Dies zeigt, dass von den Schüler/innen – insbesondere, wenn sie über sprachliche Defizite verfügen – erwartet wird, dass sie sich das Nichtverstandene selbst erschließen oder, wenn dies nicht gelingt, konkrete Nachfragen stellen.

Zudem beugt die als ideal geltende, sich aktiv mit den eigenen Problemen auseinandersetzende Haltung Schulentfremdung vor. Jedoch verfügen nicht alle Schüler/innen über diese wünschenswerte Haltung:

> „Und wenn der Schüler wirklich gar nicht, also wenn er anfängt, dann ist das denk ich mal kein Problem, das wieder hinzukriegen, aber wenn der gar nicht *mehr möchte*, dann *möchte der nicht* mehr." (Frau Kepler ES2: P15)

Um Schulentfremdung zu überwinden, müssen die betroffenen Schüler/innen mitarbeiten und sich wieder integrieren wollen. Ist dies nicht der Fall kann auch die Zusammenarbeit von Lehrpersonen und Eltern nicht viel ausrichten. Entscheidend sind damit Haltung und Engagement der Schüler/innen, die letztlich nicht dazu gezwungen werden können, ihre Distanz aufzugeben.

Schulentfremdete Schüler/innen weisen somit auf vielfache Weise eine Distanz zum idealen Schülerhabitus auf, insbesondere, wenn sie nicht bereit sind mitzuarbeiten.

Von den Schüler/innen wird erwartet, dass sie – unterstützt durch ihre Eltern – ungünstige Lernstrategien identifizieren, reflektieren und ändern:

> „Ja warum hat es denn nicht gereicht, du hast zu ungenau gelernt oder du hast diese zwei Fragen gar nicht beantwortet und da hast du dich dann falsch vorbereitet. Vorbereitet *heißt nicht* Lesen, vorbereitet *heißt nicht* die Musik und das Handy daneben laufen haben, vorbereitet *heißt nicht,* eine *Idee* haben und *ungefähr* das wiedergeben können, das ist das, was dann nicht klappt. Und wenn die Eltern dann aber auf *Genauigkeit* pochen und auf *Vollständigkeit* dann klappt das" (Frau Kepler ES2: P10)

Hieran wird deutlich, dass von den Schüler/innen nicht erwartet wird, dass sie diese Reflexionsleistung eigenständig leisten. Vielmehr benötigt es erwachsene Begleiter, welche die Schüler/innen auf mögliche Ursachen unzureichender Leistung aufmerksam machen und sie in der Schaffung einer geeigneten Lernatmosphäre außerhalb der Schule unterstützen. Hierin deutet sich an, dass die Schüler/innen noch nicht die Reife besitzen, dies eigenständig zu leisten. Erwartet wird, dass sie kooperationsbereit sind – mit Unterstützung – ihre Lernumgebung oder Lernstrategien zu hinterfragen und zu verändern, um so die geforderte Präzision im Lernprozess zu erreichen.

Selbstvertrauen: „Dass man als Lehrer manchmal Sachen sagt, die man vielleicht gar nicht so meint und dass das die Schüler verletzen kann."

Ein weiterer Aspekt des sekundären Schülerhabitus ist Selbstvertrauen, das als Puffer gegenüber (unintendierten) verbalen Verletzungen durch die Lehrpersonen fungiert. Die Schüler/innen verfügen, insbesondere in der Pubertät, nicht über ausreichend Selbstvertrauen, sodass sie anfälliger für verletzende Äußerungen sind. Erst mit zunehmendem Alter festigen sich Selbstvertrauen und Selbstbewusstsein, sodass diese in der Sekundarstufe nicht als umfassend vorhanden vorausgesetzt werden können:

> „Also, ich glaube, dass vor allem, wenn Kinder in der Pubertät sind, dass man als Lehrer manchmal Sachen sagt, die man vielleicht gar nicht so meint und dass das die Schüler verletzen kann (.) und das kann, denke ich, zu Entfremdung führen. Auch, wenn man das nicht absichtlich macht, aber es gibt, ich denke es gibt viele Schüler, viel viel sensibler sind als sie es sich eingestehen und noch nicht das richtige Selbstvertrauen haben vielleicht." (Frau Henry ES1: P8)

Auswendiglernen: „*Auswendiglernen, das muss sitzen, das muss klappen.*"

Auswendiglernen wird als ideale, fächerübergreifende Lernstrategie im ES-Track aufgebaut, welche die Schüler/innen beherrschen müssen. Auch wenn sich die Inhalte, die auswendig zu lernen sind, fachspezifisch unterscheiden, ist das Auswendiglernen in allen Fächern eine zentrale Lernstrategie, deren Beherrschen maßgeblich den Bildungserfolg der Schüler/innen bestimmt:

> „Die Kompetenz halt also *auswendig lernen zu können*, muss man, *Vokabeln* Französisch, *Vokabeln* Englisch, *Definitionen* Mathe, *Definitionen Worterklärungen* Naturwissenschaften, *Hauptstädte* zu den Ländern passend *Geographie* und wenn das nicht trainiert wird ja dann vergisst man es. Dann kann man es nicht mehr gut. Also das ist eine Kompetenz, wo ich denke, auswendig lernen, das muss sitzen, das muss klappen. Und ich merk's ja selber für mich, wenn ich eine Sprache lerne, dann bin ich gut drin und wenn ich damit aufhöre, dann wird's wieder schwerer." (Frau Kepler ES2: P8)

Auswendiglernen beinhaltet das regelmäßige Wiederholen von Lerninhalten, worin sich eine Verbindung zum erwünschten Durchhaltevermögen zeigt. Auswendiglernen ist alternativlos und muss funktionieren. Als wünschenswerte Lernhaltung konturiert sich dabei die kontinuierliche Beschäftigung mit den Lerninhalten, die als Basis für einen von Leichtigkeit geprägten Umgang mit Lerninhalten dient. Dies zeigt, dass von den Schüler/innen erwartet wird, Zeit und Engagement in den Lernprozess zu investieren. Im Gegenhorizont wird wiederum deutlich, dass es nicht darum geht, Lerninhalte ohne Anstrengung und Engagement zu beherrschen. Ein weiterer Aspekt des Auswendiglernens ist die Kompetenz, das erworbene Wissen an der richtigen Stelle wiedergeben zu können.

Die Lehrpersonen bewerten die reproduktiven Arbeitstechniken unterschiedlich stark. Während die Science-Lehrerin Frau Kepler Auswendiglernen als unabdingbare und zentrale Lerntechnik wahrnimmt, thematisiert die Französischlehrerin Frau Henry den Fokus auf reproduktive Lerntechniken kritisch. So trägt die dominante Anforderung, Wissen zu reproduzieren dazu bei, dass die Lerninhalte wenig anwendungsbezogen sind. Folglich können die Schüler/innen diese nicht in der Praxis anwenden, was sich am Beispiel der Fachlogik des Französischunterrichts verdeutlicht:

> „Weil vor allem im Französischen ist es so, dass die Ausnahme von der Ausnahme von der Ausnahme gelernt muss- muss man lernen, aber Anwendung keine Ahnung. Ich kann mir trotzdem keine Pizza bestellen und ein Glas Cola." (Frau Henry ES1: P11)

Primär wird kontinuierliches Engagement in Form von Auswendiglernen erwartet, wobei das Verstehen der Inhalte der Fähigkeit, sie zu reproduzieren, nachgeordnet ist: Wenn die Schüler/innen die Lerninhalte auswendig lernen, werden sie im ES-Track erfolgreich sein. Dies zeigt sich auch in der Erwartung, die reproduktive Anforderungslogik zu verinnerlichen und sich nach ihr richten.

Jedoch konturiert sich das Auswendiglernen im fachdidaktischen Diskurs nicht als durchweg populäre Lernstrategie. Vielmehr scheint es teilweise als überholt zu gelten, an Bedeutung zu verlieren und von neueren Ansätzen, die sich jedoch noch nicht etabliert haben, flankiert zu werden:

> „Da gibt es nichts zu verstehen. Es ist genauso wie, wenn jemand sagt bei Mathe, ich hab'das Einmaleins nicht verstanden. Das wurde in unserer Zeit auswendig gelernt und ich fand das ehrlich gesagt auch besser. Da gibt es nichts zu verstehen, es ist einfach so. 1 mal 1 ist 1, 1 mal 5 ist 5, da gibt es nichts zu verstehen." (Frau Kepler ES2: P7)

Auswendiglernen konturiert sich als Eigenleistung der Schüler/innen, die keine pädagogische Unterstützung erfordert. Da die Schule folglich hierbei keine Unterstützung leistet, wird deutlich, dass die Kompetenz, sich Lerninhalte anzueignen und diese zu reproduzieren, in hohem Maße vorausgesetzt wird und in der Verantwortung der Schüler/innen liegt. Maßgeblich beim Auswendiglernen ist die Lernbereitschaft, die aus den Schüler/innen selbst kommen muss und nicht vermittelt werden kann.

Lernfreude: „Aber sie haben noch Lust ein französisches Buch zu lesen und es fliegt nicht gleich auf den Scheiterhaufen am 15. Juli"

Auch wenn von den Schüler/innen primär die Reproduktion von Lerninhalten erwartet wird, beinhaltet der sekundäre Schülerhabitus auch Lernfreude und Begeisterung für ein Unterrichtsfach, die sich in der freiwilligen Beschäftigung mit akademischen Inhalten außerhalb des Unterrichts zeigt. Dies wird am Beispiel des Fachs Französisch deutlich:

> „Also es gibt Lehrer, die unglaublich viel von ihren Kindern von den Schülern erwarten. und, also, ich persönlich mag es dann lieber, dass die Kinder vielleicht (.) weniger in einem Schuljahr lernen, aber sie haben noch Lust ein französisches Buch zu lesen und es fliegt nicht gleich auf den Scheiterhaufen am 15. Juli, aber das gibt es. Ja, Spaß am Lernen, Spaß am Lernen, das ist so so wichtig. […]" (Frau Henry ES1: P11)

Freude und Spaß am Lernen zeigen sich darin, dass die Schüler/innen sich idealerweise auch in ihrer Freizeit mit der französischen Sprache beschäftigen und dies nicht nur unter Zwang im Unterricht tun. Folglich beschränkt sich der Spaß am Lernen nicht auf das schulische Setting, sondern zeichnet sich durch die selbstinitiierte Beschäftigung mit dem Französischen aus.

Einen Gegenhorizont hierzu stellt die Metapher des Scheiterhaufens dar, auf dem die Schüler/innen am Ende des Schuljahres ihre Lektüren verbrennen. Hierin zeigt sich, dass es Schüler/innen gibt, die aufgrund des hohen Drucks die Freude am Lernen und Lesen des Französischen verlieren und sich in ihrer Freizeit gar nicht damit beschäftigen wollen. Dies deutet zudem darauf hin, dass der schulische Druck eine Entfremdung vom Lernen verursachen kann. Als Folge davon machen die Schüler/innen nur das Notwendige und sind nicht motiviert, sich darüber hinaus mit akademischen Inhalten zu beschäftigen.

Lernfreude erweist sich als wünschenswert, aber zugleich als nachrangig und nicht essentiell für Bildungserfolg. So wird die Relevanz der Lernfreude von den Lehrerinnen unterschiedlich stark herausgestellt. Während Lernfreude für die Französischlehrerin ein zentrales Thema und persönliches Anliegen ist, tritt Lernfreude aus Sicht der Science-Lehrerin hinter die Notwendigkeit zurück, die Unterrichtsinhalte auswendig zu lernen und die Leistungsanforderungen zu erfüllen. Lernfreude ist für Frau Henry eine Haltung, die sie als Lehrerin durch ihren Lehrstil fördern kann, wohingegen Frau Kepler Lernfreude als externe Ressource betrachtet, welche die Schüler/innen in die Schule einbringen. Insgesamt zeigt sich keine gemeinsame Positionierung der Lehrerinnen im Hinblick auf Lernfreude, sodass diese im sekundären Schülerhabitus abhängig von der Lehrperson unterschiedlich stark konturiert und erwünscht ist.

Partizipation im Unterricht: „[…], dass ich schnell Antworten kriege"

Als erwünschte Verhaltensweisen gelten Aufmerksamkeit und aktive Partizipation im Unterricht, die Fokussierung auf die Unterrichts- und Lerninhalte sowie Zuverlässigkeit.

Partizipation im Unterricht umfasst das Antworten auf Fragen der Lehrperson und das Einbringen von thematisch passenden Aspekten und Gedanken:

> „Dass, wenn ich Fragen stelle, dass ich *schnell* Antworten kriege, dass die noch äh *Geschichten* drumherum, die mit dem Fach also die mit dem Thema zu tun haben hinzufügen, *gezielt* Fragen stellen zu Themen, die zum globalen Themen passen, dass die dann auch noch stellen." (Frau Kepler ES2: P2)

Von den Schüler/innen wird eine eigeninitiierte Auseinandersetzung mit den Unterrichtsthemen und Mitdenken erwartet, was als Basis dient, um angemessene Fragen zu stellen. Sie fokussieren sich auf das Thema des Unterrichts und bringen Aspekte ein, die hierzu passen bzw. anschlussfähig sind. Dies erfordert die Fähigkeit zu differenzieren, welche Beiträge innerhalb des Themenbereichs verortet sind. Die Schüler/innen erfüllen diese Erwartungen in unterschiedlichem Maße, worin sich unerwünschte Verhaltensweisen und damit negative Gegenhorizonte zur Partizipation im Unterricht andeuten. Hierzu zählen Passivität und mangelnde Auseinandersetzung mit Unterrichtsinhalten sowie das Einbringen von thematisch abweichenden oder privaten Themen in den Unterricht. Ebenso wird das Fehlen von Partizipation sowie die Beschäftigung mit fachfremden Inhalten als unerwünscht thematisiert:

> „Gar keine Partizipation, dabei Fremdbeschäftigung äh unangenehm für mich wird es, wenn er dann, wenn der Schüler dann den Unterricht noch zusätzlich stört, sei es weil er die anderen Schüler ablenkt, oder einfach jetzt die ganze Aufmerksamkeit auf sich lenken möchte und da eher Klassenclown spielt als ähm (.) als konkrete Fragen zum Thema zu stellen und dann halt die schlechteren Noten." (Frau Kepler ES2: P12)

Als besonders ungünstig erweist sich Verhalten, das den Unterricht stört. Es verhindert das Fließen des Unterrichts und das zügige Vorankommen mit dem Lernstoff, wodurch die Lehrperson und die Klasse im Lernfortschritt ausgebremst werden. Da sich dies als unerwünscht konturiert, wird erneut die starke Leistungsorientierung deutlich. Diese wird durch angepasstes und unauffälliges Verhalten im Unterricht unterstützt. Störendes Verhalten beinhaltet die Ablenkung anderer Schüler/innen, deren Ursache in der Suche nach Aufmerksamkeit verortet ist. Letzteres verweist auf die Bedeutung von Peerdynamiken im Klassenzimmer.

Sozialkompetenz: „Man muss ja nicht befreundet sein mit jedem und ich denke auch, dass sie das vielleicht aushalten müssen."

Der sekundäre Schülerhabitus im ES-Track beinhaltet auch Sozialkompetenzen. Von den Schüler/innen wird erwartet, dass sie mit verschiedenen Charakteren umgehen können. Dabei gelten Konflikte zwischen Lehrpersonen und Schüler/innen im Schulalltag als konstitutiv und produktiv:

> „Also manchmal gibt es ja Schüler, die ein Problem mit einem Lehrer haben oder manchmal auch zwei und ich finde, dass das ok ist. Man muss ja nicht befreundet sein mit jedem und ich denke auch, dass sie das vielleicht aushalten müssen. […] Aber ja das ist etwas wo ich sage, da musst du jetzt durch, weil nachher im Arbeitsleben, das ist ja die Frustrationstoleranz, wird auch dein Chef dir sagen, du musst das aber jetzt machen, und vielleicht mag er dich nicht und wenn ich das nie gelernt habe, dann bin ich frustriert." (Frau Henry ES1: P10)

Vereinzelte Probleme mit Lehrpersonen gelten als tolerierbar und normal. Die Beziehung zwischen Lehrperson und Schüler/in unterscheidet sich nicht von anderen sozialen Beziehungen, sodass die Schüler/innen auch mit Lehrpersonen auskommen müssen, mit denen sie sich nicht verstehen.

Die Schule fungiert als Übungsfeld und Erfahrungsraum, der die Schüler/innen auf das Berufsleben vorbereitet. So entwickeln sie dort soziale Kompetenzen und lernen Konflikte auszuhalten und zu bewältigen. Sie vor solchen Konflikten zu schützen wäre kontraproduktiv, da sie im Arbeitsleben ebenfalls auf soziale Konflikte treffen werden. Wie in der Schule sind die Schüler/innen auch im Arbeitsleben mit hierarchischen Beziehungen konfrontiert, was sich im Vergleich der Lehrpersonen mit dem zukünftigen Chef ausdrückt. Die Schüler/innen müssen lernen, mit Ablehnung durch hierarchisch Höhergestellte und mit Frustration umzugehen und die geforderten Aufgaben dennoch zu erledigen. Die Schule vermittelt folglich nicht nur akademisches Wissen, sondern bereitet auch darauf vor, Frustration auszuhalten und mit konflikthaften Beziehungen umzugehen. Dabei steht der Umgang mit verschiedenen Charakteren in engem Verhältnis zu Frustrationstoleranz und Durchhaltevermögen in widrigen Situationen. Diese Konfliktfähigkeit ist selten Bestandteil expliziter Unterrichtsinhalte und wird primär durch die Konfrontation mit sozialen Konflikten eingeübt.

Die Sozialkompetenzen der Siebtklässler/innen werden von ihrer starken Leistungsorientierung überdeckt, was sich in der Interaktion untereinander zeigt:

> „Was sehr interessant bei dieser Klasse war, vor zwei Wochen haben wir so ein Teambuilding-Tag äh Tag gemacht und da hat sich schon herausgestellt, dass sie extrem leistungsorientiert sind. Das heißt sie mussten so Übungen machen, Teambuildingübungen halt und sie bekamen maximal 8 Punkte und von den acht Punkte waren zwei, ob sie das Spiel, ob sie die Aufgabe gelöst haben und die anderen Punkte waren Kooperation, Miteinander usw. Aber das, die zwei Punkte standen so im Fokus, sie waren wirklich so zielorientiert nach Leistung. Dabei wiegen die anderen 6 Punkte einiges auf, das ist gleichzeitig eine Schwäche und Stärke dieser Klasse denk ich. Also Stärke im Sinne von gute Noten usw. aber ich denke auf dem sozialen Gebiet ist noch Luft nach oben bei ihnen." (Frau Henry ES1: P1 a)

Die Schüler/innen haben die schulische Leistungs- und Ergebnisorientierung stark verinnerlicht, sodass es ihnen schwerfällt mit ihren Mitschüler/innen zu kooperieren. Indem Frau Henry diese Leistungsorientierung ambivalent bewertet, zeigt sich, dass die Schüler/innen über eine bemerkenswerte Leistungsorientierung verfügen, die selbst die Erwartungen der ES-Lehrerin übersteigt. Während es ihnen aufgrund dieser Haltung leichtfallen wird, gute Noten zu erzielen, bestehen Defizite im Bereich der Sozialkompetenzen. Dies verdeutlicht, dass eine starke Leistungsorientierung idealerweise von Teamfähigkeit flankiert wird. Da die Schüler/innen diese Leistungsorientierung bereits mitbringen, ist ein Einfluss leistungsorientierter Elternhäuser aber auch leistungsfokussierter

Primarschulkulturen zu vermuten, in denen soziale Kompetenzen den Noten nachgeordnet sind.

Zudem wird deutlich, dass die Schüler/innen nach angepasstem, unauffälligem Verhalten streben und vermeiden negativ aufzufallen. Abweichendes Verhalten wird durch den Klassenverband definiert und kontrolliert, indem beispielsweise über Missgeschicke – wahrgenommen als negatives Verhalten – gesprochen wird.

Ausdrucks- und Sprachkompetenz: „Die Schüler müssen ja in einer Sprache klar denken können, eine Idee zusammenfassen können"

Der ideale sekundäre Schülerhabitus beinhaltet die Fähigkeit, die eigenen Ideen und Gedankengänge formulieren und verschriftlichen zu können sowie die Unterrichtssprachen präzise zu verwenden. Dies geht mit der Anforderung einer eine Sprache so gut zu beherrschen, um sich in dieser verständlich ausdrücken zu können:

> „pff. Also in einer, die Schüler müssen ja in einer Sprache klar denken können, eine Idee zusammenfassen können. Wenn sie keine ausreichend beherrschen, dann kann man ja keine Idee zu Papier bringen. Dann geht das ja nicht." (Frau Kepler ES2:P14)

Ziel der Sprachbeherrschung ist es, eigene Ideen und Gedankengänge ausdrücken und verschriftlichen zu können. Das Beherrschen einer Sprache ist Voraussetzung für die Verschriftlichung des Wissens. Auch im multilingualen Bildungssystem Luxemburgs ist das Vorliegen einer klaren Erstsprache, die möglichst perfekt beherrscht wird, bedeutsam.

Zugleich gilt es alle Unterrichtssprachen so zu beherrschen, dass sie sich präzise ausdrücken können. Jedoch zeigt sich, dass sie – abhängig von ihrer Muttersprache – nicht in allen Unterrichtssprachen gleich gut denken und sich ausdrücken können.

3.4.1.2 Ergebnisdarstellung: Die Perspektive der Lehrpersonen im akademischen ES auf den sekundären Schülerhabitus und die Passungskonstellationen

Der sekundäre Schülerhabitus

In den Narrationen der Lehrerinnen konturieren sich vielfältige schulische Anforderungen im Hinblick auf das Lernen. So ist der Schulalltag im akademischen ES-Track durch eine starke Leistungsorientierung geprägt. Demzufolge kann der in der siebten Klasse im ES geforderte sekundäre Schülerhabitus als *sekundärer Schülerhabitus umfassender Lernbereitschaft und Eigenverantwortung* charakterisiert werden.

Die schulischen Anforderungen beinhalten die Fähigkeit, eigenständig zu arbeiten, die das Organisieren und Strukturieren von Lern- und Arbeitsprozessen umfasst. Folglich wird von den Schüler/innen Mitdenken bezogen auf ihr Arbeitsmaterial aber auch eigenständiges Erstellen von Hefteinträgen vorausgesetzt. Auch wenn die Inhalte vorgegeben sind, obliegt es den Schüler/innen diese ohne detaillierte Anleitung umzusetzen. Dies müssen sie in der ersten Zeit im ES erlernen.

Generell wird umfassendes Engagement gewünscht, welches das Anfertigen von Hausaufgaben und die eigenständige Prüfungsvorbereitung umfasst. Dabei ist die Fähigkeit entscheidend, sich akademisches Wissen anzueignen und dieses vollständig und in adäquater Form wiederzugeben. Hierbei ist das schriftliche Ausdrucksvermögen bedeutsam und die Leistungsbewertung fokussiert die Reproduktion von Lerninhalten und deren formale Korrektheit.

Überdies wird erwartet auf Arbeitsanweisungen angemessen zu reagieren und diese korrekt auszuführen. Auswendiglernen gilt als zentrale Lernstrategie, die kombiniert mit kontinuierlichem Lernen zum schulischen Erfolg führt. Das Beherrschen eines gewissen Grundwissens bezogen auf die Fachinhalte ist konstitutiv, was mentale Flexibilität sowie die Fähigkeit beinhaltet, die eigenen Darstellungen erklären und begründen zu können.

Maßgeblich ist das Erfüllen akademischer Mindeststandards, die an das Erreichen akzeptabler, nicht konkret spezifizierter, Noten gekoppelt sind. Den Noten ist Bedeutung beizumessen und den schulischen Anforderungen mit Ernsthaftigkeit zu begegnen. Zugleich sollen die Schüler/innen von übersteigerten Leistungsansprüchen Abstand nehmen. Es wird Anstrengungsbereitschaft vorausgesetzt, die sich darin zeigt, dass sie ihr individuelles Potenzial ausschöpfen. Dies beinhaltet den konstruktiven Umgang mit fehlendem Wissen sowie Engagement, sich Lösungen zu erarbeiten.

Zentral ist zudem das Verstehen und Verinnerlichen der spezifischen Fachlogik eines Unterrichtsfachs. So wird erwartet, dass die Schüler/innen im Zeitverlauf verstehen, worauf es in einem Fach ankommt, sie die Fachtermini kennen und verinnerlichen, welche Praktiken in einem Fach legitim sind und ihr Verhalten hieran auszurichten. Hierzu zählt die Gewöhnung an bestimmte Formen der Wissensabfrage sowie das Stellen angemessener, themenbezogener Fragen im Unterricht.

Lernfreude erhält – abhängig von der Lehrperson – eine unterschiedliche Bedeutung. Als ideal gilt es, wenn sich die Schüler/innen freiwillig und gerne auch in ihrer Freizeit mit Lerninhalten beschäftigen. Die schulischen Erwartungen umfassen die Partizipation im Unterricht, die darin besteht zum Thema passende Aspekte beizutragen, sich aktiv zu beteiligen sowie zügig auf Fragen zu antworten. Zudem werden Zuverlässigkeit und Präzision im Umgang mit Unterlagen sowie im Hinblick auf Heftführung und Schriftbild erwartet.

Überdies sind Durchhaltevermögen und Frustrationstoleranz wünschenswert, sodass Schüler/innen sich so lange anstrengen, bis sie Erfolg haben und in schwierigen Situationen nicht aufgeben. Dies betrifft sowohl den akademischen als auch den sozialen Bereich. So wird erwartet, dass sie Aufgaben auch dann erfüllen, wenn sie keine Lust haben. Die Schüler/innen dürfen durchaus Schwierigkeiten und Probleme haben, eine konstruktive Haltung ist jedoch entscheidend, um diese zu bewältigen. So wird nicht nur Eigenverantwortung bezogen auf die Gestaltung von Lernprozessen erwartet, sondern auch Eigenverantwortung für die Haltung gegenüber dem Lernen. Dies umfasst die Bereitschaft zur Selbstreflexion, die darauf abzielt, mit Unterstützung durch Lehrpersonen und Eltern ungünstige Lern- und Arbeitsstrategien zu hinterfragen und zu verändern. Hiermit verknüpft ist die Erwartung, konstruktiv mit Misserfolgen und Fehlern umzugehen. Im Schulalltag wird zudem Stressresistenz erwartet, die sich im Umgang mit Leistungsdruck und Prüfungssituationen zeigt.

Zudem sollen die Schüler/innen Konflikte mit Lehrpersonen und Mitschüler/innen aushalten können. Dabei geht es weniger um eine konstruktive Bewältigung, sondern primär um das Überbrücken bis es zu einer Veränderung der Klassenzusammensetzung kommt oder die Lehrperson wechselt. Insbesondere die Beziehung zu den Lehrpersonen wird als Hinführung in das Berufsleben betrachtet, da dies die Schüler/innen darauf vorbereitet, mit hierarchisch höhergestellten Personen umzugehen. Darüber hinaus werden Sozialkompetenzen gefordert, welche die Schüler/innen dazu befähigen mit ihren Mitschüler/innen zusammenzuarbeiten. Darüber hinaus verfügen sie idealerweise über ausreichend Selbstvertrauen, das es ihnen ermöglicht konstruktiv mit Kränkungen umzugehen.

Schließlich umfasst der sekundäre Schülerhabitus auch Ausdrucks- und Sprachkompetenzen, die darin bestehen, die Unterrichtssprachen zu beherrschen und die eigenen Gedanken in einer Sprache ausdrücken zu können. Dabei wird nicht erwartet, dass alle Sprachen auf gleichem Niveau beherrscht werden. Dies hängt vielmehr von der Muttersprache ab und verschiedene sprachliche Kompetenzniveaus werden in einem bestimmten Rahmen akzeptiert.

Primäre Schülerhabitus und die Passungskonstellationen

Aufbauend auf den obigen Rekonstruktionen des sekundären Schülerhabitus, basierend auf den Narrationen der Lehrpersonen, konnten insgesamt fünf Schülerhabitustypen gebildet werden. Während sich drei (ESL1, ESL2, ESL3) davon auf die untersuchte siebte Klasse beziehen, zeigen sich zwei weitere Passungskonstellationen (ESL4, ESL5), die in anderen Klassen oder zu einem späteren Zeitpunkt in der Bildungskarriere im ES-Track bedeutsam sind:

ESL1) Schülerhabitus der übersteigerten Leistungsorientierung
ESL2) Schülerhabitus der angemessenen starken Leistungsorientierung
ESL3) Herausgeforderter Schülerhabitus im Anpassungsprozess
ESL4) Schülerhabitus des minimalen Engagements und der Anpassung
ESL5) Schülerhabitus der Distanz zu schulischen Praktiken und zum Lernen

In den Narrationen der Lehrerinnen zeigt sich, dass sich die Schüler/innen der siebten Klasse zum Zeitpunkt der Interviews – wenige Wochen nach Schuljahresbeginn – noch in der Anpassungsphase an die Anforderungs- und Lernstrukturen des ES befinden. Bereits nach ein bis zwei Monaten im höchsten Schultrack der Sekundarstufe zeichnen sich in dieser Klasse Passungskonstellationen ab, die in unterschiedlichem Maße eine Transformation des Schülerhabitus erfordern, um an die Schulkultur im ES anzuschließen.

Die verschiedenen Schülerhabitustypen konturieren sich entlang von Leistungsorientierungen und Arbeitshaltungen, wie Engagement im Unterricht, Ausmaß der Selbstorganisation, Sorgfalt, Zuverlässigkeit und der Bereitschaft, akademische Leistung zu erbringen. Die ersten beiden Schülerhabitustypen stehen im Kontext der Anpassung an die neue Schulkultur vor geringen Herausforderungen, sodass kein Transformationsdruck besteht. Für den dritten Schülerhabitustyp ist das Gegenteil der Fall. Anhang 3 bietet einen tabellarischen Überblick über die Charakteristika der einzelnen Schülerhabitustypen aus Sicht der Lehrpersonen der ES-Klasse.

Der *Schülerhabitus der übersteigerten Leistungsorientierung* (ESL1) ist gekennzeichnet von starker Leistungsorientierung und Engagement, wobei sich die Schüler/innen mehr Druck machen als von schulischer Seite erwartet wird. Besonders starkes Leistungsstreben drückt sich in einer Differenz zwischen der Bewertung schulischer Leistungen durch Lehrperson und Schüler/in aus. Diese Schüler/innen nehmen gute Leistungen als nicht ausreichend wahr und sind frustriert bzw. traurig, obwohl diese für die Lehrperson als zufriedenstellend gelten. Diese starke Leistungsorientierung wird durch das Elternhaus vermittelt und verstärkt, wobei Mädchen diese Orientierung stärker und häufiger zeigen als Jungen.

Ebenso wie der erste Schülerhabitustyp, weist auch der *Schülerhabitus der angemessenen starken Leistungsorientierung* (ESL2) starke Passung zu den Anforderungen im ES-Track auf. So bewältigen diese Schüler/innen mit Leichtigkeit die schulischen Erwartungen und haben diese bereits verinnerlicht. Im Gegensatz zum *Schülerhabitus der übersteigerten Leistungsorientierung* (ESL1) bewegt sich die Leistungsorientierung hier in einem angemessenen Rahmen.

Der *herausgeforderte Schülerhabitus im Anpassungsprozess* (ESL3) ist charakteristisch für Schüler/innen, die die Anforderungen des ES-Tracks noch nicht verinnerlicht haben. Sie weisen eine geringere Passung zu den schulischen Anforderungen auf, da sie die Fachlogiken noch nicht verstanden haben und teilweise Defizite hinsichtlich Partizipation, autonomem Arbeiten, Sorgfalt oder Zuverlässigkeit zeigen. Diese Aspekte konturieren sich als Risikofaktoren, welche die Passung der Schüler/innen zum ES gefährden. Nach wenigen Wochen in der Septième ist die Anpassung noch nicht abgeschlossen, wobei dieser Schülerhabitustyp aufgrund der Passungsdefizite durch die Anforderungen im ES stark herausgefordert wird. Inwiefern diese Transformation gelingt oder in eine nachhaltige Krise des Schülerhabitus mündet, ist zu diesem Zeitpunkt offen.

Die Narrationen der Lehrerinnen bieten zudem einen Ausblick auf die Entwicklung von Haltungen gegenüber der Schule und dem Lernen im Verlauf der Sekundarstufe im ES-Track. Zeigen die Schüler/innen in der Septième – also am Beginn der Sekundarstufe – noch überwiegend eine hohe Leistungsorientierung, nimmt diese im Zeitverlauf ab und wird durch eine Orientierung an den Mindestanforderungen ersetzt. Der Wandel der Einstellungen gegenüber dem Lernen und den schulischen Leistungen wird bedingt durch die individuelle Entwicklung im Zuge der Pubertät, wodurch die Schüler/innen ihren Umgang mit Noten verändern und ihre Emotionen zunehmend verbergen. Dies steht im Kontrast zur starken emotionalen Betroffenheit der Schüler/innen gegenüber schlechten Noten zu Beginn der siebten Klasse.

Im Zeitverlauf verinnerlichen die Schüler/innen die schulischen Anforderungen, was mit einem Zurückfahren des schulischen Engagements und einer Orientierung an den Mindeststandards einhergeht. Vor diesem Hintergrund konnte im Hinblick auf die höheren Klassenstufen im ES-Track ein weiterer Schülerhabitustyp rekonstruiert werden, womit eine weitere Ausdifferenzierung der Haltungen gegenüber der Schule und dem Lernen einhergeht.

Dieser *Schülerhabitustyp des minimalen Engagements und der Anpassung* (ESL4) zeichnet sich durch die Orientierung an schulischen Mindeststandards aus und kennt diese sehr genau. Die Schüler/innen sind grundsätzlich weiterhin leistungsbereit, engagieren sich jedoch nicht darüber hinaus und sind nicht intrinsisch motiviert. Das schulische Setting erscheint den Schüler/innen vorhersehbar, wobei Indifferenz gegenüber den Lerninhalten besteht. Sie erfüllen die schulischen Erwartungen in ausreichendem Maße und dosieren ihr Engagement auf geringem Niveau. Dieser Schülerhabitustyp ist in den höheren Klassenstufen, den Lehrpersonen zufolge, weit verbreitet, sodass es sich bei dem geringen Engagement um ein altersbedingtes Phänomen zu handeln scheint. Diese Beschränkung auf das Notwendige wird zwar von der Lehrerin kritisiert, gilt jedoch immer noch als akzeptabel, da diese Schüler/innen die Mindestanforderungen erfüllen. Generell deutet sich für diesen Schülerhabitustyp eine Distanzierung von der Schule und dem Lernen an, die sich jedoch im Rahmen des Akzeptablen bewegt.

Insgesamt dokumentieren sich im Zuge der Pubertät und der Internalisierung von Leistungsanforderungen Einstellungs- und Verhaltensänderungen der Schüler/innen in den höheren Klassenstufen. Hieran wird deutlich, dass die Haltungen der Siebtklässler/innen keineswegs als gefestigt gelten können und sich nach der Anpassung an die Schulkultur im ES weitere Veränderungen und Adaptionen, im Sinne nachgezogener Übergänge, anschließen.

Darüber hinaus konturiert sich ein weiterer, nicht oder nur sehr bedingt den Anforderungen im ES entsprechender, Schülerhabitustyp. Dieser wird ebenfalls nicht für die im Fokus stehende siebte Klasse beobachtet. Vielmehr zeigt sich dies erst später, wenn die initiale Anpassung an die neuen schulischen Regeln und Strukturen abgeschlossen ist.

Mit dem *Schülerhabitus der Distanz zu schulischen Praktiken und zum Lernen* (ESL5) zeigt sich ein Schülerhabitustyp, für den eine Distanz gegenüber schulischen Praktiken und dem Lernen charakteristisch ist. Da diese nicht zwingend mit Kompetenzdefiziten einhergeht, sind zwei Subtypen zu unterscheiden.

Der erste Subtyp, der *Schülerhabitus des leidvoll auferlegten Strebens angesichts erheblicher Kompetenzdefizite* zeichnet sich durch das Vorliegen von Kompetenz- und Wissensdefiziten aus, die fundamental sind und nicht kurzfristig behoben werden können. Diese Schüler/innen sind, obwohl grundsätzlich anstrengungsbereit, mit den schulischen Anforderungen im ES aufgrund ihres Kompetenzdefizits überfordert. Dies schließt Defizite im Hinblick auf die Unterrichtssprachen, die Unterrichtsinhalte aber auch unzureichende oder ungeeignete Lernstrategien ein. Da der schulische Erfolg trotz Engagements ausbleibt, sind diese Schüler/innen frustriert. Die Distanz gegenüber dem Lernen drückt sich in der Strategie aus, Nichtwissen oder zu geringes Engagement durch das Erfinden von Antworten zu kompensieren, worin sich eine oberflächliche Anpassung konturiert. Dieses Verhalten kann dabei sowohl als Überforderung als auch Indifferenz gegenüber den Lerninhalten gedeutet werden, die hierdurch überdeckt werden sollen. Zudem zeichnet sich dieser Schülerhabitustyp durch ein geringes Selbstbewusstsein aus.

Im Gegensatz hierzu weist der zweite Subtyp, der *Schülerhabitus der Distanz zur Schule bei vorhandenem Leistungspotenzial* kein Kompetenzdefizit auf. Diese Schüler/innen verfügen grundsätzlich über ausreichende bis hohe Kompetenzniveaus, sodass ihnen das Potenzial zugeschrieben wird, im ES erfolgreich sein zu können. Jedoch besteht eine Kluft zwischen den Haltungen dieser Schüler/innen und den schulischen Anforderungen und Strukturen, die sich im Vermeiden von Lernen und der Verweigerung der Anpassung an schulische Anforderungen und Praktiken ausdrückt.

3.4.2 Die Perspektive der ES-Schüler/innen

3.4.2.1 Analyse schulischer Anforderungen: Sekundärer Schülerhabitus und Passungskonstellationen

Die Erzählungen der Schüler/innen der siebten Klasse im akademischen ES-Track gewähren Einblick in ihre Positionierung zum sekundären Schülerhabitus, indem sie die wahrgenommenen schulischen Anforderungen sowie Reaktionen auf diese beinhaltet. In diesen Haltungen drücken sich Passungskonstellationen aus, die verdeutlichen, inwieweit die Schüler/innen sich an die schulischen Anforderungen anschließen oder diese ablehnen.

Nachfolgend werden die aus Perspektive der Schüler/innen rekonstruierten, zentralen Themen dargestellt, worin die Wahrnehmung und Verarbeitung der schulischen Anforderungen der Schulkultur im ES zum Ausdruck kommt. Anschließend werden diese Befunde pointiert zusammengefasst.

Orientierungskompetenz im Übergang: „Und man braucht Zeit, um das Fach selbst zu verstehen"

In den Erzählungen der Schüler/innen erweist sich die Orientierung in der neuen Schule als herausfordernd. Dies verdeutlicht, dass sich die Schüler/innen noch in einem Anpassungsprozess befinden und sich an die neuen Anforderungen, Regeln und Strukturen im ES gewöhnen müssen. Dies betrifft sowohl die Orientierung im Schulgebäude als auch die Gewöhnung an Lernpraktiken und Anforderungen in der neuen Schulkultur. Nach einer Eingewöhnungszeit wird von den Schüler/innen erwartet, dass sie sich eigenständig im Schulgebäude und auf dem Schulgelände orientieren können. Da diese Orientierungskompetenz erst nach einer gewissen Zeit erwartet wird, deutet sich ein nachgezogener Übergang an.:

> „Caroline: Also die ersten Wochen hatte man Angst, dass man sich verläuft oder dass man die Klasse nicht findet. Aber die Lehrer waren freundlich und haben gesagt, dass es nicht schlimm ist. Aber nach ein paar Wochen mussten wir uns, also selbst zurechtfinden. Und man hat sich dann auch daran gewöhnt. //I: Mhm. // Und jetzt findet man auch besser.
> I: Mhm. Okay. Dazu sonst noch jemand was zu sagen?
> Damian Ich fand mich sehr gut zurecht. Also, ich glaube es hängt auch damit zusammen, da es mein zweites Jahr ist. // I: Mhm. Okay.// Aber, ich hatte eigentlich keine Probleme. So." (ESS1-P1)

Carolines Erzählung zeigt, dass die Schüler/innen sich orientieren und zurechtfinden wollen, worin sich Pflichtbewusstsein und Anpassungsbereitschaft konturieren. So ist die erste Zeit im ES mit der Angst behaftet, sich zu verlaufen. Angesichts dessen scheint die räumliche Orientierung zunächst mit Herausforderungen verbunden zu sein. Hierbei handelt es sich um einen temporären Zustand, da die Schüler/innen sich nach einigen Wochen eigenständig zurechtfinden und somit die Erwartungen erfüllen. Es fällt auf, dass Caroline von „wir" spricht und damit alle Mitschüler/innen einschließt.

Die Herausforderung, sich zu orientieren, stellt sich für die Schüler/innen, die neu an die Schule gewechselt sind. Hingegen stellt die Orientierung für den

Schüler Damian, der die Klasse wiederholt und die Schule bereits kennt, kein Problem dar. Orientierungsschwierigkeiten nach dem Übergang in das ES scheinen normal zu sein, sodass die Lehrpersonen am Anfang Verständnis für die Schüler/innen haben. Zugleich wird im Zeitverlauf eine Anpassung erwartet, sodass sich die Schüler/innen mittelfristig eigenständig im Schulgebäude orientieren können.

Die Siebtklässler/innen sind mit Ausnahme von Damian neu auf der Schule und müssen sich mit den neuen Strukturen und Räumlichkeiten erst vertraut machen. Dementsprechend bedarf es Selbstorganisation und Orientierungsfähigkeit, um zum richtigen Zeitpunkt im richtigen Klassenraum zu sein. In dieser Hinsicht scheinen sie kaum Unterstützung seitens der Lehrpersonen zu erhalten. Diese scheint den Schüler/innen nicht zu fehlen. Da Lamont von „wir" spricht, ist davon auszugehen, dass die Schüler/innen sich gegenseitig helfen. Zudem deutet sich eine kollektive Orientierungslosigkeit in der Klasse an, was sie als normalen Teil des Anpassungsprozesses bewerten.

Überdies muss das Bewegen im Schulgebäude erlernt werden. Da die Flure schmal sind und viele Schüler/innen auf diese Schule gehen, werden orientierungslos herumstehende Schüler/innen von der Masse zur Seite gedrängt:

„Lamont: Wir werden manchmal so, wenn alle Schüler von einer Seite kommen, werden wir so auf die Seite gedrückt
// I: In den Fluren und so? //
Lamont: Ja, weil wir noch nicht so genau wissen wo und wie." (ESS2-P2)

Hierin konturiert sich zugleich die Zuversicht, dass dies nachlassen wird, sobald sie genau wissen, wie das System an dieser Schule funktioniert.

Zum gegenwärtigen Zeitpunkt verfügen die Schüler/innen in unterschiedlichem Maße über Orientierung und Durchblick im Schulalltag. Dies wird daran deutlich, dass Bettina und Madeleine in stärkerem Maße über Orientierung zu verfügen scheinen als Eva:

„Eva: Ich hab'sie Bettina und Madeleine in der Klasse.
I: Und das ist gut für dich?
Eva: Ja (lachen). Weil sie wissen alle Hausaufgaben und alle, ähm Räume." (ESS1-P2)

Hieran zeigt sich, dass sich die Anpassung an die neue Schulumgebung, die neuen Regeln und Strukturen im ES in individuellem Tempo vollzieht. Die von Eva genannten Mitschüler/innen bieten ihr Orientierung, da sie die Hausaufgaben wissen und sich im Schulgebäude auskennen. Dies erweist sich für Eva als hilfreich. Vor diesem Hintergrund fungieren Mitschüler/innen, die sich auskennen als Ressource, um den Schulalltag zu bewältigen.

Im Vergleich zur Primarschule zeigen sich veränderte, höhere Anforderungen. Es wird deutlich, dass es den Schüler/innen noch schwerfällt die Lehrpersonen einzuschätzen. So befinden sie sich aktuell in einer Phase, in der für sie schwer absehbar ist, was die Lehrpersonen von ihnen erwarten.

Folglich müssen sie sich neben den neuen Lehrpraktiken, auch daran gewöhnen, wie Prüfungen gestaltet sind:

> „Chloe: ähm, also beim Prüfungen ist es schon ok, weil ich also manchmal ist es schwerer sich äh selber also zu lernen, weil in der Grundschule wus-kannte ich schon mein Lehrer und diese Lehrer haben jetzt also eine andere Art zu unterrichten.
> Lamont: Es gibt viele, also man muss sich an die, an die äh, man muss sich daran gewöhnen, wie sie die Prüfungen schreiben und wie sie Beispiele machen. Wenn man 1, 2 Jahre bei ihnen ist, dann weiß man auch, wie sie ist." (ESS2-P18)

Aus Sicht der Schüler/innen handelt es sich um einen Gewöhnungsprozess und sie zeigen sich zuversichtlich im Laufe der Zeit zu verstehen, wie Prüfungen funktionieren.

Die Anpassung an die neuen schulischen Regeln und Strukturen beinhaltet zu verstehen, wie ein Fach funktioniert, und wird als herausfordernd erlebt. Die Lehrpersonen unterrichten schneller als in der Primarschule und Eva versteht insbesondere im Fach Französisch nicht viel:

> „Eva: Die Lehrer sind sehr nett. Und ähm äh sie wü-sie sind echt schneller und dann versteht sie nicht viel, und man braucht Zeit, um das Fach selbst zu verstehen." (ESS1-P6)

Überwiegend fühlen sich die Schüler/innen den neuen Herausforderungen gewachsen, was sich in ihrer Zuversicht ausdrückt, sich bald besser zurechtzufinden und zu verstehen, worauf es im Unterricht und in der Schule ankommt. Somit verfügen sie über ausreichend Orientierungskompetenz, um sich an die neuen Regeln und Strukturen anzupassen und erleben zwar die gegenwärtige Anpassungsphase als herausfordernd, sind aber nicht überfordert.

Selbständigkeit und Eigenverantwortung: „Aber dann muss man fragen"

Im ES werden Eigenständigkeit und Eigenverantwortung bezogen auf den Lernprozess sowie auf das Bewegen im Unterrichtsalltag erwartet. Das Lerntempo ist hoch und die Schüler/innen sind für ihren Lernfortschritt selbst verantwortlich:

> „Chloe: Ich finde auch, dass er ziemlich schnell arbeitet, aber er erklärt einmal und manchmal verstehen wir nicht.

Lamont: Aber dann muss man fragen. Letztes Mal hatte ich auch eine Aufgabe nicht verstanden und dann bin ich einfach fragen gegangen und dann hat er mir das nochmal im Detail erklärt.
Chloe: Die anderen Lehrer, also die erklären auch gut." (ESS2-P16)

Hierzu gehört, sich bei den Lehrpersonen bemerkbar zu machen, wenn das Tempo zu hoch ist, sie etwas nicht lesen können oder sie etwas nicht verstanden haben. Die Lehrpersonen gehen zwar auf die Bedürfnisse der Schüler/innen ein, wenn sie diese artikulieren. Jedoch berücksichtigen sie diese nicht generell im Unterricht. Fragen die Schüler/innen nicht nach, gehen die Lehrpersonen davon aus, dass sie mit dem Lerntempo mithalten und die Inhalte verstanden haben. Da die Erklärung nur an den Fragenden gerichtet wird, zeigt sich erneut, dass die Lehrpersonen davon ausgehen, dass der Rest der Klasse die Inhalte erfasst hat. Dementsprechend wird von den Schüler/innen erwartet, sich an das hohe Lerntempo und Arbeitstempo zu gewöhnen.

Das Nachfragen haben die Schüler/innen bislang in unterschiedlichem Maße verinnerlicht. Während Lamont weiß, wie er sich Informationen beschafft und auf die Lehrpersonen zugeht und damit gute Erfahrungen macht, hat Chloe sich diese Strategie noch nicht angeeignet und scheint ratlos zu sein, wenn sie etwas bei den ersten Erklärungen nicht versteht.

Zugleich besteht unter den Schüler/innen kein Tabu darüber zu sprechen, dass sie die schulischen Erwartungen nicht immer erfüllen bzw. diese als herausfordernd erleben. So ist es für die Schüler/innen normal nicht alles sofort zu verstehen, was auch auf leistungsstarke Schüler/innen zutrifft. Demzufolge ist ihr Selbstbild davon geprägt auch nachfragen und Hilfe einfordern zu dürfen.

Auch wenn die Schüler/innen grundsätzlich leistungsbereit und lernwillig sind, orientieren sie sich gerne an den Anweisungen der Lehrpersonen. Hierin deutet sich eine begrenzte Eigenständigkeit an:

„Lamont: Ich lerne sofort, wenn wir gesagt bekommen, was wir zu lernen haben, dann fang ich schon an, weil sie wissen ja, wann sie uns Bescheid geben, wann wir anfangen sollen." (ESS2-P18)

Die starke Orientierung an den Vorgaben der Lehrpersonen ist gekennzeichnet davon, dass Lamont sich darauf verlässt, dass die Lehrpersonen sie informieren, welche Lerninhalte für eine Prüfung zu lernen sind. Hierin konturiert sich eine Anerkennung der professionellen Erfahrung der Lehrperson, der zugeschrieben wird die Schüler/innen durch den Lernprozess zu leiten. Folglich zeigt Lamont bezogen auf die Prüfungsvorbereitung passives Verhalten und wartet darauf, Anweisungen zu erhalten.

Jedoch kündigen nicht alle Lehrpersonen zuverlässig und eindeutig die prüfungsrelevanten Lerninhalte an:

> „Jan: Aber für die Prüfungen, Herr K., er erklärt, er sagt uns nie, was wir lernen müssen für die Prüfung.
> Tim-Niklas: Ja. Er sagt es nur in einer Sekunde, du musst das das das lernen.
> Chloe: Nein, er schreibt es auch nicht auf, er sagt nur, du musst zum Beispiel das lernen, was wir letzte Woche auf der Tafel hatten
> Neema: Gestern hatte er auch angefangen uns zu sagen, was wir nach der nach den, nach den Ferien wissen müssen. Dann hat er etwas gesagt und dann hat er schon vergessen, dass er gesprochen hat." (ESS2-P20)

Hierin konturiert sich die schulische Anforderung aus den Ausführungen der Lehrperson herauszuhören, was zu lernen ist. Das Bedürfnis der Schüler/innen geleitet zu werden, drückt sich in dem Wunsch nach deutlichen Ankündigungen aus, die bestenfalls schriftlich festgehalten werden. Während einige Lehrpersonen dem nachzukommen scheinen, ist dies bei Herrn K. nicht der Fall. Angesichts dessen kollidiert das Anleitungsbedürfnis der Schüler/innen mit dem Lehrstil dieses Lehrers und sein als unstrukturiert wahrgenommenes Vorgehen erschwert es ihnen, das Relevante zu identifizieren.

Insbesondere in Gruppenarbeitssettings besteht die schulische Anforderung darin, eigenständig zu arbeiten, was sich in der Zurückhaltung der Lehrperson konturiert. Dies reflektiert die Erwartung, dass die Schüler/innen die Zusammenarbeit in der Gruppe eigenständig organisieren und Konflikte gemeinsam lösen:

> „I: Und wie könnten denn Lehrer euch besser in so einer Gruppenarbeitssituation unterstützen, wenn jemand dabei ist, der nie, sich nicht einbringt?
> Lamont: Meistens in den Gruppenarbeiten machen wir alles alleine und die Lehrer helfen uns nicht, also weil sie, wir dann schon eine Gruppe sind.
> Chloe: Ja
> I: Würdet ihr euch denn mehr Unterstützung wünschen? //?: Chloe: Ja
> I: Zum Beispiel, was könnte der machen? Habt ihr eine Idee?
> Neema: ähm, der Lehrer könnte zum Beispiel sagen, dass er auch mal so etwas sagen und sie dann solange dastehen sollte bis er auch ein paar Beispiele sagt."
> (ESS2-P13)

Weiterhin zeigt sich, dass die Schüler/innen mit diesem Arrangement unzufrieden sind. So wünschen sie sich mehr Unterstützung, wenn sich Einzelne nicht an der Gruppenarbeit beteiligen und somit den schulischen Anforderungen nicht entsprechen. Hierin deutet sich an, dass es den Schüler/innen wichtig ist, dass alle Beteiligten einen Beitrag zur Gruppenarbeit leisten. Da dies nicht alle freiwillig beitragen, ist aus Sicht der Schüler/innen eine stärkere Kontrolle und Aufsicht durch die Lehrperson erforderlich, wodurch konformes Verhalten aller Schüler/innen sichergestellt werden kann.

Sinnhaftigkeit von Lernen: „Das heißt auch wenn man sehr gut lernt [...] kann man keine Stelle bekommen"

Die meisten Schüler/innen der ES-Klasse teilen die Überzeugung, dass eine gute schulische Ausbildung die Voraussetzung für einen guten Beruf und ein gutes Leben im Erwachsenenalter darstellen. Demnach haben der Schulbesuch und das Lernen eine hohe subjektive Bedeutung für die Zukunft der Schüler/innen:

> „I: Jetzt noch mal allgemeiner, wie wichtig ist es denn für Schüler und Schülerinnen zur Schule zu gehen?
> Lamont Es ist sehr wichtig, weil das hängt vom der Zukunft von dem Kind ab, was man später arbeitet, ob man Kinder ernähren kann oder so
> Chloe: Das ist jetzt nicht nur bei Damian, aber ich kenn auch andere Schüler, die glauben, dass Schule unwichtig ist, aber wenn sie dann älter werden und das im Kopf ist, dass Schule wichtig ist, weil das hängt auch von der Zukunft ab- [...] Lamont: Aber was ich eigentlich sagen wollte war, dass das, wenn man, ich kenne einen, also mein Cousin, wollte nie zur Schule gehen und so. Und jetzt er hat eine Arbeit, aber es war sehr schwer eine zu finden.
> I: Und wie wichtig ist es für euch zur Schule zu gehen und zu lernen?
> Jan: Zukunft.
> Chloe: Also Schule ist für mich wichtig auch wenn ich das jetzt nicht immer mag, (?) ich akzeptiere es." (ESS2-P28)

Da die Schüler/innen der Schule eine wichtige Bedeutung für ihren zukünftigen Handlungsspielraum und Lebensstandard bemessen, wird deutlich, dass sie den gesellschaftlichen Wert von Bildung verinnerlicht haben. So sind sie sich einig, dass ihre Schulbildung ihre zukünftigen Berufschancen im Hinblick darauf, welche Tätigkeiten ihnen offenstehen sowie über ihren zukünftigen finanziellen Spielraum und Lebensstandard bestimmt. Dies ist ihnen auch anhand von Beispielen aus ihrem Umfeld bewusst, die ihnen zeigen, dass es ohne gute Schulbildung und Engagement schwierig ist, im Berufsleben Fuß zu fassen.

In Chloes Beitrag zeigt sich, dass sie die Schule zwar nicht immer mag aber als wichtig bewertet und deshalb akzeptiert zur Schule zu gehen und zu lernen. Hierin werden ihre Vernunft und Weitsicht deutlich. Ihre gelegentliche Abneigung gegenüber der Schule wird durch den hohen subjektiven Wert von Bildung kompensiert.

Aus Lamonts Sicht besteht ein weiterer Wert der Schule darin, dass sie auf die Eigenständigkeit vorbereitet:

> „Lamont: Es gibt nicht immer einen Vater oder eine Mutter, die arbeiten gehen, damit du zu Hause rumfaulen kannst und sie dir neue Sachen kaufen oder Essen. Du musst auch selbstständig werden und alleine für dein Geld etwas machen." (ESS2-P28)

Auch in dieser Sequenz konturiert sich eine weitsichtige, der Zukunft zugewandte Haltung. Lamont ist sich der Erwartung, eigenständig zu werden, bewusst. So ist die Fürsorge der Eltern endlich, sodass die Schüler/innen unabhängig werden müssen. Dies hat Lamont verinnerlicht und erkennt die Schule als nützlich auf dem Weg zur Eigenständigkeit an.

Darüber hinaus konturiert sich in den Berufswünschen der Schüler/innen ein erhebliches Bildungsstreben, wobei ihnen die Bedeutung der Schule für die Realisierung ihrer Berufsziele bewusst ist:

> „Neema: Also zum Beispiel ich möchte jetzt nicht einmal Putzfrau werden, ich möchte einen besseren Beruf bekommen.
> I: Und die anderen, habt ihr schon Ideen, was ihr nach der Schule machen wollt?
> Lamont: Ich will so wie mein Vater, also Commerzbank gehen
> Jan: Arzt
> Chloe: Ich wollte gerne also Innenarchitektin werden.
> I: Hast du auch schon eine Idee? (.) Und Neema woran hast du gedacht?
> Neema: Innenarchitektin oder Architekt.
> I: Hast du schon eine Idee? Weißt du schon, was du nach der Schule machen willst?
> Tim-Niklas: Sportprof." (ESS2-P29)

So streben die Schüler/innen Berufe an, die einen Bildungs- und Hochschulabschluss erfordern. Ein Gegenhorizont hierzu wird von Neema eingebracht. Demnach scheint es nicht erstrebenswert zu sein, als Putzfrau zu arbeiten. Überdies wird diese Tätigkeit mit dem Fehlen einer guten Ausbildung assoziiert. Insgesamt haben die Schüler/innen konkrete Berufswünsche, was daran deutlich wird, dass sie auf spezifische Ausrichtungen oder auch einen spezifischen Arbeitgeber Bezug nehmen. Dies zeigt, dass sie sich bereits ernsthaft Gedanken über ihre Berufswünsche gemacht haben und konkrete Bildungsziele verfolgen.

Daneben zeigen sich auch weniger stark konturierte Vorstellungen von der beruflichen Zukunft, die häufiger zu wechseln scheinen. So wird die Frage nach Evas zukünftigen Beruf von Eva und Bettina sehr kindlich verhandelt. Während Eva den Gedanken einbringt, dass sie Spielzeugberaterin werden möchte, stellt sich angesichts der hieran anschließenden Vorschläge Bettinas, die Hoteltesterin und Schokoladentesterin ins Spiel bringt, die Frage, ob Eva als ES-Schülerin ernst genommen wird. Dies könnte auf ihre Distanz gegenüber dem Lernen und auf ihre schulischen Schwierigkeiten zurückgeführt werden.

Ein Teil der Schüler/innen versteht die schulischen Lernangebote als wichtige Vorbereitung zur Realisierung ihrer Berufswünsche und erachtet sie dementsprechend als nützlich und sinnvoll:

„I: Und inwiefern hilft euch denn die Schule eure Ziele zu erreichen?
Lamont: Also, wenn man nicht zur Schule geht, kann man auch nicht alle Berufe machen. Also, wenn man zum Beispiel nur zu Hause rumfault, dann hat man kein Abitur und kein Abschluss, dann kann man es auch niemanden zeigen.
Chloe: Zum Beispiel bei mir ist es also Architektur. Und Architektur hat viel mit Mathe zu tun und wenn man also nicht richtig Rechnen kann, dann kann man diesen Beruf auch nicht richtig ausüben, studieren.
I: Ok, haben die anderen noch Ideen, wie euch die Schule hilft für eure Zukunft?
Neema: für das Allgemeinwissen.
I: Habt ihr noch weitere Ideen?
Neema: Man lernt ja nicht nur Reden und Mathe, man lernt auch noch zum Beispiel in der Geschichte oder so, dann lernt man über die Vergangenheit." (ESS2-P30)

Die Schule vermittelt ihnen die Grundlagen, die sie benötigen, um einen Beruf zu erlernen und auszuüben. Zudem wird das vielfältige Wissensangebot wertgeschätzt, das neben den Hauptfächern beispielsweise auch Wissen über Geschichte vermittelt. Hierin konturiert sich eine Offenheit für verschiedene Themengebiete. Das Abitur wird als Zertifikat gesehen, das Türen zu beruflichen Möglichkeiten öffnet und somit eine große Wahlfreiheit mit sich bringt. Folglich bietet ihnen dieser Schulabschluss die Möglichkeit, zu zeigen, was sie können und ihren Interessen zu folgen.

Einigen Schüler/innen fällt es jedoch schwer, dem Lernen und den Lerninhalten Sinn beizumessen, da diese wenig anwendungsbezogen sind und im Alltag keinen unmittelbar erkennbaren Nutzen haben:

„Damian: In der-, also (..). Ich, kann, das Wissen was ich in der Schule, ge- bekomme, kann ich wi- in im Leben bis jetzt kann ich das, nicht wirklich anwenden. Außer in den Sprachen. Aber zum Beispiel, in der Mathematik wenn wir jetzt, wissen was, die Quadratwurzel von Fünfundzwanzig ist, dann, was jetzt nicht schier- schwer ist aber, es bringt ein im Leben, nicht sehr viel. Also, m- sch- wichtige Sachen wo man später braucht, zum Beispiel Steuerüberweisung, das muss man sich alles selber beibringen. Aber die, Sachen wo man eigentlich nicht so viel braucht. Außer man hat, ein Beruf als Mathelehrer, oder irgendetwas was mit- mit Mathematik zu tun hat, ähm dann ist äh dann außerhalb davon kann man es dann nicht wirklich gebrauchen. Aber so allgemeine Sachen wo man irgendwann äh selber muss, machen, das wird einem nicht gelernt. //I: Mhm.// Das muss man sich meistens selber beibringen." (ESS1-P14)

In den Schilderungen Damians zeigt sich, dass er nicht nur lernt, um abstraktes Wissen anzusammeln, sondern er sich von den Lerninhalten einen konkreten Mehrwert im Alltag erhofft. Auch wenn Damian den Nutzen der Lerninhalte für andere Gruppen erkennen kann, ändert dies nichts daran, dass sie ihm nutzlos erscheinen. Dies steht im Gegensatz zur Haltung der meisten Mitschüler/innen, die die Lerninhalte im ES nicht infrage stellen, worin sich Konformität konturiert.

In Damians Ausführungen zeigen sich zudem Zielstrebigkeit und Effizienzstreben, da er sich vom ES eine bestmögliche Vorbereitung auf Studium und Beruf erhofft. Dies verdeutlicht, dass er einer an seinen Interessen ausgerichteten Ausbildung Sinn beimisst:

> „Damian: Aber dann sollte dieses Fach vielleicht mehr Priorität erhalten als es schon hat. Weil wenn es, ich jetzt mit den zwei Stunden die ich Naturwissenschaften habe, eben von (.) auf für der Universität weiterkommen will, zum Beispiel, mich, als Naturwissenschaftler als Lehrer äh der Naturwissenschaften weiter zu äh bilden, dann werde ich sozusagen etwas ins kalte Wasser gesetzt aus dem Grund, da es ein ganz anderes Niveau ist und man nicht so darauf vorbereitet ist." (ESS1-P14)

Im Fall Damians konturiert sich der Wunsch einer auf seine Bedürfnisse zugeschnittenen Ausbildung, die ihm ermöglicht seinen Interessen nachzugehen und ihn zugleich von für ihn nicht bedeutsamen Themen weitgehend verschont. Hierin deutet sich eine geringe Offenheit für Themen an, die nicht im Fokus seines Interesses stehen.

Darüber hinaus wird in Damians Erzählungen deutlich, dass es ihm nicht immer leichtfällt, sich zu motivieren, da die schulischen Ziele, wie ein guter Schulabschluss weit in der Zukunft liegen:

> „Damian Also (.) eigentlich weiß, dass ich für mich lerne und für sonst Keinen aber, das ist sehr schwirig das, immer im Kopf zu behalten. Und äh also in der heutigen-, im heutigen System, muss man eben eine gute Schulausbildung haben, um nachher auch mehr Freizeit zu haben. //I: Mhm.// Und ich glaube hauptsächlich lernt man dafür, aber, auch wenn das manchmal nur kleine Sachen sind die einem Motivation bringen äh die näher sind als vielleicht der Schulabschluss, dann kann das einem äh öfters mal helfen // I: Mhm. // mehr zu lernen, also." (ESS1-P9)

Auch wenn Damian sich meistens bewusst ist, dass er für sich selbst und seine Zukunft lernt, wird dies überdeckt von Zwängen, mit denen er sich gegenwärtig konfrontiert sieht. Demzufolge ist es nicht möglich sich dem System zu entziehen, das einen guten Schulabschluss erfordert, um später eine berufliche Position zu erlangen, die wiederum Freizeit ermöglicht. Die Investitionen in der Schule stellen für ihn somit einen Vorschuss dar, um später mehr Freizeit zu haben. Dies zeigt, dass Freizeit für ihn eine hohe Bedeutung hat. Obwohl er die Notwendigkeit und den Sinn von Bildung und Lernen anerkennt, sehnt er sich nach weniger Verpflichtungen und mehr Freizeit. Um sich zu motivieren, wählt Damian kleine Aspekte, die nicht so weit entfernt in der Zukunft liegen. Dies zeigt, dass das abstrakte Ziel eines guten Schulabschlusses und einer guten Zukunft ihm nicht immer als Motivation zu lernen ausreicht.

Während Bettina, Lucille, Caroline und Damian Lernen als Voraussetzung für gute Berufschancen und eine gute Zukunft betrachten, kann Eva dem nicht zustimmen. So betrachtet sie Lernen als verlorene Zeit, da auch ein Universitätsabschluss und generell Investitionen in das Lernen nicht zwingend eine gute berufliche Position garantieren. Angesichts der Erfahrungen in ihrem Umfeld zeigt sich Eva als desillusioniert:

„I: Und so generell, warum lernt man denn? (..) Ja?
Eva: Um Zeit zu verplempern.
Mehrere: (lachen).
Marcia: Damit man gute Prüfungen hat
I: Uhu.
Bettina: Um weiter zu kommen.
Lucille: Um, um, dass man danach einen guten Job bekommt // I: Mhm.//und gut durchs Leben kommen wird.
I: Mhm. […]
I: Mhm. Wie sehen die anderen das?
Eva: Ich habe eine Freundin da die ist jetzt schon zwanzig, weil die eine Freundin auch von meiner Schwester ist, die hat einen guten Schulabschluss hier im Classique, sie hat Uni gemacht, und trotzdem ist, und trotzdem hat sie keine gute Stelle.
I: Mhm.
Eva: Das heißt auch wenn man sehr gut lernt es kann man keine Stelle bekommen.
I: Mhm.
Eva: Deshalb (flüsternd:) ist es Zeitverschwendung.
I: (lacht) Okay.
Caroline: Also manchmal hat man keine Lust zu lernen, (Schulklingel läutet) aber man muss lernen damit man einen guten Schulabschluss und einen guten Job bekommt." (ESS1-P9)

In Evas Äußerungen deuten sich Zweifel am Bildungsversprechen an. Dies hat zur Folge, dass sie das „Spiel", an das ihre Mitschüler/innen glauben, infrage stellt und es ihr schwerfällt sich daran zu beteiligen. Folglich erlebt Eva das Lernen als Zeitverschwendung, sodass die fehlende Sinnzuschreibung eine Distanz gegenüber dem Lernen bedingt.

Bildungsorientierung: „Wenn ich mehr gesagt bekommen habe ich sollte mehr lernen, […], dann hab'ich noch weniger gelernt"

Grundsätzliche zeigt sich eine durch das Elternhaus vermittelte und internalisierte hohe Bildungsorientierung, die alle Schüler/innen teilen. So ist den Eltern die Bildung ihrer Kinder sehr wichtig, was sich in sehr hohen Bildungsaspirationen und Leistungsansprüchen zeigt, mit denen sich die Schüler/innen konfrontiert sehen.

Dabei konturieren sich in den hohen bildungsbezogenen Erwartungen der Herkunftsfamilien der Wunsch nach der Fortführung von familialen Bildungstraditionen sowie der Wunsch danach, den Schüler/innen eine gute Zukunft zu ermöglichen:

> „Neema: Also, ähm, zum Beispiel meine Schwester, sie war auch im Classique und sie hat sie ist jetzt studieren und ich glaube, meine Eltern möchten dann auch, dass ich gut in der Schule bin.
> Chloe: Ich will meine Eltern nicht enttäuschen.
> I: Und was meinst du erwarten die von dir?
> Chloe: Dass ich, also weiterhin gut in der Schule bin und nicht aufgebe.[…]
> Lamont: Und meine Eltern, also ich glaube alle Eltern von den Kinder hoffen nicht, dass sie nachher auf der Straße leben, aber es kommt, wie es kommt, also, wenn man nicht zur Schule geht, dann hat man nachher kein Haus oder Appartement oder ja Essen, dann hat man kein Geld, muss Betteln gehen, damit man ein paar Cent en Tag verdient.
> Tim-Niklas: Also ich will ein gutes Leben haben und nicht auf der Straße sein und betteln müssen." (ES2S-P31)

Die Schüler/innen teilen die hohen Erwartungen ihrer Eltern und identifizieren sich überwiegend damit. In einigen Familien scheint das Abitur als Tradition zu gelten. So haben auch ältere Geschwister in diesen bildungsnahen Elternhäusern Abitur gemacht und studieren, was Neema als Vorbild und Zukunftsentwurf sieht. Angesichts dessen erscheint ihr Bildungsweg familial vorbestimmt zu sein. Auch sind die Eltern von dem Potenzial ihrer Kinder überzeugt und erwarten, dass sie sich anstrengen und ihr Potenzial ausschöpfen.

Die hohen Bildungsaspirationen ihrer Eltern nehmen die Schüler/innen als Leistungsdruck wahr, von dem sie sich teilweise distanzieren. Hieran wird deutlich, dass die schulischen Orientierungen der Schüler/innen nicht immer mit den hohen Zielen und Erwartungen der Eltern übereinstimmen. Sie stellen jedoch nicht grundsätzlich den Wert von Bildung infrage, sondern weisen sehr hohe – ihnen nicht erfüllbar erscheinende – Anforderungen zurück.

Auch wenn alle Eltern von den Schüler/innen Anstrengung erwarten, variieren die konkreten Erwartungen. Insgesamt zeigt sich, dass die Eltern sich in unterschiedlichem Maße an den Leistungspotenzialen ihrer Kinder orientieren. Während die einen generell sehr gute Leistungen fordern, orientieren sich andere am Mindeststandard zu bestehen oder differenzieren nach den fachspezifischen Potenzialen ihrer Kinder.

Angesichts des hohen elterlichen Leistungsdrucks konturieren sich für zwei Schüler/innen Entfremdungspotenziale[32]. Während sich Entfremdung vom Lernen im Fall Damians auf seine Erfahrungen im vergangenen Schuljahr beziehen, sind Evas Entfremdungstendenzen auf die Gegenwart bezogen.

In den Erzählungen Damians wird deutlich, dass der Druck, den seine Eltern ihm gegenüber im vergangenen Schuljahr aufgebaut haben, ihm die Lernfreude genommen hat:

> „Damian: Also, // I: Ja?// Bei mir äh ist es so dass eher erwartet wird dass ich durchkom- äh dass ich durchkomme äh (.). Da, letztes Jahr wurde bei mir auch viel erwartet bei guten Noten, aber je mehr ich so: gesagt unter Druck gesetzt wurde desto schlechter wurden meine Noten. // I: Mhm.// Und ich einfach keine Lust mehr hatte.
> I: Und ähm wie wie haben deine Eltern dich unter Druck gesetzt? Haben sie das auch so gesagt? //Damian: Ja.// Oder hast du das nur gespürt oder // Damian: Sie haben- // wie ist das passiert?
> Damian: Also sie haben immer so gesagt ähm als- äh es wäre besser äh also ich sollte mir mehr Mühe geben, ich sollte mehr lernen, aber was ich gesagt- wenn ich mehr gesagt bekommen habe ich sollte mehr lernen, dann wurden, dann wurde, dann hab'ich noch weniger gelernt, weil ich nachher auch äh sehr rebellig wurde dadurch. //I: Mhm.// Damian: Durch, anderes äh lernen lernen lernen, aber keine Freizeit. So habe ich es mir interpretiert. (lacht)" (ESS1-P12)

Die Ermahnungen von Damians Eltern lösten Widerstand bis hin zur Rebellion in ihm aus und generierten Opposition gegenüber dem Lernen. Infolgedessen lernte er – trotz aller Ermahnungen und allen Drucks – immer weniger und verlor jegliche Freude daran. Der Grund, weshalb er rebellisch wurde, liegt darin, dass ihm abseits des erzwungenen Lernens die Freizeit fehlte, was seinen Unwillen verstärkte. Dies zeigt, dass ihm ein Ausgleich von Lernen und Freizeit ein wichtiges Bedürfnis ist. Hierin liegt eine Bedingung, um gerne zu lernen. Ist die Balance nicht gegeben, wachsen Frust und Unzufriedenheit gegenüber dem Lernen.

Auch in den Erzählungen anderer Schüler/innen zeigt sich, dass die hohen Erwartungen und der Druck, die vom Elternhaus ausgehen, dazu führen können, dass die Schüler/innen die Freude an der Schule und am Lernen verlieren. Dies wird am Thema Strafen der Eltern bei schlechten Noten diskutiert und erweist

---

32 Auch wenn der Einfluss des Elternhauses nicht im genuinen Erkenntnisinteresse dieser Arbeit formuliert wurde, wird an dieser Stelle der Einfluss der elterlichen Bildungsaspirationen auf die Entfremdung vom Lernen herausgearbeitet. Dies ist anhand der Qualität des Datenmaterials zu begründen, da hierin klare Hinweise auf die Bedeutung des Zusammenspiels Elternhaus, Schule und Schüler/in für die Entwicklung der Entfremdung vom Lernen ausgemacht werden konnten. Dies steht nicht in Widerspruch zur angestrebten offenen qualitativen Forschungsstrategie.

sich als bedeutsames Thema der Schüler/innen. Auch wenn sie sich anstrengen, erfüllen ihre schulischen Leistungen nicht immer die Erwartungen der Eltern. Infolgedessen werden mehrere Schüler/innen von ihren Eltern durch Beschränkungen gestraft, wie beispielsweise Zimmerarrest oder den Entzug von elektronischen Geräten. Diese Strafen erscheinen den Schüler/innen unangemessen und sie fühlen sich unverstanden, da Fehler aus ihrer Sicht dazugehören. Die Schüler/innen wünschen sich verständnisvolle, unterstützende Reaktionen auf schlechte Noten, was nicht immer der Fall ist.

Angesichts dessen wird deutlich, dass die Eltern hinter dem Wunsch der Schüler/innen zurückbleiben, dass sie verständnisvoll und unterstützend sein sollen. So straft Jans Mutter ihn mit dem Argument, dass er sein Potenzial nicht ausgeschöpft hat, was ihn jedoch nicht motiviert. Aus Perspektive der Schüler/innen ist es normal, dass ihnen Fehler passieren und sie nicht immer Bestleistungen erzielen: Während die Schüler/innen Fehler als natürlich und Anlass zum Lernen verstehen, teilen ihre Eltern diese Perspektive nicht in jedem Fall. Vielmehr erwarten die Eltern, dass ihre Kinder Fehler vermeiden, worin sich konträre Haltungen gegenüber Fehlern andeuten. Angesichts dessen fühlen sich die Schüler/innen von ihren Eltern unverstanden und ungerecht behandelt. Die Schüler/innen sind emotional unterstützungsbedürftig, da sie sich, wenn sie eine schlechte Note verarbeiten müssen, danach sehnen, von ihren Eltern ermutigt zu werden. Dies leisten die Eltern der verschiedenen Schüler/innen in unterschiedlichem Maße. Strafen erscheinen hingegen kontraproduktiv, da die Schüler/innen um die Bedeutung von Bildung wissen und Unterstützung und Verständnis benötigen, um motiviert zu bleiben und es in der nächsten Prüfung besser zu machen. Unverständnis der Eltern kann zur Distanz gegenüber dem Lernen beitragen, da sich die Schüler/innen unverstanden und allein fühlen.

Auch in den Erzählungen der Schülerin Eva deutet sich ein Entfremdungsrisiko im Hinblick auf das Lernen an:

„Eva: Meine Mutter ist selbst Lehrerin und ich glaube sie möchte auch, dass ich Sechzig von Sechzig in allem Prüfungen habe.
I: Okay. […]
Eva: Mein Vater schämt sich für mich wenn ich unter Dreißig hab'. [..]
Eva: Weil ich sowieso schlecht bekomme und ich möchte, und ich möchte mich anstrengen, dass ich lerne die ganze Zeit. Ich mach alles. Meine Mutter nervt mich. Meine Mutter ist Lehrerin. Und ich, bekomm trotzdem keine guten Noten hin (lachend).
I: Uhu. Und was glaubst du woran das liegt?
Eva: Äh weil ich es lerne. Und in der Prüfung es trotzdem nicht weiß." (ESS1-P12)

Eva kann die hohen Erwartungen ihrer Eltern nicht erfüllen – 60 von 60 Punkten entsprechen der Höchstpunktzahl einer Prüfung – und wirkt zunehmend resigniert, da sie trotz ihrer Lernanstrengungen keine Erfolge erzielt. Dabei bleibt offen, ob sie generell auf dem ES überfordert ist, sie über unzureichende Lerntechniken verfügt oder das Falsche lernt. Zudem beschäftigt es sie, dass sie als Kind einer Lehrerin schlechte Noten bekommt. Dies legt nahe, dass sie die Erwartung verspürt, dass sie als Tochter einer Lehrerin bessere Noten erzielen müsste, worin sich Bewusstsein für ihre soziale Herkunft ausdrückt, das zusätzlichen Druck auf Eva ausübt.

Eva ist den Anforderungen im ES oder zumindest den Erwartungen ihrer Eltern nicht gewachsen, da sie trotz intensiven Lernens keine besseren Resultate erzielt und unzufrieden ist. Überdies fällt auf, dass ihre Eltern zwar hohe Anforderungen an sie stellen, sie jedoch nicht aktiv beim Lernen zu unterstützen scheinen. Dies scheint sie eigenverantwortlich zu leisten. Jedoch steht Eva ihren, im Vergleich zu ihren Mitschüler/innen, schlechten Noten und ihrem geringen schulischen Erfolg im ES indifferent gegenüber. So nimmt sie zwar die Unzufriedenheit ihrer Eltern angesichts der schlechten Noten wahr, diese lösen jedoch in ihr nichts aus. Dies deutet darauf hin, dass sie sich bereits an schlechte Noten gewöhnt hat. So erscheint sie resigniert, da ihre Anstrengungen sich nicht in den Noten widerspiegeln und zieht eine Grenze zwischen sich und ihrer schulischen Leistung.

Die Bildungsorientierung der Schüler/innen zeigt sich zudem in ihren Assoziationen von einem guten Schüler/einer guten Schülerin:

„I: Mhm. (..) Und was ist denn für euch ein guter Schüler? (…) Ja?
Bettina: Jemand der im Unterricht zuhört und (..) manchmal auch ohne zu ler- ähm ohne viel zu lernen gute Noten schreibt.
I: Mhm.
Eva: So wie sie (lacht).
I: Ist das für die anderen ähnlich?
Caroline: Und auch jemand der immer ähm in der Stunde den Finger aufzeigt, weil er alle Antworten weiß. […]//Marcia: Das ist übertrieb- übertrieben.//Mehrere: Ja.//" (ESS1-P10)

Ein guter Schüler/eine gute Schülerin zeichnet sich durch Aufmerksamkeit und Partizipation im Unterricht aus. Zudem erzielt er/sie ohne Anstrengung gute Noten und verfügt generell über ein umfangreiches Wissen, das er/sie im Unterricht zeigt. Folglich zeichnen sich gute Schüler/innen durch eine Leichtigkeit zu lernen aus. In diesen Beschreibungen konturieren sich Vorstellungen vom idealen Schüler/von der idealen Schülerin, sodass anzunehmen ist, dass die Schüler/innen sich selbst an diesen Erwartungen messen. Zugleich zeigt sich, dass nicht alle Schüler/innen sich mit diesem Ideal identifizieren und es ihnen übertrieben bzw. unerreichbar erscheint.

Die Erwartungen, die die Schüler/innen an sich selbst stellen, reichen unterschiedlich weit in die Zukunft. Während sich Lamonts Ziel auf das Ende des

Schuljahres bezieht und er zufrieden ist, wenn er seine anvisierten Noten erreicht hat, ist Jan-Niklas erst dann zufrieden, wenn er einen guten Job hat. Hierbei handelt es sich um ein langfristiges Ziel, das seine Bildungsorientierung und Zielstrebigkeit unterstreicht. So hat für Jan-Niklas das Ziel, einen guten Job auszuüben, einen hohen Wert, sodass er es bereits jetzt fest im Blick hat und sich dafür anstrengt. Auch in Lamonts Orientierung konturiert sich Bildungsbezug, der jedoch auf das Erreichen konkreter Noten bezogen ist. Dies verdeutlicht, dass Erfolg und Zufriedenheit aus Sicht dieser Schüler auf verschiedene Zeitpunkte der Bildungskarriere bezogen sind.

Generell sind den Schüler/innen Noten wichtig, was sich darin zeigt, dass gute und schlechte Noten bei ihnen Emotionen auslösen:

> „Damian: Also, mir sind sie nicht nur wichtig. Also es: fühlt sich immer besser an, wenn man, wenn man äh gute Noten halt mit nach Hause bringt. Als wenn man äh wieder nur schlechte Noten mit nach Hause bringt. Also, es fühlt sich natürlich besser an." (ESS1-P13)

So bringt Damian lieber eine gute Note nachhause. Dies fühlt sich besser an und ist darauf zurückzuführen, dass er dann von seinen Eltern Anerkennung erfährt. Schlechte Noten gehen mit Enttäuschung der Eltern und eigener Betroffenheit einher, wie Caroline und Lucille berichten. Eine Ausnahme stellt Eva dar, der eine schlechte Note egal ist, während ihre Eltern unterschiedlich reagieren. Bettina hingegen, die bei ihren Mitschüler/innen als sehr gute Schülerin gilt, grenzt sich teilweise von den hohen Erwartungen ihrer Eltern, insbesondere denen ihrer Mutter ab, die sie zu immer besseren Leistungen ermutigen:

> „Bettina: Äh also mein Vater sagt m- äh sagt nächst- ähm nächstes Mal lernst du mehr. Ähm (.) Und meine Mutter sagt (.), Du musst mehr lernen. (.). Und, ich selber, sage mir auch, ich muss mehr lernen. Nur mein Vater sagt halt, (..) Also meine Mutter, die befielt das, äh die befehlt das so. Und mein Vater sagt eher äh ja versuch es besser zu- hinzukriegen.
> I: Mhm.
> Damian Wisou besser? Du wors sewisou daat Bescht. Du hast sowieso so gute Noten. Marcia Du auch.
> Bettina: Ja im Französischen auch nicht. Und meine Mutter findet // Meine Mutter findet, dass Dreiundvierzig ähm nicht- //Marcia Dreiundvierzig ist perfekt. // Ich weiß. Meine Mutter findet das nicht und ich, ich versteh das auch nicht.
> I: Und wie ist das denn-, wie ist das denn für dich noch mehr zu lernen? //Bettina: Nee.// Oder, //Bettina: Nee.// sagt du dann dass es f-// Bettina: Nee. Weil ich finde das: übertrieben. Also meine Mutter regt sich jetzt auch nicht für so ner Note auf. Aber meine Mutter sagt, ja aber du kannst es besser machen. Und dann sage ich, ich habe keine Lust es besser zu machen, weil es schon, für mich selber genug ist.

I: Mhm.
Lucille: Wenn es bei mir manchmal schlecht in der Schule läuft, dann ähm bin ich meistens sehr deprimiert und dann, setzte ich mich dahin und lerne ganz viel." (ESS1-P13)

Ist sie selbst mit ihren Leistungen zufrieden, sieht Bettina keinen Anlass sich noch mehr anzustrengen. Vielmehr scheint es ihr zu genügen dieses hohe Niveau zu halten. Dies scheint keinen ernsthaften Konflikt zwischen ihr und ihren Eltern zu generieren, da ihre Leistungen weiterhin gut sind. Hierin zeigt sich auch Bettinas Selbstbewusstsein, sie weiß, dass sie eine gute Schülerin ist und kann sich gegenüber ihren Eltern behaupten.

Lucille stimmen schlechte Noten traurig, sind aber zugleich Anlass, um mehr zu lernen. So ziehen schlechte Ergebnisse keine Resignation nach sich. Hierin zeigt sich ihre Bildungsnähe und Anstrengungsbereitschaft, sie möchte gut sein und strengt sich an, in der nächsten Prüfung bessere Noten zu erzielen.

Anhand der Debatte um Bettinas Französischnote zeigt sich, dass die Schüler/innen einander anhand ihrer Noten bewerten. Sie sind sich einig, dass 43 Punkte von 60 Punkten in Französisch eine gute Note darstellen. Dies scheinen Bettinas Eltern anders zu sehen, worin sich ein Kontrast zwischen den Wahrnehmungen der Schüler/innen und der Eltern konturiert.

Zudem verdeutlicht sich die Bedeutung sehr guter Noten anhand einer umfangreichen Debatte um den Klassendurchschnitt. Im Verlauf dieser Debatte wird offenbar, dass unter den Schüler/innen unterschiedliche Ansichten vorherrschen, was die Lehrpersonen von ihnen erwarten. Dabei fällt auf, dass sich dies ausschließlich auf die Leistungserbringung in Form von Noten fokussiert und Verhaltensaspekte gar keine Rolle spielen.

Während die Schüler/innen zunächst Evas Aussage diskutieren, dass die Lehrpersonen den erwünschten Klassendurchschnitt mit der höchsten erreichbaren Punktzahl gleichsetzen, erweist sich dies im Verlauf der Debatte als nicht haltbar. So ist aus Damians Sicht ein solch hoher Klassendurchschnitt unrealistisch und nicht erreichbar. Hierin konturiert sich die Überzeugung, dass die Schüler/innen immer unterschiedlich gut abschneiden und deshalb nicht allesamt die volle Punktzahl erreichen können. Einig sind sie sich, dass es den Lehrpersonen um einen guten Klassendurchschnitt geht. Dies wird von den Lehrpersonen nicht explizit kommuniziert, wobei die Schüler/innen sich dies entschlüsseln. So glaubt Eva es in den Augen der Lehrpersonen zu erkennen. Insgesamt zeigt sich anhand dieser Debatte, dass die schulischen Leistungen gemessen in Form von Noten einen hohen Wert im Schulalltag haben, den die Schüler/innen aufgreifen. Das Abschneiden der Klasse, das sich im Klassendurchschnitt ausdrückt, dient aus Damians Sicht als Bestätigung der Qualität des Unterrichts.

Obwohl sich überwiegend hohe Bildungsorientierungen zeigen, fällt auf, dass Eva an verschiedenen Stellen der Gruppendiskussion die schulischen Anforderungen an Präzision kritisiert und diese als unangenehm empfindet. Diese Wahrnehmung wird von ihren Mitschüler/innen nicht geteilt. So scheinen diese die schulischen Anforderungen zu akzeptieren und weniger stark zu hinterfragen. Eva hingegen stört sich daran, dass Punktabzüge bereits für kleinere Abweichungen erfolgen, was sie nicht versteht und als Gängelung empfindet:

> „Eva: Punkte abzählen wegen ganz kleinen Kleinigkeiten.
> I: Mhm. Und das- //Marcia: Das ist halt so. // Eva: Wenn ein e, wenn ein e nicht richtig geschwungen ist oder so //Mhm.// Eva: Ich find das scheiße." (ESS1-P7)

Da Eva die schulische Erwartung eines korrekten Schriftbildes nicht anerkennt und deren Sinn nicht versteht, zeigt sich eine geringere Bereitschaft zur Anpassung an die schulischen Anforderungen. Im Gegensatz zu Eva erkennen ihre Mitschüler/innen die Notwendigkeit der Präzision an und akzeptieren damit verbundene Sanktionen.

Engagement und Anstrengungsbereitschaft: „Und dann war man auch schon für den nächsten Tag in der Schule äh nicht so fit, und auch dann wurden die Hausaufgaben noch schwieriger, weil man eben nicht ausgeschlafen war"

Die Schüler/innen erleben die Anforderungen als hoch und müssen im Vergleich zur Primarschule in vielen Fächern mehr Anstrengung und Zeit investieren, um die Lernziele zu erreichen. Auch wenn sie anstrengungsbereit und lernwillig sind, bringen das Lernpensum, das höhere Tempo sowie die Lehrstile bestimmter Lehrpersonen sie teilweise an ihre Grenzen.

Es zeigt sich, dass von den Schüler/innen umfangreiches Engagement erwartet wird, das neben der Teilnahme am Unterricht auch das Erledigen von Hausaufgaben, die Prüfungsvorbereitung und das Lernen in den Ferien umfasst. Die Schüler/innen akzeptieren dies als notwendig und teilweise als selbstverständlich, was ihre starke Bildungsorientierung reflektiert.

Am Beispiel des Mathematikunterrichts zeigt sich, in welcher Weise Unterrichtstempo und Lehrstil den Schüler/innen den Lernfortschritt erschweren. Dabei wird deutlich, dass die Schüler/innen die Lerninhalte verstehen und anwenden können wollen, wobei sie teilweise durch die Praktiken der Lehrpersonen gehemmt werden:

> „Chloe: Ich mag den Unterricht, also den Mathematikunterricht nicht so gut, weil ähm ja manchmal er geht zu schnell und dann komm ich nicht nach. [..] Im Matheunterricht manchmal machen wir so Übungen und er sagt, also er lässt uns keine Eigenarbeit. Er sagt sofort das Resultat, er fragt uns nichts.

Jan: Er macht die Aufgaben für uns.
Lamont: Aber, es ist nicht so als ob er die Aufgaben für uns macht. Ich find eine neue, er fängt mit neuen Sachen an und dann muss er uns zeigen wie es geht, wir können ja nicht wissen wie es geht. Dann muss er ja Beispiele geben.
Chloe: äh, aber manchmal macht er das aber wirklich, dass er die Aufgaben für uns schreibt und dann äh, wenn wir eine Aufgabe alleine, also zu Hause müssen machen, dann manchmal krieg'ich das nicht hin." (ESS2-P17)

Es zeigt sich, dass die Demonstration der Lerninhalte im Unterricht die Schüler/innen nicht zwangsläufig dazu befähigt, sie selbst anzuwenden, was Frustration nach sich zieht. Hieran wird deutlich, dass Lernen im Fach Mathematik maßgeblich über eigenständiges Anwenden erfolgt. Erst das eigenständige Anwenden der Rechenoperationen im Rahmen der Hausaufgaben zeigt, ob sie die Lerninhalte wirklich verstanden haben. Demzufolge reichen die Präsentation und das Vorrechnen durch die Lehrperson nicht aus, um die Schüler/innen dazu zu befähigen, die Aufgaben selbst lösen zu können.

Auch in der Erzählung Damians zeigen sich die hohen Anforderungen im Mathematikunterricht, die darin bestehen, von der Tafel abzuschreiben und sich nicht ablenken zu lassen:

„Damian: Ähm, ich äh also ich äh habe auch eher äh bei verschiedenen Sachen in der Mathematik Probleme, also jetzt nicht in der Prüfung weil ich es dann gelernt hab'//I: Mhm.// aber eher weil äh der Lehrer sehr schnell schreibt und ich dann nicht nachkomme, weil wir dann auch nichts zusammenmachen und immer nur abschreiben //I: Mhm.// und dann, und wenn man dann einmal sich umdreht zum Banknachbarn um irgendwas zu sagen, dann muss man wieder schon drei Zeilen äh in, also die muss man dann schon wieder schreiben. //I: Ja.// Obwohl man nicht äh obwohl man es nicht richtig gemerkt hatte. //I: Und dann kommt-// Und das heißt dann kommt man schnell in Verwirrung." (ESS1-P5)

Im Mathematikunterricht liegt der Fokus auf dem Mitschreiben bzw. dem Abschreiben des Tafelbildes, wobei der Lehrer ein hohes Tempo vorgibt. Um dem Lehrer zu folgen, müssen die Schüler/innen fokussiert arbeiten. Bereits kurze Ablenkungen beinhalten ein Risiko, den Anschluss zu verlieren. Damian ist im Unterricht nicht durchgängig aufmerksam und erlebt das Abschreiben als wenig hilfreich, sodass seine Haltungen und Verhaltensweisen im Kontrast zum sekundären Schülerhabitus stehen. Dennoch hat Damian in den Prüfungen weniger Probleme, da er dann vorbereitet ist.

Das hohe Lern- und Arbeitspensum ergibt sich aus der schulischen Erwartung, nach dem Unterricht sowohl ihre Hausaufgaben zu erledigen als auch für Prüfungen zu lernen:

„I: Mhm. (.) Und du, Caroline?

Caroline: Also weniger und weniger Hausaufgaben. Denn wenn man in einer Woche einen Test schreiben muss und dafür lernen will, aber noch Hausaufgaben für den nächsten Tag schreibt, dann muss man zuerst die Hausaufgaben machen. Und wenn es viele sind dann hat man nicht so viel Zeit für den Test zu lernen. Und dann bekommt man keine gute Note." (ESS1-P8)

Folglich wird die Prüfungsvorbereitung durch die Vielzahl an parallel zu erledigenden Hausaufgaben erschwert. Den Hausaufgaben wird Priorität eingeräumt, da sie der Prüfungsvorbereitung vorgezogen werden. Die parallel liegenden schulischen Anforderungen werden als belastend empfunden und es deutet sich der Wunsch an, sich auf eine Aufgabe fokussieren zu können. Dies lassen die schulischen Anforderungen jedoch nicht zu. Dennoch stufen andere Schüler/innen die Belastung durch Hausaufgaben als gegenwärtig erträglich und bewältigbar ein, auch wenn das Pensum im Vergleich zur Primarschule erheblich zugenommen hat. Eröffnete die Unterrichtsstruktur in der Primarschule den leistungsstarken Schüler/innen die Gelegenheit, bei Leerlauf bereits ihre Hausaufgaben in der Schule zu erledigen, ist dies im ES nicht mehr der Fall. Dies deutet auf eine höhere Aufgabendichte hin, wodurch die Schüler/innen in stärkerem Maße gefordert werden.

Das hohe Arbeitspensum bietet den Schüler/innen kaum Raum zur Regeneration. So erlebte Damian, der nun die siebte Klasse wiederholt, das vergangene Schuljahr als anspruchsvoll, sodass ihm kaum Freizeit blieb:

„Damian: also meine Meinung dazu ist, dass wir, etwas weniger haben sollen. Aber das ist jetzt nicht mehr Freizeit zu haben, aber man hat oft, dass man äh ähm dass man in (..) nach Hause kommt. Also letztes Jahr war das öfters. Heu-Dieses Jahr noch nicht aber, man hat immer gea- äh gelernt bis abends gegen sieben Uhr, und dann hatte man nicht mehr viel Freizeit um irgendwie noch sich äh etwas zu erholen. Und dann war man auch schon für den nächsten Tag in der Schule äh nicht so fit, und auch dann wurden die Hausaufgaben noch schwieriger, weil man eben nicht ausgeschlafen war oder, äh sowieso schon äh sehr viel gemacht hat.

I: Mhm.

Damian Das kann über längere Zeit in äh kann das sehr, also dann leiden auch Prüfungen darunter meiner Meinung nach." (ESS1-P8)

Die schulischen Anforderungen führten bei Damian in einen Teufelskreis. Da er sich nach der Schule nicht regenerieren konnte, war er am nächsten Tag im Unterricht nicht ausgeruht, was sich auf seine Aufnahmefähigkeit auswirkte. Unter dieser Belastung fiel es ihm zudem schwer die Hausaufgaben zu erledigen. Die fehlenden Möglichkeiten zur Regeneration wirkten sich schließlich auf seine

Prüfungsergebnisse aus. Hierin wird deutlich, dass trotz Lern- und Leistungsbereitschaft auch Regenerationsphasen nötig sind, die insbesondere den schwächeren Schüler/innen nicht zur Verfügung stehen.

Angesichts der hohen schulischen Anforderungen haben die Schüler/innen das Gefühl, ihre Situation nicht ändern zu können, und akzeptieren diese. Dies wird in unterschiedlichem Maße als belastend erlebt. Beispielsweise erlebt Eva ihre Situation als „Schicksal", worin sich die Akzeptanz und wahrgenommene Unausweichlichkeit dieser Umstände andeutet. Auch wenn sich einige Schüler/innen weniger Unterricht wünschen, um entlastet zu werden, gilt dies nicht für alle und ist nicht als Distanz gegenüber der Schule und dem Lernen zu werten. Für die Schülerin Marcia zeigt sich die Haltung, möglichst nichts verpassen zu wollen. So wünscht sie sich mehr Unterricht, der dem Zweck dienen soll, ausgefallene Unterrichtsstunden oder Fehlzeiten zu kompensieren.

Darüber hinaus sind sich die Schüler/innen ihrer Verantwortung für ihren Bildungserfolg und der Notwendigkeit bewusst, aktiv an der eigenen Bildungskarriere zu arbeiten:

> „Lamont: Also, wenn man nicht zur Schule geht, kann man auch nicht alle Berufe machen. Also, wenn man zum Beispiel nur zuhause rumfault, dann hat man kein Abitur und kein Abschluss, dann kann man es auch niemanden zeigen." (ESS2-P30)

Ein Gegenhorizont zur leistungsbereiten, lernorientierten Haltung wird von Lamont eröffnet und besteht in einer Distanz zur Schule, die sich in Passivität, gekennzeichnet vom „zuhause Rumfaulen", ausdrückt. So betrachtet er schulisches Lernen und Engagement als essentielle Voraussetzung, um aus einer Vielzahl von Berufen auswählen und seine Ziele umsetzen zu können.

Die Schüler/innen selbst führen bildungsbezogene Defizite auf individuelle Haltungen und mangelndes Engagement zurück. So werden dem Verhalten und dem Lernfortschritt in der Primarschule ein Einfluss auf den Erfolg im ES zugeschrieben. So weist Marcia Eva die Verantwortung für ihre schlechten Französischleistungen zu:

> „Eva: Du kannst Französisch. Ich nicht.
> Marcia Ich hab trotzdem eine schlechte Note bekommen.
> Eva: Jo ech hun Zeng vun Siechzeg. (.) D'ass wouer.
> Mehrere: (lachen)
> Marcia: Das ist wenn man kein Französisch kann. Wenn man in der Primarschule nicht nach, wenn man nicht zugehört hat.
> Mehrere: (lachen))" (ESS1-P11)

Folglich wird das Aufpassen in der Primarschule als Bedingung angesehen, um im ES dem Unterricht folgen zu können. Hierin konturiert sich die Erwartung an die Schüler/innen, aufmerksam zu sein und dem Unterricht zu folgen. Zudem wird deutlich, dass Schüler/innen, die mit Defiziten in das ES wechseln, es vergleichsweise schwer haben.

Die Anstrengungsbereitschaft zeigt sich auch in der Haltung, Anweisungen der Lehrpersonen sofort umzusetzen. So beginnt Lamont sofort mit dem Lernen, wenn die Erwartungen bekannt sind. Hierin drückt sich eine engagierte, lernbereite Haltung aus, die am Geforderten ausgerichtet ist. Angesichts dessen zeigt sich punktuelles, auf das Geforderte gerichtetes Engagement, sodass sich eine von Effizienz geprägte Lernhaltung andeutet.

Anwendungsbezogenheit: „Aber zum Beispiel, in der Mathematik, wenn wir jetzt, wissen was, die Quadratwurzel von Fünfundzwanzig ist, […] es bringt ein im Leben, nicht sehr viel"

Der Unterricht ist überwiegend theoretischer Art. Sowohl der Fokus auf abstrakte Lerninhalte als auch die, von reproduktiven Techniken gekennzeichneten, Lernpraktiken erschweren den Lernfortschritt der Schüler/innen. So fällt es ihnen schwer, die abstrakten Lerninhalte nachzuvollziehen und selbst anzuwenden.

Am Beispiel Damians wird deutlich, dass die Distanz gegenüber dem Lernen maßgeblich durch die Unterrichtsgestaltung beeinflusst wird. Konkret sprechen ihn theoretische Lerninhalte wenig an und er bevorzugt praktische, anwendungsbezogene Lernstrategien und Lernsettings, die ihm das ES nur teilweise bietet. Hierin deutet sich ein Passungskonflikt zwischen Damians Bedürfnissen und den stark theoretischen Lerninhalten an, die sein Wohlbefinden einzuschränken scheinen und Ablehnung nach sich ziehen. Nichtsdestotrotz akzeptiert er diese unangenehmen Elemente des Unterrichts.

Damian wiederholt die siebte Klasse im ES-Track im Lycée Bicane, sodass es ihm möglich ist die Unterrichtsgestaltung mit der im vergangenen Schuljahr zu vergleichen. Dabei stellt er fest, dass in diesem Schuljahr praxisbezogener gearbeitet wird. Dies führt er auf den Lehrstil der einzelnen Lehrpersonen zurück, da diese entscheiden können, auf welche Weise sie die Lerninhalte vermitteln.

Die auch von anderen Schüler/innen geteilte distanzierte Haltung gegenüber auf die Vermittlung von Theorie ausgerichteten Unterrichtssettings bezieht sich auf Lernsituationen, in denen primär von der Tafel oder aus dem Buch abgeschrieben wird.

Stattdessen präferieren die Schüler/innen anwendungsbezogene Lernsettings, die es ihnen erleichtern, die Inhalte zu verstehen:

> „Damian Also vielleicht äh sollten wir auch mehr äh zus-. Also wir sollten mehr, äh Abwechslung haben aber äh. Vielleicht kann man ja auch etwas mehr praktischere

Aufgaben machen. //I: Mhm.// Oder zum Beispiel eine, eine Lösung lösen, die aber mit echten Problemen zu tun hat. //I: Mhm.// Im Leben. Also ein- also reelle. Nicht nur so aus dem Buch. Oder äh viellei-. Es würde auch schon reichen, wenn wir mehr äh zusammen-. Also wenn wir auch mal äh Aufgaben alleine lösen können weil, wir schreiben eigentlich nur ab was äh der Lehrer uns //I: Mhm.// aufschreibt.
I: Empfindet ihr das auch so? Oder hat euch das bisher nicht gestört?
Bettina: Also mich hat es gestört, weil, es einfach, wirklich langweilig ist nur abzuschreiben anstatt es selbst zu machen." (ESS1-P4)

Die Schüler/innen wollen lernen und verstehen, was ihnen jedoch durch die Unterrichtsgestaltung erschwert wird. So führt das, in vielen Unterrichtssettings dominierende, Abschreiben nicht zu einem umfassenden Verständnis der Lerninhalte Vor diesem Hintergrund bildet das eigenständige Lösen von Aufgaben einen positiven Gegenhorizont zum Reproduzieren von Vorgegebenem.

Theoretisch ausgerichteter Unterricht wird als langweilig wahrgenommen und verstärkt die Abneigung gegenüber einem Fach. Zudem wird der Lernstoff in den Büchern als realitätsfern aufbereitet wahrgenommen, worin sich der Wunsch nach anwendungsbezogenen Inhalten und praktischen Unterrichtselementen konturiert.

Theoretische Inhalte, die im Alltag nutzlos erscheinen, vermindern die Motivation zu lernen und der Sinn des Lernens wird verschleiert. So stellen Damian und Eva den Nutzen der theoretischen, abstrakten Lerninhalte infrage:

„I: Inwiefern hilft euch denn die Schule eure Ziele zu erreichen? Haben wir eben schon, einige.
Mehrere: (lachen)
Eva: Meine Rede.
I: Eine ganz- eine ganz ehrliche Meinung.
Marcia: Das kann nicht dein Ernst sein.
?: Doch.
I: Was hat er denn gesagt? Ich hab's gar nicht verstanden.
Damian: In der, also (..). Ich, kann, das Wissen was ich in der Schule, ge- bekomme, kann ich wi- in im Leben bis jetzt kann ich das, nicht wirklich anwenden. Außer in den Sprachen. Aber zum Beispiel in der Mathematik, wenn wir jetzt, wissen was, die Quadratwurzel von Fünfundzwanzig ist, dann, was jetzt nicht schier- schwer ist aber, es bringt ein im Leben, nicht sehr viel. Also, m- sch- wichtige Sachen wo man später braucht, zum Beispiel Steuerüberweisung, das muss man sich alles selber beibringen. Aber die, Sachen wo man eigentlich nicht so viel braucht. Außer man hat, ein Beruf als Mathelehrer, oder irgendetwas was mit- mit Mathematik zu tun hat, ähm dann ist äh dann außerhalb davon kann man es dann nicht wirklich gebrauchen. Aber so allgemeine Sachen wo man irgendwann äh selber muss, machen, das wird einem nicht gelernt. //I: Mhm.// Das muss man sich meistens selber beibringen.

I: Mhm. Wie seht ihr das?
Eva: Ich hab'ähm. Man lernt ja auch nicht auch wie man ähm. Wie man die, Familie ernährt lernt man nicht in der Schule, wie man die Rechnungen bezahlt lernt man nicht. Aber Hauptsache man weiß, wieviel Melonen Tom bekommt. //Mehrere: (lachen)// Das ist das wichtigste." (ESS1-P14)

Es zeigt sich, dass das abstrakte Wissen, das im ES vermittelt wird, vor allem von Damian und Eva nur bedingt als sinnvoll erachtet wird. Zu Beginn dieser Sequenz fällt auf, dass die Schüler/innen intensiv über Damians Gedanken, dass das Wissen, das man in der Schule erwirbt im Leben bisher nutzlos ist, diskutieren. So erhält er einerseits Zustimmung (Eva) aber auch ungläubige Kommentare (Marcia). Hierin wird deutlich, dass nicht alle seine Meinung teilen. Somit stellt Damians Perspektive einen Gegenhorizont zur Mehrheitsmeinung dar, die den Nutzen schulischen Wissens anerkennt.

Ob ein Fach als sinnvoll erachtet wird, bemessen die Schüler/innen daran, inwieweit Anwendungsbezug vorliegt und die Inhalte im Alltag von Nutzen sind. Während dies für die Sprachen gegeben ist, ist es im Fach Mathematik nicht der Fall. So wird der Nutzen konkreter Rechenoperationen und Aufgabenstellungen, wie das Ziehen einer Quadratwurzel, infrage gestellt. Hierin zeigt sich, dass die Schüler/innen Wissen mit Anwendungsbezug präferieren. Sie lernen nicht, um des Wissenserwerbs willen, sondern benötigen eine praktische Komponente, wodurch das Wissen im Alltag sinnvoll wird. Auch erhalten für die Alltagspraxis erwachsener Menschen aus Schüler/innensicht bedeutsame Themen keinen Raum im Unterricht im ES-Track. Dies betrifft sowohl Wissen im Bereich Finanzen und Steuern als auch das Versorgen einer Familie.

Zudem bewegt sich das ES in einem Spannungsfeld zwischen Spezialisierung und Generalisierung, sodass nicht alle Bedürfnisse und Interessen der Schüler/innen berücksichtigt werden können. Teilweise ist den Schüler/innen bewusst, dass die Schule nicht jede Neigung fördern kann. Es zeigt sich jedoch auch Unverständnis für den breiten Wissenskanon, was sich im Wunsch nach mehr und früheren Möglichkeiten der Spezialisierung ausdrückt.

Anpassung an unterschiedliche Lernsettings: „Aber es ist halt […] nicht immer möglich, Spiele im Unterricht zu machen"

Die Schüler/innen werden von einer Vielzahl von Lehrpersonen mit jeweils eigenem Lehrstil in den einzelnen Fächern unterrichtet. Diese Lehrstile werden in unterschiedlichem Maße als ansprechend, langweilig oder anstrengend erlebt. Folglich lernen sie, ihrem primären Schülerhabitus entsprechend, bei verschiedenen Lehrpersonen unterschiedlich gut:

„Lamont: Ich find's besser, dass es nicht nur ein Lehrer ist. // I: Warum ist das besserer? Was hat sich da geändert? // Weil dann haben wir mehr Abwechslung. Dann lernen wir bei einigen besser und bei anderen weniger manchmal.
I: Und die anderen? Habt ihr noch Ideen, was ihr jetzt besser an der Grundschule findet oder schlechter?
Neema: Also bei den Lehrern, wenn man zum Beispiel einen Lehrer nicht so mag, dann hat man aber noch die anderen, die man mehr mögen kann." (ESS2-P3)

Es zeigt sich eine Wertschätzung dieser Abwechslung, die dazu beiträgt, dass Antipathien gegenüber einer einzelnen Lehrperson nicht so schwer wiegen. Demnach werden Probleme mit dem Lehrstil einer Lehrperson oder in der Lehrperson-Schüler/in-Beziehung durch die positiven Erfahrungen in anderen Fächern gepuffert:

In den Erzählungen zu den verschiedenen Unterrichtsfächern wird deutlich, dass Ernsthaftigkeit und Spaß, abhängig von den Anforderungen des Fachs und der Lehrperson, unterschiedlich bedeutsam sind.

Am Beispiel des Science-Unterrichts wird deutlich, dass die Praktiken der Lehrerin das Bedürfnis der Schüler/innen nach Anregung und interessantem Unterricht nicht befriedigen. Die Schüler/innen sind sich einig, dass der Science-Unterricht bei Frau Kepler langweilig und eintönig ist. Aufgrund der langsamen, langweiligen Art der Lehrerin zu sprechen ist es anstrengend dem Unterricht zu folgen. Dies zeigt sich in Formulierungen, wie „und dann willst du einschlafen" oder „dann ist man froh, wenn es klingelt".

Hingegen fungiert der Französischunterricht bei Frau Henry als positiver Gegenhorizont. So stellt der praktische Französischunterricht (TP) ein offenes Unterrichtssetting dar und wird als ansprechender und kurzweiliger erlebt:

„Lamont: Und im Französischen, wenn wir TP haben, dann find ich es besser, weil sie, also wir dürfen lachen, also nicht übertrieben, aber wenn, zum Beispiel, wenn einer redet, weil wir mussten gestern erfinden, Geschichten erfinden, dann haben wir gelacht und da hat die Lehrerin mitgelacht. Sie hat nicht gesagt, jetzt reicht's, das ist nicht witzig // Jan: aber Madame Kepler sagt, jetzt reicht's// Innerlich lacht sie wahrscheinlich auch, aber äußerlich zeigt sie, also das wir ruhig sein sollen.
Chloe: Madame Henry sie bringt den Unterricht witziger und nicht zu langweilig, also (?) wie Madame Kepler
Lamont: Dann lernt man auch lieber." (ESS2-P22)

Angesichts dessen konturiert sich lustiger und abwechslungsreicher Unterricht als förderlich für eine positive Einstellung zum Lernen. Während die Französischlehrerin Frau Henry lustige Elemente in den Unterricht integriert und mit den Schüler/innen lacht, ist dies im Science-Unterricht bei Frau Kepler nicht der Fall. Letzteres deutet Lamont als professionelle Haltung, die es ihr nicht erlaubt mitzulachen, sondern vielmehr Ruhe einzufordern.

Der Spaß im Französischunterricht bezieht sich nicht nur auf die Haltung der Lehrperson, deren Witze bei den Schüler/innen gut ankommen, sondern auch auf die Lerninhalte. So wird im praktischen Französischunterricht kreativ gearbeitet, wobei die Schüler/innen Geschichten erfinden und sich über diese austauschen. Dies stellt eine Abwechslung und einen Kontrast zu den, auf Reproduktion und Zuhören ausgerichteten, Unterrichtspraktiken dar. Dennoch wird ein gewisses Maß an Ernsthaftigkeit auch im Französischunterricht gewahrt, sodass trotz des Spaßes die Lernziele präsent bleiben.

Folglich entstehen aus den Lehrstilen der verschiedenen Lehrpersonen unterschiedliche Lernsettings, in denen Ernsthaftigkeit und Spaß unterschiedlich bedeutsam sind. Es wird erwartet, dass sich die Schüler/innen auf diese lehrpersonspezifischen Unterrichtssettings einstellen. In welcher Weise dies erfolgt, wird in den nachfolgenden Rekonstruktionen deutlich.

Auch wenn die Schüler/innen offene Unterrichtssettings mögen, wie sie im praktischen Französischunterricht (TP), im Tutorat oder auch im Fach Gesellschaft geboten werden, besteht ein Bewusstsein dafür, dass Unterricht nicht durchgehend spaßig und locker sein kann:

> „Caroline: Ich wünschte wir würden mehr so Sachen machen wie, in Optioun Tutorat, weil da, machen wir immer so Spiele und das ist voll flott äh das ist voll witzig weil, da haben wir mehr Spaß dran und dann //I: Mhm.// sind wir auch motivierter für danach, aber das machen wir immer freitags die letzte Stunde. //I: Mhm.// Deshalb haben wir da Motivation fürs Wochenende. // (mehrere): lachen. // I: (lacht) Okay. //?: Schlafen. // (.) Geht den anderen das auch so? //(mehrere): Ja. // Ja?
> Bettina: Aber es ist halt nicht mö-, also nicht immer möglich, Spiele im Unterricht zu machen. //I: Mhm.// Das wär auch irgendwie (.) //Marcia: Langweilig.//" (ESS1-P4)

Obwohl lockere und offene Lernsettings geschätzt werden, akzeptieren die Schüler/innen die ernsteren Lernsettings. So konturieren sich in Bettinas und Marcias Beiträgen Bewusstsein für die Notwendigkeit ernster Lernsettings und Vernunft, Reife und Konformität.

Als ideal wird eine Kombination aus Spaß und Ernsthaftigkeit im Unterricht erlebt. Die Schüler/innen verstehen, dass ein gewisses Maß an Ernsthaftigkeit notwendig ist, damit die Lehrperson sich durchsetzen und ihre Rolle im Klassenzimmer ausüben kann. Hierbei wünschen sich die Schüler/innen von ihren Lehrpersonen Empathie und Verständnis für ihre Bedürfnisse und Leistungsgrenzen.

Dies gelingt den verschiedenen Lehrpersonen unterschiedlich gut:

> „Lamont: Er soll ein wenig Spaß verstehen, aber auch streng sein. Nicht streng, also dass er jeden Morgen sagt, halt die Klappe und so weiter, aber er soll auch nicht zu, ja jetzt könnt ihr machen was ihr wollt. Er muss so ein Mittelmaß sein.
> Chloe: Er kann ein bisschen, also auch die Kinder verstehen. Also, dass wir auch nicht alles in einer Sekunde können aufschreiben." (ESS2-P23)

Insgesamt scheinen offene Unterrichtssettings eher die Ausnahme darzustellen und es existiert ein Verständnis dafür, dass ein solch lockerer Unterricht nicht in allen Fächern realisierbar ist. Dies gilt sowohl für das Ausmaß, in welchem Unterrichtsinhalte praktisch vermittelt werden, als auch für die Strenge im Unterricht. In diesem Zuge wird deutlich, dass es aus Sicht der Schüler/innen unmöglich ist, wichtige Hauptfächer auf eine durchweg offene Weise zu vermitteln. Dies ist vielmehr den Nebenfächern vorbehalten: So scheint beispielsweise das Fach Gesellschaft aus Sicht der Schüler/innen wenig Relevanz zu haben, sodass spaßiger und offener Unterricht dort leichter zu verwirklichen ist.

Hingegen zeigt sich, dass die von den Lehrpersonen geforderte Ernsthaftigkeit nicht immer erbracht wird:

> „Damian: Also, manche Lehrerinnen, regen sich auf, aber, ohne sich richtig aufzuregen. Das heißt, (.) äh sie schimpfen mit einem, aber so in einer Tonlänge, so „Ja und das ist jetzt nicht gut und". Da-das macht einen(.)
> (Mehrere): (lachen)
> Marcia: Das bringt einem zum Lachen.
> I: Passiert das oft?[…]
> (Mehrere): Ja. // Marcia: Bei verschiedenen. // (lachen).[…]
> Damian: Wenn man dann lacht dann wird es noch schlimmer.
> (Mehrere): (lachen)
> I: Wie reagieren die Lehrer dann?
> Damian: Dann ähm, also dann, dann gibt es Strafen meisten." (ESS1-P7)

Wird die gebotene Ernsthaftigkeit nicht eingehalten, folgen Sanktionen. Dies verdeutlicht, dass Ernsthaftigkeit und das Befolgen impliziter und expliziter Aufforderungen der Lehrpersonen erwartet wird.

Zusammenfassend wird deutlich, dass die Schüler/innen abwechslungsreichen Unterricht bevorzugen, wohingegen monotoner Unterricht als langweilig empfunden wird. Dies zeigt, dass die Unterrichtsgestaltung maßgeblich für Resonanz gegenüber den Lerninhalten ist und die Motivation zu lernen beeinflusst. Auch wenn die Schüler/innen generell eine lernwillige Haltung zeigen und gefordert werden wollen, gelingt dies am besten in einem sie ansprechenden, abwechslungsreichen Unterrichtsetting. Insgesamt wird im schulischen Setting die Anpassung der Schüler/innen an unterschiedlich ernsthafte und offene Unterrichtssettings gefordert. In der Wertschätzung der Vielzahl der Lehrpersonen und dem Bewusstsein für die Notwendigkeit von Ernsthaftigkeit im Unterricht zeigt sich die Flexibilität und Anpassungsbereitschaft der Schüler/innen an die verschiedenen Lehrstile und Unterrichtsfächer.

Durchschauen der Fach- und Unterrichtslogik: „Dann würd'ich auch sagen, tickst du noch ganz sauber"

Im Verlauf der Gruppendiskussion wird immer wieder deutlich, dass insbesondere Lamont die Beweggründe des Handelns der Lehrpersonen versteht, was auf eine hohe Nähe zu schulischen Normen und Werten verweist. Er kann das Handeln der Lehrpersonen auch in Sanktionssituationen nachvollziehen, worin deutlich wird, dass er sich in hohem Maße mit den schulischen Erwartungen identifiziert und deren Durchsetzung unterstützt:

„Chloe: Im Matheunterricht manchmal machen wir so Übungen und er sagt, also er lässt uns keine Eigenarbeit. Er sagt sofort das Resultat, er fragt uns nichts.
Jan: Er macht die Aufgaben für uns.
Lamont: Aber, es ist nicht so als ob er die Aufgaben für uns macht. Ich find eine neue, er fängt mit neuen Sachen an und dann muss er uns zeigen wie es geht, wir können ja nicht wissen wie es geht. Dann muss er ja Beispiele geben." /ESS2-P17)

Lamont bewertet im Gegensatz zu seinen Mitschüler/innen die Unterrichtspraxis dieses Lehrers differenzierter. So ist die Demonstration durch die Lehrperson notwendig, um neue Inhalte zu erschließen. Folglich bewertet er dieses Vorgehen als angemessen und hilfreich. Ebenso interpretiert Lamont die Strenge und Ernsthaftigkeit der Science-Lehrerin als professionelle Haltung, die es ihr nicht erlaubt mitzulachen, sondern vielmehr Ruhe einzufordern.

Zudem kann Lamont Sanktionen eines Lehrers nachvollziehen, der einen Schüler für unangemessenes Verhalten rügt:

„Devleta: Herr K., weil das erste Mal, als wir gekommen sind hat er schon angefangen zu meckern.
I: Das heißt, der beschwert sich viel. Und worüber?
Chloe: Ein Junge in meiner Klasse, also in unserer Klasse, am ersten Tag, nur weil er eine Kapuze aufgesetzt hat und ähm ihn begrüßt hatte, hat er sofort gemeckert.
Lamont: Aber er hat ein wenig so, ja haallloo und so was, ja und dann würd'ich auch sagen, tickst du noch ganz sauber. Wir kennen uns nicht mal einen Tag und dann fängt der schon an so zu reden." (ESS2-P22)

Lamont kann das Meckern des Lehrers nachvollziehen, da der entsprechende Schüler den Lehrer sowohl unangemessen angesprochen als auch unangemessen gekleidet begrüßt hat. Diese Haltung Lamonts zeigt, wie stark er die schulischen

Erwartungen verinnerlicht hat und deren Einhaltung im Unterrichtssetting einfordert. Auch hier wird erneut eine Distanz zu manch anderen Mitschüler/innen deutlich, die das Verhalten des Lehrers als Meckern und damit als übertrieben wahrnehmen. Angesichts dessen reflektiert Lamont das schulische Setting im Vergleich zu seinen Mitschüler/innen stärker aus der Perspektive eines Erwachsenen.

Neben Lamont zeigt auch Damian Tendenzen, die Unterrichtspraxis zu durchschauen. So interpretiert er die hohe Bedeutung des Klassendurchschnitts als Bestätigung der Qualität des Unterrichts, die für die Lehrpersonen bedeutsam ist. Dies zeigt, dass auch Damian einen vergleichsweise tiefen Einblick in die Intentionen des Handelns der Lehrpersonen hat.

Konformes und störendes Verhalten im Klassenzimmer: „Wenn wir uns konzentrieren wollen und lernen [...] und der Prof etwas erklären will, dann äh stört er die Klasse manchmal und [...] das nervt."

In den Erzählungen der Schüler/innen zeigt sich überwiegend eine Tendenz zu angepasstem Verhalten. Mitschüler/innen, die sich abweichend verhalten und Unsinn machen, werden als störend wahrgenommen und abgelehnt. Dies betrifft das allgemeine Verhalten im Unterricht und insbesondere die Zusammenarbeit im Kontext von Gruppenarbeitssettings. Die angepassten Schüler/innen umgeben sich bevorzugt mit anderen verhaltenskonformen Schüler/innen und gehen zugleich auf Distanz zu störenden Schüler/innen. Hierin deutet sich die Bildung zweier Gruppen innerhalb der Klasse an: die Gruppe der Verhaltenskonformen und die Gruppe der Störenden. Angepasstes Verhalten beinhaltet andere nicht zu stören oder zu nerven. Hierin wird deutlich, dass ein Großteil der Schüler/innen den Unterricht ernst nimmt und lernen will, worin sich ein starker Bildungsbezug konturiert. Angesichts dessen grenzen sich die Schüler/innen von dem, sich abweichend verhaltenden, Schüler Damian ab und fühlen sich von ihm gestört:

„I: Was macht denn der Damian-
Jan: Der macht nur Blödsinn. Nur, also wirklich, der arbeitet nicht. Der macht gar nichts.
Lamont: Wenn wir uns konzentrieren wollen und lernen und der Lehrer etwas, der Prof etwas erklären will, dann äh stört er die Klasse manchmal und dann können die Lehrer nicht erklären und das nervt.
Jan: Nicht manchmal. Aber immer.
I: Ok, das heißt, der macht das dann häufiger? // alle: Ja // Und wie fühlt ihr euch dann? // alle: Genervt // Und wie reagieren die Lehrer darauf? //
Lamont: Auch genervt
I: Was macht er denn konkret, um zu stören?

Lamont: Er redet die ganze Zeit mit seinem Nachbarn und ist auf dem Handy während den Stunden manchmal.
Neema: Er will auch die Aufmerksamkeit auf sich ziehen. Zum Beispiel gestern hat er sein Taschenrechner repariert (anderen lachen)
Josuel: Und heute hat er sein Ring-
Lamont: kaputt gemacht." (ESS2-P8)

Damians Verhalten stellt einen Gegenhorizont zum angepassten, konformen Verhalten dar. Kennzeichen seines störenden, abweichenden Verhaltens sind das Reden mit Sitznachbarn sowie die Handynutzung und die Beschäftigung mit Dingen abseits der Lerninhalte während des Unterrichts. So erregt Damian Aufmerksamkeit durch ungewöhnliche Aktivitäten, wie das Reparieren eines Taschenrechners oder das Zerstören eines Ringes. Hierin deutet sich an, dass von den Schüler/innen erwartet wird, ruhig und konzentriert zu arbeiten, den Erklärungen der Lehrperson zu folgen und ihre Mitschüler/innen nicht zu stören. Angepasstes Verhalten umfasst somit einen Fokus auf den Unterricht sowie das Vermeiden von ablenkenden, unterrichtsfernen Tätigkeiten. Ebenso erwarten die Schüler/innen von ihren Mitschüler/innen die Fähigkeit, sich zurückzunehmen und sich unauffällig zu verhalten. Dies legt nahe, dass die Schüler/innen damit umgehen können sollen, nicht im Fokus der Aufmerksamkeit zu stehen.

Damians störendes Verhalten wird mit dem Streben nach Anerkennung seines Freundes assoziiert, worin sich die Bedeutung einer negativen Peerdynamik zeigt. Damian wiederholt das Schuljahr und ist sich seines Status als Schüler des ES und damit der höchsten Schulform bewusst. Zugleich hat er gegenüber seinen Mitschüler/innen, die neu an der Schule sind, der sich auf die in der Schule geltenden Konventionen und Praktiken bezieht, woraus er starkes Selbstbewusstsein zu ziehen scheint. Dies resultiert in abweichendem Verhalten, das weder aus Perspektive der Lehrpersonen noch der Mitschüler/innen akzeptabel ist und mit Ausnahme seines Freundes Tom nicht auf Resonanz stößt. Dabei scheint Tom an der Schwelle zwischen konformem und störendem Verhalten zu stehen. Er wird von den Schüler/innen nicht als explizit störend wahrgenommen, geht jedoch auf Damians Verhalten ein und bestätigt ihn in seinem Verhalten.

Unangepasstes, störendes Verhalten wird durch die Lehrpersonen sanktioniert. Demzufolge stellt konformes, unauffälliges Verhalten eine wichtige Bedingung dar, um nicht in Konflikt mit Mitschüler/innen und Lehrpersonen zu geraten. Schüler/innen werden nur als passend zum ES erachtet, wenn sie sich angepasst verhalten. Stören sie hingegen, wird ihnen wie im Fall Damians abgesprochen auf diesen Schultrack zu passen. Teil des konformen Verhaltens sind zudem Respekt gegenüber den Lehrpersonen sowie angemessene Kleidung im Unterricht.

Dass die Schüler/innen von ihren Mitschüler/innen konformes Verhalten erwarten, zeigt sich insbesondere im Hinblick auf die Kooperation in

Gruppenarbeitssettings. Dies beinhaltet, dass sie sich an Arbeitsanweisungen halten und sich in die Gruppe einbringen. Im Gegensatz hierzu steht erneut Damians Verhalten:

> „Jan: Er hat nur, er hat gar nichts gemacht. Wir haben geschrieben puh und er hat gar nicht gemacht, er hat nur geschaut.
> Lamont: Es war eine Lernkontrolle und da haben Gruppen die andere Gruppe gefragt und wir sollten zusammen besprechen was für Antworten. Und unsere Gruppe also zum Beispiel wir waren jetzt zu viert und dann sie beide und Damian und Tom und dann haben wir ihnen eine Frage gestellt und dann antwortet Damian sofort // Jan: und falsch (lachen). Ja er hat nie, er hat nie // diskutiert.
> I: Und wie war dann die Gruppenarbeit? Habt ihr versucht ihn zu motivieren oder?
> Jan: Ja, aber er wollte nicht. Er war, // Josuel: Er sagte ja ich weiß nicht wie das geht. //
> I: Ok und wie fühlt ihr euch dann, wenn ihr Gruppenarbeiten mit so einem macht, der nicht motiviert ist?
> Chloe: Man fühlt sich als ob man alles alleine machen müsste. Hilflos, ja nicht hilflos, aber wenn man schon eine Gruppenarbeit macht, dann zusammen." (ESS2-P11)

Damian leistet im Gruppenarbeitsetting keinen eigenen Beitrag, während die anderen arbeiten. Er hält sich nicht an die Regeln des Gruppenarbeitssettings, indem er sofort antwortet, ohne sich mit der Gruppe zu beraten. Damians Alleingang, indem er seine Lösung nicht in der Gruppe diskutiert, wirkt sich negativ auf den Gruppenerfolg aus, was die anderen Schüler/innen verärgert. Diese erwarten von ihren Mitschüler/innen Einsatz in der Gruppenarbeit und das Befolgen der geltenden Regeln. Dies unterstreicht die Erwartung des Einfügens in das Gruppenarbeitssetting. Kooperationsbereitschaft erweist sich im Kontext von Gruppenarbeiten als besonders wichtig, da die Schüler/innen abhängig vom Engagement der anderen Gruppenmitglieder sind. Angesichts von Damians Haltung fühlen sich die Mitschüler/innen machtlos.

Die überwiegend vorhandene Konformität der Schüler/innen gegenüber dem schulischen Setting und den schulischen Anforderungen drückt sich im Befolgen von Arbeitsanweisungen aus. Dementsprechend sind diese Schüler/innen irritiert, wenn Mitschüler/innen hiervon abweichen. Dies ist auch der Fall, wenn sich jemand über den Arbeitsauftrag hinaus engagiert. Sie haben es verinnerlicht, ihr Engagement an den Anforderungen auszurichten und vermeiden es, diese zu über- oder unterschreiten.

Ausdrucks- und Sprachkompetenz: „[...] im ersten Jahr ist es noch kompliziert, aber dann wird es immer leichter"

Bezogen auf den Umgang mit den Unterrichtssprachen konturieren sich kollektive ebenso wie individuelle Herausforderungen.

Der Wechsel der Unterrichtssprache im Fach Mathematik vom Deutschen ins Französische in der siebten Klasse wird als kollektive Herausforderung erlebt, die alle Schüler/innen betrifft:

> „Lamont: Das also im ersten Jahr ist es noch kompliziert, aber dann wird es immer leichter.
> Jan: Also ich war immer gut in Französisch, und ich versteh aber nicht
> Mädchen: Ein bisschen." (ESS2-P35)

Gegenwärtig erleben die Schüler/innen die neu eingeführte französische Instruktionssprache im Fach Mathematik als schwierig. Jan, der sich als guten Primarschüler bezeichnet, versteht nun im Mathematikunterricht nichts. Dies lässt darauf schließen, dass der Sprachunterricht in der Primarschule nur bedingt auf den Wechsel der Instruktionssprache vorbereitet.

Dennoch zeigen sich die Schüler/innen zuversichtlich und erwarten, sich an die neuen Bedingungen zu gewöhnen, sodass es im nächsten Schuljahr leichter wird. In dieser Überzeugung konturiert sich ihre Selbstwirksamkeit, die erforderlichen Fähigkeiten entwickeln zu können. Dies kann als konstruktiver Umgang mit Veränderungen und Herausforderungen interpretiert werden. Dennoch benötigen die Schüler/innen Zeit, um den Wechsel der Instruktionssprache zu bewältigen und einen adäquaten Wortschatz aufzubauen.

Neben dem Wechsel der Instruktionssprache im Fach Mathematik zeigt sich am Beispiel von Eva ein individuelles Sprachdefizit, welches es ihr erschwert dem Unterricht zu folgen:

> „Eva: Ich versteh Französisch nicht.
> I: Okay. Und das fällt dir dann auch schwer im Unterricht mitzumachen?
> Eva: Ich muss sie immer fragen was das bedeutet.
> I: Ah okay. Aber betrifft das dann den Unterricht selbst, oder auch Prüfungen und so was oder?
> Eva: Nein nicht die Prüfungen. Nur halt den Unterricht, wenn Wörter vorkommen, die ich nicht verstehe.
> I: Mhm. Okay.
> Marcia: Und wagt sich nicht die Lehrerin zu fragen.
> Eva: Weil, ich dann auch Französisch fragen muss." (ESS1-P5)

So reichen Evas Französischkenntnisse nicht aus, um den Unterricht durchgängig nachzuvollziehen und um zu partizipieren. Es gibt Wörter, die sie nicht kennt, jedoch traut sie sich nicht ihre Lehrerin zu fragen und wendet sich stattdessen an ihre Mitschülerin Marcia. Hierin konturieren sich unterschiedliche Sprachniveaus im Französischen. Da sie die Sprache nicht so gut beherrscht, hat Eva Hemmungen, sie zu nutzen. Indem sie sich bei Unklarheiten nicht an die

Lehrerin wendet, zeigt sich vermeidendes Verhalten. So geht Eva dem Französischsprechen aus dem Weg.

3.4.2.2 Ergebnisdarstellung: Die Perspektive der ES-Schüler/innen auf den sekundären Schülerhabitus und die Passungskonstellationen

Der sekundäre Schülerhabitus

In den Erzählungen der Schüler/innen der siebten Klasse im akademischen ES-Track zeigen sich die schulischen Anforderungen im Sinne eines *sekundären Schülerhabitus der Bildungsnähe, schnellen Auffassungsgabe und Verhaltenskonformität*. Die Charakteristika dieses sekundären Schülerhabitus werden nachfolgend beschrieben.

Die Schüler/innen sehen sich mit hohen Leistungserwartungen konfrontiert. So besteht ein Bewusstsein dafür, dass gute bis sehr gute Noten erwartet werden. Zentrale Erwartungen betreffen das Erfassen und Lernen der Lerninhalte. Als günstig gilt umfangreiches Wissen, das mit Leichtigkeit erworben wird, auf das die Schüler/innen im Unterricht und in Prüfungen zurückgreifen können.

Das Lernen erfolgt überwiegend auf Anweisung der Lehrpersonen, sodass die Schüler/innen – abhängig von den Praktiken der jeweiligen Lehrperson – Hinweise erhalten, welche Inhalte zu welchem Zeitpunkt zu lernen sind. Dabei ist es Aufgabe der Schüler/innen, diese Hinweise herauszufiltern und einen entsprechenden Lernprozess zu starten.

Im Fokus steht die Vermittlung von theoretischem Wissen, woraus die Anforderung resultiert, die Lerninhalte zu reproduzieren und eigenständig anzuwenden. So besteht im Fach Mathematik die Erwartung, das theoretische Wissen im Rahmen von Hausaufgaben anzuwenden, wobei die Anwendung der Theorie den Schüler/innen obliegt. Da die Wissensvermittlung im ES auf einen breiten Wissenskanon abzielt, sehen sich die Schüler/innen mit der Erwartung konfrontiert, sich für die vielen verschiedenen Themengebiete und Fächer, die der Unterricht im ES abdeckt, zu interessieren. Eine Ausnahme der Theoriefokussierung stellt der praktische Unterricht in den Fächern Science und Französisch dar.

Den Schüler/innen ist die Erwartung Fragen zu stellen, wenn sie etwas nicht verstehen oder zu intervenieren, wenn das Tempo zu hoch ist, in unterschiedlichem Maße bewusst. Die Lehrpersonen nehmen nur dann Rücksicht auf die Bedürfnisse der Schüler/innen, wenn diese aktiv um Unterstützung bitten.

Aufgrund des hohen Arbeitstempos sehen sich die Schüler/innen mit der Anforderung konfrontiert zügig zu arbeiten und dem vorgegebenen Tempo zu folgen, was eine schnelle Auffassungsgabe erfordert. Zudem nehmen sie die Erwartung wahr, Arbeitsanweisungen präzise auszuführen und sich an diese zu halten.

Die Ausgestaltung der Unterrichtspraxis ist von der Relevanz eines Haupt- oder Nebenfachs abhängig, womit unterschiedliche Lehrstile und Lernangebote verbunden sind. Folglich wird von den Schüler/innen erwartet, sich auf die Rahmenbedingungen in den verschiedenen Unterrichtsfächern einzustellen.

Das Lernen im ES konturiert sich als ernste Angelegenheit, sodass Spaß im Unterricht nur begrenzt Raum findet. Das Ausmaß der Strenge im Unterricht ist abhängig von der Lehrperson und der Relevanz des Fachs. Als ideal gilt dabei aus Schüler/innensicht eine Balance zwischen Ernsthaftigkeit und Spaß.

Von den Schüler/innen wird Präzision erwartet, die sich auf das Schriftbild sowie auf die Formulierung von Antworten und somit auf die Genauigkeit der Reproduktion von Lerninhalten bezieht. So werden für mangelnde Präzision Leistungspunkte abgezogen.

Zudem betreffen die schulischen Erwartungen die Fähigkeit zur Selbstorganisation und Orientierung. Dies beinhaltet das Zurechtfinden im Schulgebäude und in den schulischen Strukturen, wobei eine Eingewöhnungs- und Anpassungszeit zugestanden wird. Zudem gilt es zu verstehen und zu verinnerlichen, welche Anforderungen die spezifischen Unterrichtsfächer mit sich bringen. Im Hinblick auf die Anpassung an die schulischen Anforderungen zeigt sich, dass den Schüler/innen bewusst ist, dass ihnen die Orientierung anfangs schwerfallen darf und keine Perfektion erwartet wird. Dies gilt auch für den Wechsel der Instruktionssprache.

In Gruppenarbeitssettings nehmen die Schüler/innen die Erwartung wahr, eigenständig zu arbeiten, was auch das eigenständige Lösen von Konflikten innerhalb der Gruppe umfasst. Dies beinhaltet die Erwartung, sich in die Gruppe einzufügen, mit den anderen Gruppenmitgliedern respektvoll zu kommunizieren und zum gemeinsamen Ergebnis beizutragen.

Eine weitere schulische Erwartung besteht im umfassenden Engagement für ihren Lernfortschritt. So wird von ihnen erwartet viel Zeit und Engagement in das Anfertigen von Hausaufgaben und in die Prüfungsvorbereitung zu investieren, worin sich ein hohes Lernpensum konturiert. Dabei gilt es als selbstverständlich, dass die Schüler/innen außerhalb des Unterrichtes und auch in den Ferien lernen, sodass der geforderte Einsatz weit über das Lernen im Unterricht hinausgeht.

Das geforderte konforme Verhalten umfasst angemessenes, angepasstes Verhalten, das sich im Umgangston, dem Einhalten von Kleidungskonventionen und im Respekt gegenüber der Lehrperson zeigt. Die Verhaltensanforderungen im Unterricht beinhalten die Abwesenheit von Störungen des Unterrichts, was dann gegeben ist, wenn sie sich auf die Unterrichtsinhalte fokussieren, nicht ungefragt mit den Mitschüler/innen sprechen und sich nicht mit unterrichtsfremden Gegenständen beschäftigen.

Primäre Schülerhabitus und die Passungskonstellationen

Generell besteht für die Siebtklässler/innen im akademischen ES-Track angesichts des wenige Wochen zuvor vollzogenen Schulwechsels die Herausforderung in der neuen Schulkultur anzukommen, was ihnen unterschiedlich leichtfällt. Angesichts dessen bewältigen sie den Schulalltag noch nicht mit Leichtigkeit. Gemeinsam ist ihnen überdies, dass sie nicht immer gleich gern lernen. Dennoch wissen sie um die Relevanz einer guten schulischen Bildung für ihre Zukunft und strengen sich deshalb an, auch wenn es ihnen keinen Spaß bereitet. Zudem teilen sie die Überzeugung, nicht perfekt sein zu müssen, was mit einem konstruktiven Umgang mit Fehlern und schlechten Noten assoziiert ist. Dies steht im Gegensatz zu den Erwartungen in den meisten Elternhäusern. Trotz analytischer Trennung zeigt sich für die ES-Schüler/innen die Bedeutung des Elternhauses für die Haltungen gegenüber dem Lernen. Dies ist insbesondere im Kontext kritischer Passungskonstellationen bedeutsam.

Folgende primäre Schülerhabitustypen ergeben sich aus den Rekonstruktionen der Haltung der Schüler/innen gegenüber der Schule und dem Lernen:

ESS1) Schülerhabitus der Schulbildungsnähe und Eigenverantwortlichkeit
ESS2) Schülerhabitus des schulischen Bildungsstrebens und der Konformität
ESS3) Schülerhabitus der Konformität bei geringerem Leistungsniveau und der Abgrenzung gegenüber leistungsschwächeren Mitschüler/innen
ESS4) Schülerhabitus des leidvoll auferlegten Strebens und der Distanz zu Lernen

Nachfolgend werden die rekonstruierten Schülerhabitustypen eingehend beschrieben und voneinander abgegrenzt. Eine tabellarische Übersicht über die Charakteristika der einzelnen Schülerhabitustypen aus Sicht der ES-Schüler/innen findet sich in Anhang 4.

Der *Schülerhabitustyp der Schulbildungsnähe und Eigenverantwortlichkeit* (ESS1) zeichnet sich durch eine besonders starke Nähe zu den schulischen Anforderungen aus. Diese Schüler/innen erzielen gute Noten und müssen sich hierfür vergleichsweise wenig anstrengen. Dieser Schülerhabitustyp kann in zwei Subtypen ausdifferenziert werden. Der erste Subtyp, der *Schülerhabitus des starken Konformitätsstrebens und der Verinnerlichung schulischer Normen*, ist von einer starken Anpassung an die schulischen Erwartungen und ein detailliertes Verständnis der schulischen Strukturen und Intentionen charakterisiert. Er ist leistungsorientiert und erfüllt die schulischen Erwartungen genau. Während dieser Subtyp sich durch eine starke Akzeptanz und Übernahme schulischer Anforderungen auszeichnet und diese nicht kritisch hinterfragt, unterscheidet er sich in dieser Hinsicht vom zweiten Subtyp, dem *Schülerhabitus der Leichtigkeit und des Strebens nach Eigenverantwortung*. Dieser Subtyp ist gekennzeichnet von einem konstant hohen Leistungsniveau, das zuverlässig und mit Leichtigkeit erbracht wird. Es besteht ein Bewusstsein und Zufriedenheit im Hinblick auf das hohe individuelle Leistungsniveau. Zugleich ist dieser Subtyp von einer Abgrenzung von den hohen Erwartungen der Eltern gekennzeichnet, die sich im Streben nach Eigenständigkeit und Vertrauen in die eigenen Lernstrategien ausdrückt. Somit unterscheiden sich die beiden hier identifizierten Subtypen des Schülerhabitus der Schulbildungsnähe und Eigenverantwortlichkeit (ESS1) im Hinblick auf das individuelle Streben nach Eigenständigkeit. Während der erste Subtyp sich durch eine starke Konformität auszeichnet und die schulischen Anforderungen nicht kritisch hinterfragt, ist für den zweiten Subtyp das Streben nach Eigenständigkeit in stärkerem Maße ausgeprägt.

Im *Schülerhabitus des schulischen Bildungsstrebens und der Konformität* (ESS2) ist die Mehrzahl der an der Gruppendiskussion teilnehmenden Schüler/innen dieser Klasse zu verorten. Kennzeichnend für diesen Schülerhabitustyp ist, dass der Bildungserwerb mehr Anstrengungen erfordert. So erzielen diese Schüler/innen gute Leistungen nicht mit der Leichtigkeit, die dem vorangehenden Schülerhabitustyp zu eigen ist. Zugleich zeichnet sich dieser Schülerhabitustyp durch konformes Verhalten, Lernwillen, Anstrengungsbereitschaft und Pflichtbewusstsein aus, wobei es ihm schwerfällt dem schulischen Lerntempo zu folgen. Es zeigen sich hohe subjektive Leistungserwartungen und schulischer Misserfolg zieht emotionale Krisen nach sich. Diese Schüler/innen haben den Sinn von Schule und Lernen verinnerlicht und erkennen diesen an, durchschauen zugleich die schulische Logik in geringerem Maße und zeigen sich teilweise verspielt.

Kennzeichnend für den *Schülerhabitus der Konformität bei geringerem Leistungsniveau und der Abgrenzung gegenüber leistungsschwächeren Mitschüler/innen* (ESS3) sind die Anerkennung schulischer Regeln und Normen bei jedoch geringerer Leistungsfähigkeit und geringeren subjektiven Leistungserwartungen. Charakteristisch ist weiterhin die Abgrenzung von leistungsschwächeren Mitschüler/innen.

Im *Schülerhabitus des leidvoll auferlegten Strebens und der Distanz zum Lernen* (ESS4) konturieren sich distanzierte Haltungen gegenüber schulischen Anforderungen, die mit einem geringeren Leistungsniveau dieser Schüler/innen verknüpft sind. Auch hier sind zwei Subtypen zu unterscheiden, die sich durch Resignation oder Opposition gegenüber den schulischen Anforderungen auszeichnen. Der erste Subtyp, der *Schülerhabitus leidvoll auferlegten Strebens und der Resignation*, ist gekennzeichnet vom Bestreben, die hohen Erwartungen der Eltern zu erfüllen, was aufgrund erheblicher Leistungsdefizite nicht gelingt. Trotz genereller Anstrengungsbereitschaft und oberflächlicher Anpassung, zeigt sich dieser Schülerhabitustyp frustriert, da die Anstrengungen keinen Erfolg bewirken. Zudem werden Entfremdungstendenzen gegenüber dem Lernen deutlich, da eine Distanz zur geforderten Präzision besteht und das schulische Bildungsversprechen als Illusion entzaubert wird. Angesichts dessen fällt es diesem Schülerhabitustyp schwer, Sinn im Lernen zu erkennen. Zudem zeigt sich eine Tendenz zur Vermeidung der Konfrontation mit dem eigenen Nichtwissen und in den Berufswünschen konturiert sich eine vergleichsweise geringe mentale Reife und Ernsthaftigkeit. Zudem ist das Verhalten gegenüber den Mitschüler/innen teilweise unberechenbar und aufbrausend.

Der zweite Subtyp, der *Schülerhabitus des abweichenden Verhaltens und der Infragestellung schulischer Strukturen*, zeichnet sich durch die Hinterfragung und Distanzierung von schulischen Logiken aus, was aber keiner generellen Distanz gegenüber der Schule und dem Lernen entspricht. Vielmehr bezieht sich diese Ablehnung auf die konkrete Ausgestaltung des Lehrplanes und Unterrichts, die in Konflikt mit den individuellen Bedürfnissen stehen. In diesem Zuge werden die stark theoretische, abstrakte und inhaltlich breite Ausrichtung des akademischen ES-Tracks und damit verknüpfte Praktiken kritisiert. Anwendungsbezogene, den individuellen Interessen entsprechende Inhalte werden hingegen wertgeschätzt. Um das schulische Leistungsniveau zu halten, muss sich dieser Schülerhabitustyp stark anstrengen und es fällt ihm schwer sich zu motivieren. Ist der Leistungsdruck zu hoch, verstärkt sich die Distanz gegenüber dem Lernen und es kommt zur Rebellion. Für diesen Schülerhabitustyp sind Erholungspausen wichtig und es zeigt sich eine vergleichsweise starke Freizeit- und Peerorientierung. Kennzeichnend ist zudem störendes, unaufmerksames und abgelenktes Verhalten im Unterricht. Aufgrund der Überschreitung sozialer Konventionen kommt es zu Konflikten mit den Mitschüler/innen. Zudem wird das störende Verhalten durch eine nach Anerkennung strebende Peerdynamik angetrieben. Insgesamt tritt das vergleichsweise geringe Kompetenzniveau hinter das abweichende Verhalten zurück.

3.4.3 Spezifische Aspekte der Schulkultur im ES und die Entwicklung von Entfremdung vom Lernen: Triangulation der Perspektiven von Lehrpersonen und Schüler/innen

Der sekundäre Schülerhabitus

Die Triangulation der von den Lehrpersonen im ES formulierten Erwartungen an den sekundären Schülerhabitus mit den von ihren Schüler/innen wahrgenommenen Anforderungen zeigt weitreichende Übereinstimmungen, aber auch einige Unterschiede. Dabei sind den Schüler/innen dieser siebten Klasse die schulischen Anforderungen sehr bewusst und sie identifizieren sich überwiegend mit dem sekundären Schülerhabitus. So übernehmen und akzeptieren sie die hohen schulischen Anforderungen. Auch wenn sie ihnen nicht immer gerecht werden können, sind sie sich bewusst, dass gute bis sehr gute Leistungen erwartet werden. Zudem übernehmen sie die Erwartung, ein umfassendes Engagement über den Unterricht hinaus zu zeigen, und akzeptieren dieses als notwendig. Zudem fällt in dieser Hinsicht auf, dass manche Schüler/innen in stärkerem Maße schulischen Leistungsdruck wahrnehmen, als in den Erwartungen der Lehrpersonen zum Ausdruck kommt.

Sowohl für Lehrpersonen als auch für die Siebtklässler/innen selbst ist die Orientierung in der neuen Schule ein wichtiges Thema und erweist sich als noch nicht abgeschlossen. Dabei gewähren die Lehrpersonen den Schüler/innen Zeit, um sich an die neuen schulischen Anforderungen und Regeln zu gewöhnen. Dies spiegelt sich im Bewusstsein der Schüler/innen für die Notwendigkeit wider, die neuen Anforderungen im Zeitverlauf zu verinnerlichen. Zugleich sind sie sich bewusst, dass sie diese gegenwärtig noch nicht umfänglich beherrschen müssen. Dies gilt ebenso für die Verinnerlichung der Fachlogik und die Anpassung an die neue Instruktionssprache im Fach Mathematik.

Die von den Lehrpersonen als zentral erachtete Erwartung, Eigenverantwortung für den Lernfortschritt zu übernehmen und sich im Schulalltag selbst zu organisieren, wird von den Schüler/innen ebenso rezipiert. Eigenverantwortung durchdringt den Schulalltag, den die Schüler/innen in hohem Maße eigenverantwortlich bewältigen, was sie im Zuge des nachgezogenen Überganges noch als herausfordernd erleben.

Überdies decken sich die Erwartungen an angepasstes und abweichendes Verhalten, auch wenn dies von Seiten der Schüler/innen weniger differenziert wahrgenommenen wird als von den Lehrpersonen. Angesichts der starken Tendenz der Schüler/innen, sich konform zu verhalten, übernehmen sie überwiegend die Erwartungen der Lehrpersonen, sich angepasst zu verhalten und sich am Unterricht zu beteiligen.

Das schulische Lernen wird – abhängig von der Haltung der jeweiligen Lehrperson – in unterschiedlichem Maße mit Ernst oder Spaß assoziiert, was sich auch in den Erzählungen der Schüler/innen wiederfindet. Auch wenn Spaß im Schulalltag von Lehrpersonen wie Schüler/innen teilweise geschätzt wird und in manchen Fächern durchaus Raum erhält, zeigt sich in den Erzählungen ebenso ein Bewusstsein dafür, dass Lernen mit einer gewissen Ernsthaftigkeit verbunden sein muss und nicht immer spaßig aufbereitet sein kann.

Die Erwartung der Lehrpersonen, soziale Konflikte auszuhalten, begegnet den Schüler/innen im Schulalltag vor allem im Kontext von Gruppenarbeiten, da es ihnen dort obliegt, die Konflikte innerhalb der Gruppe eigenständig zu bewältigen. Obwohl den Schüler/innen von den Lehrpersonen ausbaufähige Sozialkompetenz attestiert wird, verhalten sie sich überwiegend solidarisch und nehmen es als wünschenswert wahr, einander zu unterstützen.

Neben den vielfältigen Überschneidungen von sekundärem Schülerhabitus und den Perzeptionen der Schüler/innen, wurden auch einige Unterschiede deutlich. So wird das von den Schüler/innen als hoch wahrgenommene

Arbeitstempo von den Lehrpersonen nicht als Erwartung thematisiert. Diesem Tempo zu folgen, scheint vielmehr eine selbstverständliche Voraussetzung im Schulalltag zu sein. Möglicherweise handelt es sich hierbei auch um eine fachspezifische Herausforderung, die in besonderem Maße das Fach Mathematik betrifft, dessen Lehrperson nicht interviewt werden konnte. Dies gilt ebenso für die von den Schüler/innen im Kontext des Fachs Mathematik wahrgenommene Erwartung, eine eigenständige Übertragungsleistung zu erbringen, die darin besteht, theoretische Lerninhalte praktisch anzuwenden. Dies wird von den befragten Lehrpersonen nicht in dieser Weise thematisiert. Vielmehr scheinen deren Fächer in stärkerem Maße auf Reproduktion ausgerichtet zu sein.

Primäre Schülerhabitus und die Passungskonstellationen

Der Vergleich der von den Lehrerinnen im Schulalltag beobachteten primären Schülerhabitustypen und der sich in den Erzählungen der Schüler/innen konturierenden primären Schülerhabitus im ES-Track ergibt ein hohes Maß an Übereinstimmung. Es ist zu berücksichtigen, dass sich einige Schülerhabitustypen lediglich in den Narrationen der Lehrpersonen oder in denen der Schüler/innen zeigen. Vor diesem Hintergrund ergibt die Zusammenführung der bereits vorgestellten Schülerhabitustypologien ein umfassendes Bild der, in dieser siebten Klasse im akademischen ES rekonstruierten, Schülerhabitustypen. Dies ist in Tabelle 13 visualisiert.

Aus der Kombination der Perspektive der Lehrpersonen und der Schüler/innen resultieren fünf voneinander abzugrenzende Passungskonstellationen, die teilweise Subtypen beinhalten. Dabei zeigen sich nur drei für die untersuchte siebte Klasse. Hingegen resultierten der Schülerhabitus der übersteigerten Leistungsorientierung (ESL1, ES1) sowie der Schülerhabitus des minimalen Engagements und der Anpassung (ESL4, ES4) aus den Narrationen der Lehrpersonen und bieten somit ein vollständigeres Bild der Passungskonstellationen im ES-Track.

Insgesamt ergeben sich für den ES-Track mehrere konforme Passungskonstellationen, in denen Resonanz zu den schulischen Anforderungen gegeben ist. Dies gilt für den Schülerhabitus der übersteigerten Leistungsorientierung (ES1), den Schülerhabitus angemessen starker Leistungsorientierung und der Leichtigkeit (ES2), den konformen, aber herausgeforderten Schülerhabitus (ES3) und den Schülerhabitus des minimalen Engagements und der Anpassung (ES4). Darüber hinaus zeigt sich auch konflikthafte Passung, die aus leidvoll auferlegtem Streben und tendenzieller Überforderung (Schülerhabitus des leidvoll auferlegten Strebens und der Distanz zum Lernen ES5) erwächst.

Tabelle 13: Kombinierte Schülerhabitustypen aus Lehrpersonen- und Schüler/innenperspektive im ES

Lehrpersonenperspektive	Schüler/innenperspektive	Kombinierte Schülerhabitustypen aus Lehrpersonen- und Schüler/innenperspektive
Schülerhabitus der übersteigerten Leistungsorientierung (ESL1)[33]		Schülerhabitus der übersteigerten Leistungsorientierung (ES1)
Schülerhabitus der angemessenen starken Leistungsorientierung (ESL2)	Schülerhabitus des selbstverständlichen mit Leichtigkeit erfolgenden Bildungsstrebens (ESS1)	Schülerhabitus angemessen starker Leistungsorientierung und der Leichtigkeit (ES2)
Herausgeforderter Schülerhabitus im Anpassungsprozess (ESL3)	Schülerhabitus der Konformität und des angestrengten Bildungsstrebens (ESS2)	Konformer, aber herausgeforderter Schülerhabitus (ES3)
	Schülerhabitus der Konformität bei geringerem Leistungsniveau und der Abgrenzung gegenüber leistungsschwächeren Mitschüler/innen (ESS3)	
Schülerhabitus des minimalen Engagements und der Anpassung (ESL4)		Schülerhabitus des minimalen Engagements und der Anpassung (ES4)
Schülerhabitus der Distanz zu schulischen Praktiken und zum Lernen (ESL5)	Schülerhabitus des leidvoll auferlegten Strebens und der Distanz zum Lernen (ESS4)	Schülerhabitus des leidvoll auferlegten Strebens und der Distanz zum Lernen (ES5)

Quelle: eigene Darstellung

Nachfolgend werden die identifizierten Passungskonstellationen beginnend mit dem oberen Ende des Kontinuums der Leistungsorientierung dargestellt.

Während aus Perspektive der Lehrerinnen ein *Schülerhabitus der übersteigerten Leistungsorientierung* (ESL1, ES1) existiert, zeigt sich dieser nicht in den Orientierungen der befragten Schüler/innen. Diese Passungskonstellation wird aus Lehrerinsicht als problematisch wahrgenommen, da diese Schüler/innen sich aus pädagogischer Sicht zu viel Leistungsdruck machen und versuchen die hohen Erwartungen ihrer Eltern zu erfüllen. Auch wenn dies als ungünstig rezipiert wird, besteht für diesen Schülerhabitustyp keine Passungsproblematik, da

---

[33] Die verwendeten Abkürzungen basieren auf folgenden Überlegungen: ES steht für ES-Track, L für die Lehrpersonenperspektive, S für die Schüler/innenperspektive und die Ziffer wurde in numerischer Reihenfolge vergeben. Dabei wurde für die kombinierten Schülerhabitustypen lediglich die Bezeichnung ES und eine Ziffer gewählt.

die Schüler/innen sich konform verhalten und sich in der Regel am oberen Ende des Leistungsspektrums bewegen.

Auch der Schülerhabitus der angemessenen starken Leistungsorientierung (ESL2) aus Perspektive der Lehrerinnen und dessen für die Schüler/innen rekonstruierte Entsprechung des Schülerhabitus des selbstverständlichen mit Leichtigkeit erfolgenden Bildungsstrebens (ESS1) zeichnen sich durch ein starkes Maß an Passung zu den schulischen Anforderungen aus. Kennzeichnend ist eine angemessene Leistungsorientierung, ergänzt durch die starke Verinnerlichung schulischer Anforderungen und Regeln, wodurch diese Schüler/innen den Schulalltag überwiegend mit Leichtigkeit bewältigen (*Schülerhabitus angemessen starker Leistungsorientierung und der Leichtigkeit* ES2). Die in den Orientierungen der Schüler/innen identifizierten Subtypen des Schülerhabitus des starken Konformitätsstrebens und der Verinnerlichung schulischer Normen und des Schülerhabitus der Leichtigkeit und des Strebens nach Eigenverantwortung unterscheiden sich dabei im Hinblick auf ihre Abgrenzung von den Erwartungen ihrer Eltern und dem damit einhergehenden Streben nach Eigenverantwortung.

Der von den Lehrerinnen beschriebene herausgeforderte Schülerhabitus im Anpassungsprozess (ESL3) konnte in den Orientierungen der Schüler/innen in Form des Schülerhabitus der Konformität und des angestrengten Bildungsstrebens (ESS2) und des Schülerhabitus der Konformität bei geringerem Leistungsniveau und der Abgrenzung gegenüber leistungsschwächeren Mitschüler/innen (ESS3) rekonstruiert werden. Der *konforme, aber herausgeforderte Schülerhabitus* (ES3) zeichnet sich somit durch ein, im Vergleich zu den vorangehend beschriebenen Schülerhabitustypen, geringeres Kompetenz- und Leistungsniveau aus, sodass diese Schüler/innen die Ankunft im ES in stärkerem Maße als Herausforderung erleben. Sie sind jedoch bemüht, anstrengungsbereit, verhalten sich konform und entsprechen somit überwiegend den schulischen Erwartungen. Da der Übergang noch nicht abgeschlossen ist, ist offen inwieweit diesen Schüler/innen die Anpassung letztlich gelingt. Es ist zu vermuten, dass sie nach erfolgter Eingewöhnung Passung herstellen können, auch wenn sie sich dafür mehr anstrengen müssen als ihre leistungsstärkeren Mitschüler/innen.

Der *Schülerhabitus des minimalen Engagements und der Anpassung* (ESL4, ES4) wird ausschließlich von den Lehrerinnen thematisiert, die diesen insbesondere in den höheren Klassenstufen, nach erfolgter Anpassung und der Verinnerlichung der Anforderung des ES beobachten. In diesem Schülerhabitustyp konturieren sich die Minimalvoraussetzungen einer günstigen Passungskonstellation im ES-Track. So ist dieser begrenzt leistungsbereit und erzielt ausreichende Leistungen, wobei er sein Potenzial nicht ausschöpft. Kennzeichnend ist das Wissen um die schulischen Erwartungen und die Bereitschaft und die Kompetenz diese zu erfüllen, sodass sich auch hier konformes Verhalten zeigt. Es ist zu erwarten, dass im Zeitverlauf einige Schüler/innen der siebten Klasse, die gegenwärtig dem konformen, aber herausgeforderten Schülerhabitus (ES3) zuzuordnen sind, diese Tendenz zum minimalen Engagement entwickeln werden.

Konflikthafte Passungen zeigen sich übergreifend aus Lehrerinnen- und Schüler/innensicht im *Schülerhabitus des leidvoll auferlegten Strebens und der Distanz zum Lernen* (ES5). In dem von den Lehrerinnen beschriebenen Schülerhabitus der Distanz zu schulischen Praktiken und zum Lernen (ESL5) sind die Subtypen des Schülerhabitus des leidvoll auferlegten Strebens aufgrund erheblicher Kompetenzdefizite sowie der Schülerhabitus der Distanz zur Schule bei vorhandenem Leistungspotenzial zu unterscheiden. Demzufolge ist mangelnde Passung aus Perspektive der Lehrerinnen nicht immer Folge eines fundamentalen Kompetenz- und Wissensdefizits. Auch eine grundlegende Vermeidungs- oder Verweigerungshaltung gegenüber schulischen Anforderungen und damit einhergehende Inkompatibilität gegenüber schulischen Lernsettings kann mangelnde Passung erzeugen. In den Rekonstruktionen der Orientierungen der Schüler/innen deuten sich konflikthafte Passungskonstellationen an, die sich im Schülerhabitus des leidvoll auferlegten Strebens und der Distanz zum Lernen (ESS4) zeigen. Der erste Subtyp der Schüler/innensicht (Schülerhabitus leidvoll auferlegten Strebens und der Resignation) deckt sich mit dem Schülerhabitus des leidvoll auferlegten Strebens angesichts erheblicher Kompetenzdefizite der Lehrerinnenperspektive, da sich hier jeweils Kompetenz- und Leistungsdefizite zeigen, die das Lernen im ES zu einer leidvollen, frustrierenden Erfahrung machen. Der Schülerhabitus des abweichenden Verhaltens und der Infragestellung schulischer Strukturen deckt sich ebenfalls mit den Darstellungen der Lehrerinnen. Für diesen ist störendes Verhalten in Kombination mit dem geringen Leistungsniveau kennzeichnend. Gemeinsam ist den in den Orientierungen der Schüler/innen rekonstruierte Subtypen konflikthafter Passung die Distanz und Infragestellung schulischer Anforderungen. Dies wird hingegen von den Lehrerinnen nur auf sehr allgemeiner Ebene thematisiert. Den Schüler/innen der befragten siebten Klasse, die diesen problematischen Passungskonstellationen zugeordnet wurden, ist noch keine mangelnde Passung zu attestieren, dennoch besteht ein hohes Entfremdungsrisiko, das letztlich zur Verfestigung der Distanz und somit zu mangelnder Passung führen kann.

Zusammenfassend zeigt sich für die Schüler/innen der siebten Klasse im akademischen ES-Track kein konkreter Fall von fehlender Passung. Jedoch bestehen für den Schülerhabitus der Konformität und des angestrengten Bildungsstrebens (ESS2, ES3), den Schülerhabitus der Konformität bei geringerem Leistungsniveau und der Abgrenzung gegenüber leistungsschwächeren Mitschüler/innen (ESS3, ES4) sowie den Schülerhabitus des leidvoll auferlegten Strebens und der Distanz zum Lernen (ESS4, ES5) erhebliche Entfremdungspotenziale. Die Passung dieser Schülerhabitustypen wird angesichts der sich gegenwärtig vollziehenden Anpassung stark herausgefordert und die Differenz zwischen schulischen Anforderungen und primärem Schülerhabitus erzeugt Adaptionsdruck. Dabei wird sich im Zeitverlauf zeigen, inwieweit die Anpassung gelingt oder sich mangelnde Passung und Entfremdung vom Lernen manifestieren.

Entfremdungspotenziale und Bindungsmöglichkeiten schulischer Anforderungen im ES

Die schulischen Anforderungen im ES wirken auf die Schüler/innen unterschiedlich, abhängig von deren primären Schülerhabitus. Starke Bildungsnähe der Schüler/innen ermöglicht ihnen die selbstverständliche Verinnerlichung schulischer Normen und Anforderungen, wodurch sie die schulischen Erwartungen übernehmen und akzeptieren können. Angesichts des jüngst vollzogenen Übergangs von der Primarschule in den akademischen ES-Track zeigt sich, dass dieser den Schüler/innen unterschiedlich gut gelingt, weil ihnen die Orientierung in der neuen Schule unterschiedlich leichtfällt.

Generell konturieren sich vor dem Hintergrund der starken Leistungsorientierung im akademischen ES-Track besonders gute Bindungsmöglichkeiten für Schüler/innen mit starkem Bildungsstreben und hohem Leistungsniveau. Diese nehmen die schulischen Anforderungen selbstverständlich an und verfügen über die Haltungen und Fähigkeiten, sie zu bewältigen. Eine positive Bindung drückt sich in der Verinnerlichung schulischer Anforderungen und Werte aus und befördert eine positive Haltung gegenüber dem Lernen. Im Gegensatz hierzu hinterfragen die vom Lernen distanzierten Schüler/innen, die über einen Schülerhabitus des leidvoll auferlegten Strebens und der Distanz zum Lernen (ES5) verfügen, die Bildungsversprechen der Schule und den Sinn der Lerninhalte und erkennen deren Nutzen nicht umfassend an.

Entfremdungspotenziale liegen in den umfassenden Leistungsanforderungen. So wird von den Schüler/innen erwartet, auch außerhalb des Unterrichts, in Form von Hausaufgaben und Prüfungsvorbereitung viel Zeit und Anstrengung in das schulische Lernen zu investieren. Obwohl die meisten Schüler/innen dies als notwendig akzeptieren, rufen die hohen Leistungsanforderungen bei Schüler/innen mit niedrigem Leistungsniveau, die sich stark anstrengen müssen, um die Lernziele zu erreichen, Druck und Gefühle der Einschränkung hervor.

Zudem trägt bei leistungsschwachen Schüler/innen die Erfahrung, dass die Anstrengung des Lernens sich nicht in besseren Noten niederschlägt, zur Frustration bei. Die Folge ist, dass der Sinn dieser Anstrengungen infrage gestellt wird. Eine Kumulation solcher Erfahrungen des Scheiterns kann zu einer Distanzierung gegenüber dem Lernen führen. Dies zeigt sich am Beispiel des Schülerhabitus leidvoll auferlegten Strebens und der Resignation (ES5).

Auch im Umgang mit Misserfolg deutet sich ein Entfremdungspotenzial an. Während die Lehrpersonen eine konstruktive Auseinandersetzung mit Fehlern sowie Durchhaltevermögen erwarten, erfüllen nicht alle Schüler/innen diese Erwartung, sondern resignieren. Auch dies gilt wieder für den leistungsschwachen

Schülerhabitus leidvoll auferlegten Strebens und der Resignation und den Schülerhabitus des abweichenden Verhaltens und der Infragestellung schulischer Strukturen (ES5).

Als bedeutsam erweisen sich zudem die Bildungserwartungen im Elternhaus. Die Rolle des Elternhauses wurde für die ES-Schüler/innen in die Analyse einbezogen, da deutlich wurde, dass die hohen Erwartungen der Eltern das Wohlbefinden der Schüler/innen mindern und ihre Haltung zum Lernen beeinflussen. So gelingt es den Schüler/innen, auch unter Anstrengung nicht immer die Erwartungen ihrer Eltern zu erfüllen. Insbesondere die Schüler/innen, die sich stark für ihren Bildungserfolg anstrengen müssen (ES3/ESS2, ES5), fühlen sich von ihren Eltern unverstanden und unter Druck gesetzt. Dies kann, wie sich für den Schülerhabitus des abweichenden Verhaltens und der Infragestellung schulischer Strukturen zeigt, die Ablehnung des Lernens und oppositionelle Haltungen befördern. Auch gut gemeinte Interventionen der Eltern führen unter diesen Bedingungen zur Distanzierung gegenüber dem Lernen.

Ein besonderes Entfremdungsrisiko zeigt sich, wie bereits angedeutet, für die leistungsschwächeren Schüler/innen der befragten Klasse. So erleben diese den Übergang in die Sekundarstufe als herausfordernd und bewegen sich weniger selbstverständlich im neuen schulischen Umfeld. Dabei gilt es zu berücksichtigen, dass der Übergang noch nicht abgeschlossen ist. Insbesondere für den Schülerhabitus der Konformität und des angestrengten Bildungsstrebens (ESS2) und den Schülerhabitus der Konformität bei geringerem Leistungsniveau und der Abgrenzung gegenüber leistungsschwächeren Mitschüler/innen (ESS3) ist der Ausgang des Adaptionsprozesses offen und sowohl gelungene Passungskonstellationen als auch eine Distanzierung vom Lernen erscheinen denkbar.

Besonders deutlich zeigen sich die Entfremdungspotenziale für den Schülerhabitus des leidvoll auferlegten Strebens und der Distanz zum Lernen (ES5/ESS4). Obwohl diese Schüler/innen bereits vom Lernen distanziert sind, liegt keine durchgängig fehlende Passung zu den Anforderungen vor und unter bestimmten Bedingungen sind sie durchaus leistungsbereit. Für den Schülerhabitus des abweichenden Verhaltens und der Infragestellung schulischer Strukturen besteht eine Distanz zur breiten Allgemeinbildung, die im ES vermittelt wird. Das breite Fächerangebot erfordert auch die Beschäftigung mit Themen, die subjektiv uninteressant sind.

In den Analysen konturieren sich lediglich schwache Geschlechterdifferenzen, sodass Mädchen ebenso wie Jungen Distanz zum Lernen zeigen. Mädchen scheinen in stärkerem Maße nach konformem Verhalten zu streben, sodass das im Schulalltag sichtbare abweichende Verhalten den Jungen vorbehalten zu sein scheint. Dies gilt auch für oppositionelle Haltungen gegenüber dem Lernen. Während der hohe Leistungsdruck bei Damian zu Rebellion und Verweigerung führt, resultiert die vergleichbare Erfahrung Evas in Resignation. Aus Sicht der Schüler/innen und ihrer Lehrpersonen gelten Mädchen als fleißiger und angepasster, auch wenn sich in der Klasse ebenso leistungsexzellente Jungen befinden, welche die schulischen Anforderungen umfassend erfüllen.

Im Hinblick auf die Perspektive der Lehrpersonen fällt auf, dass sie sich teilweise den Entfremdungspotenzialen, wie des geringen Anwendungsbezugs des zu vermittelnden Wissens oder des ernsten Unterrichtssettings bewusst sind. Dennoch sehen sie die stark leistungsorientierte Anforderungslogik im ES-Track überwiegend als alternativlos an. Dennoch nutzt eine Lehrerin ihren begrenzten Handlungsspielraum, um Anwendungsbezug und Spaß in den Unterricht zu integrieren. Demnach hängt es von der Haltung der Lehrperson ab, in welcher Weise sie den Unterricht auf die Bedürfnisse der Schüler/innen abstimmt und Lernfreude fördert.

Abschließend ist festzuhalten, dass die starke Leistungsorientierung im ES für die leistungsschwächeren Schüler/innen Fremdheitserfahrungen erzeugt und eine Distanz gegenüber dem Lernen nach sich ziehen kann. Die Schüler/innen streben zwar nahezu ausnahmslos nach Konformität, worin sich ihre starke Bildungsorientierung zeigt, ihnen fällt es jedoch unterschiedlich leicht dies zu realisieren.

3.5 Bilanz: Der niveauniedrigste Modulaire-Track und der akademische ES-Track als differenzielle schulische Entwicklungsmilieus mit spezifischen Bindungsmöglichkeiten und Entfremdungspotenzialen

In diesem Unterkapitel steht die Beantwortung der qualitativen Forschungsfrage – *inwiefern die, den spezifischen Schulkulturen inhärenten, schulischen Anforderungen zur unterschiedlichen Entwicklung von Entfremdung vom Lernen in den differenziellen Entwicklungsmilieus des niveauniedrigsten Modulaire-Tracks und des akademischen ES-Tracks beitragen* – im Fokus. Hierzu werden die Ergebnisse zu den einzelnen Unterfragen pointiert präsentiert. Ziel ist es, Zusammenhänge und Differenzen zwischen den analysierten Schulkulturen im Modulaire- und ES-Track aufzuzeigen.

Die qualitativen Fallanalysen zeigen deutlich, dass es sich bei den analysierten Schulkulturen im Modulaire- und ES-Track um grundlegend verschiedene Schulkulturen handelt. Obwohl die analysierten Schultracks administrativ zu einem Lyzeum gehören, zeichnen sich in den qualitativen Daten erhebliche Differenzen ab. Es bestehen wenige Schnittpunkte zwischen den Schultracks dieser Schule, da sie räumlich getrennt sind, über separate Administrationen verfügen, kaum Austausch zwischen dem pädagogischen Personal der verschiedenen Schultracks existiert und sie überdies nach unterschiedlichen Logiken funktionieren. Zudem fällt auf, dass sich die Lehrpersonen im Modulaire stark von den schulischen Praktiken abgrenzen, die im EST- bzw. ES-Track vorherrschen. Dies kann als Hinweis gewertet werden, dass die Einzelschule Lycée Bicane nicht über eine trackübergreifende Schulkultur verfügt. Stattdessen existieren innerhalb dieser Einzelschule mehrere trackspezifische Schulkulturen parallel.

Schulische Anforderungen der Schulkulturen im Modulaire- und im ES-Track: Fokus auf Wohlbefinden vs. akademische Leistungsorientierung

Ergeben sich fallintern jeweils hohe Übereinstimmungen zwischen den von den Lehrpersonen formulierten Anforderungen und der Wahrnehmung der Schüler/innen, offenbart die fallübergreifende Kontrastierung der schulischen Anforderungen erhebliche Differenzen zwischen den schulischen Anforderungen im Modulaire- und im ES-Track.

Eine ausführliche Darstellung der fallinternen Anforderungen im Modulaire und ES-Track ist in Kapitel III. 3.3 und Kapitel III.3.4 zu finden. Pointiert zusammengefasst, zeigen sich für die analysierten Schulkulturen im Modulaire und ES im Lycée Bicane sehr unterschiedliche akademische und soziale Anforderungen. Differenzen finden sich hinsichtlich der Bedeutung akademischer Leistungsorientierung, der Bildungsziele sowie des Spektrums akzeptabler Haltungen und Verhaltensweisen.

Die schulischen Anforderungen an den sekundären Schülerhabitus eines Modulaire-Schülers/einer Modulaire-Schülerin beschränken sich auf das Einhalten grundlegender Verhaltensregeln und grundlegender Sozialkompetenzen, wobei ein relativ großer Spielraum tolerierten Verhaltens existiert. Angesichts dessen wurde dieser als *sekundärer Schülerhabitus des Wohlbefindens* charakterisiert. Hingegen bestehen unter Berücksichtigung der geringen akademischen Fähigkeiten und vielfältigen Probleme der Schüler/innen keine akademischen Leistungserwartungen. Vielmehr beinhaltet die Mindestanforderung die physische Anwesenheit in der Schule und es werden grundlegende Fähigkeiten gefordert, sich im Schulalltag selbstständig zu orientieren und zu organisieren. Überdies beinhalten die schulischen Anforderungen ein Bewusstsein für die einem Unterrichtssetting angemessene Sprache sowie die Fähigkeit zwischen den verschiedenen Sprachen zu wechseln.

Auch sollen die Schüler/innen aus Lehrpersonenperspektive unbekannten Aufgaben und Situationen mit Offenheit begegnen und Lob annehmen können. Die Sozialkompetenzen sollen Wertschätzung und Empathie umfassen, was jedoch keine vollständige Konfliktfreiheit bedeutet. Von den Schüler/innen wird Bewusstsein für die Folgen des eignen Handelns gefordert. Die Grenze akzeptablen Verhaltens setzt bei massiven Störungen sowie unkontrollierter physischer Gewalt in Form von Aggression gegen sich selbst oder gegen Mitschüler/innen ein. Darüber hinaus wird von Jungen und Mädchen Offenheit für geschlechtsuntypische Rollen und Aufgaben gefordert. Die Wahrnehmung der Schüler/innen deckt sich weitgehend mit dem sekundären Schülerhabitus aus

Lehrpersonensicht. Die Verhaltenserwartungen bleiben jedoch vage und werden um eine diffuse Lernorientierung und Leistungserwartung ergänzt, sodass sich aus Schüler/innensicht ein *sekundärer Schülerhabitus der Verhaltenskonformität und diffusen Lernorientierung* zeigt.

Die schulischen Anforderungen an den sekundären Schülerhabitus eines ES-Schülers/einer ES-Schülerin sind aus Lehrpersonensicht von einer starken akademischen Leistungsorientierung und der Fokussierung auf theoretische Lerninhalte gekennzeichnet und wurden als *sekundärer Schülerhabitus umfassender Lernbereitschaft und Eigenverantwortung* charakterisiert. Dies beinhaltet umfassendes schulisches Engagement in Form von Investitionen in Lernprozesse in und außerhalb der Schule. Zudem wird die Fähigkeit gefordert, theoretische Lerninhalte eigenständig, präzise und vollständig wiedergeben zu können. Die Mindestanforderung besteht im Erreichen akzeptabler Noten, wohinter die Verhaltensdimension zurücktritt. Im Unterricht werden aktive Partizipation, Ernsthaftigkeit und Anstrengungsbereitschaft vorausgesetzt. Zentral ist zudem die Verinnerlichung der jeweiligen Fachlogik.

Überdies beinhalten die schulischen Anforderungen die weitreichende Eigenständigkeit, die sowohl die Orientierung im Schulalltag als auch die Organisation von Arbeits- und Lernprozessen umfasst. Die Schüler/innen sollen eine selbstreflexive Haltung einnehmen und Durchhaltevermögen und Frustrationstoleranz demonstrieren. Dies umfasst auch das Aushalten von Leistungsdruck, Prüfungsstress und sozialen Konflikten. Generell dürfen die ES-Schüler/innen durchaus Probleme im Schulalltag haben, entscheidend ist aber, dass sie diese mit Hilfe der zuvor beschriebenen Haltungen bewältigen. Zudem werden Teamfähigkeit sowie das Beherrschen der Unterrichtssprachen erwartet. Die Schüler/innen rezipieren den sekundären Schülerhabitus aus Lehrpersonensicht in starkem Maße. Jedoch nehmen sie die von den Lehrpersonen formulierte Erwartung, sich die Lerninhalte eigenständig und jederzeit unaufgefordert anzueignen, nicht wahr. Vielmehr orientieren sie sich an den expliziten Anweisungen der Lehrkräfte und werden dann aktiv, wenn sie zur Prüfungsvorbereitung aufgefordert werden oder konkrete Arbeitsaufträge erhalten. Zudem nehmen die Schüler/innen im ES die Anforderung wahr, dem Unterrichtstempo stets folgen zu müssen. Folglich zeigt sich aus Schüler/innensicht ein *sekundärer Schülerhabitus der Bildungsnähe, schnellen Auffassungsgabe und Verhaltenskonformität*.

Zusammenfassend ist festzustellen, dass sich die schulischen Anforderungen in den siebten Klassen im Modulaire- und ES-Track im Lycée Bicane stark unterscheiden. Während in der ES-Schulkultur das Erbringen akademischer Leistung an erster Stelle steht, existiert in der Modulaire-Schulkultur keine akademische Leistungsorientierung, stattdessen steht das Wohlbefinden dieser vergleichsweise leistungsschwachen Schüler/innen im Fokus.

Gemeinsam ist den Schulkulturen im Modulaire-Track und ES-Track im Lycée Bicane die schulische Anforderung, sich im Schulalltag zu orientieren.

Diese beinhaltet in beiden Fällen das Zurechtfinden im Schulgebäude und auf dem Schulgelände. Zugleich konturiert sich die eigenständige Orientierung als unterschiedlich weitreichend, da sie im ES auch die Arbeitshaltung der Schüler/innen betrifft. Hingegen erschöpfen sich im Modulaire die Anforderungen an Eigenständigkeit im Unterricht im pünktlichen Erscheinen. Während somit im Modulaire die Anwesenheit ausreicht, um die schulischen Anforderungen zu erfüllen, ist im ES permanent eine aktive, selbstständige Arbeitshaltung gefordert.

Die Analysen zeigen, dass die Notwendigkeit, sich im Zuge des Übergangs von der Primarschule in die neue Schule, an die Normen und Strukturen der neuen Schulkultur anzupassen, im ES wesentlich stärker ausgeprägt ist als im Modulaire. Dies ist darauf zurückzuführen, dass die Anpassung im ES aufgrund der konkreteren schulischen Erwartungen und der Leistungsorientierung wichtiger ist. Überdies sind die Anforderungen an den Anpassungsprozess im ES wesentlich konkreter, was sich in der Notwendigkeit widerspiegelt, dass die Schüler/innen sich an die Logiken der verschiedenen Fächer gewöhnen und sie mittelfristig verinnerlichen. Ein solcher Anpassungsprozess zeigt sich für den Modulaire-Track nicht. Hier ist die Anpassungsleistung beschränkt auf das Zurechtfinden im neuen Schulgebäude und im Ablauf des Unterrichtsalltags sowie auf die Bewältigung des neuen Schulweges. Zudem richten sich die Lehrpersonen im Modulaire weitgehend nach den Ressourcen und Fähigkeiten der Schüler/innen.

Angesichts all dieser Differenzen und der beschränkten Überschneidung der schulischen Anforderungen in den beiden untersuchten Klassen im Modulaire- und ES-Track im Lycée Bicane zeigen sich jeweils unterschiedliche Schulkulturen. Damit zeigt sich die Notwendigkeit im Fall von Lyzeen, die mehrere Schultracks anbieten, zur Analyse schulischer Anforderungen und deren Wirkungen auf die Schüler/innen eine trackbezogene Perspektive einzunehmen. Folglich gehen die schulischen Anforderungen nicht von einer übergreifenden, alle Schultracks adressierenden Schulkultur aus, sondern in jedem Schultrack existieren spezifische schulische Anforderungen, die der jeweiligen trackspezifischen Schulkultur entspringen.

Anschlussmöglichkeiten der Schüler/innen an die schulischen Anforderungen: zwischen Resonanz, Indifferenz und Ablehnung

Weiterhin zeigen die Analysen, dass die trackspezifischen Schulkulturen im Lycée Bicane mit ihren jeweils spezifischen Anforderungen den Schüler/innen differenzielle Entwicklungsmilieus bieten. Ausgehend von der Art und Weise, wie Schüler/innen mit ihren primären Schülerhabitus an diese anschließen können, resultieren verschiedene Passungskonstellationen. Diese spezifischen Konstellationen zwischen Schulkultur und Schüler/innen werden in den nachfolgenden Ausführungen pointiert dargestellt.

Aufgrund des im Modulaire-Track existierenden weiten Raumes akzeptierter Haltungen und Verhaltensweisen erweist sich ein breites Spektrum von Passungskonstellationen als anschlussfähig an diese Schulkultur. In den Beobachtungen der Lehrpersonen und in den Orientierungen der Schüler/innen konturieren sich ähnliche Passungskonstellationen. Im Modulaire-Track definiert sich mangelnde Passung über das Überschreiten des üblichen Leistungsniveaus oder über stark abweichendes Verhalten. Letzteres ist dann gegeben, wenn Schüler/innen stark störendes Verhalten zeigen, welches das akzeptable Maß überschreitet und somit als unkontrollierbare Gefahr im Schulalltag bewertet wird. Hingegen zieht ein sehr niedriges Leistungsniveau keine mangelnde Passung nach sich. Dies kann darauf zurückgeführt werden, dass das Modulaire die niedrigste Form schulischer Bildung in der luxemburgischen Sekundarstufe darstellt und somit auf Schüler/innen mit starken Leistungsdefiziten abzielt.

Die im Modulaire akzeptierten Orientierungen schließen sowohl leistungsbereite, sich angepasst verhaltende, am Unterricht interessierte Schüler/innen als auch Schüler/innen ein, die moderate, kontrollierbare Verhaltensauffälligkeiten zeigen. Gemeinsam ist ihnen jeweils ein geringes Leistungsniveau. Die Analyse der Orientierungen der Schüler/innen zeigte, dass die meisten Schüler/innen die Anforderungen im Modulaire erfüllen. Demzufolge entsprechen die meisten Schüler/innen der befragten siebten Klasse mit ihrer diffusen Lernorientierung und dem angepassten bis kontrollierbar abweichenden Verhalten den von den Lehrpersonen als passend erachteten Konstellationen. Folglich besteht Resonanz zwischen den schulischen Anforderungen und den Orientierungen dieser Schüler/innen.

Folglich ist der kollektive Schülerhabitus im Modulaire von diffusen Bildungsbezügen gekennzeichnet, wobei die Schüler/innen die geringen Leistungserwartungen als herausfordernd erleben. Ihre Anstrengungsbereitschaft ist begrenzt und es besteht eine Tendenz, Herausforderungen zu vermeiden. Zudem dominiert extrinsische Motivation ihr Lernverhalten. Auch wenn das Verhalten nicht in allen Fällen angepasst ist, besteht ein diffuses Bewusstsein für die schulische Anforderung, sich konform zu verhalten und im Unterricht zu partizipieren. Charakteristisch ist zudem eine starke Peer- und Freizeitorientierung. Diese wird im Schulalltag durch teilweise offene, Bewegung und Austausch ermöglichende, Settings befriedigt. Klassische Lernsettings und damit verbundene Verhaltenserwartungen, wie stillzusitzen und zuzuhören, werden hingegen als einschränkend empfunden und abgelehnt.

Passungskonflikte entstehen im Modulaire, wenn der Raum des Akzeptablen über- oder unterschritten wird. Passung ist somit durch das Vorliegen eines ausreichend niedrigen Leistungsniveaus sowie akzeptables, durch die Lehrperson kontrollierbares Verhalten definiert. Aufgrund der am Wohlbefinden der Schüler/innen ausgerichteten Unterrichtspraxis, welche die Bedürfnisse der Schüler/

innen berücksichtigt, können unangenehme Erfahrungen minimiert oder gepuffert werden, indem beispielsweise der Peer- und Freizeitorientierung Raum gegeben wird. Da die Schulkultur im Modulaire kaum Leistung und Engagement fordert, kann Passung in diesem Schultrack hergestellt werden. Höhere schulische Anforderungen, wie beispielsweise eine stärkere Leistungsorientierung, würden hingegen Passung verhindern.

Im akademischen ES-Track bemisst sich die Passung in starkem Maße an der Leistungsorientierung sowie am Leistungsniveau der Schüler/innen. Dabei sollte sich die Leistungsorientierung aus Sicht der Lehrpersonen in einem hohen, aber nicht zu hohen Bereich bewegen. Übersteigerte Leistungsorientierung wird durch hohe Bildungsambitionen im Elternhaus befördert, denen die Schüler/innen genügen wollen. Minimales Engagement und fehlende intrinsische Motivation gelten aus Lehrpersonensicht bei als ausreichend erachteten Noten als noch akzeptabel. Da sich, eine solche leicht distanzierte Haltung gegenüber dem Lernen bei vielen Schüler/innen im ES-Track im Laufe der Zeit einstellt, wird deutlich, dass intrinsische Motivation und Freude am Lernen wünschenswert, aber nicht essentiell sind.

Als hochgradig problematisch erweist sich hingegen eine starke Distanz zur Schule und zum Lernen. Die betroffenen Schüler/innen sind entweder mit den schulischen Anforderungen im ES überfordert und können diese nicht oder nur mit sehr viel Anstrengung bewältigen, was negative Haltungen erzeugt. Indifferenz bis hin zur stillen Opposition zeigt sich in der Verweigerung, die schulischen Anforderungen zu erfüllen.

Der in den Orientierungen der Schüler/innen identifizierte kollektive Schülerhabitus im ES-Track zeichnet sich durch ein starkes Konformitäts- und Leistungsstreben aus, wobei es den Schüler/innen unterschiedlich leichtfällt, die geforderten schulischen Leistungen zu erfüllen und entsprechende Haltungen einzunehmen. Diese Schüler/innen stehen in Resonanz zu den schulischen Anforderungen im ES-Track. Auch wenn sie die schulischen Anforderungen nicht immer als angenehm erleben, akzeptieren die Schüler/innen diese und erkennen sie als notwendig an, worin sich eine grundsätzliche Bildungsnähe ausdrückt.

Die von den Lehrpersonen thematisierte, übersteigerte Leistungsorientierung zeigt sich nicht in den Orientierungen der befragten Schüler/innen der siebten Klasse. Vielmehr grenzen sich die Schüler/innen teilweise von den hohen Erwartungen ihrer Eltern ab, sind zwar grundsätzlich sehr leistungsbereit, sehen aber gelegentliche schlechtere Noten als normal an.

Sowohl in den Narrationen der Lehrpersonen als auch in den Orientierungen der Schüler/innen konturiert sich die, im Zuge des Übergangs in die Sekundarstufe geforderte, Anpassung an die schulischen Anforderungen und Strukturen im ES als anspruchsvoll. Diese wird abhängig von Leistungsorientierung, Kompetenzniveau, Eigenständigkeit und Verinnerlichung der neuen schulischen Regeln als unterschiedlich herausfordernd erlebt. Während einige Schüler/innen bereits eine weitreichende Anpassung an die schulischen Anforderungen vollzogen haben und diese durchschauen, ist das nicht für alle Schüler/innen der Fall. Dieser Anpassungsprozess wird als normal eingestuft, sodass sich in diesen temporären Herausforderungen keine mangelnde Passung ausdrückt.

Zusammenfassend zeigt sich, dass in den analysierten Schulkulturen im Modulaire-Track und ES-Track im Lycée Bicane ein unterschiedlich großes Spektrum akzeptabler Orientierungen und Verhaltensweisen existiert. Dieses geht jeweils über die, von den Lehrpersonen konstruierten, Erwartungen an den idealen Schüler/die ideale Schülerin hinaus, sodass Schüler/innen auch dann noch zur jeweiligen Schulkultur passen, wenn sie nicht alle Erwartungen in idealem Maße erfüllen. Während sich der Raum des Akzeptablen im ES-Track an der schulischen Leistung bemisst, ist im Modulaire-Track das Verhalten der Schüler/innen die zentrale Referenz.

Wie soeben gezeigt, bedingen diese unterschiedlichen Haltungen der Schüler/innen im Zusammenspiel mit den schulischen Anforderungen der jeweiligen Schulkultur unterschiedliche Passungskonstellationen. Dementsprechend bieten die schulischen Anforderungen nicht allen Schüler/innen die gleichen Anschlussmöglichkeiten. Dabei beeinflusst der primäre Schülerhabitus, inwiefern Bindung – als Ausdruck gelingender Passung – möglich ist oder sich Entfremdung gegenüber dem Lernen – als Ausdruck mangelnder Passung – entwickelt.

Entfremdungspotenziale und Bindungsmöglichkeiten im Hinblick auf Lernen der spezifischen Schulkulturen im Modulaire- und ES-Track

Bilanzierend werden nun die Entfremdungspotenziale und Bindungsmöglichkeiten im Hinblick auf das Lernen in den analysierten Schulkulturen zusammengefasst und verglichen, die sich in den zuvor dargestellten Passungskonstellationen ausdrücken.

Allgemein zeigen sich für den niveauniedrigsten Modulaire-Track geringe Entfremdungspotenziale, was auf die weitgehende Abwesenheit von Leistungsorientierung zurückgeführt werden kann. Zugleich stellen die hieraus resultierenden begrenzten Lerngelegenheiten für lernwillige Schüler/innen ein Risiko für Entfremdung vom Lernen dar. So werden diese Schüler/innen durch das störende Verhalten und die in den Unterricht eingebrachten Probleme ihrer Mitschüler/innen sowie die niedrigen Erwartungen der Lehrpersonen ausgebremst. Darüber hinaus hat die Entfremdung vom Lernen bei einigen Schüler/innen ihren Ausgangspunkt in der Primarschule und setzt sich in der Sekundarstufe fort. Dabei gelingt es auch den Lehrpersonen im Modulaire-Track nicht immer, diese Distanz durch ihre an den Bedürfnissen der Schüler/innen orientierte Unterrichtspraxis zu transformieren.

Die Entfremdungspotenziale im akademischen ES-Track resultieren aus der hohen Leistungsorientierung und den damit verbundenen hohen akademischen Anforderungen. Insbesondere leistungsschwächere Schüler/innen sind im ES anfällig dafür Entfremdung gegenüber dem Lernen zu entwickeln, wenn sie wiederholt akademischen Misserfolg erfahren und sich ihre Anstrengungen nicht in ihren Noten niederschlagen. Auch der geforderte hohe Einsatz, der Freizeit und Erholung stark begrenzt, kann Entfremdung vom Lernen bedingen. Da die Schüler/innen stark bildungsorientierten Elternhäusern entstammen, sind sie von allen Seiten mit hohen Erwartungen konfrontiert. Der hiermit einhergehende Leistungsdruck kann ebenfalls Entfremdung vom Lernen befördern. Darüber hinaus beinhalten auch die abstrakten, als wenig anwendungsbezogen wahrgenommenen, Lerninhalte Entfremdungspotenzial vom Lernen, wenn Schüler/innen keinen Sinn in diesen erkennen. Die breite thematische Ausrichtung im ES fordert die Beschäftigung mit Themen, die außerhalb des individuellen Interesses liegen, was Indifferenz gegenüber Lerninhalten befördern kann.

Neben diesen Entfremdungspotenzialen sind den Schulkulturen im Modulaire-Track und ES-Track jeweils spezifische Bindungsmöglichkeiten inhärent, die Entfremdung mindern oder vorbeugen können. Auch die Bindungsmöglichkeiten wirken abhängig vom primären Schülerhabitus.

Die Ausrichtung des Modulaire-Tracks an den individuellen Bedürfnissen und Kompetenzen sowie die Distanzierung von akademischer Leistungsorientierung bietet Schüler/innen mit den unterschiedlichsten Defiziten Bindungsmöglichkeiten. So wird ein breites Spektrum an Verhaltensweisen akzeptiert, hierzu gehört auch moderates abweichendes Verhalten. Folglich werden die Schüler/innen seltener aufgrund ihres Verhaltens sanktioniert und machen daher positive Erfahrungen. Die Abkehr von akademischer Leistungsorientierung bewirkt, dass die generell leistungsschwachen Schüler/innen im Modulaire kaum Überforderung erfahren. Dieser Fokus auf das Wohlbefinden der Schüler/innen setzt sich in der Unterrichtsgestaltung fort, deren Ziel es ist, die Schule zu einem Ort zu machen, an dem die Schüler/innen gerne Zeit verbringen und ihre Freizeit- und Peerorientierung ausleben können.

Bindung im ES-Track wird primär über die Bildungsnähe, das ausreichend hohe Kompetenzniveau und die Anstrengungsbereitschaft der Schüler/innen erzeugt. Das Vorhandensein und Erhalten von Lernfreude durch interessanten und abwechslungsreichen Unterricht ist, wenn das erforderliche Leistungsniveau gegeben ist, eine weitere Möglichkeit, um Entfremdung vom Lernen entgegen zu wirken.

Das Ausmaß, in dem die Lehrpersonen auf die Bedürfnisse der Schüler/innen eingehen können, unterscheidet sich in beiden Schulkulturen erheblich. Während die Lehrpersonen im Modulaire-Track über einen großen Handlungsspielraum verfügen, haben die Lehrpersonen im ES-Track aufgrund institutioneller

Zwänge weniger Freiheiten. Hier liegt die Priorität eindeutig auf der Vermittlung der vorgegebenen theoretischen Lerninhalte. So gibt das Curriculum in starkem Maße die zu erreichenden Lernziele vor.

Für beide trackspezifischen Schulkulturen zeigt sich darüber hinaus, dass auch die Schüler/innen an deren Reproduktion beteiligt sind, was sich im ES-Track beispielsweise in der Abgrenzung von sich abweichend verhaltenden Schüler/innen zeigt. Im Modulaire-Track wird die Verwendung einer angemessenen Sprache durch die Gruppe reguliert und unter den Jungen existiert eine Gruppendynamik, in der störendes Verhalten und geringe Leistung anerkannt sind.

Differenzielle Entwicklungsmilieus im Modulaire- und ES-Track: Entwicklung der Bindung zum und der Entfremdung vom Lernen

Abschließend ist festzuhalten, dass die schulischen Anforderungen und Passungskonstellationen die analysierten siebten Schulklassen des Modulaire- und ES-Tracks im Lycée Bicane deutlich als differenzielle Entwicklungsmilieus ausweisen.

Die Schüler/innen sind in den verschiedenen Schultracks mit unterschiedlichen Lernumwelten und schulischen Anforderungen konfrontiert, die sich durch unterschiedliche Leistungsanforderungen sowie durch unterschiedlich stark reglementierte Unterrichtssettings, eine unterschiedlich ausgeprägte Berücksichtigung der Bedürfnisse der Einzelschüler/innen sowie unterschiedlich strikte Erwartungen an konformes Verhalten auszeichnen. Überdies wird in diesen differenziellen Entwicklungsmilieus dem Erreichen von Lernzielen eine unterschiedliche Bedeutung beigemessen und Schule und Lernen fordern in unterschiedlichem Maße Raum im Alltag der Schüler/innen.

Fokussiert das ES die Vermittlung von akademischem Wissen, treten hingegen im Modulaire die Wissensvermittlung und das Einfordern von Leistung klar hinter das Wohlbefinden der Schüler/innen zurück. Somit erwerben die Schüler/innen im Modulaire in wesentlich geringerem Maße und auf niedrigerem Niveau akademisches Wissen, das ihren Möglichkeiten bestmöglich angepasst ist, aber ihre Zukunftsaussichten stark determiniert.

Es konnte gezeigt werden, dass neben den individuellen Dispositionen der Schüler/innen und deren Kapitalausstattung auch die unterschiedlichen Schulkulturen mit ihren Anforderungen und Angeboten die Entwicklung der Schüler/innen beeinflussen. Ermöglicht die Schule den Schüler/innen an die schulischen Anforderungen anzuschließen, erhöht dies die Wahrscheinlichkeit Bindung zur Schule und zum Lernen zu entwickeln. Gelingt dies nicht oder unvollständig, besteht ein hohes Risiko, dass betroffene Schüler/innen Entfremdung gegenüber dem Lernen entwickeln.

In beiden Schulkulturen können die meisten der befragten Schüler/innen den spezifischen schulischen Anforderungen entsprechen, wodurch eine Bindung zur Schule entsteht. Dennoch ist Entfremdung vom Lernen ein Phänomen, das sowohl in Schulkulturen mit hohem Leistungsniveau als auch in Schulkulturen mit niedrigem Leistungsniveau bedeutsam ist.

Wie gezeigt, beinhaltet jede der untersuchten Schulkulturen als differenzielles Entwicklungsmilieu spezifische Bindungsmöglichkeiten und Entfremdungsrisiken. In welcher Weise diese die einzelnen Schüler/innen betreffen, hängt von deren individuellen Orientierungen und Potenzialen ab.

4   Ergebnisse der Mixed-Method-Studie

Zuvor wurden in Kapitel III.2 und III.3 die Analysen und Befunde der Teilstudien separat dargestellt, wodurch dem Anspruch guter Mixed-Method-Forschung, jeden Forschungsstrang als eigenständigen methodischen Zugang zu verstehen und zu behandeln (Brake 2011), Rechnung getragen wurde. Darauf aufbauend werden nun die Ergebnisse beider Stränge aufeinander bezogen.

Tabelle 14: Ergebnisse der Mixed-Method-Studie

Inwiefern unterscheidet sich die Entwicklung von Entfremdung vom Lernen in den differenziellen Entwicklungsmilieus in den Schultracks der Sekundarstufe in Luxemburg?		
	Quantitative Studie	Qualitative Studie
Wie entwickelt sich Entfremdung vom Lernen im Verlauf der unteren Sekundarstufe?	– trackübergreifend moderates Ausmaß – Für alle Tracks signifikanter Anstieg im Zeitverlauf – Anstieg unterscheidet sich nicht zwischen den Tracks	– Im ES: Zunahme der Entfremdung in den höheren Klassen – Keine Hinweise für Modulaire
Wer ist von Entfremdung vom Lernen im luxemburgischen Bildungssystem betroffen?	– Schüler/innen im ES-Track sind am stärksten vom Lernen entfremdet – Schüler/innen im Modulaire-Track zeigen das geringste Ausmaß – Jungen sind stärker entfremdet als Mädchen – keine signifikanten Effekte von sozialer Herkunft und Migrationshintergrund für Ausmaß und die Entwicklung der Entfremdung vom Lernen	– unterschiedliche Ausdrucksformen der Entfremdung vom Lernen für Jungen (stärkere Opposition) und Mädchen (angepasst, indifferent) – unterschiedliche Entfremdungsrisiken für leistungsstarke und leistungsschwache Schüler/innen innerhalb einer Schulkultur

	Quantitative Studie	Qualitative Studie
Was konkret befördert Entfremdung vom Lernen?	– Bedeutung spezifischer schulischer Settings: eigenständigen Einfluss der Trackzugehörigkeit auf das Ausmaß der Entfremdung vom Lernen – Trackzugehörigkeit erklärt nicht die Entwicklung der Entfremdung vom Lernen	– Trackspezifische schulische Anforderungen beinhalten spezifische Bindungsmöglichkeiten und Entfremdungspotenziale – Leistungsorientierung – lehrerzentrierte Unterrichtssettings – Theoretische, abstrakte Lerninhalte

Quelle: eigene Darstellung

Ziel der Mixed-Method-Studie ist das Aufzeigen der Komplementarität der Stränge (Flick 2008: 19) und die Integration der Ergebnisse. Hingegen ist die wechselseitige Validierung kein Ziel der Integration der quantitativen und qualitativen Befunde In diesem Kapitel werden die quantitativen und qualitativen Befunde zu einem ineinander verwobenen Ganzen verbunden, das Unterschiede im Ausmaß und in der Entwicklung der Entfremdung vom Lernen in den differenziellen Entwicklungsmilieus in den Schultracks der Sekundarstufe aufzeigt und erklärt. Die zentralen Befunde und deren Komplementarität sind in Tabelle 14 dargestellt.

Das Ausmaß und die Entwicklung der Entfremdung vom Lernen in der unteren Sekundarstufe

Die quantitativen Panelanalysen offenbarten trackübergreifend ein moderates Ausmaß der Entfremdung vom Lernen sowie einen moderaten Anstieg von Klasse 7 bis 9. Zudem zeigte sich die Bedeutung der Schultrackzugehörigkeit und somit schulischer Bedingungen für das Ausmaß der Entfremdung vom Lernen. Demnach handelt es sich bei der Schultrackzugehörigkeit um einen zusätzlichen Effekt, auch nachdem für individuelle Charakteristika kontrolliert wurde.

Konträr zu den, im Vorfeld der Analysen aufgestellten, Hypothesen zeigte sich für den akademischen, von einem hohen Leistungsniveau geprägten, ES-Track über den gesamten Erhebungszeitraum hinweg das stärkste Ausmaß von Entfremdung vom Lernen. Dagegen erwies sich das Ausmaß der Entfremdung vom Lernen unter den Schüler/innen im niveauniedrigsten Modulaire-Track als am geringsten ausgeprägt, während EST-Traditionell und EST-Proci dazwischenliegen.

Für alle Schultracks zeigte sich im Zeitverlauf ein signifikanter Anstieg der Entfremdung vom Lernen. Während sich die Entwicklung der Entfremdung vom Lernen in ES und Modulaire als Anstieg über die Erhebungszeitpunkte hinweg darstellt, unterscheiden sich die Entwicklungen in EST-Traditionell und

EST-Proci zeitweise signifikant von denen im ES. Da sich diese in Klassenstufe 9 angeglichen haben, liegt eine gemeinsame Entwicklungstendenz für alle Schultracks vor.

Der Anstieg der Entfremdung vom Lernen im Zeitverlauf unterscheidet sich folglich nicht zwischen den Schultracks und kann überdies nicht durch die Schultrackzugehörigkeit erklärt werden. Die Befunde zur Entwicklung der Entfremdung vom Lernen verdeutlichen, dass die Erklärung hierfür aufgrund der ähnlichen Entwicklungstendenz nicht in trackspezifischen Merkmalen zu suchen ist. Vielmehr scheint es weitere Faktoren zu geben, die trackübergreifend einen Anstieg der Entfremdung vom Lernen bedingen. Angesichts dessen bleibt im Kontext der quantitativen Analysen die Frage offen, welche Bedingungen und Prozesse hinter dem Befund des unterschiedlichen Ausmaßes der Entfremdung vom Lernen bei gleicher Entwicklungstendenz in den verschiedenen Sekundarschultracks stehen.

Die qualitativen Analysen belegten für die luxemburgische Sekundarstufe die Bedeutung nachgezogener Übergänge (Helsper et al. 2010, S. 148 f.; Köhler/Thiersch 2013, S. 37 f.). So zeigt sich, dass der Übergang in die Sekundarstufe zu Beginn der siebten Klasse einen Anpassungsprozess nach sich zieht, der sowohl von den Lehrpersonen als auch von den Schüler/innen thematisiert wird. Während dieser Anpassungsprozess im Modulaire vager bleibt und vornehmlich die praktische Orientierung im Schulalltag umfasst, zeigt sich für den akademischen ES-Track ein stärkerer Anpassungsdruck, der neben der Orientierung im Schulalltag auch die Aneignung von Arbeitstechniken, die Verinnerlichung von Fachlogiken sowie das Erbringen akademischer Leistung beinhaltet.

Folglich befanden sich die Schüler/innen zum Erhebungszeitpunkt der qualitativen Studie, wenige Wochen nach Ankunft in der Sekundarstufe, noch im Adaptionsprozess. Vor diesem Hintergrund waren nicht für alle Schüler/innen eindeutige Passungskonstellationen – die sich zwischen gelingender Passung, konflikthafter und mangelnder Passung bewegen können – erkennbar.

Angesichts dieser Befunde bestätigte sich die Annahme, dass Entfremdung vom Lernen im Zeitverlauf und insbesondere in der Sekundarstufe ansteigt (Kramer et al. 2013, S. 276). Dies äußert sich nicht nur in der wachsenden Freizeit- und Peerorientierung (Kramer et al. 2013, S. 276 ff.; Hascher/Hagenauer 2010, S. 221), sondern für Schüler/innen im ES-Track auch in einer gleichgültigeren Haltung gegenüber schulischen Leistungen.

Die qualitativen Analysen bieten Hinweise, wie der Anstieg der Entfremdung vom Lernen im akademischen ES im Zeitverlauf erklärt werden kann. Da die Lehrpersonen auch über Haltungen der Schüler/innen gegenüber dem Lernen in höheren Klassen sprechen, ermöglicht dies einen Ausblick auf die Entwicklung der lernbezogenen Haltungen. Demnach ist ein Schülerhabitus des minimalen Engagements und der Anpassung, der von einer Indifferenz gegenüber den Lerninhalten geprägt ist, in den höheren Klassenstufen weit verbreitet.

Entfremdungsprozesse im ES können folglich durch die zunehmende Indifferenz gegenüber den überwiegend abstrakten Lerninhalten erklärt werden. Dabei bedingen die weiterhin vorhandene Konformität, Bildungsnähe sowie die Internalisierung schulischer Anforderungen ein minimales, ausreichendes Engagement, sodass Passung zwischen schulischen Anforderungen und diesem Schülerhabitus besteht. Entgegen der verbreiteten Annahme, dass Schüler/innen in Schultracks, die ein hohes Leistungsniveau aufweisen, aufgrund ihrer bildungsnahen Herkunft unkompliziert an die schulischen Anforderungen anschließen können (Bourdieu/Passeron 1971; Kramer/Thiersch/Ziems 2015; Kramer/Helsper 2011), zeigt sich hier, dass eine grundsätzliche, herkunftsbedingte Nähe zu Bildung nicht zwingend Resonanz gegenüber dem schulischen Programm erzeugt, sondern auch Indifferenz entstehen kann.

Für den Modulaire-Track ergeben sich hingegen in den qualitativen Analysen keine Anhaltspunkte, wie sich die Entfremdung vom Lernen im Zeitverlauf entwickelt.

Wer ist von Entfremdung vom Lernen im luxemburgischen Bildungssystem betroffen?

Die quantitativen Analysen erbrachten den Befund, dass die Schüler/innen im akademischen ES-Track am stärksten von Entfremdung vom Lernen betroffen sind, während die Schüler/innen im EST-Traditionell und EST-Proci sich im Mittelfeld bewegen und die Schüler/innen im niveauniedrigsten Modulaire-Track das geringste Ausmaß von Entfremdung vom Lernen aufweisen. Dies stellt einen überraschenden Befund dar, da im Vorfeld angenommen wurde, dass die Schüler/innen im von einem hohen Leistungsniveau geprägten ES-Track aufgrund ihrer Bildungsnähe (Hascher/Hagenauer 2010, S. 222) und günstigen Kapitalausstattung (Bourdieu/Passeron 1973; König 2016; Helsper et al. 2010) im Vergleich zu den anderen Schultracks am geringsten von Entfremdung vom Lernen betroffen sind. Auch in der qualitativen Studie konnten sowohl im Modulaire als auch im ES-Track Schüler/innen identifiziert werden, die vom Lernen entfremdet oder gefährdet sind Entfremdung vom Lernen zu entwickeln.

Obwohl das Hauptinteresse dieser Arbeit auf mögliche Zusammenhänge der Schultrackzugehörigkeit und der Entfremdung vom Lernen abzielte, konnten ebenso Erkenntnisse über die Bedeutung individueller Merkmale generiert werden.

In der quantitativen Studie konnte der Einfluss von Geschlecht auf das Ausmaß und die Entwicklung von Entfremdung vom Lernen belegt werden, da sich Jungen als stärker entfremdet erwiesen. Die Bedeutung von Geschlecht zeichnete sich auch in der qualitativen Studie ab, da Jungen und Mädchen unterschiedliche Entfremdungsrisiken aufweisen. Demnach weisen Mädchen tendenziell stärkere Bildungsbezüge auf und verhalten sich angepasster, wohingegen Jungen in stärkerem Maße störendes Verhalten sowie eine generalisierte Distanz gegenüber dem Lernen zeigen. Dies deckt sich mit der bisherigen Forschung, die Jungen als in stärkerem Maße von oppositionellem Verhalten und Schulentfremdung betroffen identifiziert (Hascher/Hagenauer 2010; Hadjar/Backes/Gysin 2015; Hadjar/Lupatsch 2010). Ebenfalls mit dem Forschungsstand überein stimmt der Befund, dass Jungen in stärkerem Maße oppositionelles Verhalten zeigen (Hadjar/Backes/Gysin 2015, S. 106). Zugleich verdeutlichte diese Arbeit, dass sowohl Jungen als auch Mädchen von Entfremdung vom Lernen betroffen sind. Mädchen drücken ihre Entfremdung weniger offen aus und tendieren eher zu Indifferenz und Resignation. Interessant ist dabei, dass sich die Indifferenz der Mädchen auf konkrete Aspekte des Unterrichtssettings bezieht, während Jungen eher zu generalisierter Ablehnung bzw. Entfremdung neigen.

Im Hinblick auf die Bedeutung der sozialen Herkunft und des Migrationshintergrundes für die Entwicklung von Entfremdung vom Lernen ergaben sich in dieser Studie folgende Anhaltspunkte. In der quantitativen Analyse zeigten sich keine signifikanten Effekte von sozialer Herkunft und Migrationshintergrund für das Ausmaß und die Entwicklung der Entfremdung vom Lernen. Die qualitative Studie verdeutlichte, dass auch Schüler/innen bildungsnaher sozialer Herkunft vom Lernen entfremdet sein können, sodass deren für die Passung im schulischen Kontext als ideal angesehene Kapitalausstattung (vgl. Bourdieu/Passeron 1971; Kramer/Thiersch/Ziems 2015) nicht zwangsläufig eine positive Haltung gegenüber dem Lernen bedingt. Demnach können auch Schüler/innen, die eigentlich die für Bildungserfolg im luxemburgischen Bildungssystem nahezu ideale Merkmalskombination aufweisen (vgl. MENJE/SCRIPT/Universität Luxemburg 2017, S. 10), vom Lernen entfremdet sein. Hierzu scheint der multilinguale Sprachkontext im Unterricht beizutragen, wobei ab der siebten Klassenstufe das Französische im ES an Relevanz gewinnt. In diesem Kontext deutete sich an, dass Intersektionalitäten, das heißt die Kombination verschiedener ungleichheitsrelevanter Merkmale, auch im Hinblick auf die Entfremdung vom Lernen zum Tragen kommen können.

Die rekonstruierten Schülerhabitustypen boten weitere Einsichten in Entfremdungsrisiken, die mit unterschiedlichem Leistungsniveaus einhergehen. Im niveauniedrigsten Modulaire-Track wird Entfremdung vom Lernen insbesondere dann relevant, wenn Schüler/innen vergleichsweise leistungsstark sind oder aber ausgeprägte Verhaltensauffälligkeiten aufweisen. Im akademischen ES-Track hingegen zeigt sich ausgeprägte Entfremdung vom Lernen lediglich für leistungsschwache, unter den schulischen Anforderungen leidende, Schüler/innen. Während die anspruchsvolle, leistungsorientierte Schulkultur im ES sehr leistungsstarken Schüler/innen gute Bindungsmöglichkeiten bietet, ist dies in der Leistungsorientierung negierenden Schulkultur im Modulaire nicht der Fall. Folglich erfahren Modulaire-Schüler/innen, die im Vergleich zu ihren Mitschüler/innen leistungsstark und anstrengungsbereit sind, nicht in ausreichendem

Maße Stimulation, womit ein Entfremdungsrisiko einhergeht. Im Hinblick auf Entfremdung vom Lernen im ES erwiesen sich leistungsschwache Schüler/innen als gefährdet, wobei sich die Entfremdung sowohl in Resignation als auch in Opposition ausdrücken kann. Dabei ziehen die hohen schulischen Anforderungen Erfahrungen des Misserfolgs nach sich und diese Schüler/innen erleben sich als wenig handlungsmächtig (vgl. Hascher/Hagenauer 2010). Da es ihnen schwerfällt, Anknüpfungspunkte zu ihrer Lebenswelt herzustellen, tendieren sie dazu, den Sinn der stark theoretischen Bildungsinhalte infrage zu stellen.

Was konkret befördert Entfremdung vom Lernen? – Der Beitrag schulischer Anforderungen

Nahmen bisherige Ansätze, um die Entwicklung von Schulentfremdung zu untersuchen, individuelle Aspekte in den Blick, ergänzt diese Studie die Bedeutung des Individuums um die schulischen Anforderungen und betont das Zusammenspiel von Schule und Schüler/innen.

Auch wenn sich die Bedeutung individueller Merkmale für die Entfremdung vom Lernen (Hascher/Hadjar 2018, S. 181) bestätigte, wird eine umfassendere Erklärung erst durch den Einbezug der schulischen Bedingungen möglich. Deren Bedeutung belegen die Panelanalysen, die einen eigenständigen Einfluss der Schultrackzugehörigkeit auf das Ausmaß der Entfremdung vom Lernen zeigen. Demnach stellt die Zugehörigkeit zu einem spezifischen Schultrack einen zusätzlichen Effekt auf die Entfremdung vom Lernen dar – auch dann, wenn für individuelle Charakteristika kontrolliert wird.

Die qualitativen Analysen bieten Einblick in den zusätzlichen Beitrag von Schulkulturen zur Entwicklung von Schulentfremdung. Dieser wird im Zusammenspiel der trackspezifischen schulischen Anforderungen mit den Dispositionen der Schüler/innen deutlich. Abhängig von ihren Dispositionen ergeben sich für die Schüler/innen unterschiedliche Anschlussmöglichkeiten zur jeweiligen Schulkultur und damit spezifische Passungskonstellationen. Mangelnde oder konflikthafte Passung geht dabei mit Entfremdungserfahrungen einher.

Mittels der vertiefenden qualitativen Analysen konnten spezifische Schulkulturen für den akademischen ES-Track und den niveauniedrigsten Modulaire-Track einer Sekundarschule herausgearbeitet werden. Diese kommen in unterschiedlichen schulischen Anforderungen zum Ausdruck. Die Schüler/innen einer Klasse erleben das Unterrichtssetting in ähnlicher Weise. Dementsprechend können die schulischen Anforderungen als kollektive Erfahrung einer Schulklasse verstanden werden, wobei die Entfremdungserfahrungen aus dem Kollektiv herausstachen.

Für beide Schultracks wird deutlich, dass die Ausgestaltung der Schulkultur und die Art und Weise, wie die Schüler/innen hieran anschließen, relevant sind, um Ursachen der Entfremdung vom Lernen zu verstehen. Im Zusammenspiel mit den individuellen Dispositionen der Schüler/innen ergeben sich spezifische Passungsverhältnisse. Demnach erzeugt gelingende Passung, Bindung bzw. Resonanz zwischen Schule und Schüler/in, wovon nichtentfremdete Zustände gekennzeichnet sind. Hingegen geht mangelnde Passung mit Distanz, Indifferenz und Entfremdung gegenüber dem Lernen einher.

Die nachfolgend thematisierten Entfremdungsrisiken erwiesen sich als schulformspezifisch und zeigen sich dementsprechend für Modulaire und ES in sehr unterschiedlicher Weise. Vor diesem Hintergrund werden nun spezifische schulische Anforderungen – Leistungsorientierung, theoretische Lerninhalte und lehrerzentrierte Unterrichtssettings – und deren Relevanz für die Entwicklung von Schulentfremdung herausgestellt und diskutiert.

Leistungsorientierung

In den qualitativen Analysen wurde deutlich, dass der von niedrigem Leistungsniveau geprägte Modulaire-Track und der akademische, von hohem Leistungsniveau geprägte, ES-Track differenzielle Entwicklungsmilieus darstellen. Dies drückt sich im unterschiedlichen Stellenwert von akademischer Leistung aus. Während im ES-Track der Erwerb von akademischem Wissen im Fokus steht, ist die Wissensvermittlung im Modulaire dem Wohlbefinden der Schüler/innen nachgeordnet.

Aufgrund der weitgehenden Abwesenheit von Leistungsorientierung sind die Entfremdungspotenziale im Modulaire-Track gering ausgeprägt. Das kann für lernwillige Schüler/innen ein Entfremdungsrisiko darstellen, da sie in ihrer akademischen Entwicklung gebremst werden. Dies verweist auf eine Reibung zwischen den schulischen Lernangeboten und dem Schülerhabitus. Eine solche grenzwertige Passungskonstellation kann als fehlgeleitete Allokation nach der Primarschule gedeutet werden oder als Grenzfall, der im niveauniedrigsten Schultrack unterfordert, aber im nächsthöheren Anspruchsniveau im EST überfordert wäre.

Die Abwesenheit von Leistungsorientierung im Modulaire-Track bietet den Schüler/innen ein breites Spektrum von Anerkennungsmöglichkeiten, die über die, im ES im Fokus stehende Anerkennung über schulische Leistung hinausgeht. Somit erfahren im Modulaire auch leistungsschwache Schüler/innen, die kontrollierbares störendes Verhalten zeigen, Anerkennung von ihren Lehrpersonen (vgl. Sandring 2013, S. 254). Die Wurzeln der Entfremdung vom Lernen liegen teilweise in der Primarschule, sodass sich Entfremdung vom Lernen im Modulaire fortsetzt.

Entfremdung vom Lernen im akademischen ES-Track entsteht, wenn Schüler/innen dem hohen Leistungsanspruch nur unter großer Anstrengung genügen können. Entfremdung resultiert hier aus Erfahrungen des Misserfolgs und mangelnder Selbstwirksamkeit und kann durch hohe Ambitionen und Leistungsdruck im Elternhaus befördert werden. Demnach bedingt die aus konflikthaften Passungskonstellationen resultierende Erfahrung der Machtlosigkeit (vgl. Mau 1992; Brown/Higgins/Paulsen 2003) negative Haltungen gegenüber dem Lernen. Dies wird auch von Kramer und Helsper (2011, S. 117) in Form des Habitus des leidvoll auferlegten Strebens beschrieben, der die schulischen Anforderungen nur unter starker Anstrengung bewältigen kann.

Trotz der, in dieser Arbeit vorgenommen, Fokussierung auf die schulischen Lern- und Entwicklungsmilieus zeigt sich in der qualitativen Studie, dass die Haltungen der Schüler/innen gegenüber dem Lernen auch durch das Elternhaus geprägt sind. Angesichts dessen wird die Verwobenheit der Lebensumwelten der Schüler/innen deutlich (vgl. Bronfenbrenner 1986). So erzeugen die hohen elterlichen Erwartungen im Hinblick auf schulische Leistung bei den ES-Schüler/innen Unwohlsein. Die Haltung der Eltern kann insbesondere im Fall kritischer Passungskonstellationen Resignation oder Opposition gegenüber dem Lernen verstärken.

Überdies können die hohen und umfassenden schulischen Leistungsanforderungen auch bei bildungsnahen Schüler/innen im ES Entfremdung vom Lernen bewirken, da sie mit einer erheblichen Beschränkung von Freizeit und Erholung verbunden sind (vgl. Kramer et al. 2013, S. 278 f.).

Stark theoretische Lerninhalte

Weitere Entfremdungsrisiken ergeben sich aus den abstrakten, als wenig anwendungsbezogen wahrgenommenen Lerninhalten. Aufgrund der breiten thematischen Ausrichtung im akademischen ES, sehen sich die Schüler/innen zudem mit Themen konfrontiert, die außerhalb ihres individuellen Interesses liegen, was ebenso Entfremdung vom Lernen bedingen kann. Da zwischen den Lerninhalten und der Alltagswelt der Schüler/innen oftmals keine unmittelbare Verbindung besteht, wird deren Sinn und Nutzen teilweise infrage gestellt (vgl. Mau 1992; Sidorkin 2004). Ähnliches zeigt sich auch für das schulische Bildungsversprechen, das hinterfragt und entzaubert wird (vgl. Bourdieu/Passeron 1971) und somit nicht als Motivator für schulisches Lernen und Leistungserbringung abgerufen werden kann.

Während Willis (1978) die Infragestellung des Nutzens schulischer Bildung für Schüler/innen der Arbeiterklasse zeigt und dies mit ihrer sozialen Herkunft erklärt, scheint diese Begründung hier nicht zu greifen. So handelt es sich um Schüler/innen aus bildungsnahen Elternhäusern, die sich überdies auf dem von einem hohen Leistungsniveau geprägten Sekundarschultrack ES befinden. Nichtsdestotrotz stehen diese Schüler/innen nur bedingt in Resonanz zu den Lerninhalten und Bildungszielen. Relativierend ist anzumerken, dass ein Großteil der befragten ES-Schüler/innen sich an die schulischen Anforderungen anpasst, diese nicht hinterfragt und als notwendig akzeptiert und verinnerlicht hat. Auffällig ist, dass gerade leistungsschwächere Schüler/innen den Sinn einer hohen Schulbildung und der Lerninhalte infrage stellen. Diese weisen nicht die Selbstverständlichkeit auf, mit der sich ein Großteil ihrer Mitschüler/innen in der Schulkultur verortet und bewegt (Helsper/Hummrich/Kramer 2014; Kramer/Helsper 2011; Thiersch 2014a). Vielmehr führen die damit einhergehenden Fremdheitserfahrungen zum Hinterfragen der Lerninhalte und des Sinnes einer hohen Schulbildung. In diesem Zuge tragen die in hohem Maße vorgegebenen Lerninhalte, die überdies Anwendungsbezug vermissen lassen, dazu bei, dass ES-Schüler/innen diese als bedeutungslos erleben (vgl. Dillon/Grout 1976).

Die für die höheren Schulklassen im akademischen ES beschriebene Indifferenz gegenüber Lerninhalten deutet überdies daraufhin, dass die Schüler/innen im Laufe der Schuljahre sich von den Lerninhalten tendenziell entfremden, ohne jedoch ihre angepasste Haltung aufzugeben. Zurückzuführen ist diese zumindest oberflächlich angepasste, Haltung auf den Druck, den Eltern und Lehrpersonen ausüben (vgl. Willis 1978; Hascher/Hagenauer 2010).

Im niveauniedrigsten Modulaire-Track sind stark theoretische Lerninhalte im Unterrichtsalltag hingegen kaum bedeutsam. Jedoch gehen die befragten Lehrpersonen davon aus, dass theoretische Lerninhalte Entfremdung vom Lernen befördern würden. Überdies zeigen die Gruppendiskussionen mit den Schüler/innen, dass sie herausfordernde, komplexe Aufgaben vermeiden. Angesichts des geringen Leistungsniveaus der Modulaire-Schüler/innen und ihrer diffusen Bildungsorientierung verzichten die Lehrpersonen weitgehend auf theoretische, anspruchsvolle Lerninhalte, um deren Wohlbefinden zu erhalten. Folglich bietet die Abwesenheit von theoretischen Lerninhalten aus Sicht der Lehrpersonen eine Bindungsmöglichkeit im Modulaire-Track und beugt Entfremdung vom Lernen vor.

Lehrerzentrierte Unterrichtssettings

Ein Entfremdungspotenzial zeigt sich für den niveauniedrigsten Modulaire-Track im Hinblick auf stark lehrerzentrierte Unterrichtssettings, die von den Schüler/innen als unangenehm erfahren werden. Kennzeichnend für solche, den Prämissen traditionellen Frontalunterrichts folgenden Einheiten, sind die Einschränkung des Bewegungsbedürfnisses sowie die Regulierung der Kommunikation im Klassenzimmer. Die lehrerzentrierten Unterrichtssettings werden in der Regel durch offene Lernumgebungen ausgeglichen, die der Peer- und Freizeitorientierung Raum geben und auf diese Weise einem Konflikt zwischen den Bedürfnissen der Mehrheit der Schüler/innen und der Unterrichtsgestaltung vorbeugen. Auch in den Studien der Schulkulturforschung wird den leistungsschwachen Schüler/innen niedriger Schultracks eine starke Peer- und Freizeitorientierung bescheinigt (Kramer/Helsper 2011; Kramer/Thiersch/Ziems 2015), die sich für die Modulaire-Schüler/innen bestätigt.

Hingegen ergeben sich für die ES-Schüler/innen keine Hinweise darauf, dass die dominierenden traditionellen Unterrichtssettings als Entfremdungsrisiko wirken. Vielmehr passen sich die Schüler/innen diesen schulischen Anforderungen an und akzeptieren sie als notwendig, auch wenn sie diese nicht immer als angenehm erleben. Auch wenn im ES-Track stark lehrerzentrierte Unterrichtssettings überwiegen, existieren daneben auch offenere Unterrichtssettings. Diese werden von den Schüler/innen überwiegend positiv aufgenommen. Zugleich ist ihnen bewusst, dass bestimmte Lernprozesse eine stärker normierte Unterrichtsstruktur erfordern.

Abschließend ist festzuhalten, dass die Kombination quantitativer und qualitativer Analysen sowohl Einsichten in das Ausmaß und die Entwicklung von Entfremdung vom Lernen als auch in die dahinterliegenden Mechanismen ermöglichte. Sowohl die quantitativen als auch die qualitativen Analysen weisen die luxemburgischen Sekundarschultracks als differenzielle Entwicklungsmilieus aus. Entfremdung vom Lernen ist in den verschiedenen Sekundarschultracks nicht nur unterschiedlich ausgeprägt, vielmehr sind den spezifischen Schulkulturen im Modulaire und ES unterschiedliche Entfremdungspotenziale und Bindungsmöglichkeiten inhärent. Im Zuge der qualitativen Analysen konnten Mechanismen, die zu den überraschenden quantitativen Befunden der hohen Entfremdung der Schüler/innen im ES und der vergleichsweise geringen Entfremdung im Modulaire beitragen, identifiziert werden. Vor diesem Hintergrund kann das hohe Ausmaß von Entfremdung vom Lernen für die Schüler/innen im ES-Track durch die starke Leistungsorientierung und die Dominanz abstrakter, theoretischer Lerninhalte erklärt werden. Im Modulaire-Track hingegen ist die Entfremdung aufgrund des Fehlens von akademischem Leistungsdruck und der Orientierung an den Interessen und Bedürfnissen der Schüler/innen geringer ausgeprägt.

IV. Diskussion und Fazit

Diese Dissertation verfolgte das Ziel, einen empirisch fundierten Beitrag zur Erforschung der Ursachen von Entfremdung vom Lernen zu leisten. In diesem Sinne wurde eine der Domänen von Schulentfremdung herausgegriffen, wodurch der Domänenspezifität des Schulentfremdungskonzepts (Hascher/Hadjar 2018) Rechnung getragen wurde. Entfremdung vom Lernen betrifft das subjektive Erleben schulischer Anforderungen und Prozesse und zeichnet sich durch negative Emotionen und Kognitionen gegenüber schulischem Lernen sowie eine mangelnde oder lediglich oberflächliche Bindung betroffener Schüler/innen an Lernaktivitäten aus (Morinaj/Hascher 2019). Dies wird mit weitreichenden Konsequenzen auf individueller, schulischer und gesellschaftlicher Ebene assoziiert, die den Bildungs- und Lebensverlauf von Schüler/innen maßgeblich determinieren und zu Bildungsungleichheiten beitragen (Hascher/Hadjar 2018). Daneben stellt Lernen ein Hauptziel von Schule dar, womit Entfremdung vom Lernen ein zentrales Hindernis für Schulerfolg ist.

Diese Dissertation nutzt als erste Arbeit die im Rahmen des SASAL-Projekts erhobenen qualitativen und quantitativen Daten im Zuge eines Mixed-Method-Designs. Hingegen fokussierten die bisherigen Arbeiten im Kontext von SASAL quantitative Forschung zur Konstruktvalidität (Morinaj et al. 2017), zu Wohlbefinden (Morinaj/Hascher 2017), zu Klassenkompositionen und Bildungswerten im luxemburgischen und schweizerischen Bildungssystem (Scharf 2018) sowie zum Lern- und Sozialverhalten (Morinaj/Marcin/Hascher 2019). Anstelle eines Ländervergleichs nahm diese Arbeit die Sekundarstufe im stark stratifizierten luxemburgischen Bildungssystem in den Blick. Ebenso nutzte sie erstmals die luxemburgischen Daten aller drei Wellen der quantitativen Erhebung und konnte vorherige Befunde bestätigen und vertiefen, die auf den Daten der ersten beiden Wellen (vgl. Scharf 2018) beruhten. Zudem wurden in dieser Arbeit erstmals die qualitativen Daten genutzt, die Einsichten ermöglichen, wie Entfremdung vom Lernen im Zusammenspiel von Schule und Schüler/in entsteht.

Bereits in Kapitel III.2 wurden die quantitativen Befunde und in Kapitel III.3 die qualitativen Befunde dargestellt. In Kapitel III.4 wurden die Befunde mit Fokus auf die übergeordnete Forschungsfrage zusammengeführt sowie theoretische Einordnungen vorgenommen. Auf diese Weise wurde gezeigt, inwiefern sich die Entwicklung der Entfremdung vom Lernen in den differenziellen Entwicklungsmilieus in den Schultracks der luxemburgischen Sekundarstufe unterscheidet. Dieses Kapitel wendet sich nun der Reflexion des gewählten Vorgehens sowie der Diskussion der zentralen Befunde und daraus erwachsenden Implikationen zu.

Da zu Beginn des Forschungsprojekts SASAL keine adäquate Datengrundlage zur Erforschung von Schulentfremdung im luxemburgischen Bildungssystem vorhanden war, galt es diese im Rahmen der Projektarbeit selbst zu schaffen. Folglich war die Erhebung und Aufbereitung der quantitativen und qualitativen Daten über drei Jahre hinweg eine der Kernaufgaben der Forscherin.

In dieser Dissertation wurde eine Mixed-Method-Studie konzipiert, die sowohl eine dreijährige Panelstudie mit Schüler/innen (Klasse 7 bis 9) als auch Gruppendiskussionen und Einzelinterviews mit Schulklassen (Klasse 7) und ihren Lehrpersonen beinhaltete. Die quantitative Fragebogenstudie untersuchte, welches Ausmaß die Entfremdung vom Lernen in den luxemburgischen Sekundarschultracks annimmt und wie sich dies im Zeitverlauf entwickelt. Im Rahmen der qualitativen Studie wurde analysiert, in welcher Weise die schulischen Anforderungen in den verschiedenen Schultracks zur Entwicklung von Entfremdung vom Lernen beitragen. Die Mixed-Method-Studie folgte der Intention, eine möglichst ganzheitliche Perspektive auf Entfremdung vom Lernen in differenziellen schulischen Entwicklungsmilieus zu erhalten.

Das innovative Mixed-Method-Design kombinierte quantitative Panelanalysen und qualitativ-rekonstruktive Verfahren im Sinne eigenständiger, komplementärer Teilstudien. Während quantitative Studien entlang von Items und vorab definierten Kategorisierungen Phänomene untersuchend einordnen, nähern sich qualitativ-rekonstruktive Verfahren auf induktive Weise Phänomenen an und fokussieren vor allem die Art und Weise der Gegenstandskonstitution im Feld (Strübing 2013). Wissend um diese unterschiedlichen Forschungslogiken wurde eine Verbindung der genannten Verfahren anhand ihrer Stärken realisiert. Zusammengefasst besteht der Mehrwert der zuvor beschriebenen Umsetzung als Mixed-Method-Studie darin, dass sowohl strukturelle Zusammenhänge statistisch analysiert als auch individuelle und kollektive Erfahrungen erfasst wurden, wodurch dem komplexen Phänomen der Entfremdung vom Lernen Rechnung getragen wurde.

Das luxemburgische Bildungssystem als Forschungsfeld

Das Forschungsfeld war die untere Sekundarstufe des stark stratifizierten luxemburgischen Bildungssystems mit seinen Schultracks ES (Enseignement secondaire, Gymnasialtrack), EST (Enseignement secondaire technique, technischer Sekundarschulunterricht) und Modulaire (niveauniedrigster Vorbereitungstrack für den technischen Sekundarschulunterricht), wobei in der qualitativen Studie ein Vergleich des niveauniedrigsten Schultracks (Modulaire) mit dem niveauhöchsten Schultrack (ES) fokussiert wurde.

Das luxemburgische Bildungssystem bot interessante Einsichten in die Entstehung der Entfremdung vom Lernen im Zusammenspiel von Schule und Schüler/in. Beziehen sich diese Befunde zunächst auf ein europäisches Bildungssystem, ist ihnen zugleich Relevanz für andere stratifizierte Bildungssysteme beizumessen. Somit steht der luxemburgische Fall exemplarisch für stratifizierte Bildungssysteme, die vor der Herausforderung stehen, einer heterogenen Schülerschaft gerecht zu werden. Da sich gegenwärtig eine Entwicklung hin zu heterogeneren Gesellschaften abzeichnet, ist abzusehen, dass der Umgang mit einer heterogenen Schülerschaft eine zukünftige Herausforderung vieler Bildungssysteme darstellt (Löser 2011, S. 179 f.).

Diese Studie offenbarte für die heterogene luxemburgische Schülerschaft abhängig vom besuchten Schultrack unterschiedliche Anschlussmöglichkeiten. Angesichts dessen ist zu vermuten, dass vergleichbare Schüler/innengruppen in anderen stratifizierten Bildungssystemen vor ähnlichen Herausforderungen stehen.

Beitrag dieser Dissertation zur Schulentfremdungsforschung

Diese Dissertation bereichert die Schulentfremdungsforschung in folgender Weise: 1) Erweiterung des theoretischen Fundaments von Schulentfremdung, 2) Anwendung der Definition von Schulentfremdung und Erforschung einer spezifischen Domäne (Entfremdung vom Lernen), 3) Fokussierung des Zusammenspiels von Schule und Schüler/innen, 4) Bedeutung der Adoleszenz für die Entwicklung der Entfremdung vom Lernen, 5) Bedeutung von Leistungsorientierung für die Entfremdung vom Lernen, 6) Bedeutung schulischer Anerkennung für die Entfremdung vom Lernen und 7) Bedeutung von Entfremdung vom Lernen für Bildungserfolg.

1) Erweiterung des theoretischen Fundaments von Schulentfremdung

Im Zuge der Auseinandersetzung mit bisherigen Konzeptionen von Schulentfremdung fiel auf, dass diese oftmals grundlagentheoretisch nur vage fundiert sind. Eine sorgfältige theoretische Einbettung ist unabdingbar, um den Grundmechanismus von Schulentfremdung zu verstehen und adäquat zu erforschen. Hierzu erwies sich ein Rückgriff auf neuere Entfremdungskonzeptionen von Jaeggi (2005) und Rosa (2016) als gewinnbringend und verdeutlichte die Notwendigkeit, den nichtentfremdeten Zustand zu benennen und hierzu kulturell offene Konzeptionen zu nutzen (Jaeggi 2005, S. 55). Aus diesen Auseinandersetzungen resultierte ein Entfremdungsverständnis, wonach Entfremdung nicht zwangsläufig aus einem nichtentfremdeten Zustand hervorgeht. Vielmehr ist das Bestehen einer nichtresonanten Beziehung der Beziehungslosigkeit entscheidend.

Hierauf aufbauend galt es, sich dem nichtentfremdeten Zustand von Schulentfremdung zuzuwenden. Entfremdung im Schulkontext wird von vielen Autor/innen als Defizit sozialer Bindung beschrieben (Hadjar/Lupatsch/Grünewald 2010; Hascher/Hagenauer 2010; Dean 1961). Auch moderne Entfremdungstheorien (Rosa 2016; Jaeggi 2005) weisen Entfremdung als Abwesenheit von Bindung aus. Analog hierzu wird der nichtentfremdete Zustand als Bindung verstanden. So steht dieser für positive, resonante Haltungen gegenüber der Schule und dem Lernen. Rückblickend erwies sich die gewählte Konzeption als geeignete Basis zur Analyse von Schulentfremdung, da sie es ermöglichte mit den Bindungsmöglichkeiten und Entfremdungspotenzialen sowohl Ursachen des nichtentfremdeten als auch des entfremdeten Zustands zu analysieren.

2) Anwendung der Definition von Schulentfremdung und Erforschung einer spezifischen Domäne (Entfremdung vom Lernen)

Im Hinblick auf die Konzeptualisierung von Schulentfremdung existieren verschiedene Konzepte nebeneinander. Diese Arbeit griff das Multidomänenkonzept von Schulentfremdung (Hascher/Hadjar 2018) auf. Dieses bot eine konsistente Definition, die in verschiedensten Bildungskontexten angewendet werden kann. Damit trägt diese Dissertation zur Anwendung dieser recht jungen Schulentfremdungsdefinition im Rahmen empirischer Forschung bei. Dies erfolgte durch die Fokussierung der Domäne Entfremdung vom Lernen, wodurch ein vertieftes Verständnis der Ursachen der Entfremdung vom Lernen in differenziellen Lern- und Entwicklungsmilieus realisiert werden konnte. Sowohl in der quantitativen als auch der qualitativen Studie erwies sich diese Konzeptualisierung als angemessen, um Entfremdung vom Lernen zu erfassen.

Dennoch bedarf es zukünftig einer weiteren konzeptionellen Schärfung. So ist Entfremdung vom Lernen von kritischen Reflexionen der Schüler/innen auf das schulische Setting und das Bildungssystem abzugrenzen. Angesichts dessen gilt es zu überlegen, inwieweit kritische Haltungen gegenüber den schulischen Bildungszielen tatsächlich Entfremdung darstellen. In der quantitativen Studie wurde die Abgrenzung durch die Festlegung eines Referenzwertes, ab dem Entfremdung vom Lernen vorliegt, realisiert. So galten Schüler/innen ab einem Wert von 2,5 als entfremdet. In der qualitativen Studie erfolgte die Differenzierung durch die Hinzunahme weiterer Äußerungen, sodass weitere auf Entfremdung hindeutende Haltungen zu identifizieren waren, um tatsächlich von Entfremdung sprechen zu können. Angesichts dessen erwies sich das rekonstruktive Auswertungsverfahren als sehr geeignet, um diese Unterscheidung vorzunehmen und die Befunde abzusichern. Auch wenn sich der gewählte Ansatz in dieser Arbeit bewährt hat, bedarf es eines breiteren wissenschaftlichen Diskurses darüber, ab wann gesichert von Entfremdung gesprochen werden kann.

3) Fokussierung des Zusammenspiels von Schule und Schüler/innen

Bei Schulentfremdung handelt es sich um ein relativ junges Konzept, wobei bislang überwiegend individuelle Merkmale und Haltungen der Schüler/innen als Ursachen erforscht wurden (Hascher/Hadjar 2018, S. 181). Hingegen wurden Ursachen, die sich auf die Ausgestaltung der schulischen Institutionen beziehen, kaum erforscht. Hier setzte diese Dissertation an und nahm das Zusammenspiel von Schule und Schüler/innen in den Blick. Ausgangspunkt stellte der Befund von Hascher und Hagenauer (2010) dar, wonach Schulentfremdung eine Entwicklung auf individueller Ebene ist, die aus dem Erleben von Praktiken und Akteuren im schulischen Feld resultiert und primär die Schulumgebung betrifft.

Ein Mehrwert dieser Arbeit für die Schulentfremdungsforschung besteht in der Verbindung von individuellen Haltungen und schulischen Anforderungen. Angesichts dessen trägt diese Dissertation sowohl zum Verständnis der Bedeutung schulischer Strukturen für die Entwicklung der Entfremdung vom Lernen als auch zum Verstehen der Multikausalität von Schulentfremdung bei. So berücksichtigt eine solche Verschränkung die Einbindung der Schüler/innen in gesellschaftliche Machtverhältnisse (Henning 2015, S. 198; Jaeggi 2005, S. 49), die deren individuellen Möglichkeits- und Entwicklungsraum determiniert.

Auf diese Weise wurden sowohl der Beitrag differenzieller schulischer Entwicklungsmilieus für die Entwicklung der Entfremdung vom Lernen untersucht als auch mit Entfremdungsrisiken behaftete Passungskonstellationen identifiziert. Darüber hinaus bestätigte sich die Relevanz der individuellen Haltungen. Demnach werden Entfremdungspotenziale erst im Zusammenspiel der schulischen Anforderungen und individuellen Dispositionen wirksam. Dabei wird Entfremdung vom Lernen unwahrscheinlicher, je stärker die schulischen Anforderungen beim Individuum auf Resonanz stoßen und dieses an die Schulkultur anschließen kann.

4) Bedeutung der Adoleszenz für die Entwicklung der Entfremdung vom Lernen

Im Hinblick auf die Bedeutung der Adoleszenz für die Entwicklung der Entfremdung vom Lernen ergeben sich ambivalente Befunde. In der quantitativen Studie zeigen sich keine signifikanten Alterseffekte, die Ausmaß und Entwicklung vom Lernen erklären würden. Hingegen beinhalten die qualitativen Befunde Hinweise darauf, dass die Schüler/innen gegenüber der Schule und dem Lernen im Zuge der Adoleszenz eine distanziertere Haltung einnehmen (vgl. Calabrese 1987; Calabrese/Seldin 1986; Hascher/Hadjar 2018). Dies zeigt sich in der, von den Lehrpersonen berichteten, sinkenden subjektiven Relevanz schulischer Leistung und Noten, begleitet von minimaler Anstrengungsbereitschaft im ES-Track. Im Modulaire-Track thematisieren die Lehrpersonen ebenfalls, dass die pubertäre Entwicklung der Schüler/innen im Schulalltag erkennbar ist, stellen jedoch keinen Zusammenhang zu Entfremdung her.

5) Bedeutung von Leistungsorientierung für die Entfremdung vom Lernen

Die qualitativen Analysen zeigten, dass ein Kern der Schulkultur das Verständnis und den Stellenwert schulischer Leistungen beinhaltet. Dies unterscheidet sich für jede Schulkultur und es wurden erhebliche Differenzen zwischen dem niveauniedrigsten Modulaire-Track und dem akademischen ES-Track deutlich. Dies führt unter anderem dazu, dass die Bedürfnisse der Schüler/innen in diesen Schulkulturen in unterschiedlichem Maße berücksichtigt werden (vgl. Dillon/ Grout 1976, S. 489). Die jeweils vorherrschenden Leistungserwartungen und die damit verbundenen schulischen Praktiken weisen eine besondere Relevanz für die Entwicklung von Bindung zum oder Entfremdung vom Lernen auf. Angesichts dessen gilt es diesen Befund nachfolgend zu diskutieren.

Die Abwesenheit von Leistungsorientierung erweist sich als geeignet, um den Bildungsbezügen der Mehrheit der Modulaire-Schüler/innen Rechnung zu tragen. So verfügen diese Schüler/innen überwiegend über sehr geringe Kompetenzniveaus und sie können die Sinnhaftigkeit des Lernens nicht konkret benennen. Dementsprechend bietet die geringe Leistungsorientierung der Modulaire-Schulkultur diesen Schüler/innen Bindungsmöglichkeiten. Hingegen geht mit der geringen Leistungsorientierung ein Entfremdungsrisiko für diejenigen Schüler/innen einher, die über stärkere Bildungsbezüge verfügen.

Obwohl sich aus kurzfristiger Perspektive das Fehlen von Leistungsorientierung im niveauniedrigsten Modulaire-Track durchaus positiv darstellt und den meisten Schüler/innen Bindung und positive Erfahrungen im schulischen Setting ermöglicht, erscheint diese mittelfristig problematisch. So kann das kaum herausfordernde Lernangebot im Modulaire-Track als Vorenthaltung von Lerngelegenheiten gedeutet werden (Hupka-Brunner et al. 2011, S. 181). Auch die Lehrpersonen kommen zu dem Ergebnis, dass die Schüler/innen im Modulaire Track kaum Fortschritte erzielen und sich nur bedingt weiterentwickeln. Angesichts dessen kann die im Modulaire beobachtete Strategie der „Entschulung", gekennzeichnet von der Relativierung der Wissensvermittlung und Leistungsorientieurng, mit dem Ziel den Bedürfnissen und Problemen der Schüler/innen Rechnung zu tragen, als Verschiebung hin zu überwiegend sozialpädagogischen Funktionen verstanden werden (vgl. Sandring 2013, S. 253). Weiterhin ist zu vermuten, dass die Schüler/innen angesichts fehlender Leistungsorientierung und ihres geringen Bildungsniveaus die gesellschaftlichen Erwartungen, die schulischen Qualifikationsniveaus und das Wissen betreffend, nur bedingt erfüllen können. Überdies lernen die Schüler/innen nicht mit Leistungserwartungen umzugehen, wenn diese in der Schule kaum bedeutsam sind. Vor diesem Hintergrund ist anzunehmen, dass die Schüler/innen am Ende des Modulaire-Tracks unvorbereitet auf wesentlich stärkere Leistungserwartungen treffen.

Angesichts dieser Probleme, die aus der Abwesenheit von Leistungsorientierung und dem überwiegenden Verzicht auf theoretische, anspruchsvolle

Lerninhalte resultieren, stellt sich die Frage, wie die Modulaire-Schüler/innen besser unterstützt werden können. Vor diesem Hintergrund erscheint es zu kurz gegriffen, schulische Anforderungen abzusenken, um das Wohlbefinden der Schüler/innen zu erhalten.

Im akademischen ES-Track hingegen bestehen hohe Leistungserwartungen, die sich in einem hohen Lernpensum, hohem Lerntempo und theoretischen Lerninhalten zeigen. Insbesondere leistungsschwächere Schüler/innen werden hierdurch stark beansprucht und haben kaum Erholungsmöglichkeiten. Zwar bedingt die Bildungsnähe der Schüler/innen und ihre Anstrengungsbereitschaft in der Regel mindestens ausreichende Noten, ziehen aber geringes Wohlbefinden, Frustration und Entfremdung vom Lernen nach sich. Angesichts dessen gilt es für den ES-Track zu überlegen, wie der Leistungsdruck gemildert werden kann, ohne das Leistungsniveau einzuschränken

6) Bedeutung schulischer Anerkennung für die Entfremdung vom Lernen

Anerkennung im schulischen Feld erwies sich als wichtige Ressource für eine positive Haltung gegenüber der Schule und dem Lernen. Hingegen besteht ein Entfremdungsrisiko, wenn Schüler/innen keine Anerkennung durch die Lehrperson erfahren und ihr Wissen und Können im Unterricht nicht wertgeschätzt wird. Eine solche Zurückweisung entspricht fehlender Resonanz in der Beziehung zwischen Lehrperson und Schüler/in und zieht Erfahrungen der Desintegration und Ungleichbehandlung nach sich, worin sich die Bedeutung eines resonanzpädagogischen Ansatzes zeigt (Beljan 2017, S. 121 f.).

Der Vergleich der Schulkulturen im Modulaire und im ES zeigt den unterschiedlichen Handlungsspielraum der Lehrpersonen, der aus den unterschiedlich stark ausgeprägten institutionellen Zwängen resultiert. Folglich verfügen die Lehrpersonen im Modulaire über mehr Möglichkeiten, auf die Bedürfnisse der Schüler/innen einzugehen, wohingegen hierfür im ES aufgrund curricularer Zwänge und des Fokus auf den Lernfortschritt der Klasse kaum Raum vorhanden ist Hieraus resultieren unterschiedliche Möglichkeiten, um den Schüler/innen Anerkennung zu zeigen und mit besonders anerkennungsbedürftigen Schüler/innen umzugehen (vgl. Sandring 2013).

7) Bedeutung der Entfremdung vom Lernen für Bildungserfolg

Konnte in den Analysen gezeigt werden, dass die differenziellen Entwicklungsmilieus auf die Einstellungen der Schüler/innen wirken, ergab sich zugleich Diskussionsbedarf darüber, in welchem Zusammenhang Entfremdung vom Lernen und schulischen Leistungen bzw. Bildungserfolg steht (Becker/Schulze 2013, S. 2; Baumert/Stanat/Watermann 2006, S. 99). Studien gehen gemeinhin davon aus, dass eine positive Einstellung gegenüber dem Lernen günstiges Verhalten und Partizipation in der Schule befördert (Ma 2003; Fredericks/Blumenfeld/Paris 2004; Deci/Ryan 2008; Legault/Pelletier/Green-Demers 2006) und auf diese Weise schulischen Leistungen und dem Erwerb von Bildungszertifikaten zuträglich ist und folglich Bildungsarmut entgegenwirkt (Hadjar/Scharf/Grecu 2019, S. 189). Demgegenüber steht der Befund dieser Arbeit, dass die Schüler/innen im Modulaire zwar die positivsten Einstellungen gegenüber dem Lernen aufweisen, zugleich aber den geringsten Bildungserfolg erzielen. Zudem prognostizieren die Lehrpersonen im Rahmen der qualitativen Erhebung den Modulaire-Schüler/innen ungewisse, fragmentierte Schullaufbahnen und Studien zum luxemburgischen Bildungssystem belegen ihre geringen Bildungschancen (MENJE/SCRIPT/Universität Luxemburg 2017, S. 9; Hadjar/Fischbach/Backes 2018, S. 66; Backes 2018, S. 309). Somit kann die hier vorgefundene positive Einstellung dieser Schüler/innen nur schwer in Bildungserfolg umgesetzt werden.

Hingegen erzielen die ES-Schüler/innen trotz distanzierterer Einstellungen gegenüber dem Lernen ausreichende Noten und hohe Bildungsabschlüsse. Die Entfremdung vom Lernen resultiert aus der Verinnerlichung der schulischen Erwartungen und gilt aus Lehrpersonensicht so lange als unproblematisch, wie die akademischen Mindeststandards erfüllt werden. Dass die Schüler/innen trotzdem die Mindestanforderungen erfüllen und keine offene Ablehnung zeigen, kann durch die Herkunft aus bildungsnahen Elternhäusern erklärt werden. So achten die Eltern darauf, dass die Schüler/innen den eingeschlagenen, erwünschten Bildungsweg nicht verlassen. Dies erweist sich als kohärent zu Willis' (1978) Ausführungen, der die Ursachen oppositionellen Verhaltens für Schüler/innen der Arbeiterklasse in der Differenz zwischen Herkunftskultur und Schulkultur verortet, wohingegen dies nicht für Schüler/innen bildungsnaher Herkunft gilt. So stellen letztere den Wert schulischer Bildung nicht fundamental infrage und werden überdies von ihren Eltern zur Konformität angehalten (Willis 1978, S. 75 f.).

Auch wenn diese Arbeit nicht die Konsequenzen der Entfremdung vom Lernen erforschte, deuten die Befunde darauf hin, dass Entfremdung vom Lernen nicht unmittelbar geringen Bildungserfolg nach sich zieht.

Theorientriangulation zur Erforschung der Entfremdung vom Lernen

Die Triangulation der verschiedenen theoretischen Zugänge ermöglichte es, Entfremdung vom Lernen in den differenziellen Entwicklungsmilieus der luxemburgischen Sekundarstufe zu verorten und zu analysieren.

Diese Dissertation schlägt eine Brücke zwischen Schulentfremdungsforschung, der Sicht auf Schulen als differenzielle Entwicklungsmilieus und der Schulkulturforschung. Vor diesem Hintergrund handelt es sich um eine stark interdisziplinäre Arbeit, die primär in der Bildungssoziologie verortet ist. Die interdisziplinäre Ausrichtung zeigt sich bereits in der Anwendung des Multidomänenkonzepts von Schulentfremdung, das sowohl ein soziologisches als auch psychologisches Konzept darstellt. Auch in der vielfältigen Ausrichtung der genutzten Theorien spiegelt sich eine interdisziplinäre Perspektive wider. So entstammen diese den Erziehungswissenschaften, der Bildungsforschung sowie der Kultursoziologie. Die in dieser Dissertation realisierte disziplinübergreifende Perspektive trug der Komplexität der Entfremdung vom Lernen und vielschichtigen Herstellungsmechanismen Rechnung.

Nachfolgend wird eine theoretische Rückbindung und Reflexion des Nutzens der gewählten Zugänge für das Erkenntnisinteresse dieser Arbeit vorgenommen.

Die Schultracks der Sekundarstufe als differenzielle Lern- und Entwicklungsmilieus

Um Entfremdung vom Lernen in den Sekundarschultracks des luxemburgischen Bildungssystems zu untersuchen, wurde die Perspektive der differenziellen Lern- und Entwicklungsmilieus (Baumert/Stanat/Watermann 2006) gewählt. Angesichts dessen wurde von einem erheblichen Einfluss spezifischer Schulmilieus auf die Entwicklung der einzelnen Schüler/innen ausgegangen, der „unabhängig von und zusätzlich zu ihren persönlichen, kulturellen, ökonomischen Ressourcen" (Baumert/Stanat/Watermann 2006, S. 98 f.) wirkt. Wurden bislang für differenzielle schulische Lern- und Entwicklungsmilieus Unterschiede im Hinblick auf alle Dimensionen des Kompetenzerwerbes (Baumert/Stanat/Watermann 2006, S. 99) sowie differenzielle Leistungsentwicklungen für Schüler/innen unterschiedlicher Schulformen in der Sekundarstufe (Baumert/Trautwein/Artelt 2003; Baumert/Stanat/Watermann 2006; Köller/Baumert 2001) empirisch belegt, widmete sich diese Dissertation der Entwicklung der Entfremdung vom Lernen.

Die Kernbefunde der Mixed-Method Studie bestätigen die Annahme, dass die luxemburgischen Sekundarschultracks als differenzielle Entwicklungsmilieus zu verstehen sind. So zeigte sich ein eigenständiger Einfluss der spezifischen Schulmilieus auf die Entwicklung von Entfremdung vom Lernen. Dabei wurde bestätigt, dass die Schultracks der luxemburgischen Sekundarstufe unterschiedliche strukturelle, inhaltliche und soziale Rahmenbedingungen bieten und auf diese Weise Lehrpersonen und Schüler/innen beeinflussen (Baumert/Stanat/Watermann 2006, S. 98 f.).

Angesichts dessen kann die Sozialisationsfunktion der Schule mit Blick auf trackspezifische Mechanismen weiter ausdifferenziert werden. So überformen die trackspezifischen Ziele die, von den Lehrpersonen transportierten, schulischen Erwartungen. Hieraus resultieren unterschiedliche Lernangebote und Lernumgebungen, was wiederum auf die Schüler/innen wirkt. Während die Schüler/innen im Modulaire trotz diffuser Bildungsorientierungen eine weitgehend positive Einstellung gegenüber dem schulischen Lernen aufweisen, zeigt sich für die ES-Schüler/innen eine stärkere Entfremdung vom Lernen.

Des Weiteren bietet diese Dissertation eine Erweiterung des von Scharf (2018) belegten Einflusses der Ausgestaltung von Bildungskontexten auf die Entwicklung von Schulentfremdung. Scharfs Arbeit belegte unterschiedliche Entwicklungen von akademischer Entfremdung abhängig von Bildungskontexten, konnte jedoch den überraschenden Befund, wonach die Schüler/innen im akademischen ES-Track am stärksten von Entfremdung betroffen sind, nicht erklären. Die vorliegende Arbeit bietet eine mögliche Erklärung, indem es gelang spezifische Aspekte der verschiedenen Schulkulturen zu identifizieren, die Entfremdung vom Lernen befördern. Hierbei handelt es sich für die ES-Schulkultur um die stark ausgeprägte Leistungsorientierung sowie stark theoretische Unterrichtsinhalte.

Zusammenfassend erwies sich die Perspektive der differenziellen Lern- und Entwicklungsmilieus als hilfreich zur Analyse der Entstehungsbedingungen der Entfremdung vom Lernen. So konnte auf diese Weise die Komplexität stratifizierter Bildungssysteme angemessen berücksichtigt werden und die verschiedenen Sekundarschultracks analytisch ausdifferenziert werden.

Theorie der Schulkultur und kulturellen Passung

Die Hinzunahme der theoretischen Perspektive der Schulkultur und kulturellen Passung, aufbauend auf Bourdieus Feldtheorie und Habituskonzept (Bourdieu 1993; Bourdieu 1995; Bourdieu 1998), bot eine wertvolle Erklärung, welche Mechanismen in den differenziellen schulischen Entwicklungsmilieus Bindung oder Entfremdung vom Lernen bedingen. Mit Hilfe dieser Zugänge konnte die Relevanz von Passungsverhältnissen zwischen den Anforderungen der spezifischen Schulkulturen und den Dispositionen der Schüler/innen (vgl. Kramer/Thiersch/Ziems 2015, S. 229) auch für die Entfremdung vom Lernen herausgearbeitet werden. Auf diese Weise wurden zudem strukturelle und prozessuale Perspektiven kombiniert, indem der als überwiegend stabil geltende Schülerhabitus auf die Entwicklung von Entfremdung vom Lernen im Zeitverlauf hin untersucht wurde.

Während in der bisherigen Schulkulturforschung primär einzelne Schüler/innen aus Schüler/innen- und Elternperspektive erforscht wurden, stand hier die Schulklasse im Fokus und wurde aus Lehrpersonen- und Schüler/innenperspektive untersucht. Die Lehrpersonen wurden in dieser Arbeit als Vermittler/innen zwischen Schulkultur und Schüler/innen verstanden. Dies hat sich empirisch bestätigt, da die Lehrpersonen die schulischen Anforderungen gegenüber den Schüler/innen verbal und nonverbal in Form von Aufbereitung der Lerninhalte, Aufgabenstellungen und Feedback kommunizieren. Dies nehmen die Schüler/innen wahr und beziehen dazu Position.

Trotz unterschiedlicher Erhebungsstrategien weisen die im Rahmen der qualitativen Studie rekonstruierten Schülerhabitustypen eine erhebliche Nähe zur Schülerhabitustypologie von Kramer und Helsper (2011, S. 115 ff.) auf und decken ebenfalls das gesamte Spektrum der Passungskonstellationen vom selbstverständlichen, exzellenten Bildungsstreben bis hin zu verschiedenen Ausprägungen schulischer Fremdheit ab.

Wurde die Theorie der Schulkultur und der kulturellen Passung bislang ausschließlich im Kontext des deutschen Bildungssystems erforscht, erfolgte im Rahmen dieser Dissertation erstmals eine Übertragung auf ein anderes Bildungssystem. Trotz der Unterschiede zwischen dem deutschen und luxemburgischen Bildungssystem – beispielsweise erfolgt die Allokation in die Sekundarstufe in Deutschland überwiegend bereits nach der 4. Klasse im Alter von zehn Jahren, während luxemburgische Schüler/innen erst nach sechs Schuljahren im Alter von zwölf Jahren wechseln – zeigten sich die theoretischen und empirischen Erklärungen zur kulturellen Passung und Entfremdung in ähnlicher Weise auch im luxemburgischen Bildungssystem. Da auf diese Weise eine Übertragung der im Kontext des deutschen Bildungssystems generierten Konzepte auf das luxemburgische Bildungssystem realisiert wurde, ist zu vermuten, dass diese auch für weitere stratifizierte Bildungssysteme bedeutsam sind.

Das Zusammenführen der Schülerhabitustypologien der Lehrpersonen und Schüler/innen einer Schulklasse stellt eine Erweiterung bisheriger Schulkulturforschung dar. Hierdurch war es in dieser Arbeit möglich, die Perspektiven von Lehrpersonen und Schüler/innen in kontrollierter Weise miteinander zu verknüpfen. Auf diese Weise konnte sowohl die Außensicht der Lehrpersonen als auch das subjektive Erleben des schulischen Lernens durch die Schüler/innen in die Typologie integriert werden.

Nichtdestotrotz erwies sich die Anwendung der Theorie der Schulkultur und der Theorie der kulturellen Passung auf die Entwicklung der Entfremdung vom Lernen in den Schulklassen der differenziellen Entwicklungsmilieus der Sekundarstufe als herausfordernd. So sind die Begrifflichkeiten abstrakt und fokussieren meist die übergeordnete Ebene der Schule. Zukünftig empfiehlt es sich, das Theoriegebäude der Schulkulturforschung bezogen auf die Schultracks und die Ebene Schulklasse zu präzisieren. Hierzu gilt es ein adäquates Vokabular zu entwickeln. Beispielsweise wurde in dieser Arbeit aufgrund der Nähe eines solchen Begriffs zum Kulturbegriff sozialer Klassen davon abgesehen, von einer Klassenkultur zu sprechen.

Die Anwendung der Theorie der Schulkultur im Kontext des luxemburgischen Bildungssystems erforderte eine methodologisch-theoretische Präzisierung der Theorie der Schulkultur für Bildungssysteme, in denen eine Schule mehrere Schultracks vereint. So umfasst die in der qualitativen Studie im Fokus stehende Schule mehrere Schultracks, was mit einer Fragmentierung bzw. der Abwesenheit einer übergreifenden Schulkultur einhergeht. Im Unterschied zu den im Kontext des deutschen Bildungssystems angefertigten Arbeiten zur Theorie der Schulkultur zeigt sich somit für diese Schule keine übergreifende Schulkultur der Einzelschule. Vielmehr unterscheiden sich die Schulkulturen im ES- und Modulaire-Track erheblich, was sich auch in der Abgrenzung der jeweiligen schulischen Akteure voneinander ausdrückt. Überdies erleben die Schüler/innen sich als primär einem Schultrack dieser Schule zugehörig, wohingegen die Berührungspunkte mit den Schüler/innen der jeweils anderen Schultracks gering sind.

Zusammenfassend bestand der Mehrwert der Theorie der Schulkultur für die Schulentfremdungsforschung darin, dass mittels der Differenzierung zwischen den primären und sekundären Schülerhabitus Passungskonstellationen identifiziert werden konnten, in denen der primäre Schülerhabitus unter Druck steht. Eine solche konflikthafte Passungskonstellation resultiert aus einer Kluft zwischen schulischen Anforderungen und den individuellen Dispositionen einzelner Schüler/innen und geht mit Entfremdungsrisiken einher.

Bedeutung schulischer Anerkennungsverhältnisse und der sozialen Herkunft für die Entwicklung von Entfremdung vom Lernen

Ebenfalls erwies sich die von Willis (1978) im britischen Kontext aufgezeigte Bedeutung sozialer Herkunft und der Anerkennung des schulischen Settings als wertvoll für die Analyse der Entwicklung von Entfremdung vom Lernen. Die von Willis entwickelten Konzepte des Basic Teaching Paradigm, das die innerschulischen Anerkennungsverhältnisse erklärt, sowie der Mechanismus der Differenzierung zur Erklärung von oppositionellem Verhalten gelten als generell auf andere Kontexte übertragbar (Willis 1978, S. 85), was sich auch in dieser Arbeit zeigte.

Bot Willis eine schlüssige Erklärung für die Entfremdung der Schüler/innen bildungsferner Herkunft, die in der Differenz zwischen Herkunftsmilieu und schulischen Normen und Werten besteht, konnte diese Arbeit einen Beitrag zur Erklärung der Entfremdung vom Lernen für Schüler/innen bildungsnaher Herkunft leisten. Wurden die Bildungsnähe und der damit verbundene elterliche Einfluss von Willis als Puffer gefasst, der Entfremdung und oppositionelle Haltungen verhindert (Willis 1978, S. 75 f.), zeigt sich in dieser Arbeit hierin ein Entfremdungsrisiko, was sich jedoch nicht zwingend in oppositionellem Verhalten ausdrückt.

Überdies konnte die von Willis aufgezeigte Bedeutung der Beziehungen zwischen Lehrperson und Schüler/innen im Klassenzimmer und die damit verbundene Notwendigkeit der wechselseitigen Anerkennung bestätigt und aktualisiert werden. Ebenso wurde deutlichdass der Umgang mit entfremdeten Schüler/innen zu einer Veränderung der Praktiken der Lehrpersonen und zu einer stärker autoritären Haltung führt (vgl. Willis 1978, S. 63 f.).

Resonanztheoretische Perspektiven auf Entfremdung vom Lernen

Diese Arbeit machte zudem resonanztheoretische Überlegungen für die Schulentfremdungsforschung nutzbar, wobei Entfremdung als Gegenpol von Resonanz verstanden wurde. Die qualitativen Befunde zeigten für beide Sekundarschultracks, dass sich Entfremdung vom Lernen sowohl in Resignation als auch in Opposition ausdrücken kann (Beljan 2017, S. 120; Kramer/Helsper 2011, S. 119 f.) und damit unterschiedliche Ausdrucksformen annehmen kann. Die resonanztheoretischen und resonanzpädagogischen Ansätze von Rosa (2016) und Beljan (2017) ermöglichten eine Differenzierung dieser Ausdrucksgestalten der Entfremdung vom Lernen. Überdies konnten diese mit dem Erleben des schulischen Settings durch die Schüler/innen verknüpft werden. Das Verständnis von schulischem Lernen als Weltbeziehung und die Differenzierung einer sozialen und sachlichen Resonanzachse ermöglichten eine ganzheitliche Perspektive auf die schulischen Lernbedingungen und die Haltungen der Schüler/innen (Beljan 2017, S. 121 f.). Als gewinnbringend erwies sich die Berücksichtigung indifferenter Haltungen, die insbesondere für den ES-Track wertvolle Erkenntnisse ermöglichten. In den identifizierten Entfremdungsrisiken deutet sich ein Mangel an Resonanz zwischen Schüler/innen und schulischen Anforderungen an. Angesichts dessen können die Schultracks der Sekundarstufe ausgehend vom Zusammenspiel schulischer Anforderungen und Angebote und den individuellen Dispositionen der Schüler/innen sowohl als Resonanzraum als auch als Entfremdungszone wirken.

Implikationen für die Praxis

Auf Basis der empirischen Befunde werden nachfolgend Handlungsoptionen und Implikationen für Akteure im Schulalltag der luxemburgischen Sekundarstufe formuliert. Da sich Entfremdung vom Lernen als vielschichtiges Phänomen erwies, geht es hier um das Aufzeigen sensibler Aspekte, an denen angesetzt werden kann, um Bindungsmöglichkeiten anstelle von Entfremdungsrisiken anzubieten.

Als wünschenswert erweist sich ein Bewusstsein der schulischen Akteure für den Wandel der Haltungen der Schüler/innen gegenüber dem Lernen im Zeitverlauf. Dies betrifft insbesondere die untere Sekundarstufe, für welche ein trackübergreifender Anstieg der negativen Haltungen gegenüber dem Lernen belegt werden konnte. Da sich für die siebte Klassenstufe die Bedeutung von Adaptionsprozessen zeigte, die zur Anpassung an die neuen schulischen Anforderungen erforderlich sind, ist diesen im schulischen Setting Raum zu geben. Dies wird überwiegend bereits umgesetzt, indem die Lehrpersonen mit den Schüler/innen nachsichtig sind und ihnen Zeit zur Eingewöhnung gewähren.

Darüber hinaus bedarf es einer Verständigung über akzeptable und nicht akzeptable Haltungen sowie über den Umgang mit Entfremdungstendenzen. Da offen gezeigte Opposition nur eine Ausdrucksweise von Entfremdung ist, sind auch die anderen Ausdruckweisen – Indifferenz und Resignation – ernst zu nehmen, was Bewusstsein und Sensibilität erfordert.

Die quantitatitven und qualitativen Befunde zeigen, dass das Ausmaß der Entfremdung vom Lernen zwischen den Tracks unterschiedlich ausgeprägt ist und zudem unterschiedliche Formen der Entfremdung und schulische Umgangsweisen mit Entfremdung in ES- und Modulaire-Track existieren. Dies legt nahe, dass differenzierte Lernumgebungen, wie sie das stratifizierte luxemburgische Bildungssystem bietet, durchaus geeignet sein können, um adäquat auf die unterschiedlichen Bedürfnisse der Schüler/innen einzugehen. Voraussetzung hierfür ist eine korrekte Einstufung/Orientierung der Schüler/innen, sodass diese nicht zu stark überfordert oder unterfordert sind. Zugleich deutet für den niveauniedrigsten Modulaire-Track an, dass die Kumulation von leistungsschwachen, demotivierten Schüler/innen zu einer Distanzierung der Schüler/innen vom Lernen beitragen kann. Hier könnte eine stärkere Durchmischung der Schüler/innenschaft im Zuge stärkerer innerer Differenzierung anstelle von externer Differenzierung positive Effekte erzielen. Da Entfremdung vom Lernen in dieser Studie ausschließlich in einem stratifizierten Bildungssystem erforscht wurde, stellt sich die Frage, wie Entfremdung vom Lernen in weniger stark stratifizierten oder nichtgegliederten Schulsystemen ausgeprägt ist. Hiervon ausgehend können weitere Schlüsse gezogen werden, in welcher Weise Stratifizierung die Entfremdung vom Lernen beeinflusst.

Nachfolgend werden nun trackspezifische Handlungsoptionen spezifiziert:

Für den niveauniedrigsten Modulaire-Track erwies sich eine Balance zwischen lehrerzentrierten und offenen Unterrichtssettings als der Bindung der Schüler/innen zuträglich, da auf diese Weise die Bedürfnisse der Schüler/innen nach Bewegung und Interaktion befriedigt werden. Dies wird somit bereits gut umgesetzt.

Da die Wissensvermittlung im Modulaire dem Wohlbefinden möglichst aller Schüler/innen nachgeordnet ist, orientieren sich die Lehrpersonen an der großen Gruppe der Schüler/innen mit diffusen Bildungsbezügen und geringer Anstrengungsbereitschaft. Angesichts dessen wird für diese Schulkultur die Herausforderung deutlich, eine Balance zwischen der Wissensvermittlung und der Berücksichtigung der individuellen Probleme der Schüler/innen im Unterrichtsalltag zu realisieren. Dabei gilt es, sowohl auf die Leistungsstärkeren einzugehen als auch diejenigen nicht zu überfordern, die über diffuse Bildungsbezüge verfügen. Auch wenn die meisten Schüler/innen eine diffuse Leistungsorientierung aufweisen und anstrengende, herausfordernde Aufgaben ablehnen, gilt es zu berücksichtigen, dass es auch einige leistungsbereite, leistungsstarke Schüler/innen gibt. Für letztere besteht aufgrund von permanenter Unterforderung ein

Entfremdungsrisiko. Angesichts dessen gilt es, differenzierte Strategien zu entwickeln, um auch den Bedürfnissen dieser Schüler/innen Rechnung zu tragen.

Angesichts der im Modulaire dominierenden diffusen Bildungsorientierung und geringen Leistungsbereitschaft kombiniert mit einem überwiegend niedrigen sozioökonomischen Status stellt sich die Frage, inwiefern die aus der Stratifizierung des Bildungssystems resultierende Homogenität der Schülerschaft und damit die Bündelung von Schüler/innen mit komplexen Problemkonstellationen in einer Klasse diese Haltungen verstärken (vgl. Sandring 2013, S. 252). So verbringen die Schüler/innen die Schulzeit mit Schüler/innen, die ähnliche Orientierungen teilen, und treffen kaum auf leistungsfähigere oder leistungsbereitere Schüler/innen (Hadjar/Fischbach/Backes 2018, S. 64).

Für den akademischen ES-Track erweist sich die Anbindung der stark theoretischen Lerninhalte an die Lebenswelt der Schüler/innen als zentral. Hierdurch können die Lerninhalte mit einem konkreten Nutzen verknüpft werden. Diesbezüglich existieren bereits einige Ansätze, wie Praxisunterricht im Fach Science, sowie individuelle Ansätze einzelner Lehrpersonen, die es fortzusetzen und zu erweitern gilt. Zudem wird ein abwechslungsreiches schulisches Setting neben den Lerninhalten als geeignet eingestuft, um die Bindung der Schüler/innen zur Schule abseits vom Lernen zu befördern (vgl. Sidorkin 2004, S. 258). Dies ist im ES, abhängig von Fach und Lehrperson, in unterschiedlichem Maße realisiert. Angesichts des Befunds, dass abstraktes theoretisches Wissen bei einigen ES-Schüler/innen Indifferenz und Ablehnung hervorruft, bedarf es pädagogischer und politischer Debatten darüber, welche Relevanz anwendungsorientiertem Wissen im ES zugewiesen werden sollte.

Angesichts des hohen Leistungsdrucks, der auch vom Elternhaus ausgeht, bedarf es eines Bewusstseins der Lehrpersonen und des pädagogischen Personals für diese Situation der Schüler/innen und Strategien, um den Druck auf die Schüler/innen zu mindern.

Bislang erscheint die Anerkennung im ES-Track primär über die akademischen Leistungen zu erfolgen. Besonders für leistungsschwächere Schüler/innen, die trotz Anstrengung keine (sehr) guten Leistungen erbringen, ist dies kritisch, da ihnen Erfolgserlebnisse versagt bleiben. Deshalb ist es notwendig weitere Anerkennungsmechanismen zu etablieren, die neben dem Resultat auch den Arbeitsprozess und die Lernhaltung anerkennen.

Insgesamt wurde im Rahmen der Gruppendiskussionen deutlich, dass die Schüler/innen gut benennen können, was ihnen in der Schule nicht gefällt oder Unwohlsein bereitet und wie Situationen verbessert werden können. Dementsprechend sollte die Schüler/innenperspektive in die Gestaltung schulischen Lernens einbezogen werden.

Eine Kernaufgabe der Lehrpersonen besteht überdies darin, zwischen den akademischen Anforderungen und den Bedürfnissen der Schüler/innen zu vermitteln. So können Lehrpersonen ihren Handlungsspielraum nutzen, um die schulischen Anforderungen so zu formulieren, dass die Schüler/innen an diese anschließen können. Dies beinhaltet die Möglichkeit in stark leistungsorientierten Schulkulturen, wie sie sich für den ES-Track zeigten, den akademischen Druck zu mildern und lebensweltliche Bezüge herzustellen.

Angesichts der Spannung zwischen der Schulkultur der Einzelschule und den trackspezifischen Anforderungen auf der einen Seite und den Bedürfnissen der Schüler/innen auf der anderen Seite, bedarf es eines engeren Austauschs der Akteure innerhalb einer Schule, zwischen Schulen sowie auf der administrativen Ebene, um Strategien zu entwickeln, die es ermöglichen schulische Anforderungen auszubalancieren und der Entwicklung von Entfremdung vom Lernen vorzubeugen. Als gewinnbringend erweist sich in diesem Zuge eine resonanzpädagogische Perspektive. Resonanzpädagogik ist als Teil einer umfassenden gesellschaftlichen Kultur zu verstehen, die darauf abzielt, innerhalb von Schulkulturen soziale und sachliche Resonanzachsen zu aktivieren (Beljan 2017, S. 402 f.).

Limitationen

Wie jede empirische Studie hat auch die vorliegende Studie Limitationen.

Im Hinblick auf die *quantitative Studie* stand mit der *SAL-Skala* ein valides Instrument zur Messung der Entfremdung vom Lernen zur Verfügung. Da die SASAL-Studie auf die Wahrnehmung der Ebene der Schulklasse von Lehrstilen und dem Unterrichtssetting abzielte, berücksichtigte der Fragebogen nur in geringem Maße schulische Kontexte jenseits des Klassenzimmers. Dementsprechend standen neben der Variablen der Schultrackzugehörigkeit keine weiteren Informationen zum schulischen Umfeld zur Verfügung, die eine Präzisierung des schulischen Settings und damit der Schulkultur ermöglicht hätten.

Da in der quantitativen Längsschnittstudie *keine Zufallsstichprobe* vorlag, sind die Befunde nicht als repräsentativ für die gesamte luxemburgische Schülerschaft zu bewerten. Insgesamt kann die gewählte Samplingstrategie als erfolgreicher Kompromiss zwischen der erwarteten beschränkten Partizipationsbereitschaft luxemburgischer Schulen und dem Ziel, Schulen und Schüler/innen aus allen Landesteilen und sozialen Schichten einzubeziehen, bewertet werden.

Aus dem Gesamtsample der Forschungsstudie SASAL wurden nur Schüler/innen berücksichtigt, die an allen drei Erhebungszeitpunkten teilgenommen haben und nicht den Schultrack gewechselt haben, sodass ein *stark balanciertes Panel* vorliegt. Da angenommen werden kann, dass Schüler/innen, die keine geradlinige Schullaufbahn vorweisen, entweder bereits vor den entsprechenden Ereignissen entfremdet sein können bzw. in deren Konsequenz ein besonderes Entfremdungsrisiko aufweisen (vgl. Hadjar/Scharf/Grecu 2019, S. 201), ist zu vermuten, dass das Ausmaß der Entfremdung im verwendeten Paneldatensatz unterschätzt ist. Da aber auch Schüler/innen aus dem Sample herausfielen, die am Erhebungstag nicht anwesend, aber Teil der Klasse waren, ist in dieser

Hinsicht kein systematischer Effekt anzunehmen. Zudem ist zu reflektieren, dass keine konstante Grundgesamtheit vorlag.

Für die *qualitative Studie* ist anzumerken, dass diese nicht auf eine statistische Generalisierung abzielte (Bortz/Döring 2009, S. 53; Firestone 1993, S. 16). Vielmehr ermöglichten die Befunde eine theoretische bzw. *analytische Generalisierung* (Kaplan 1973; Przyborski/Wohlrab-Sahr 2014, S. 367 ff.) hinsichtlich der Bedeutung schulischer Anforderungen für die Entwicklung der Entfremdung vom Lernen, der für die Erforschung von Schulentfremdung allgemeine Relevanz aufweist.

Weiterhin ist der Umgang mit dem *multilingualen Erhebungskontext* zu reflektieren. Trotz aller Bemühungen ist anzunehmen, dass die gewählte Interviewsprache (Deutsch) für einige Schüler/innen eine Hürde für ihre aktive Partizipation darstellte. Diese Problematik erscheint im multilingualen Kontext Luxemburgs schwer aufzulösen.

Die Auswertung mittels der *sequenzanalytischen Habitusrekonstruktion* führte zu nachvollziehbaren, vielschichtigen Befunden. Das rekonstruktive Vorgehen erwies sich besonders geeignet und essentiell, um die Haltungen der Modulaire-Schüler/innen zu erfassen. So fiel es diesen Schüler/innen generell schwer, zusammenhängende Narrationen oder Argumente zu formulieren und Emotionen und Erfahrungen zu benennen. Die gewählte Auswertungslogik ermöglichte einen Zugang zu den Haltungen dieser Schüler/innen.

Sowohl für die quantitative als auch die qualitative Studie gilt es zu reflektieren, dass diese Arbeit die Einstellungen von Sekundarschüler/innen gegenüber dem Lernen untersuchte. Vor diesem Hintergrund ist zu berücksichtigen, dass unklar bleibt, inwiefern diese Schüler/innen bereits vor dem Übergang in die Sekundarstufe von Entfremdung vom Lernen betroffen waren.

Es ist zu bilanzieren, dass es mittels des Mixed-Method-Designs gelungen ist, die Potenziale der erhobenen quantitativen und qualitativen Daten im Hinblick auf das Erkenntnisinteresse dieser Arbeit auszuschöpfen und die vorab formulierten Ansprüche zu erfüllen. Dennoch bleibt die Integration quantitativer und qualitativer Zugänge und Befunde ein Ideal, dem sich diese Arbeit bestmöglich annäherte.

Implikationen für zukünftige Studien

Diese Dissertation bietet zahlreiche Anknüpfungspunkte für zukünftige Forschung.

Im Hinblick auf quantitative Forschungsansätze erscheint es interessant auch Schüler/innen einzubeziehen, die eine Klasse wiederholen oder den Schultrack wechselten. Da auf diese Weise die Schultrackzugehörigkeit als zeitveränderliche Variable konzipiert wird, können komplexere FE-Modelle gerechnet werden (vgl. Andreß/Golsch/Schmidt 2013, S. 171; Bell/Fairbrother/Jones 2018,

S. 1058). Weiterhin würde die Berücksichtigung weiterer Erhebungszeitpunkte komplexere Analyseoperationen ermöglichen.

Weitere Forschung ist zudem erforderlich, um den trackübergreifenden Anstieg der Entfremdung vom Lernen von Klasse 7 bis 9 zu erklären. So gilt es Aspekte zu identifizieren, die diesen bedingen.

Zudem zeigten sich in den quantitativen Analysen teilweise differenzielle Entwicklungen der Entfremdung vom Lernen für EST-Traditionell und EST-Proci. Da die qualitative Studie die Schultracks mit dem höchsten und niedrigsten Ausmaß von Entfremdung vom Lernen vertiefend analysierte, ist im Hinblick auf Entfremdung vom Lernen im EST-Track weitere Forschung erforderlich. Dabei erscheint es besonders interessant zu untersuchen, wie und in welcher Weise sich die häufigen internen Differenzierungen im EST-Traditionell auf die Entfremdung vom Lernen auswirken.

Ein weiterer Anknüpfungspunkt zukünftiger Forschung besteht darin, die in der qualitativen Studie herausgearbeiteten Schülerhabitustypen mittels Clusteranalysen quantitativ zu operationalisieren und deren Entwicklung im Verlauf der Sekundarstufe zu verfolgen. Dies stellt eine Möglichkeit dar, den Mixed-Method-Ansatz dieser Arbeit weiterzuführen und ein weiteres Ineinandergreifen der quantitativen und qualitativen Verfahren zu realisieren.

Darüber hinaus erscheint es gewinnbringend die Schüler/innenperspektive um die Perspektiven der Schulleitung, der Mitschüler/innen oder auch der Eltern zu ergänzen. So deutet sich in den qualitativen Daten ein Einfluss des Elternhauses und der Peerbeziehungen darauf an, wie Schüler/innen schulisches Lernen und die schulischen Anforderungen erleben.

Es deutete sich an, dass spezifische Lehrstile die Haltung der Schüler/innen gegenüber dem Lernen beeinflussen können. Hierzu bedarf es vertiefter Forschung. Ebenso erscheint es gewinnbringend Praktiken von Lehrpersonen im Umgang mit entfremdeten Schüler/innen zu analysieren.

Aufgrund der Fokussierung auf jeweils eine Schulklasse im niveauniedrigsten Modulaire-Track und im akademischen ES-Track einer Einzelschule kann bislang nur sehr bedingt zwischen track- und einzelschulspezifischen Aspekten unterschieden werden. Um zukünftig eine klarere Differenzierung zu erreichen, gilt es qualitative Untersuchungen für ein größeres Schul- und Klassensample anzustellen. Ebenfalls weiterer Forschung bedarf die Frage nach der Existenz einer übergreifenden Schulkultur der Einzelschule in Sekundarschulen, die mehrere Schultracks anbieten. Die Befunde dieser Arbeit legen nahe, dass in diesen Schulen die trackspezifischen Unterschiede stärker ausgeprägt sind als eine übergreifende Schulkultur. Um diesen Eindruck zu vertiefen, bedarf es einer Erweiterung des Samples.

Weiterhin erscheinen ethnographische Studien im Klassenzimmer gewinnbringend, um zu analysieren, in welcher Weise Entfremdung und Bindung im Hinblick auf Lernen im Unterrichtsalltag hergestellt werden. Überdies erscheint es vielversprechend weitere Aspekte der Schulkultur, wie Lehrstile, zu fokussieren und deren Bedeutung für die Entfremdung vom Lernen zu untersuchen. Angesichts des Befunds, dass Jungen in stärkerem Maße von Entfremdung vom Lernen betroffen sind, empfiehlt es sich deren Haltungen gegenüber dem Lernen verstärkt in den Blick zu nehmen.

Für die Modulaire-Schüler/innen erscheint es zudem interessant zu erforschen, in welcher Weise es gelingen kann, dass diese trotz ihrer komplexen Probleme eine positive Haltung gegenüber der Schule und dem Lernen entwickeln können, die über die Funktion der Schule als Ort der Vergemeinschaftung hinausreicht.

Da die qualitative Studie lediglich einen Erhebungszeitpunkt umfasste, konnten auf Basis dieser Daten keine Entwicklungen einzelner Schüler/innen analysiert werden. Beispielsweise kann mittels einer Längsschnittperspektive, die bereits in der Primarschule beginnt (vgl. Finn 1989, S. 117), die Entwicklung von Entfremdung über Bildungskarrieren hinweg untersucht werden. Im Kontext einer Längsschnittperspektive erscheint es zudem gewinnbringend zu untersuchen, wie sich die schulischen Anforderungen im ES-Track im Verlauf der unteren Sekundarstufe entwickeln und was dies für Entfremdung vom Lernen bedeutet. Die Befunde für das deutsche und österreichische Bildungssystem (Kramer et al. 2013; Hascher/Hagenauer 2010; Beljan 2017) sowie die Erzählungen der Lehrpersonen im Rahmen der qualitativen Studie lassen jedoch vermuten, dass die schulischen Anforderungen sowie die Entfremdung vom Lernen zunehmen.

Im Hinblick auf zukünftige Mixed-Method-Forschung zu Entfremdung vom Lernen empfiehlt es sich, das qualitative Sample aus dem quantitativen Sample zu rekrutieren, um in stärkerem Maße vertiefende Erkenntnisse generieren zu können.

Da diese Dissertation mit der Entfremdung vom Lernen eine der drei Domänen von Schulentfremdung (Hascher/Hadjar 2018) fokussierte, bedarf es weiterer Forschung, um zu klären, in welcher Weise die Passung zwischen Schule und Schüler/in auch für die Entfremdung von der Lehrperson und die Entfremdung von den Mitschüler/innen bedeutsam ist.

Fazit

Bilanzierend ist festzuhalten, dass der selbstgesetzte Anspruch erfüllt wurde, im Kontext der Mixed-Method-Studie zwei jeweils vollwertige Studien durchzuführen und diese über den gesamten Forschungsprozess aufeinander zu beziehen. Die gelungene Integration der quantitativen und qualitativen Studie zeigt sich in den Kapiteln III.4 und IV, wo auf Basis der Resultate beider Teilstudien die Befunde zusammengeführt wurden und die übergeordnete Forschungsfrage beantwortet wurde.

Insgesamt ermöglichte die gewählte Methodenkombination eine wertvolle und geeignete Perspektive auf Entfremdung vom Lernen in den differenziellen Lern- und Entwicklungsmilieus der luxemburgischen Sekundarstufe. So konnten sowohl Befunde zum Ausmaß und der Entwicklung von Entfremdung vom Lernen als auch Befunde zum Zusammenspiel von Schulkultur und Schüler/innen erzielt werden. Es konnte gezeigt werden, dass Entfremdung vom Lernen in den verschiedenen Schultracks der Sekundarstufe unterschiedlich ausgeprägt ist. Zusätzlich konnte aufgedeckt werden, in welcher Weise die spezifische Ausgestaltung der Sekundarschultracks unterschiedliche Entfremdungspotenziale hervorbringt. Angesichts dessen erwiesen sich die analysierten trackspezifischen Schulkulturen als differenzielle Entwicklungsmilieus, sodass die Schüler/innen in sehr unterschiedliche schulische Sozialisationskontexte eingebunden sind, die unterschiedliche Haltungen gegenüber dem Lernen fordern bzw. akzeptieren.

Literaturverzeichnis

Accardo, Alain (1997): Das schulische Schicksal. In: Bourdieu, Pierre (Hrsg.): Das Elend der Welt. Zeugnisse und Diagnosen alltäglichen Leidens an der Gesellschaft. Konstanz: UVK. S. 659–680.

Acuña, Edgar/Rodriguez, Caroline (2004): The treatment of missing values and its effect on classifier accuracy. In: Banks, David/McMorris, Frederic R./Arabie, Philipps/Gaul, Wolfgang (Hrsg.): Classification, clustering, and data mining applications. Berlin, Heidelberg: Springer. S. 639–647.

Allen, Joseph/Gregory, Anne/Mikami, Amori/Lun, Janetta/Hamre, Bridget K./Pianta, Robert C. (2013): Observations of Effective Teacher-Student Interactions in Secondary School Classrooms: Predicting Student Achievement with the Classroom Assessment Scoring System. In: School Psychology Review 42, H. 1, S. 76–98.

Allison, Paul D. (2009): Fixed Effects Regression Models. Thousand Oaks, London: SAGE Publications.

Allmendinger, Jutta (1989): Career mobility dynamics. A comparative analysis of the United States, Norway, and West Germany. Stuttgart: Klett-Cotta.

Anderman, Eric M./Griesinger, Tripp/Westerfield, Gloria (1998): Motivation and Cheating during Early Adolescence. In: Journal of Educational Psychology 90, S. 84–93.

Andreß, Hans-Jürgen/Golsch, Katrin/Schmidt, Alexander W. (2013): Applied Panel Data Analysis for Economic and Social Surveys. Heidelberg, New York, London: Springer.

Asbrand, Barbara/Pfaff, Nicolle/Bohnsack, Ralf (2013): Editorial: Rekonstruktive Längsschnittforschung in ausgewählten Gegenstandsfeldern der Bildungsforschung. In: Zeitschrift für Qualitative Forschung 14, H. 1, S. 3–12.

Backes, Susanne (2018): Heterogenität im luxemburgischen Bildungssystem. Eine Mixed-Method-Studie zu Bildungsverläufen aus ungleichheitstheoretischer Perspektive. Weinheim: Beltz Juventa.

Baker, Jean A. (1998): Are We Missing the Forest for the Trees? Considering the Social Context of School Violence. In: Journal of School Psychology 36, H. 1, S. 29–44.

Barlösius, Eva (2004): Kämpfe um soziale Ungleichheit: machttheoretische Perspektiven. 1. Auflage. Wiesbaden: VS Verlag für Sozialwissenschaften.

Bauer, Ullrich (2011): Sozialisation und Ungleichheit. Eine Hinführung. Wiesbaden: Springer VS.

Baumert, Jürgen/Stanat, Petra/Watermann, Rainer (2006): Schulstruktur und die Entstehung differenzieller Lern- und Entwicklungsmilieus. In: Baumert, Jürgen/Stanat, Petra/Watermann, Rainer (Hrsg.): Herkunftsbedingte Disparitäten im Bildungswesen: Differenzielle Bildungsprozesse und Probleme der Verteilungsgerechtigkeit. Wiesbaden: VS Verlag für Sozialwissenschaften. S. 95–188.

Baumert, Jürgen/Trautwein, Ulrich/Artelt, Cordula (2003): Schulumwelten — institutionelle Bedingungen des Lehrens und Lernens. In: Baumert, Jürgen/Artelt, Cordula/Klieme, Eckhard/Neubrand, Michael/Prenzel, Manfred/Schiefele, Ulrich/Schneider, Wolfgang/Tillmann, Klaus-Jürgen/Weiß, Manfred (Hrsg.): PISA 2000 — Ein differenzierter Blick auf die Länder der Bundesrepublik Deutschland. Wiesbaden: Springer VS. S. 261–331.

Becker, Birgit/Reimer, David (Hrsg.) (2010): Vom Kindergarten bis zur Hochschule. Die Generierung von ethnischen und sozialen Disparitäten in der Bildungsbiographie. Wiesbaden: Springer VS.

Becker, Rolf (2011a): Ausgewählte Klassiker der Bildungssoziologie. In: Becker, Rolf (Hrsg.): Lehrbuch der Bildungssoziologie. 2. überarb. und erw. Auflage. Wiesbaden: Springer VS. S. 475–514.

Becker, Rolf (2011b): Entstehung und Reproduktion dauerhafter Bildungsungleichheiten. In: Becker, Rolf (Hrsg.): Lehrbuch der Bildungssoziologie. 2. überarb. und erw. Aufl. Wiesbaden: Springer VS. S. 87–138.

Becker, Rolf/Schuchart, Claudia (2010): Verringerung sozialer Ungleichheiten von Bildungschancen durch Chancenausgleich? Ergebnisse einer Simulation bildungspolitischer Maßnahmen. In: Becker, Rolf/Lauterbach, Wolfgang (Hrsg.): Bildung als Privileg: Erklärungen und Befunde zu den Ursachen der Bildungsungleichheit. Wiesbaden: Springer VS. S. 413–436.

Becker, Rolf/Schulze, Alexander (2013): Kontextuelle Perspektiven ungleicher Bildungschancen – eine Einführung. In: Becker, Rolf/Schulze, Alexander (Hrsg.): Bildungskontexte. Strukturelle Voraussetzungen und Ursachen ungleicher Bildungschancen. Wiesbaden, Wiesbaden: Springer VS. S. 1–31.

Beljan, Jens (2017): Schule als Resonanzraum und Entfremdungszone. Eine neue Perspektive auf Bildung. Weinheim, Basel: Beltz Juventa.

Bell, Andrew/Fairbrother, Malcolm/Jones, Kelvyn (2018): Fixed and random effects models: making an informed choice. In: Quality & Quantity, S. 1051–1074.

Bell, Andrew/Jones, Kelvyn (2014): Explaining Fixed Effects: Random Effects Modeling of Time-Series Cross-Sectional and Panel Data. In: Political Science Research and Methods 3, H. 1, S. 133–153.

Blossfeld, Hans-Peter/Huinink, Johannes (2001): Lebensverlaufsforschung als sozialwissenschaftliche Forschungsperspektive. Themen, Konzepte, Methoden und Probleme. In: BIOS (Zeitschrift für Biographieforschung und Oral History) 14, S. 5–31.

Blossfeld, Hans-Peter/Maurice, Jutta von (2011): Education as a lifelong process. In: Zeitschrift für Erziehungswissenschaft 14, H. 2, S. 19–34.

Böhme, Jeanette (2000): Schulmythen und ihre imaginäre Verbürgung durch oppositionelle Schüler. Ein Beitrag zur Etablierung erziehungswissenschaftlicher Mythosforschung. Bad Heilbrunn: Klinkhardt.

Bohnsack, Ralf (1997): Dokumentarische Methode. In: Hitzler, Ronald/Honer, Anna (Hrsg.): Sozialwissenschaftliche Hermeneutik. Opladen: Leske und Budrich. S. 191–212.

Bohnsack, Ralf (2013): Dokumentarische Methode und die Logik der Praxis. In: Lenger, Alexander/Schneickert, Christian/Schumacher, Florian (Hrsg.): Pierre Bourdieus Konzeption des Habitus. Grundlagen, Zugänge, Forschungsperspektiven. Wiesbaden: VS Verlag für Sozialwissenschaften. S. 175–200.

Bohnsack, Ralf (2014): Rekonstruktive Sozialforschung: Einführung in qualitative Methoden. 9. Auflage. Opladen: Budrich.

Bollen, Kenneth A./Curran, Patrick J. (2006): Latent Curve Models. A Structural Equation Perspective. Hoboken: Wiley.

Böning, Marietta (2009): Illusio. In: Fröhlich, Gerhard (Hrsg.): Bourdieu Handbuch. Leben – Werk – Wirkung. Stuttgart: Metzler Verlag. S. 129–131.

Bortz, Jürgen/Döring, Nicola (2006): Forschungsmethoden und Evaluation für Human- und Sozialwissenschaftler. Wiesbaden: Springer Medizin Verlag.

Bortz, Jürgen/Döring, Nicola (2009): Forschungsmethoden und Evaluation für Human- und Sozialwissenschaftler. Wiesbaden: Springer.

Bourdieu, Pierre (1983): Ökonomisches Kapital, kulturelles Kapital, soziales Kapital. In: Kreckel, Reinhardt (Hrsg.): Soziale Ungleichheiten. Soziale Welt. Göttingen. S. 183–198.

Bourdieu, Pierre (1987): Die feinen Unterschiede. Kritik der gesellschaftlichen Urteilskraft. Frankfurt/Main: Suhrkamp.

Bourdieu, Pierre (1993): Sozialer Sinn. Kritik der theoretischen Vernunft. Frankfurt/Main: Suhrkamp.

Bourdieu, Pierre (1995): Sozialer Raum und „Klassen". Zwei Vorlesungen. Frankfurt/Main: Suhrkamp.

Bourdieu, Pierre (1998): Praktische Vernunft. Zur Theorie des Handelns. Frankfurt/Main: Suhrkamp.

Bourdieu, Pierre (2001): Wie die Kultur zum Bauern kommt: Über Bildung, Schule und Politik. Hamburg: VSA-Verlag.

Bourdieu, Pierre/Passeron, Jean-Claude (1971): Die Illusion der Chancengleichheit. Untersuchungen zur Soziologie des Bildungswesens am Beispiel Frankreichs. 1. Aufl. Stuttgart: Klett.

Bourdieu, Pierre/Passeron, Jean-Claude (1973): Grundlagen einer Theorie symbolischer Gewalt. Frankfurt/Main: Suhrkamp.

Brake, Anna (2011): Kombinieren, mixen, verbinden? Integration als konstitutives Element methodentriangulierender Zugänge. In: Ecarius, Jutta/Miethe, Ingrid (Hrsg.): Methodentriangulation in der qualitativen Bildungsforschung. Leverkusen, Farmington Hills: Budrich. S. 41–64.

Bremer, Helmut/Teiwes-Kügler, Christl (2013): Habitusanalyse als Habitushermeneutik. In: Zeitschrift für Qualitative Forschung 14, H. 2, S. 199–219.

Bronfenbrenner, Urie (1986): Alienation and the four worlds of childhood. In: The Phi Delta Kappan 67, H. 6, S. 430–436.

Brown, Monica R./Higgins, Kyle/Paulsen, Kim (2003): Adolescent Alienation. In: Intervention in School and Clinic 39, H. 1, S. 3–9.

Brown, Monica, R./Higgins, Kyle/Pierce, Tom/Hong, Eunsook/Thoma, Colleen (2003): Secondary students' perceptions of school life with regard to alienation. In: Learning Disability Quarterly 26, H. 4, S. 227-238.

Bühler-Niederberger, Doris/Türkiylmaz, Aytüre (2014): Sozialisation als generationales Ordnen – ein theoretischer und empirischer Versuch. In: Zeitschrift für Soziologie der Erziehung und Sozialisation 34, H. 4, S. 339-354.

Busse, Susann/Sandring, Sabine (2015): Schulkultur und Schulversagen – Reflexionen zu Grenzen und Begrenzungen von Bildungsprozessen. In: Böhme, Jeanette/Hummrich, Merle/Kramer, Rolf-Torsten (Hrsg.): Schulkultur. Theoriebildung im Diskurs. Wiesbaden: Springer VS. S. 237-261.

Çağlar, Caglar (2013): The Relationship between the Perceptions of the Fairness of the Learning Environment and the Level of Alienation. In: Eurasian Journal of Educational Research, H. 50, S. 185-206.

Calabrese, Raymond L. (1987): Adolescence: A growth period conductive to alienation. In: Adolescence 22, H. 88, S. 929-938.

Calabrese, Raymond L./Seldin, Clement A. (1986): Adolescent Alienation: An Analysis of the Female Response to the Secondary School Environment. In: The High School Journal 69, S. 120-125.

Chau, Kénora/Baumann, Michèle/Kabuth, Bernard/Chau, Nearkasen (2012): School difficulties in immigrant adolescent students and roles of socioeconomic factors, unhealthy behaviours, and physical and mental health. In: BMC Public Health 12, H. 453, S. 1-11.

Corsten, Michael (2010): Karl Mannheims Kultursoziologie – Eine Einführung. Frankfurt/Main: Campus Verlag.

Cortina, Jose M. (1993): What Is Coefficient Alpha? An Examination of Theory and Applications. In: Journal of Applied Psychology. 78, H. 1, S. 98-104.

Crosnoe, Robert/Johnson, Monica Kirkpatrick/Elder, Glen H. (2004): Intergenerational Bonding in School: the Behavioral and Contextual Correlates of Student-Teacher-Relationships. In: Sociology of Education 77, S. 60-81.

Dean, Dwight G. (1961): Alienation. In: American Sociological Review 26, H. 4, S. 753-758.

Deci, Edward L./Ryan, Richard M. (2008): Self-Determination Theory: A Macrotheory of Human Motivation, Development, and Health. In: Canadian Psychology 49, H. 3, S. 182-185.

Demanet, Jannick/van Houtte, Mieke (2011): School Belonging and School Misconduct: The Differing Role of Teacher and Peer Attachment. In: Youth Adolescence 41, H. 4, S. 499-514.

Demanet, Jannick/van Praag, Lore/van Houtte, Mieke (2016): About ethnicity, fitting in, and acting out: Applying the person-environment fit framework to school misconduct. In: Journal of Cognitive Education and Psychology 15, H. 2, S. 293-319.

Denzin, Norman K. (1970): The Research Act. Chicago: Aldine.

Deppe, Ulrike (2015): Jüngere Jugendliche zwischen Familie, Peers und Schule. Zur Entstehung von Bildungsungleichheit an außerschulischen Bildungsorten. Wiesbaden: VS Verlag für Sozialwissenschaften.

Diehl, Claudia (2016): Ethnische Ungleichheiten im Bildungsverlauf. Eine Einführung. In: Diehl, Claudia/Hunkler, Christian/Kristen, Cornelia (Hrsg.): Ethnische Ungleichheiten im Bildungsverlauf: Mechanismen, Befunde, Debatten. Wiesbaden: Springer VS. S. 3-31.

Dillon, Stephen V./Grout, James A. (1976): Schools and Alienation. In: The Elementary School Journal 76, H. 8, S. 481-489.

Ditton, Hartmut/Wohlkinger, Florian (2012): Entscheiden die Kinder mit? Der Einfluss von Eltern, Lehrern und Kindern auf den Übergang nach der Grundschule. In: Kölner Zeitschrift für Soziologie und Sozialpsychologie, H. 52, S. 44-63.

Dynan, Mary P. (1980): Do schools care? Australia: Education Department of Western Australia.

Eccles, Jacquelynne S./Midgley, Carol (1989): Stage-environment fit: Developmentally appropriate classrooms for young adolescents. In: Ames, Russell/Ames, Carol (Hrsg.): Research on Motivation in Education: Goals and Cognitions. San Diego: Academic Press. S. 139-186.

Eckhardt, Thomas (2017): Das Bildungswesen in der Bundesrepublik Deutschland 2015/2016. Darstellung der Kompetenzen, Strukturen und bildungspolitischen Entwicklungen für den Informationsaustausch in Europa. Berlin.

EMACS (2013): Épreuves Standardisées. Nationaler Bericht 2011-2012. Luxemburg.

Engler, Steffani (2010): Habitus und sozialer Raum. Zur Nutzung der Konzepte Pierre Bourdieus in der Frauen- und Geschlechterforschung. In: Becker, Ruth/Kortendiek, Beate (Hrsg.): Handbuch Frauen- und Geschlechterforschung. Theorie, Methoden, Empirie. Wiesbaden: Springer VS. S. 257–268.

Erikson, Robert/Goldthorpe, John H./Portocarero, Lucienne (1979): Intergenerational class mobility in three Western European societies: England, France and Sweden. In: The British Journal of Sociology 30, H. 4, S. 415–441.

Esch, Pascale/Bocquet, Valéry/Pull, Charles/Couffignal, Sophie/Graas, Marc/Lair, Marie-Lise/Lehnert, Torsten/Fond-Harmant, Laurence/Ansseau, Marc (2011): Psychological risk and protective factors of secondary school dropout in Luxembourg: the protocol of an explanatory case-control study. In: BMC Public Health, S. 1–7.

Faul, Franz/Erdfelder, Edgar/Lang, Albert-Georg/Buchner, Axel (2007): G*Power: a flexible statistical power analysis program for the social, behavioral, and biomedical sciences. In: Behavioral research methods 39, S. 175–191.

Fend, Helmut (1997): Der Umgang mit der Schule in der Adoleszenz. Aufbau und Verlust von Lernmotivation, Selbstachtung und Empathie. Bern: Hans Huber.

Fend, Helmut (2008): Neue Theorie der Schule. Einführung in das Verstehen von Bildungssystemen. 2. Auflage. Wiesbaden: Springer VS.

Finn, Jeremy D. (1989): Withdrawing from school. In: Review of Educational Research 59, H. 2, S. 117–142.

Finn, Jeremy D./Zimmer, Kayla S. (2012): Student Engagement. In: Christenson, Sandra L./Reschly, Amy L./Wylie, Cathy (Hrsg.): Handbook of Research on Student Engagement. New York: Springer. S. 97–131.

Firestone, William A. (1993): Alternative Arguments for Generalisation from Data as Applied to Qualitative Research. In: Educational Researcher 22, H. 5, S. 16–23.

Fischer, Claude S. (1976): Alienation: Trying to Bridge the Chasm. In: The British Journal of Sociology 27, H. 1, S. 35–49.

Fishbein, Martin/Ajzen, Icek (1975): Belief, Attitude, Intention, and Behavior. Reading: Addison-Wesley.

Flick, Uwe (2011): Triangulation. Eine Einführung. 3. Aufl. Wiesbaden: VS Verlag für Sozialwissenschaften.

Fredericks, Jennifer A./Blumenfeld, Phyllis C./Paris, Alison H. (2004): School engagement: Potential of the concept, state of evidence. In: Review of Educational Research 74, H. 1, S. 59–109.

Fuß, Susanne/Karbach, Ute (2014): Grundlagen der Transkription. Eine praktische Einführung. Opladen, Toronto: Budrich.

Gettinger, Maribeth/Walther, Martha J. (2012): Classroom Strategies to Enhance Academic Engaged Time. In: Christenson, Sandra L./Reschly, Amy L./Wylie, Cathy (Hrsg.): Handbook of Research on Student Engagement. New York: Springer. S. 653–673.

Giesselmann, Marco/Windzio, Michael (2012): Regressionsmodelle zur Analyse von Paneldaten. Wiesbaden: Springer VS.

Goodenow, Carol/Grady, Kathleen E. (1993): The relationship of school belonging and friends' values to academic motivation among urban adolescent students. In: The Journal of Experimental Education 62, H. 1, S. 60–71.

Graf, Lukas/Tröhler, Daniel (2015): Berufsausbildung in Luxemburg: historische Ursprünge, institutionelle Struktur und aktuelle Herausforderungen. In: MENJE/SCRIPT/Universität Luxemburg (Hrsg.): Bildungsbericht Luxemburg. Band 2: Analysen und Befunde. Luxemburg. S. 103–108.

Grecu, Alyssa/Hascher, Tina/Hadjar, Andreas (in press): Teachers' images of the ideal student as a marker for school culture and its role for school alienation during the transition from primary to secondary education in Luxembourg. In: Studia paedagogica.

Grecu, Alyssa/Völcker, Matthias (2017): Mixed Methods. Potenziale und Herausforderungen der Integration qualitativer und quantitativer Forschungsmethoden. In: Maier, Maja S. Keßler, Catharina I./Deppe, Ulrike/Leuthold-Wergin, Anca/Sandring, Sabine (Hrsg.): Qualitative Bildungsforschung: Methodische und methodologische Herausforderungen in der Forschungspraxis. Wiesbaden: Springer VS. S. 229–246.

Grundmann, Matthias/Bittlingmayer, Uwe H./Dravenau, Daniel/Groh-Samberg, Olaf (2016): Bildung als Privileg und Fluch – Zum Zusammenhang zwischen lebensweltlichen und institutionalisierten Bildungsprozessen. In: Becker, Rolf/Lauterbach, Wolfgang (Hrsg.): Bildung als Privileg: Erklärungen und Befunde zu den Ursachen der Bildungsungleichheit. Wiesbaden: VS-Verlag. S. 57–86.

Grundmann, Matthias/Groh-Samberg, Olaf/Bittlingmayer, Uwe H./Bauer, Ullrich (2003): Milieuspezifische Bildungsstrategien in Familie und Gleichaltrigengruppe. In: Zeitschrift für Erziehungswissenschaft 6, H. 1, S. 25–46.

Grünewald-Huber, Elisabeth/Gysin, Stefanie/Braun, Dominique (2011): Wie inszenieren sich Schülerinnen und Schüler im Unterricht? Ergebnisse aus den qualitativen Daten einer Berner Studie. In: Hadjar, Andreas (Hrsg.): Geschlechtsspezifische Bildungsungleichheiten. Wiebaden: VS-Verlag. S. 203–234.

Haas, Christina/Heinen, Andreas (2015): Soziodemografische Merkmale der Jugendlichen und jungen Erwachsenen in Luxemburg. In: MENJE/Universität Luxemburg (Hrsg.): Nationaler Bericht zur Situation der Jugend in Luxemburg 2015. Übergänge vom Jugend- ins Erwachsenenalter. Luxemburg. S. 49–60.

Hadjar, Andreas (2008): Meritokratie als Legitimationsprinzip. Die Entwicklung der Akzeptanz sozialer Ungleichheit im Zuge der Bildungsexpansion. Wiebaden: VS-Verlag.

Hadjar, Andreas (Hrsg.) (2011): Geschlechtsspezifische Bildungsungleichheiten. Wiesbaden: VS Verlag für Sozialwissenschaften.

Hadjar, Andreas/Backes, Susanne/Gysin, Stefanie (2015): School Alienation, Patriarchal Gender-Role Orientations and the Lower Educational Success of Boys. A Mixed-method Study. In: Masculinities and Social Change 4, H. 1, S. 85–116.

Hadjar, Andreas/Berger, Joël (2010): Dauerhafte Bildungsungleichheiten in Westdeutschland, Ostdeutschland und der Schweiz: Eine Kohortenbetrachtung der Ungleichheitsdimensionen soziale Herkunft und Geschlecht. In: Zeitschrift für Soziologie 39, H. 3, S. 182–201.

Hadjar, Andreas/Fischbach, Antoine/Backes, Susanne (2018): Bildungsungleichheiten im luxemburgischen Sekundarschulsystem aus zeitlicher Perspektive. In: Luxembourg Centre for Educational Testing/Universität Luxemburg/Service de Coordination de la Recherche et de l'Innovation pédagogiques et technologiques (Hrsg.): Nationaler Bildungsbericht Luxemburg 2018. Esch-sur-Alzette. S. 58–82.

Hadjar, Andreas/Fischbach, Antoine/Martin, Romain/Backes, Susanne (2015): Bildungsungleichheiten im luxemburgischen Bildungssystem. In: MENJE/SCRIPT/Universität Luxemburg (Hrsg.): Bildungsbericht Luxemburg. Band 2: Analysen und Befunde. Luxemburg. S. 34–57.

Hadjar, Andreas/Lupatsch, Judith (2010): Der Schul(miss)erfolg der Jungen. Die Bedeutung von sozialen Ressourcen, Schulentfremdung und Geschlechterrollen. In: Kölner Zeitschrift für Soziologie und Sozialpsychologie 62, H. 4, S. 599–622.

Hadjar, Andreas/Lupatsch, Judith/Grünewald, Elisabeth (2010): Bildungsverlierer/-innen, Schulentfremdung und Schulerfolg. In: Quenzel, Gudrun/Hurrelmann, Klaus (Hrsg.): Bildungsverlierer: Neue Ungleichheiten. Wiesbaden: VS Verlag für Sozialwissenschaften. S. 223–244.

Hadjar, Andreas/Rothmüller, Barbara (2016): Chancengleichheit und Leistungsmotiv in der Bildungspolitik: Die Debatten um die Gesamtschule am Beispiel Luxemburgs. In: Österreichische Zeitschrift für Politikwissenschaft 45, H. 1.

Hadjar, Andreas/Scharf, Jan/Grecu, Alyssa (2019): Schulische Kontexte, Schulentfremdung und Bildungsarmut. In: Quenzel, Gudrun/Hurrelmann, Klaus (Hrsg.): Handbuch Bildungsarmut. Wiesbaden: Springer VS. S. 183–201.

Hadjar, Andreas/Uusitalo, Erica (2016): Education systems and the dynamics of educational inequalities in low educational attainment: a closer look at England (UK), Finland, Luxembourg, and German-speaking Switzerland. In: European Societies 18, H. 3, S. 264–287.

Harris, Donna M. (2012): Varying Teacher Expectations and Standards: Curriculum Differentiation in the Age of Standards-Based Reform. In: Education and Urban Society 44, H. 2, S. 128–150.

Hascher, Tina (2007): Exploring students' well-being by taking a variety of looks into the classroom. In: Hellenic Journal of Psychology 4, H. 3, S. 331–349.

Hascher, Tina (2010): Wellbeing. In: Peterson, P./Baker, E./McGaw, B. (Eds.s) (Hrsg.): International Encyclopedia of Education. Oxford: Elsevier Science. S. 732–738.

Hascher, Tina (2011): Wellbeing. In: Jarvela, Sanna (Hrsg.): Social and Emotional Aspects of Learning. Burlington: Elsevier Science. S. 99–105.

Hascher, Tina (2012): Well-being and learning in school. In: Seel, Norbert M. (Hrsg.): Encyclopedia of the sciences of learning. New York: Springer. S. 3453–3456.

Hascher, Tina/Hadjar, Andreas (2014): Projektantrag School Alientaion in Switzerland and Luxembourg. Bern, Luxemburg.

Hascher, Tina/Hadjar, Andreas (2018): School alienation – Theoretical approaches and educational research. In: Educational Research 60, H. 2, S. 171–188.

Hascher, Tina/Hagenauer, Gerda (2010): Alienation from School. In: International Journal of Educational Research 49, H. 6, S. 220–232.

Helfferich, Cornelia (2011): Die Qualität qualitativer Daten. Manual für die Durchführung qualitativer Interviews. 4. Aufl. Wiesbaden: VS Verlag für Sozialwissenschaften.

Helsper, Werner (1995): Die verordnete Autonomie – Zum Verhältnis von Schulmythos und Schülerbiographie im institutionalisierten Individualisierungsparadoxon der modernisierten Schulkultur. In: Krüger, Heinz-Herrmann/Marotzki, Winfried (Hrsg.): Erziehungswissenschaftliche Biographieforschung. Opladen: Leske und Budrich. S. 175–200.

Helsper, Werner (2008): Schulkulturen – die Schule als symbolische Sinnordnung. In: Zeitschrift für Pädagogik 54, H. 1, S. 63–80.

Helsper, Werner (2015): Schulkultur revisited: Ein Versuch, Antworten zu geben und Rückfragen zu stellen. In: Böhme, Jeanette/Hummrich, Merle/Kramer, Rolf-Torsten (Hrsg.): Schulkultur. Theoriebildung im Diskurs. Wiesbaden: Springer VS. S. 447–500.

Helsper, Werner/Böhme, Jeanette/Kramer, Rolf-Torsten/Lingkost, Angelika (2001): Schulkultur und Schulmythos. Gymnasien im Transformationsprozess zwischen exklusiver Bildung und höherer Volksschule. Wiebaden: Springer VS.

Helsper, Werner/Dreier, Lena/Gibson, Anja/Kotzyba, Katrin/Niemann, Mareke (2018): Studien zur Schul- und Bildungsforschung: Exklusive Gymnasien und ihre Schüler: Passungsverhältnisse zwischen institutionellem und individuellem Schülerhabitus. Wiesbaden: Springer VS.

Helsper, Werner/Hummrich, Merle/Kramer, Rolf-Torsten (2014): Schülerhabitus und Schulkultur – Inklusion, inkludierte Fremdheit und Exklusion am Beispiel exklusiver Schulen. In: Bauer, Ulrich/Bolder, Axel/Bremer, Helmut/Dobischat, Rolf/Kutscha, Günter (Hrsg.): Expansive Bildungspolitik – Expansive Bildung? Wiesbaden: VS Verlag für Sozialwissenschaften. S. 311–334.

Helsper, Werner/Kramer, Rolf-Torsten/Thiersch, Sven (2014): Habitus – Schule – Schüler: Eine Einleitung. In: Helsper, Werner/Kramer, Rolf-Torsten/Thiersch, Sven (Hrsg.): Schülerhabitus. Theoretische und empirische Analysen zum Bourdieuschen Theorem der kulturellen Passung. Wiesbaden: VS Verlag für Sozialwissenschaften. S. 7–29.

Helsper, Werner/Kramer, Rolf-Torsten/Thiersch, Sven/Ziems, Carolin (2010): Bildungshabitus und Übergangserfahrungen bei Kindern. In: Baumert, Jürgen/Maaz, Kai/Trautwein, Ulrich (Hrsg.): Bildungsentscheidungen. Zeitschrift für Erziehungswissenschaft, Sonderheft 12/2009. Wiesbaden: VS Verlag für Sozialwissenschaften. S. 12–153.

Hendrix, Vernon L./Sederberg, Charles H./Miller, Victoria (1990): Correlates of commitment/ alienation among high school seniors. In: Journal of Research & Development in Education 23, H. 1, S. 129–135.

Henning, Christoph (2015): Theorien der Entfremdung zur Einführung. Hamburg: Junius.

Hofer, Manfred (2004): Schüler wollen für die Schule lernen, aber auch anderes tun. Theorien der Lernmotivation in der Pädagogischen Psychologie. In: Zeitschrift für Pädagogische Psychologie 18, H. 2, S. 79–92.

Houssemand, Claude/Meyers, Raymond (2013): The Role of Parenting in Dropping Out of School: contributions and Limits of Qualitative Research Methods. In: Procedia Social and Behavioral Sciences 89, S. 523–528.

Hradil, Stefan/Schiener, Jürgen (1999): Soziale Ungleichheit in Deutschland. Opladen: Leske und Budrich.

Hu, Adelheid/Hansen-Pauly, Marie-Anne/Reichert, Monique/Ugen, Sonja (2015): Mehrsprachigkeit im luxemburgischen Sekundarschulwesen. In: MENJE/SCRIPT/Universität Luxemburg (Hrsg.): Bildungsbericht Luxemburg. Band 2: Analysen und Befunde. Luxemburg. S. 63–76.

Hummrich, Merle/Kramer, Rolf-Torsten (Hrsg.) (2017): Schulische Sozialisation. Wiesbaden: Springer VS.

Hupka-Brunner, Sandra/Meyer, Thomas/Stalder, Barbara E./Keller, Anita (2011): PISA-Kompetenzen und Übergangswege: Ergebnisse aus der Schweizer TREE-Studie. In: Krekel, Elisabeth, M./

Lex, Tilly (Hrsg.): Neue Jugend, neue Ausbildung? Beiträge aus der Jugend- und Bildungsforschung. Bielefeld: Bertelsmann. S. 173–188.
Hyman, Irwin/Perone, Donna C. (1998): The Other Side of School Violence. In: Journal of School Psychology 36, H. 1, S. 7–27.
Ifeagwazi, Chuka Mike/Chukwuorji, John Bosco Chika/Zacchaeus, Endurance Avah (2015): Alienation and Psychological Wellbeing. Moderation by Resilience. In: Social Indicators Research 120, H. 2, S. 525–544.
Jackson, Michelle/Jonsson, Jan O./Rudolphi, Frida (2012): Ethnic Inequality and Choice-Driven Educational Systems. In: Sociology of Education 85, H. 2, S. 158–178.
Jaeggi, Rahel (2005): Entfremdung. Zur Aktualität eines sozialphilosophischen Problems. Frankfurt/New York: Campus Verlag.
Johnson, Burke R./Onwuegbuzie, Anthony J./Turner, Lisa A. (2007): Towards a Definition of Mixed Methods Research. In: Journal of Mixed Methods Research 1, H. 2, S. 112–133.
Johnson, Genevieve M. (2005): Student Alienation, Academic Achievement, and WebCT Use. In: Educational Technology and Society 8, H. 2, S. 179–189.
Jungbauer-Gans, Monika (2004): Einfluss des sozialen und kulturellen Kapitals auf die Lesekompetenz: Ein Vergleich der PISA 2000-Daten aus Deutschland, Frankreich und der Schweiz. In: Zeitschrift für Soziologie der Erziehung und Sozialisation 33, H. 5, S. 375–397.
Juvonen, Jaana/Espinoza, Guadalupe/Knifsend, Casey (2012): The Role of Peer Relationships in Student Academic and Extracurricular Engagement. In: Christenson, Sandra L./Reschly, Amy L./Wylie, Cathy (Hrsg.): Handbook of Research on Student Engagement. New York: Springer. S. 387–401.
Kalekin-Fishman, Devorah (1989): De-alienation as an Educational Objective. In: Humanity & Society 13, H. 3, S. 309–326.
Kaplan, Abraham (1973): The conduct of inquiry. Methodology for Behavioural Science. Ayllesbury: Intertext Books.
Keller, Ulrich/Sonnleitner, Philipp/Villányi, Denise/Fischbach, Antoine/Lorphelin, Dalia/Ugen, Sonja/Böhm, Bettina/Martin, Romain (2013): Unterschiede zwischen Schulformen und das Pilotprojekt PROCI. In: MENFP (Hrsg.): PISA 2012. Nationaler Bericht Luxemburg. Luxemburg. S. 88–99.
Klapproth, Florian/Schaltz, Paule (2015): Klassenwiederholungen in Luxemburg. In: MENJE/SCRIPT/Universität Luxemburg (Hrsg.): Bildungsbericht Luxemburg. Band 2: Analysen und Befunde. Luxemburg. S. 76–83.
Klinger, Cornelia/Knapp, Gudrun-Axeli (2007): Achsen der Ungleichheit – Achsen der Differenz: Verhältnisbestimmungen von Klasse, Geschlecht, „Rasse"/Ethnizität. In: Klinger, Cornelia/Knapp, Gudrun-Axeli/Sauer, Birgit (Hrsg.): Achsen der Ungleichheit: zum Verhältnis von Klasse, Geschlecht und Ethnizität. Frankfurt/Main, New York: Campus Verlag. S. 19–41.
Kocayörük, Ercan/Furuk Simsek, Ömer (2016): Parental Attachment and Adolescents'Perception of School Alienation: The Mediation Role of Self-Esteem and Adjustment. In: The Journal of Psychology 150, H. 4, S. 405–421.
Köhler, Sina/Thiersch, Sven (2013): Schülerbiografien in einer dokumentarischen Längsschnittalternative – Eine Typologie im Wandel schulbezogener Orientierungen. In: Zeitschrift für Qualitative Forschung 14, H. 1, S. 33–47.
Köller, Olaf/Baumert, Jürgen (2001): Leistungsgruppierungen in der Sekundarstufe I: Ihre Konsequenzen für die Mathematikleistung und das mathematische Selbstkonzept der Begabung. In: Zeitschrift für Pädagogische Psychologie 15, S. 99–110.
König, Ronny (2016): Bildung, Schicht und Generationensolidarität in Europa. Wiesbaden: VS Verlag für Sozialwissenschaften.
Kopp, Johannes (2009): Bildungssoziologie. Eine Einführung anhand empirischer Studien. Wiesbaden: Springer VS.
Kramer, Rolf-Torsten (2002): Schulkultur und Schülerbiographien. Das „schulbiographische Passungsverhältnis". Rekonstruktionen zur Schulkultur II. Wiesbaden: Springer VS.
Kramer, Rolf-Torsten (2013): „Habitus(-wandel)" im Spiegel von „Krise" und „Bewährung". Strukturtheoretische Überlegungen zu einer dokumentarischen Längsschnittforschung. In: Zeitschrift für Qualitative Forschung 14, H. 1, S. 13–32.

Kramer, Rolf-Torsten (2014): Kulturelle Passung und Schülerhabitus – Zur Bedeutung der Schule für Transformationsprozesse des Habitus. In: Helsper, Werner/Kramer, Rolf-Torsten/Thiersch, Sven (Hrsg.): Schülerhabitus. Theoretische und empirische Analysen zum Bourdieuschen Theorem der kulturellen Passung. Wiesbaden: VS Verlag für Sozialwissenschaften. S. 183–202.

Kramer, Rolf-Torsten (2018): Sequenzanalytische Habitusrekonstruktion. Methodologische Überlegungen zu einer neuen Methode der Habitushermeneutik. In: Heinrich, Martin/Wernet, Andreas (Hrsg.): Rekonstruktive Bildungsforschung. Zugänge und Methoden. Wiesbaden: Springer VS. S. 243–267.

Kramer, Rolf-Torsten/Helsper, Werner (2011): Kulturelle Passung und Bildungsungleichheit; Potenziale einer an Bourdieu orientierten Analyse der Bildungsungleichheiten. In: Krüger, Heinz-Hermann (Hrsg.): Bildungsungleichheit revisited. Bildung und soziale Ungleichheit vom Kindergarten bis zur Hochschule. 1. Aufl. Wiesbaden: VS, Verl. für Sozialwiss. S. 103–126.

Kramer, Rolf-Torsten/Helsper, Werner/Thiersch, Sven/Ziems, Carolin (2009): Selektion und Schulkarriere: Kindliche Orientierungsrahmen beim Übergang in die Sekundarstufe I. Wiesbaden: VS Verlag für Sozialwissenschaften.

Kramer, Rolf-Torsten/Helsper, Werner/Thiersch, Sven/Ziems, Carolin (2013): Das 7. Schuljahr: Wandlungen des Bildungshabitus in der Schulkarriere? Wiesbaden: Springer VS.

Kramer, Rolf-Torsten/Thiersch, Sven/Ziems, Carolin (2015): Schulkultur, Schülerbiografie und Bildungshabitus – Zum Stellenwert der Theorie der Schulkultur für die Analyse von Schulkarrieren und schulischen Übergängen. In: Böhme, Jeanette/Hummrich, Merle/Kramer, Rolf-Torsten (Hrsg.): Schulkultur. Theoriebildung im Diskurs. Wiesbaden: Springer VS. S. 211–235.

Kreuter, Frauke/Eckman, Stephanie/Maaz, Kai/Watermann, Rainer (2010): Children's Reports of Parents' Education Level: Does it Matter Whom You Ask and What You Ask About? In: Survey Research Methods 4, H. 3, S. 127–138.

Kristen, Cornelia/Granato, Nadia (2007): The Educational Attainment of the Second Generation in Germany: Social Origins and Ethnic Inequality. Nürnberg.

Krolak-Schwerdt, Sabine/Pit-ten Caten Ineke/Glock, Sabine/Klapproth, Florian (2015): Der Übergang vom Primar- zum Sekundarschulbereich: Übergangsentscheidungen von Lehrkräften. In: MENJE/SCRIPT/Universität Luxemburg (Hrsg.): Bildungsbericht Luxemburg. Band 2: Analysen und Befunde. Luxemburg. S. 57–62.

Krüger, Heinz-Hermann/Keßler, Catharina/Winter, Daniela (2015): Schulkultur und soziale Ungleichheit. Perspektiven von Schulleitungen an exklusiven Gymnasien auf den Elite-und Exzellenzdiskurs. In: Böhme, Jeanette/Hummrich, Merle/Kramer, Rolf-Torsten (Hrsg.): Schulkultur. Theoriebildung im Diskurs. Wiesbaden: Springer VS. S. 183–210.

Kruse, Jan (2014): Qualitative Interviewforschung. Ein integrativer Ansatz. Weinheim, Basel: Beltz Juventa.

Kühn, Thomas/Koschel, Kay-Volker (2018): Gruppendiskussionen: Ein Praxis-Handbuch. 2. Aufl. Wiesbaden: Springer VS.

Kupfer, Antonia (2011): Bildungssoziologie. Theorien – Institutionen – Debatten. Wiesbaden: Springer VS.

Lamnek, Siegfried (2005a): Gruppendiskussion. Theorie und Praxis. 2. überarb. und erw. Aufl. Weinheim, Basel: Beltz.

Lamnek, Siegfried (2005b): Qualitative Sozialforschung. Lehrbuch. 4., vollst. überarb. Aufl. Weinheim: Beltz PVU.

Lange-Vester, Andrea/Teiwes-Kügler, Christl (2013): Das Konzept der Habitushermeneutik in der Milieuforschung. In: Lenger, Alexander/Schneickert, Christian/Schumacher, Florian (Hrsg.): Pierre Bourdieus Konzeption des Habitus. Grundlagen, Zugänge, Forschungsperspektiven. Wiesbaden: VS Verlag für Sozialwissenschaften. S. 149–174.

Legault, Lisa/Pelletier, Luc/Green-Demers, Isabelle (2006): Why do High School Students Lack Motivation in the Classroom? Toward an Understanding of Academic Amotivation and the Role of Social Support. In: Journal of Educational Psychology 98, H. 3, S. 567–582.

Lenz, Thomas/Heinz, Andreas (2018): Das luxemburgische Schulsystem – Einblicke und Trends. In: Luxembourg Centre for Educational Testing/Universität Luxemburg/Service de Coordination de la Recherche et de l'Innovation pédagogiques et technologiques (Hrsg.): Nationaler Bildungsbericht Luxemburg 2018. Esch-sur-Alzette. S. 22–34.

Löser, Jessica (2011): „Celebrate Diversity" – Eine qualitative Studie über Kulturenvielfalt an kanadischen Schulen. In: Diehm, Isabell/Panagiotopoulou, Argyro (Hrsg.): Bildungsbedingungen in europäischen Migrationsgesellschaften. Ergebnisse qualitativer Studien in Vor- und Grundschule. Wiesbaden: Springer VS. S. 179–188.

Luckner, Amy E./Pianta, Robert C. (2011): Teacher-Student Interactions in Fifth Grade Classrooms: Relations with Children's Peer Behavior. In: Journal of Applied Developmental Psychology, 32, H. 5, S. 257–266.

Ludz, Peter Christian (1973): Alienation as a Concept in the Social Sciences. In: Current Sociology 21, H. 1, S. 5–39.

Lupatsch, Judith/Hadjar, A. (2011): Determinanten des Geschlechterunterschieds im Schulerfolg: Ergebnisse einer quantitativen Studie aus Bern. In: Hadjar, Andreas (Hrsg.): Geschlechtsspezifische Bildungsungleichheiten. Wiesbaden: VS Verlag für Sozialwissenschaften. S. 177–202.

Ma, Xin (2003): Sense of Belonging to School: Can Schools make a Difference? In: The Journal of Educational Research 96, H. 6, S. 340–349.

Maddox, Samuel/Prinz, Ronald (2003): School Bonding in Children and Adolescents: Conceptualization, Assessment, and Associated Variables. In: Clinical Child and Family Psychology Review 6, H. 3, S. 31–49.

Mahmoudi, Hojjat/Brown, Monica R./Saribagloo, Javad Amani/Dadashzadeh, Shiva (2018): The Role of School Culture and Basic Psychological Needs on Iranian Adolescents'Academic Alienation: A Multi-Level Examination. In: Youth & Society, S. 116–136.

Mann, Sarah J. (2001): Alternative perspectives on student learning: alienation and engagement. In: Studies in Higher Education 26, H. 1, S. 7–19.

Mann, Sarah J. (2005): Alienation in the learning environment: a failure of community? In: Studies in Higher Education 30, H. 1, S. 43–55.

Mau, Rosalind Y. (1989): Student alienation in a school context. In: Research in Education 42, S. 17–28.

Mau, Rosalind Y. (1992): The validity and devolution of a concept. In: Adolescence 27, H. 107, S. 731–741.

Mayring, Philipp (2001): Kombination und Integration qualitativer und quantitativer Analyse. In: Forum: Qualitative Sozialforschung 2, H. 1 (auch online unter http://www.qualitative-research.net/index.php/fqs/article/view/967/2110).

McGillicuddy, Deirdre/Devine, Dympna (2018): "Turned off" or "ready to fly" – Ability grouping as an act of symbolic violence in primary school. In: Teaching and the Teacher Education 70, S. 88–99.

MENJE (2014): Les chiffres clés de l'éducation nationale. Statistiques et indicateurs. Année scolaire 2012–2013. Luxemburg.

MENJE. „L'orientation". http://www.men.public.lu/fr/actualites/grands-dossiers/enseignement-fondamental/06a-orientation/index.html (Abfrage 02.07.2019).

MENJE (2018b): Was tun nach dem vierten Zyklus der Grundschule? Luxemburg.

MENJE/SCRIPT/Universität Luxemburg (2017): PISA 2015 Nationaler Bericht Luxemburg. Luxemburg.

MENJE/Universität Luxemburg (2013): PISA 2012: Nationaler Bericht Luxemburg. Luxemburg.

MENJE/Universität Luxemburg (2015): Bildungsbericht 2015. Luxemburg.

Meulemann, Heiner (1990): Schullaufbahnen, Ausbildungskarrieren und die Folgen im Lebensverlauf. In: Mayer, Karl-Ulrich (Hrsg.): Lebensverläufe und sozialer Wandel. Opladen: Westdeutscher Verlag. S. 89–117.

Meyers, Raymond/Pignault, Anne/Housseman, Claude (2013): The Role of Motivation and Self-regulation in Dropping Out of School. In: Procedia Social and Behavioral Sciences 89, S. 270–275.

Morinaj, Julia/Hascher, Tina (2017): Student well-being and school alienation. In: Marcionetti, Jenny/Castelli, Luciana/Crescentini., Alberto (Hrsg.): Well-being in education systems. Florence: Hogrefe Editore. S. 56–61.

Morinaj, Julia/Hascher, Tina (2019): School alienation and student well-being. A cross-lagged longitudinal analysis. In: European Journal of Psychology of Education 34, H. 2, S. 273–294.

Morinaj, Julia/Marcin, Kaja/Hascher, Tina (2019): School alienation, student learning and social behavior in challenging times. In: Gonida, Eleftheria/Lemos, Marina S. (Hrsg.): Motivation in

Education at a Time of Global Change: Theory, Research, and Implications for Practice. Bingley: Emerald Publishing Limited. S. 205-224.

Morinaj, Julia/Scharf, Jan/Grecu, Alyssa/Hadjar, Andreas/Hascher, Tina/Marcin, Kaja (2017): School Alienation. A Construct Validation Study. In: Frontline Learning Research 5, H. 2, S. 36-59.

Müller, Walter/Kogan, Irena (2010): Education. In: Immerfall, Stefan/Therborn, Göran (Hrsg.): Handbook of European societies. New York: Springer. S. 217-289.

Müller, Walter/Mayer, Karl Ulrich (1976): Chancengleichheit durch Bildung? Stuttgart: Klett.

Murdock, Tamera B. (1999): The social context of risk: Status and motivational predictors of alienation in middle school. In: Journal of Educational Psychology 91, H. 1, S. 62-75.

Newman, Barbara M./Newman, Philip R. (2003): Development through life. (8th ed.). Belmont, CA: Wadsworth.

Newmann, Fred M. (1981): Reducing Student Alienation in High Schools: Implications of Theory. In: Harvard Educational Review 51, H. 4, S. 546-564.

Newmann, Fred M./Wehlage, Gary G./Lamborn, Susie (1992): The significance and sources of student engagement. In: Newmann, Fred M. (Hrsg.): Student engagement and achievement in American secondary schools. New York: Teachers College Press. S. 11-39.

Noesen, Jos (2005): Vocational education and training in Luxembourg. Short Description. Thessaloniki.

Nohl, Arnd-Michael (2012): Interview und dokumentarische Methode. Anleitungen für die Forschungspraxis. Wiebaden: VS Verlag für Sozialwissenschaften.

Parsons, Talcott (1967): Sociological theory and modern society. New York, London: The Free Press; Collier Macmillan.

Parsons, Talcott (1975): Gesellschaften: evolutionäre und komparative Perspektiven. Frankfurt/Main: Suhrkamp.

Paulick, Isabell/Watermann, Rainer/Nückles, Matthias (2013): Achievement goals and school achievement: The transition to different schooltracks in secondary school. In: Contemporary Educational Psychology 38, H. 1, S. 75-86.

Pfeffer, Fabian T. (2008): Persistent Inequality in Educational Attainment and its Institutional Context. In: European Sociological Review 24, H. 5, S. 543-565.

Pianta, Robert C./Hamre, Bridget K./Allen, Joseph (2012): Teacher-Student Relationships and Engagement: Conceptualizing, Measuring, and Improving the Capacity of Classroom Interactions. In: Christenson, Sandra L./Reschly, Amy L./Wylie, Cathy (Hrsg.): Handbook of Research on Student Engagement. New York: Springer. S. 365-386.

Poncelet, Débora/Billa, Jean/Schürnbrand, Carmen/Kerger, Sylvie/Dierendonck, Christophe (2015): Staying on track. Tackling early school leaving and promoting success in school. Conclusions. Luxemburg.

Popper, Karl (1935): Logik der Forschung. Zur Erkenntnistheorie der modernen Naturwissenschaft. Wien: Springer Verlag Wien GmbH.

Prinzie, Peter/Onghena, Patrick (2005): Cohort Sequential Design. In: Everitt, Brian S./Howell, David (Hrsg.): Encyclopedia of Statistics in Behavioral Science. Hoboken: Wiley.

Przyborski, Aglaja/Wohlrab-Sahr, Monika (2014): Qualitative Sozialforschung. Ein Arbeitsbuch. 3., korrigierte Auflage. München: Oldenbourg.

Quenzel, Gudrun/Hurrelmann, Klaus (2019): Ursachen und Folgen von Bildungsarmut. In: Quenzel, Gudrun/Hurrelmann, Klaus (Hrsg.): Handbuch Bildungsarmut. Wiesbaden: Springer VS. S. 3-25.

Rabe-Hesketh, Sophia/Skrondal, Anders (2012): Multilevel and Longitudinal Modeling Using Stata. College Station: Stata Press.

Rademacher, Sandra/Wernet, Andreas (2014): „One Size Fits All" - Eine Kritik des Habitusbegriffs. In: Helsper, Werner/Kramer, Rolf-Torsten/Thiersch, Sven (Hrsg.): Schülerhabitus. Theoretische und empirische Analysen zum Bourdieuschen Theorem der kulturellen Passung. Wiesbaden: VS Verlag für Sozialwissenschaften. S. 159-182.

Rae, Gavin (2010): Alienation, Authenticity and the Self. In: History of the Human Sciences 23, H. 4, S. 21-36.

Rauer, Wulf/Schuck, Karl Dieter (2003): Fragebogen zur Erfassung emotionaler und sozialer Schulerfahrungen von Grundschulkindern dritter und vierter Klassen (FEESS 3-4). Göttingen: Hogrefe.

Relikowski, Ilona/Schneider, Thorsten/Blossfeld, Hans-Peter (2010): Primäre und sekundäre Herkunftseffekte beim Übergang in das gegliederte Schulsystem: Welche Rolle spielen soziale Klasse und Bildungsstatus in Familien mit Migrationshintergrund? In: Beckers, Tilo/Birkelbach, Klaus W./Hagenah, Jörg/Rosar, Ulrich (Hrsg.): Komparative empirische Sozialforschung. Anwendungsfelder und aktuelle Methoden in Best Practice-Studien. Wiesbaden: VS Verlag für Sozialwissenschaften. S. 143–167.

Relikowski, Ilona/Yilmaz, Erbil/Blossfeld, Hans-Peter (2012): Wie lassen sich die hohen Bildungsaspirationen von Migranten erklären? In: Kölner Zeitschrift für Soziologie und Sozialpsychologie, Sonderheft 52, S. 111–136.

Rosa, Hartmut (2016): Resonanz. Eine Soziologie der Weltbeziehung. Berlin: Suhrkamp.

Sandring, Sabine (2013): Schulversagen und Anerkennung. Wiesbaden: Springer VS.

Scharf, Jan (2018): Bildungswerte und Schulentfremdung: Institutions- und Kompositionseffekte in den Bildungskontexten Luxemburgs und der Schweiz. Dissertation. Esch-sur-Alzette.

Schnell, Rainer/Hill, Paul/Esser, Elke (2008): Methoden der empirischen Sozialforschung. München Wien: Oldenbourg.

Schofield, Janet W. (2010): International Evidence on Ability Grouping With Curriculum Differentiation and the Achievement Gap in Secondary Schools. In: Teachers College Record 112, H. 5, S. 1492–1528.

Schulz, Lisa L./Rubel, Deborah J. (2011): A Phenomenology of Alienation in High School: The Experiences of Five Male Non-completers. In: Professional School Counseling 14, H. 5, S. 286–298.

Seeman, M. (1959): On the meaning of alienation. In: American Sociological Review 24, H. 6, S. 783–791.

Sidorkin, Alexander M. (2004): In the Event of Learning. In: Educational Theory 54, H. 3, S. 251–262.

Silkenbeumer, Mirja/Wernet, Andreas (2012): Die Mühen des Aufstiegs. Von der Realschule zum Gymnasium. Fallrekonstruktionen zur Formierung des Bildungsselbst. Opladen: Barbara Budrich.

Smyth, Emer (2016): Students' Experiences and Perspectives on Secondary Education Institutions, Transitions and Policy. London: Palgrave Macmillan.

Solga, Heike (2005): Ohne Abschluss in die Bildungsgesellschaft. Die Erwerbschancen gering qualifizierter Personen aus soziologischer und ökonomischer Perspektive. Opladen: Barbara Budrich.

Sørensen, Aage B. (1970): Organizational differentiation of students and educational opportunity. In: Sociology of Education 43, H. 4, S. 355–376.

Staples, Ezra I. (1977): Affecting disaffected students. In: Educational Leadership 34, H. 6, S. 422–428.

Stocké, Volker (2010): Schulbezogenes Sozialkapital und Schulerfolg der Kinder: Kompetenzvorsprung oder statistische Diskriminierung durch Lehrkräfte? In: Becker, Birgit/Reimer, David (Hrsg.): Vom Kindergarten bis zur Hochschule. Die Generierung von ethnischen und sozialen Disparitäten in der Bildungsbiographie. Wiesbaden: Springer VS. S. 81–115.

Strübing, Jörg (2013): Qualitative Sozialforschung. Eine komprimierte Einführung für Studierende. München: Oldenbourg.

Studsrød, Ingunn/Bru, Edvin (2011): Perceptions of Peers as Socialization Agents and Adjustment in Upper Secondary School. In: Emotional and Behavioural Difficulties 16, H. 2, S. 159–172.

Studsrød, Ingunn/Bru, Edvin (2012): Upper Secondary School Students' Perceptions of Teacher Socialization Practices and Reports of School Adjustment. In: School Psychology International 33, H. 3, S. 308–324.

Stuel, Reinoud D./van den Wittenboer, Godfried/Hox, Joop (2003): Analyzing Longitudinal Data Using Multilevel Regression and Latent Growth Curve Analysis. In: Metodología de las Ciencias del Comportamiento 5, S. 1–21.

Sutherland, Alison (2011): The Relationship between School and Youth Offending. In: Social Policy Journal of New Zealand, H. 37, S. 51–69.

Tarquin, Kristen/Cook-Cottone, Catherine (2008): Relationships Among Aspects of Student Alienation and Self Concept. In: School Psychology Quarterly 23, H. 1, S. 16–25.

Terhart, Ewald (1994): SchulKultur. Hintergründe, Formen, und Implikationen eines schulpädagogischen Trends. In: Zeitschrift für Pädagogik 40, H. 5, 685-699.

Thiersch, Sven (2014a): Bildungshabitus und Schulwahl. Fallrekonstruktionen zur Aneignung und Weitergabe des familialen ‚Erbes'. Wiesbaden: Springer VS.

Thiersch, Sven (2014b): Schülerhabitus und familialer Bildungshabitus. Zur Genese von Bildungskarrieren und -entscheidungen. In: Helsper, Werner/Kramer, Rolf-Torsten/Thiersch, Sven (Hrsg.): Schülerhabitus. Theoretische und empirische Analysen zum Bourdieuschen Theorem der kulturellen Passung. Wiesbaden: VS Verlag für Sozialwissenschaften. S. 205-224.

Tian, Lili/Chen, Huan/Huebner, Scott (2014): The Longitudinal Relationships Between Basic Psychological Needs Satisfaction at School and School-Related Subjective Well-Being in Adolescents. In: Social Indicators Research 119, H. 3, S. 353-372.

Tinto, Vincent (1975): Dropout from Higher Education: A theoretical Synthesis of Recent Research. In: Review of Educational Research 45, H. 1, S. 89-125.

Torres-Reyna, Oscar (2007): Panel Data Analysis Fixed and Random Effects using Stata (v. 4.2). Princeton.

Trautwein, Ulrich/Lüdtke, Oliver (2009): Predicting homework motivation and homework effort in six school subjects: The need to differentiate between the student and class levels. In: Learning and Instruction 19, H. 3, S. 243-258.

Trusty, Jerry/Dooley-Dickey, Katherine (1993): Alienation from school. In: Journal of Research & Development in Education 26, H. 4, S. 232-242.

Vallerand, Robert J./Fortier, Michelle S./Guay, Frédéric (1997): Self-determination and persistence in a real-life setting. Toward a motivational model of high school dropout. In: Journal of Personality and Social Psychology 72, H. 5, S. 1161-1176.

van de Werfhorst, Herman G./Mijs, Jonathan J. B. (2010): Achievement Inequality and the Institutional Structure of Educational Systems. A Comparative Perspective. In: Annual Review of Sociology 36, H. 1, S. 407-428.

van de Werfhorst, Herman G./van Tubergen, Frank (2007): Ethnicity, Schooling, and Merit in the Netherlands. In: Ethnicities 7, H. 3, 416-444.

van Houtte, Mieke/Steven, Peter A. (2015): Tracking and sense of futility: the impact of between-school tracking versus within-school tracking in secondary education in Flanders (Belgium). In: British Educational Research Journal 41, H. 5, S. 782-800.

Weth, Constanze (2015): Mehrsprachigkeit in Luxemburger Primarschulen. In: MENJE/SCRIPT/ Universität Luxemburg (Hrsg.): Bildungsbericht Luxemburg. Band 2: Analysen und Befunde. Luxemburg. S. 22-27.

Wigger, Lothar (2009): Habitus und Bildung: einige Überlegungen zum Zusammenhang von Habitusformationen und Bildungsprozessen. In: Friebertshäuser, Barbara/Rieger-Ladich, Markus/ Wigger Lothar (Hrsg.): Reflexive Erziehungswissenschaft: Forschungsperspektiven im Anschluss an Pierre Bourdieu. Wiesbaden: VS Verlag für Sozialwissenschaften. S. 101-118.

Wikström, Per-Olof H. (2014): Why Crime Happens. A situational action theory. In: Manzo, Gianluca (Hrsg.): Analytical Sociology: actions and networks. West Sussex: Wiley. S. 74-94.

Willems, Helmut/Milmeister, Paul (2008): Die Entwicklung einer multikulturellen Gesellschaft und ihre Herausforderungen am Beispiel Luxemburgs. In: Meimeth, Michael/Robertson, Jan/ Talmon, Susanne (Hrsg.): Integration und Identität in Einwanderungsgesellschaften. Herausforderungen und transatlantische Antworten. 1. Auflage. Baden-Baden: Nomos Verlag. S. 153-179.

Willis, Paul (1978): Learning to Labour. How working class kids get working class jobs. Farham: Ashgate.

Winker, Gabriele/Degele, Nina (2010): Intersektionalität. Zur Analyse sozialer Ungleichheiten-. Bielefeld: Transcript Verlag.

Wittenberg, Reinhard/Cramer, Hans/Vicari, Basha (2014): Datenanalyse mit IBM SPSS Statistics. Eine syntaxorientierte Einführung. Konstanz: UVK.

Witzel, Andreas (2000): Das problemzentrierte Interview. In: Forum Qualitative Sozialforschung 1, H. 1.

Abkürzungsverzeichnis

CCP	Certificat de Capacité Professionnelle (Berufsbefähigungszeugnis)
DAP	Diplôme d'Aptitude Profesionnelle (Diplom über die berufliche Reife)
DT	Diplôme de technicien (Techniker-Diplom)
ES	Enseignement secondaire (entspricht dem deutschen Gymnasium, auch Klassischer Sekundarunterricht genannt)
EST	Enseignement secondaire technique (umfasst alle nichtgymnasialen Schulformen in der Sekundarstufe, auch Allgemeiner Sekundarunterricht genannt)
FD	First-Differences
FE	Fixed-Effects
LUL	Lehrer und Lehrerinnen
MENJE	Ministère de l'Éducation nationale, de l'Enfance et de la Jeunesse (Luxemburgisches Ministerium für Bildung, Kinder und Jugend)
OECD	Organisation für wirtschaftliche Zusammenarbeit und Entwicklung
RE	Random-Effects
RT	Régime technicien (technische Ausbildung, Ausbildungtrack in Mittel- bzw. Oberstufe des technischen Sekundarunterrichts)
SCRIPT	Service de Coordination de la Recherche et de l'innovation pédagogiques et technologiques
SES	Sozio-ökonomische Situation
SUS	Schüler und Schülerinnen

Abbildungsverzeichnis

Abbildung 1:	Typologie der Schülerhabitus in der Sekundarstufe	52
Abbildung 2:	Das luxemburgische Schulsystem	78
Abbildung 3:	Forschungsdesign der Mixed-Method-Studie	88
Abbildung 4:	Balanciertes Sample der quantitativen Panelstudie	98
Abbildung 5:	Drei-Faktoren-Modell erster Ordnung zur Messung von Schulentfremdung	99
Abbildung 6:	Schultrackzugehörigkeit	110
Abbildung 7:	Geschlecht nach Sekundarschultracks	111
Abbildung 8:	Migrationshintergrund (binär) nach Sekundarschultracks	112
Abbildung 9:	Sozioökonomischer Status nach Sekundarschultracks	113
Abbildung 10:	Profile Plots der Entwicklung der Entfremdung vom Lernen im Zeitverlauf	123
Abbildung 11:	Visualisierung des Rekonstruktionsprozesses	144

Tabellenverzeichnis

Tabelle 1:	Faktorladungen Entfremdung vom Lernen	105
Tabelle 2:	Deskriptive Statistiken zur Entfremdung vom Lernen	105
Tabelle 3:	Mittelwerte und Standardabweichung der Items zur Entfremdung vom Lernen	106
Tabelle 4:	Schultrackzugehörigkeit über die Erhebungszeit	107
Tabelle 5:	Deskriptive Statistiken schulisches Selbstkonzept	108
Tabelle 6:	Deskriptive Statistiken schulische Selbstwirksamkeit	109
Tabelle 7:	Mittelwerte und Standardabweichung der Entfremdung vom Lernen zu den drei Erhebungszeitpunkten	120
Tabelle 8:	RE-Modelle zum Ausmaß der Entfremdung vom Lernen	121
Tabelle 9:	Gruppenspezifische Growth Curves-Modelle zur Entwicklung der Entfremdung vom Lernen	124
Tabelle 10:	Das qualitative Sample	136
Tabelle 11:	Ablauf der Gruppendiskussionen und Interviews	139
Tabelle 12:	Kombinierte Schülerhabitustypen aus Lehrpersonen- und Schüler/innenperspektive im Modulaire	196
Tabelle 13:	Kombinierte Schülerhabitustypen aus Lehrpersonen- und Schüler/innenperspektive im ES	261
Tabelle 14:	Ergebnisse der Mixed-Method-Studie	275

Anhang

Anhang 1: Übersicht über die primären Schülerhabitustypen des
Modulaire-Tracks aus Lehrpersonen-Perspektive ... 319
Anhang 2: Übersicht über die primären Schülerhabitustypen des
Modulaire-Tracks aus Schüler/innen-Perspektive ... 320
Anhang 3: Übersicht über die primären Schülerhabitustypen des
ES-Tracks aus Lehrpersonen-Perspektive ... 321
Anhang 4: Übersicht über die primären Schülerhabitustypen des
ES-Tracks aus Schüler/innen-Perspektive ... 322

Anhang 1: Übersicht über die primären Schülerhabitustypen des Modulaire-Tracks aus Lehrpersonen-Perspektive

Habitusdimensionen	Schülerhabitus überdurchschnittlichen Leistungsniveaus (ML4)	Schülerhabitus der Partizipationsbereitschaft (ML1)	Schülerhabitus moderater, kontrollierbarer Verhaltensauffälligkeiten (ML2)	Schülerhabitus stark abweichenden Verhaltens und negativer Anerkennungsbedürftigkeit (ML3)
Leistungsorientierung	höher als im Modulaire erwartet	leistungsbereit	bedingt leistungsbereit	selten leistungsbereit
Selbstperzipiertes Kompetenzniveau	höher als im Modulaire erwartet	gering	gering	gegeben bis gering
Anstrengungsbereitschaft	hoch	moderat	gering	gering
Eigenständigkeit	unbekannt	unbekannt	unbekannt	unbekannt
Verinnerlichung schulischer Logiken	gegeben	diffus	diffus	diffus
Umgang mit Fehlern/Problemen	unbekannt	vermeidet Auseinandersetzung	vermeidet Auseinandersetzung	unvorhersehbar, mangelnde Einsicht
Sozialkompetenz	gegeben	überwiegend gegeben	variiert	wenig Empathie, Gefahr für andere
Sprachkompetenz	gegeben	herausgefordert	herausgefordert	unbekannt
Verhalten	angepasst	angepasst	auffällig aber im akzeptablen Rahmen	stark abweichend, stört den Unterricht über das akzeptable Maß hinaus

Quelle: Eigene Darstellung

Anhang 2: Übersicht über die primären Schülerhabitustypen des Modulaire-Tracks aus Schüler/innen-Perspektive

Habitusdimensionen	Schülerhabitus der Schulbildungsnähe und Anstrengungsbereitschaft (MS3)	Schülerhabitus begrenzter Leistungsorientierung und passiver Indifferenz (MS1)	Schülerhabitus begrenzter Leistungsorientierung und tolerierter, kontrollierbarer Opposition (MS2)	Schülerhabitus der Entfremdung vom Lernen und starker Verhaltensauffälligkeit und Opposition (MS4)
Leistungsorientierung	moderat	diffus	diffus	indifferent bis diffus
Selbstperzipiertes Kompetenzniveau	moderat, langweilt sich teilweise	niedrig, teilweise überfordert	niedrig, teilweise überfordert	moderat
Anstrengungsbereitschaft	grundsätzlich lern- und anstrengungsbereit, vermeidet Herausforderungen	begrenzt, Distanz zu Herausforderungen, Passivität	gering, Mangel an Ernsthaftigkeit	Entfremdung vom Lernen, keine Anstrengungsbereitschaft
Eigenständigkeit	unbekannt	unbekannt	unbekannt	unbekannt
Verinnerlichung schulischer Logiken	gegeben	diffuses Wissen, Indifferenz	diffus bis hin zur Distanz	Opposition
Umgang mit Fehlern / Problemen	Passivität, aushalten	vermeidet Konfrontation mit Nichtwissen, Herausforderungen	Probleme/ Nichtwissen werden offen demonstriert, Anerkennung durch Peers	indifferent, unvorhersehbar
Sozialkompetenz	geringe Peeroorientierung, grenzt sich von störenden Schüler/innen ab	gegeben	starke Peerorientierung	starke Peerorientierung, Anerkennungsdefizit
Sprachkompetenz	Defizite möglich	Defizite möglich	Defizite möglich	Defizite möglich
Verhalten	angepasst	angepasst	abweichend, albern, aber im Bereich des Akzeptablen	extremes, störendes Verhalten

Quelle: Eigene Darstellung

Anhang 3: Übersicht über die primären Schülerhabitustypen des ES-Tracks aus Lehrpersonen-Perspektive

Habitusdimensionen	Schülerhabitus der übersteigerten Leistungsorientierung (ESL1)	Schülerhabitus der angemessenen starken Leistungsorientierung (ESL2)	Herausgeforderter Schülerhabitus im Anpassungsprozess (ESL3)	Schülerhabitus des minimalen Engagements und der Anpassung (ESL4)	Schülerhabitus der Distanz zu schulischen Praktiken und zum Lernen (ESL5)
Leistungsorientierung	sehr stark	angemessen	ausreichend, teilweise fehlende Ernsthaftigkeit	ausreichend, Ausrichtung an den minimalen Anforderungen	gering
Selbstperzipiertes Kompetenzniveau	sehr hoch	hoch	ausreichend, angemessen	hoch	Leistungsdefizite
Anstrengungsbereitschaft	sehr hoch	hoch	ausreichend	gering, am Mindeststandard orientiert	gering, fehlende Ernsthaftigkeit
Eigenständigkeit	hoch	hoch	in Entwicklung	hoch	gering
Verinnerlichung schulischer Logiken	hoch	hoch	in Entwicklung	Umfassend vorhanden	Unverständnis, Hinterfragung
Umgang mit Fehlern / Problemen	Frustration und Traurigkeit	konstruktiv, lernen aus Fehlern	Reagieren betroffen, Umgang unterschiedlich	Diskussion mit LP, welche Leistung gut ist	Verdecken von Defiziten
Sozialkompetenz	Leistungsorientierung nachgeordnet	Leistungsorientierung nachgeordnet	Leistungsorientierung nachgeordnet	Teamfähigkeit vorhanden	lenkt Mitschüler/innen ab, stört sie
Sprachkompetenz	gegeben	gegeben	teilweise Schwierigkeiten, aber überwiegend gegeben	vermeidet Fächer mit subjektiv schwierigen Instruktionssprachen	Defizite möglich
Verhalten	angepasst	angepasst	überwiegend angepasst	angepasst	störend, erfüllt nicht die Erwartungen

Quelle: eigene Darstellung

Anhang 4: Übersicht über die primären Schülerhabitustypen des ES-Tracks aus Schüler/innen-Perspektive

Habitusdimensionen	Schülerhabitus der Schulbildungsnähe und Eigenverantwortlichkeit (ESS1)	Schülerhabitus schulischen Bildungsstrebens und der Konformität (ESS2)	Schülerhabitus der Konformität bei geringerem Leistungsniveau und der Abgrenzung gegenüber leistungsschwächeren Mitschüler/innen (ESS3)	Schülerhabitus des leidvoll auferlegten Strebens und der Distanz zum Lernen (ESS4)
Leistungsorientierung	sehr hoch	hoch	ausreichend	gering, führt nicht zum Erfolg
Selbstperzipiertes Kompetenzniveau	sehr hoch	hoch	moderat	niedrig
Anstrengungsbereitschaft	sehr hoch	hoch	hoch	teilweise, führt jedoch nicht zum Erfolg
Eigenständigkeit	sehr hoch	moderat bis hoch	moderat bis hoch	teilweise überfordert
Verinnerlichung schulischer Logiken	stark ausgeprägt, wird hinterfragt	teilweise, in Entwicklung	teilweise, in Entwicklung	wird teilweise hinterfragt
Umgang mit Fehlern / Problemen	fordern Unterstützung ein	Fehler als Entwicklungspotenzial	bemüht keine Fehler zu machen, kritisiert die anderen	vermeidet Konfrontation, teilweise abgestumpft
Sozialkompetenz	gegeben	überwiegend gegeben	wenig Empathie	überwiegend
Sprachkompetenz	gut	gut	gut	Defizite
Verhalten	angepasst	angepasst	angepasst	teilweise störend

Quelle: eigene Darstellung

Gabriele Rosenthal
Interpretative Sozialforschung
Eine Einführung
Reihe: Grundlagentexte Soziologie
2015, 280 Seiten, broschiert
ISBN: 978-3-7799-2614-6
Auch als E-BOOK erhältlich

Dieser Band bietet eine Einführung in sozialwissenschaftliche Erhebungs- und Auswertungsmethoden – unter Konzentration auf diejenigen, die den Prinzipien des interpretativen Paradigmas verpflichtet sind und einer Logik der Entdeckung von Hypothesen und gegenstandsbezogenen Theorien folgen. Vornehmlich werden die teilnehmende Beobachtung, offene Interviews und biografische Fallrekonstruktionen vorgestellt. Um die Besonderheit interpretativer Verfahren im Unterschied zu anderen qualitativen Methoden zu verdeutlichen, werden auch inhaltsanalytische Verfahren diskutiert.

Aus dem Inhalt:
- Qualitative und interpretative Sozialforschung
- Grundannahmen und Prinzipien der interpretativen Sozialforschung
- Forschungsprozess und Forschungsdesign
- Ethnografische Feldforschung – Teilnehmende Beobachtung – Videoanalyse
- Vom offenen Leitfadeninterview zum narrativen Interview
- Biografieforschung und Fallrekonstruktionen
- Inhaltsanalyse – Kodieren in der Grounded Theory - Diskursanalysen

www.beltz.de
Beltz Juventa · Werderstraße 10 · 69469 Weinheim

Leila Akremi | Nina Baur |
Hubert Knoblauch | Boris Traue (Hrsg.)
Handbuch Interpretativ forschen
2018, 962 Seiten, Hardcover
ISBN: 978-3-7799-3126-3
Auch als E-BOOK erhältlich

Die interpretative Sozialforschung ist in der deutschsprachigen Forschungslandschaft fest etabliert. In den letzten zwei Jahrzehnten haben sich neue theoretische Perspektiven und methodische Ansätze herausgebildet, die auf gesellschaftliche und wissenschaftliche Entwicklungen reagieren: Globalisierung, Wissensgesellschaft, Verdatung, Visualisierung der Kommunikation, Digitalisierung und Netzmedien, Ökonomisierung, Pluralisierung von kulturellen und religiösen Ordnungen, Verflechtung von Sozialität und Kultur. Ältere und neuere Ansätze versuchen, mit diesen Entwicklungen Schritt zu halten. Dabei kommt es – der Sache folgend – zu einer verstärkten Verbindung von sozial- und kulturwissenschaftlichen Perspektiven innerhalb der Sozialwissenschaften. Dieses Handbuch stellt erstmalig die übergreifenden Gemeinsamkeiten der etablierten und neueren Ansätze dar und macht sie in ihrer methodischen Vorgehensweise zugänglich.

www.beltz.de
Beltz Juventa · Werderstraße 10 · 69469 Weinheim